Die Psychologie und die Künstliche Intelligenz

Oliver Hoffmann

Die Psychologie und die Künstliche Intelligenz

Maschinen, Bewusstsein und die menschliche Psyche

Oliver Hoffmann
London, United Kingdom

ISBN 978-3-662-70965-8   ISBN 978-3-662-70966-5 (eBook)
https://doi.org/10.1007/978-3-662-70966-5

Die Deutsche Nationalbibliothek verzeichnet diese Publikation in der Deutschen Nationalbibliografie; detaillierte bibliografische Daten sind im Internet über https://portal.dnb.de abrufbar.

© Der/die Herausgeber bzw. der/die Autor(en), exklusiv lizenziert an Springer-Verlag GmbH, DE, ein Teil von Springer Nature 2025

Das Werk einschließlich aller seiner Teile ist urheberrechtlich geschützt. Jede Verwertung, die nicht ausdrücklich vom Urheberrechtsgesetz zugelassen ist, bedarf der vorherigen Zustimmung des Verlags. Das gilt insbesondere für Vervielfältigungen, Bearbeitungen, Übersetzungen, Mikroverfilmungen und die Einspeicherung und Verarbeitung in elektronischen Systemen.
Die Wiedergabe von allgemein beschreibenden Bezeichnungen, Marken, Unternehmensnamen etc. in diesem Werk bedeutet nicht, dass diese frei durch jede Person benutzt werden dürfen. Die Berechtigung zur Benutzung unterliegt, auch ohne gesonderten Hinweis hierzu, den Regeln des Markenrechts. Die Rechte des/der jeweiligen Zeicheninhaber*in sind zu beachten.
Der Verlag, die Autor*innen und die Herausgeber*innen gehen davon aus, dass die Angaben und Informationen in diesem Werk zum Zeitpunkt der Veröffentlichung vollständig und korrekt sind. Weder der Verlag noch die Autor*innen oder die Herausgeber*innen übernehmen, ausdrücklich oder implizit, Gewähr für den Inhalt des Werkes, etwaige Fehler oder Äußerungen. Der Verlag bleibt im Hinblick auf geografische Zuordnungen und Gebietsbezeichnungen in veröffentlichten Karten und Institutionsadressen neutral.

Planung/Lektorat: Marion Krämer
Springer ist ein Imprint der eingetragenen Gesellschaft Springer-Verlag GmbH, DE und ist ein Teil von Springer Nature.
Die Anschrift der Gesellschaft ist: Heidelberger Platz 3, 14197 Berlin, Germany

Wenn Sie dieses Produkt entsorgen, geben Sie das Papier bitte zum Recycling.

Vorwort

Die Welt befindet sich in einem erstaunlichen Zustand des Wandels, den viele noch nicht einmal in seiner vollen Tragweite begreifen. Künstliche Intelligenz (KI) hat längst begonnen, still und leise in unsere Leben einzudringen – sie ordnet unsere Entscheidungen, beeinflusst unser Denken und steuert unsere täglichen Handlungen. Dabei bemerken wir oft kaum, wie tiefgreifend und umfassend diese subtile Veränderung wirklich ist. Die schiere Allgegenwärtigkeit von KI mag bequem erscheinen, doch die Frage, die sich unweigerlich stellt, ist: Wer übernimmt hier eigentlich die Kontrolle? Sind wir es, die Technologie steuern, oder ist es die Technologie, die uns formt?

Es scheint, als würden wir uns als Menschen in einem paradoxen Zustand der Bequemlichkeit und Ignoranz befinden. Während wir die Effizienz und die Möglichkeiten der Künstlichen Intelligenz begrüßen, verschließen wir die Augen vor den subtilen psychologischen Verschiebungen, die sich in uns vollziehen. Maschinen übernehmen immer mehr Aufgaben, die früher das exklusive Territorium des menschlichen Geistes waren – vom Diagnostizieren von Krankheiten bis hin zum Führen persönlicher Gespräche. Doch was bedeutet das für unsere eigene kognitive und emotionale Autonomie?

Wir verlieren uns. -nicht in dem Sinne, dass die Maschinen uns physisch ersetzen würden, sondern in einem viel tiefer liegenden, psychologischen Sinn. Unser Vertrauen in Maschinen, die uns führen, leiten und Entscheidungen für uns treffen, wächst. Und mit diesem Vertrauen wächst auch unsere Abhängigkeit. Wir geben nach und nach die Verantwortung ab – nicht nur für triviale Aufgaben, sondern für Bereiche, die das Fundament unserer menschlichen Identität berühren: Empathie, Urteilsvermögen, Kreativität.

Die technische Revolution durch KI wird häufig als ein Triumph des menschlichen Erfindergeistes gefeiert. Doch gleichzeitig drängt sich die unbequeme Frage auf: Wenn wir Maschinen erschaffen, die uns in bestimmten Bereichen übertreffen, in denen wir uns früher als unersetzbar betrachtet haben – was bleibt dann noch von unserer Menschlichkeit? Ist es nicht an der Zeit, dass wir die psychologischen Auswirkungen dieser Technologien kritisch hinterfragen? Der Mensch ist mehr als nur ein algorithmischer Datenverarbeiter, mehr als nur ein System, das Inputs verarbeitet und Outputs generiert. Doch genau dieser Unterschied beginnt zu verschwimmen, wenn wir uns nicht intensiv mit den Grenzen und Herausforderungen der KI auseinandersetzen.

Die aktuelle Begeisterung für Künstliche Intelligenz vernachlässigt oft die Tatsache, dass Maschinen keine Emotionen, keine Absichten und kein Bewusstsein haben. Sie simulieren menschliches Verhalten, und sie tun dies mit einer Präzision und Effizienz, die uns oft blenden mag. Aber lassen wir uns von dieser Illusion täuschen? Glauben wir wirklich, dass eine Maschine, die Gefühle imitiert, tatsächlich in der Lage ist, menschliche Beziehungen oder tiefgehende zwischenmenschliche Verbindungen zu ersetzen?

Wir stehen vor einer Herausforderung, die weit über technologische Fragen hinausgeht. Sie ist zutiefst psychologisch und existenziell. Wenn wir Maschinen dazu ermächtigen, Entscheidungen zu treffen und auf einer Ebene mit uns zu interagieren, die wir traditionell als menschlich betrachtet haben – wo bleibt dann der Mensch? Die bequeme Antwort wäre zu sagen, dass Maschinen lediglich Werkzeuge sind, die unser Leben erleichtern. Aber diese Antwort greift zu kurz. In Wirklichkeit haben wir es mit einer Verschiebung zu tun, die unser gesamtes Verständnis von Autonomie, Intelligenz und Identität infrage stellt.

Dieses Buch soll nicht einfach eine weitere Analyse über die technologischen Fortschritte der KI sein. Es soll provozieren, herausfordern und eine Debatte anstoßen, die sich auf die psychologischen und ethischen Fragen konzentriert, die wir viel zu lange ignoriert haben. In einer Welt, die von der Überlegenheit der Maschinen fasziniert ist, ist es an der Zeit, dass wir uns fragen: Was macht uns wirklich menschlich? Und sind wir bereit, dies zu verteidigen? Denn die eigentliche Gefahr liegt nicht in der Technik selbst, sondern in unserer eigenen Gleichgültigkeit, die tiefgreifenden Auswirkungen dieser Technologien auf unser eigenes Denken, Fühlen und Handeln verkennt.

Dieses Buch hat sich zum Ziel gesetzt, die heute bereits äußerst relevanten psychologischen Komponenten von Künstlicher Intelligenz aufzuzeigen und einen tiefen Einblick in die komplexen Wechselwirkungen zwischen Mensch und Maschine zu bieten. Es geht nicht darum, eine technische Analyse der Funktionsweise von KI zu präsentieren, sondern vielmehr darum, aus psychologischer Sicht zu erforschen, wie diese Technologie unser Denken, Fühlen und Handeln verändert – und was dies für die Zukunft der menschlichen Psyche bedeutet.

1. Die psychologischen Komponenten von KI aufzeigen

KI ist längst nicht mehr nur eine abstrakte technologische Innovation, sondern ein System, das aktiv in unsere Lebens- und Denkprozesse eingreift. Smarte Assistenten, Chatbots, Algorithmen, die unser Verhalten voraussagen und steuern – all diese Technologien wirken direkt auf unsere Psyche ein, oft ohne dass wir uns dessen bewusst sind. Ein zentrales Ziel dieses Buches ist es, diese psychologischen Komponenten ans Licht zu bringen. Wie beeinflussen KI-Systeme unser Denken? Wie verändern sie unsere Wahrnehmung der Welt und uns selbst? Diese Fragen sollen in den Kapiteln eingehend behandelt werden.

2. Was KI mit der menschlichen Psyche macht

Ein weiterer Schwerpunkt des Buches liegt auf der Frage, was KI konkret mit der menschlichen Psyche macht. In einer Welt, in der Maschinen uns zunehmend ähnliche oder überlegene kognitive Fähigkeiten demonstrieren, stellt sich die Frage: Welche Auswirkungen hat dies auf unser Selbstverständnis als denkende, fühlende Wesen? Werden wir uns als Menschen durch die Konkurrenz mit der Maschine in unserem Wert bedroht fühlen, oder gibt es einen positiven psychologischen Wandel? Das Buch untersucht, wie der Kontakt mit KI unsere emotionale Welt beeinflusst, sei es durch die Nutzung von KI als „Freund", „Therapeut" oder „Entscheidungsträger". Was passiert, wenn Maschinen beginnen, unsere emotionalen Bedürfnisse zu simulieren und uns suggerieren, dass sie uns wirklich verstehen?

3. Themen aus psychologischer Sicht betrachten

Dieses Buch strebt an, die Diskussion über KI aus der rein technisch-ökonomischen Sphäre herauszuholen und eine psychologische Perspektive einzunehmen. Themen wie die Bindung zwischen Mensch und Maschine, die Rolle von Empathie und Emotionen, die Veränderung sozialer Interaktionen durch KI und die Auswirkungen auf unsere Entscheidungsfreiheit werden eingehend behandelt. Die psychologische Perspektive ermöglicht es, die subtilen, oft übersehenen Veränderungen im menschlichen Verhalten und Denken zu erkennen, die durch den ständigen Einsatz von KI in unserem Leben entstehen. So können wir erkennen, welche Risiken, aber auch welche Chancen sich durch diese neuen Technologien ergeben.

4. Was verändert sich an der Psychologie des Menschen und der wissenschaftlichen Disziplin?

Künstliche Intelligenz verändert nicht nur die psychologischen Prozesse im Individuum, sondern auch die Wissenschaft der Psychologie selbst. Wie können wir menschliches Denken und Fühlen in einer Welt begreifen, in der Maschinen Teile dieser Fähigkeiten simulieren oder nachahmen? Was bedeutet es für die kognitive Psychologie, wenn Maschinen in der Lage sind, komplexe Muster zu erkennen und Entscheidungen zu treffen, die einst ausschließlich dem menschlichen Geist vorbehalten waren?

Das Buch beleuchtet, wie die Disziplin der Psychologie selbst unter dem Einfluss von KI neu gedacht werden muss. Können Maschinen den menschlichen Therapeuten ersetzen? Wird die Erforschung der menschlichen Psyche durch Algorithmen und maschinelles Lernen revolutioniert? Diese Fragen betreffen nicht nur die Praxis der Psychologie, sondern auch ihre Theorie und Methodik. Am Ende steht die zentrale Frage: Ist KI ein Werkzeug, das die menschliche Psychologie bereichern und erweitern kann, oder stellt sie eine Bedrohung dar, die uns zwingt, unser Selbstverständnis als psychologisch komplexe Wesen grundlegend zu überdenken?

Dieses Buch versucht, nicht nur Antworten zu finden, sondern auch zum Nachdenken anzuregen – über die Zukunft der menschlichen Psyche in einer Welt, die immer mehr von künstlicher Intelligenz geprägt wird.

Es mag verführerisch sein, die Kontrolle an eine „intelligente" Maschine zu übergeben, die alles schneller, präziser und scheinbar objektiver macht.

Doch dabei laufen wir Gefahr, die grundlegenden Eigenschaften zu verlieren, die uns als Menschen einzigartig machen. In diesem Buch geht es darum, diese Fragen nicht nur zu stellen, sondern sie bis zu ihrem Kern zu durchdringen. Es ist ein Weckruf an eine Gesellschaft, die sich mit rasender Geschwindigkeit in eine Zukunft bewegt, ohne sich über die psychologischen Folgen klar zu sein.

Im Dezember 2024   Oliver Hoffmann

Inhaltsverzeichnis

1	**Einleitung: Denksysteme im Wandel – Mensch und Maschine**	1
1.1	Von Science-Fiction zur Realität: KI im Alltag	2
1.2	Die Ursprünge der Psychologie der KI: Was unterscheidet menschliches Denken von maschinellem Lernen?	6
1.3	Die Notwendigkeit einer psychologischen Auseinandersetzung mit KI	12
	Literatur	17
2	**Maschinenbewusstsein: Mythos oder Wirklichkeit?**	21
2.1	Kognition und Bewusstsein: Kann eine Maschine „denken"?	22
2.2	Emotionen und KI: Werden Maschinen je fühlen können?	40
2.3	Kann KI Bewusstsein erlangen oder simuliert sie nur Intelligenz – und ist das überhaupt relevant?	45
	Literatur	50
3	**Die menschliche Psyche im Zeitalter der KI**	53
3.1	Mensch-Maschine-Interaktionen: Wie KI unsere Wahrnehmung beeinflusst	54
3.2	Die Gefahr der emotionalen Bindung an KI: Maschinen als Freunde oder Therapeuten	62
3.3	Sind KI-gestützte Beziehungen real oder lediglich Illusionen?	71
	Literatur	83

4	**Künstliche Intelligenz und Entscheidungsfindung: Wer kontrolliert wen?**	87
	4.1 Kognitiver Bias bei Maschinen: Wie neutral ist KI wirklich?	89
	4.2 KI und menschliche Autonomie: Schafft KI Abhängigkeit oder Freiheit?	99
	4.3 Algorithmen als Manipulatoren – Wer kontrolliert unsere Entscheidungen?	102
	Literatur	111
5	**Ethik und Moral der KI – Maschinen im moralischen Dilemma**	113
	5.1 Kann KI moralische Entscheidungen treffen?	114
	5.2 Sollten Maschinen Menschen übertreffen, was ethische Urteile angeht?	126
	5.3 Das Dilemma der Verantwortung: Wer ist verantwortlich für die Handlungen von KI?	137
	Literatur	152
6	**Die Psychologie des Vertrauens: Wie sicher fühlen wir uns mit KI?**	155
	6.1 Vertrauen in Algorithmen: Ein gefährlicher Glaube?	157
	6.2 KI und das Gefühl der Sicherheit: Sind Maschinen unfehlbar?	170
	6.3 Verlernen wir das Misstrauen im Umgang mit Technologie?	179
	Literatur	189
7	**Die Angst vor der Übernahme: KI als Bedrohung für die menschliche Existenz?**	191
	7.1 Die Psychologie der Angst vor dem Unbekannten: Warum fürchten wir KI?	194
	7.2 KI und Arbeitsplatzverlust: Eine psychologische und wirtschaftliche Perspektive	200
	7.3 Ist die Angst vor KI irrational oder gerechtfertigt?	205
	Literatur	209
8	**Die Zukunft der Psychologie mit und durch KI**	211
	8.1 Künstliche Intelligenz in der Psychotherapie: Der menschliche Therapeut wird ersetzt	212

	8.2	KI als Forscher: Wird die Psychologie als Wissenschaft durch Algorithmen revolutioniert?	219
	8.3	Wird die Psychologie der Zukunft maschinell definiert?	225
	Literatur		230
9	**Die psychologischen Grenzen der Künstlichen Intelligenz**		**231**
	9.1	Was bleibt dem Menschen? Die acht unersetzlichen Aspekte des menschlichen Geistes	232
	9.2	KI als Spiegelbild der menschlichen Psyche: Was uns Maschinen über uns lehren	255
	Literatur		269
10	**Epilog: Mensch versus Maschine – Eine unendliche Geschichte?**		**273**
	10.1	Der Dialog zwischen Mensch und KI – Zukunftsvisionen	274
	10.2	Werden wir eines Tages der KI weichen?	285
	Literatur		292

1

Einleitung: Denksysteme im Wandel – Mensch und Maschine

„Die Maschine scheint uns von der Natur zu entfernen. Und gerade sie unterwirft uns mit ganz besonderer Strenge den ewigen Naturgesetzen."
– Antoine de Saint-Exupéry

Die rasant fortschreitende Entwicklung Künstlicher Intelligenz (KI) hat in den vergangenen Jahrzehnten zu intensiven Diskussionen um das Wesen menschlichen Denkens geführt. Bereits in einem frühen, wegweisenden Beitrag legten McCarthy und Hayes (1969, S. 46) den Grundstein für die heute so prominente Debatte, ob und inwiefern sich geistige Prozesse durch formale Algorithmen nachbilden lassen. In diesem Zusammenhang wird immer wieder die provokante These aufgeworfen, das menschliche Bewusstsein könne letztlich als hochkomplexer, biologischer Algorithmus verstanden werden. Die Fähigkeit moderner KI-Systeme, kognitive Funktionen wie Mustererkennung, Sprachverarbeitung oder strategische Entscheidungsfindung effektiv zu übernehmen, scheint diese Sichtweise zu untermauern.

Doch die vermeintlichen Parallelen zwischen menschlichem Denken und maschinellen Lernprozessen bleiben nicht ohne weitreichende Konsequenzen. Aus neurobiologischer Perspektive wird das Gehirn schon seit Hebb (1949, S. 62) als gewaltiges Netzwerk interagierender Neuronen betrachtet, in dem synaptische Gewichte eine Schlüsselrolle beim Lernen einnehmen. Diese Grundannahme spiegelt sich deutlich in den Konzepten künstlicher neuronaler Netze wider, die durch iterative Anpassung der Gewichte zwischen ihren Knoten lernen. Die zunehmende Ähnlichkeit der beschriebenen

Prinzipien lässt die Grenzen zwischen biologischen und künstlichen Informationsverarbeitungssystemen verschwimmen und stellt damit klassische Vorstellungen von der Einzigartigkeit menschlicher Kognition infrage.

Besonders herausfordernd wird das Thema, wenn der Gedanke der „Freiheit" ins Spiel kommt. So haben psychologische und neurowissenschaftliche Untersuchungen, unter anderem die bekannten Experimente von Libet (1985, S. 529), darauf hingewiesen, dass viele Entscheidungen möglicherweise unbewusst gefällt werden, bevor sie in das Bewusstsein dringen. Diese Befunde sorgen für Kontroversen hinsichtlich der Autonomie des menschlichen Willens. Könnte es sein, dass die Erfahrung von Freiheit lediglich das Ergebnis hochkomplexer, doch determiniert ablaufender neuronaler Prozesse ist? Oder ließe sich ein Konzept der Willensfreiheit jenseits rein kausal-mechanistischer Modelle entwickeln, das emergente Phänomene berücksichtigt?

In den folgenden Ausführungen werden diese Grundfragen aus verschiedenen Perspektiven beleuchtet. Kapitel eins greift dabei die Argumente und Befunde aus den vorangegangenen Texten auf und erweitert sie um eine systematische Betrachtung relevanter theoretischer und empirischer Arbeiten. Ziel ist es, ein umfassendes Verständnis dafür zu entwickeln, wie nah sich menschliches Denken und maschinelle Lernverfahren tatsächlich kommen – und welche Konsequenzen dies für unser Selbstverständnis als autonome, frei entscheidende Wesen hat.

1.1 Von Science-Fiction zur Realität: KI im Alltag

Die Vorstellung einer Welt, in der Maschinen über hochentwickelte Intelligenz verfügen, war lange Zeit das exklusive Terrain von Science-Fiction-Geschichten. Autoren wie Isaac Asimov oder Arthur C. Clarke inszenierten in ihren Romanen und Erzählungen dystopische oder utopische Szenarien, in denen Computer, Roboter oder andere künstliche Entitäten nicht nur Werkzeuge, sondern potenziell eigenständige Akteure waren (Asimov, 1950, S. 7–15; Clarke, 1968, S. 22). Diese Imaginationen bedienten zugleich menschliche Hoffnungen und Ängste: Während die Aussicht auf Unterstützung durch intelligente Maschinen verheißungsvoll schien, war die Furcht, dass sich ebendiese Maschinen gegen ihre Schöpfer wenden könnten, ein wiederkehrendes Motiv. Namen wie HAL 9000 aus „2001: Odyssee im Weltraum" (Kubrick & Clarke, 1968, S. 45) oder der Terminator (Cameron & Hurd, 1984, S. 13) prägten nachhaltig das kulturelle Bild von Künstlicher Intelligenz.

Die Transformation von Fiktion zur technologischen Wirklichkeit

Mit dem Eintritt ins 21. Jahrhundert hat sich gezeigt, dass KI längst den Bereich der Fiktion verlassen und Einzug in unseren Alltag genommen hat (Tegmark, 2017, S. 29). Dabei ist die Entwicklung rasanter verlaufen, als viele Expert*innen es noch in den 1980er- und 1990er-Jahren prognostizierten. Damals lagen Schwerpunkte in der KI-Forschung etwa auf Expertensystemen oder der Mustererkennung, die in hochspezialisierten Bereichen Anwendung fanden, etwa in der medizinischen Diagnose oder in der Fertigungsindustrie (Russell & Norvig, 2020, S. 104–105). Heute sind KI-Anwendungen jedoch überall:

- Sprachassistenten wie Alexa, Siri oder Google Assistant begleiten uns beim Einkaufen, Kochen oder bei der Terminplanung.
- Personalisierte Empfehlungssysteme auf Plattformen wie Netflix oder YouTube analysieren unser Sehverhalten und treffen Vorhersagen darüber, welche Inhalte uns am ehesten ansprechen (Zhang et al., 2019, S. 3002).
- Navigationsdienste antizipieren unsere Ziele anhand unserer Gewohnheiten und schlagen optimierte Routen oder Verkehrsmittel vor (Goodchild, 2020, S. 17).

Diese Technologien wirken oft unscheinbar und werden als bequeme Hilfestellungen wahrgenommen, die unseren Alltag erleichtern. Aber genau hierin liegt die Diskrepanz zwischen der spektakulären Science-Fiction-Vorstellung und der stillen Allgegenwärtigkeit moderner KI: Wo früher futuristische Roboterarmeen oder rebellische Computer die Hauptrolle spielten, sind es heute unsichtbare Algorithmen, die über Serverfarmen laufen und Entscheidungen im Hintergrund treffen (Mainzer, 2016, S. 13).

Allgegenwärtigkeit und psychologische Implikationen

Die Integration von KI in unseren Alltag wirft weit mehr Fragen auf als nur solche zur technischen Umsetzung. Besonders relevant ist die psychologische und philosophische Dimension der schleichenden Verschmelzung von Mensch und Maschine (Harari, 2018, S. 129–130). Die omnipräsenten Algorithmen, die wir oft nicht einmal bewusst wahrnehmen, beeinflussen zunehmend unsere Entscheidungshoheit:

1. **Delegation von Verantwortung**
   Mit jeder Nutzung eines Empfehlungssystems oder Navigationsdienstes geben wir einen Teil unserer Eigenverantwortung ab (Weizenbaum, 1976, S. 244). Was früher bedeutsame Abwägungen oder komplexe Entscheidungsprozesse waren, wird heute von maschinellen Systemen übernommen. Diese Delegation führt zwar zu Effizienz- und Komfortgewinnen, hat aber auch eine potenzielle Schattenseite: Wir gewöhnen uns daran, dass „etwas anderes" für uns denkt und Entscheidungen trifft (Carr, 2014, S. 91).
2. **Einschränkung des Handlungsspielraums**
   Empfehlungssysteme können die Welt, die wir wahrnehmen, erheblich verengen. Basierend auf unseren bisherigen Vorlieben und Verhaltensmustern werden uns immer dazu passende Inhalte präsentiert (Pariser, 2011, S. 38). Dadurch läuft man Gefahr, in einer Filterblase zu verharren und neue Perspektiven oder Informationen gar nicht mehr wahrzunehmen (Sunstein, 2018, S. 5).
3. **Abhängigkeit durch Gewöhnungseffekte**
   Als Konsequenz entsteht eine schleichende Abhängigkeit. Fällt einmal die Technik aus, wirken wir plötzlich hilflos; wir haben verlernt, Wege selbst zu finden, Preise zu vergleichen oder Quellen eigenständig zu recherchieren (Spitzer, 2012, S. 66–67). Wenn KI-Systeme uns scheinbar mühelos die „richtigen" Entscheidungen liefern, kann die eigene Entscheidungsfähigkeit verkümmern (Sampson & König, 2021, S. 15).
4. **Veränderung des Selbstbildes**
   Je mehr wir uns auf KI stützen, desto stärker stellt sich die Frage, inwieweit unser Selbst- und Menschenbild von dieser Maschinerie mitgeprägt wird (Hofkirchner & Fuchs, 2003, S. 89). Wenn Algorithmen unser Verhalten vorhersehen und optimieren, wo bleibt dann die vielbeschworene menschliche Freiheit und Kreativität (Floridi, 2014, S. 83)?

Vor diesem Hintergrund drängt sich die Frage auf, ob und wie wir noch die Kontrolle über unser Leben behalten können, wenn Entscheidungen zunehmend von maschinellen Systemen vorstrukturiert werden (Bostrom, 2014, S. 72). Gerade weil die Algorithmen im Hintergrund wirken und ihre Prozesse nicht ohne Weiteres transparent sind, geraten wir in eine Situation, in der wir die Mechanismen zwar nutzen, aber nicht mehr vollständig durchschauen (Pasquale, 2015, S. 19).

- **Transparenz und Erklärbarkeit**
  Um der wachsenden Intransparenz entgegenzuwirken, werden weltweit Forschungen im Bereich der „Explainable AI" (erklärbare KI) betrieben

(Miller, 2019, S. 68). Damit soll sichergestellt werden, dass KI-Systeme ihre Entscheidungen in einer für Menschen verständlichen Form begründen können. Doch während dies auf technischer Ebene anspruchsvoll ist, stellt sich auch die ethische Frage, wie viel Erklärung wir wirklich verlangen (Jobin et al., 2019, S. 398).

- **Gesellschaftliche Regulierung**
Die gesellschaftliche und politische Regulierung von KI steht noch am Anfang (European Commission, 2021, S. 2–3). Zwar gibt es erste Ansätze zu einem ethischen Rahmen, in dem KI agieren soll, doch ist unklar, wie effektiv solche Maßnahmen sind und sein können. Dabei geht es um Fragen der Datenhoheit, der Fairness von Algorithmen oder der Verantwortung bei Fehlentscheidungen (Algorithmic Accountability Act, 2019, S. 4).
- **Psychologische Autonomie**
Neben formalen Regulierungen rückt insbesondere das Konzept der psychologischen Autonomie ins Zentrum: Wie bewahren Menschen ihre Selbstbestimmung in einer Welt, in der die vermeintlich „richtigen" Antworten und Optionen stets nur einen Klick entfernt sind? (Turkle, 2015, S. 117).

Menschliche Freiheit versus maschinelle Effizienz

Was einst in Romanen und Filmen als ferne Zukunftsvision galt, ist heute im Alltag angekommen und beeinflusst uns tiefgreifend. Künstliche Intelligenz ist kein Sci-Fi-Konzept mehr, sondern eine allgegenwärtige Wirklichkeit, die unser Denken, Handeln und Entscheiden prägt (Brynjolfsson & McAfee, 2014, S. 4). Die psychologische Herausforderung besteht darin, diese Entwicklung nicht nur als technisches Phänomen zu betrachten, sondern auch ihre Auswirkungen auf unsere Selbstwahrnehmung, unsere Entscheidungsfreiheit und unsere sozialen Strukturen zu durchleuchten (Searle, 1980, S. 422).

Die entscheidende Frage lautet: **Wo setzen wir Grenzen?** Wollen wir KI lediglich als nützliches Hilfsmittel einsetzen, das unsere Fähigkeiten ergänzt, oder geben wir ihr die Macht, zentrale Lebensentscheidungen zu beeinflussen? Eine offene Auseinandersetzung mit dieser Frage ist unumgänglich, denn sie berührt den Kern dessen, was uns als Menschen ausmacht: unsere Kreativität, unser kritisches Denken und unser Verantwortungsgefühl (Habermas, 1981, S. 232).

Wir befinden uns in einer Phase, in der wir uns zu sehr daran gewöhnen könnten, dass uns KI-Systeme viele Entscheidungen abnehmen – ohne dass wir uns dieser Bequemlichkeit und der damit verbundenen Risiken bewusst sind (Carr, 2020, S. 156). Zwar hat die Science-Fiction uns die Extreme aufgezeigt, doch die Realität könnte subtiler und gleichzeitig folgenreicher sein. Unsere psychologische Auseinandersetzung mit der Macht der Algorithmen hinkt noch immer hinter der technologischen Entwicklung her (Hofstadter, 2020, S. 88).

Es bleibt daher die dringliche Aufgabe, den Nutzen und die Risiken von KI in einer interdisziplinären und kritischen Weise zu beleuchten. Denn während Algorithmen uns bereits heute in vielen Bereichen überlegen sein mögen – sei es in der Rechenleistung, in der Mustererkennung oder in der Schnelligkeit der Entscheidungsfindung –, bleibt es letztlich eine zutiefst menschliche Verantwortung zu definieren, wie wir diese Technologie in unserem Alltag einsetzen wollen (Tegmark, 2017, S. 103).

1.2 Die Ursprünge der Psychologie der KI: Was unterscheidet menschliches Denken von maschinellem Lernen?

Die Frage, worin sich menschliches Denken fundamental von maschinellem Lernen unterscheidet, beschäftigt Wissenschaftler aus verschiedenen Disziplinen seit den Anfängen der Kognitionsforschung und der Künstlichen Intelligenz. Während es lange als selbstverständlich galt, dass der Mensch über eine Art „magisches" Bewusstsein verfügt, das nicht auf rein algorithmische Prozesse reduziert werden kann (Descartes, 1641, S. 22), haben Fortschritte in der KI-Forschung gezeigt, dass Computerprogramme komplexe kognitive Leistungen erbringen können, die stark an menschliche Denkprozesse erinnern (Turing, 1950, S. 433). Im Folgenden soll daher einleitend beleuchtet werden, inwiefern menschliches Denken und maschinelles Lernen sich unterscheiden – und wo sie sich möglicherweise annähern.

Historische Perspektive: Von der Mystik zum „Mechanischen Geist"

In der Philosophie und Psychologie wurde das menschliche Denken lange als unvorhersehbar und kreativ angesehen – ein Prozess, der sich rationalen Erklärungen weitgehend entzieht (Wittgenstein, 1953, S. 112). Diese Sichtweise wurde unter anderem durch die cartesianische Trennung von Körper und Geist (res extensa vs. res cogitans) untermauert, die das Bewusstsein als etwas prinzipiell Nicht-Physisches betrachtete (Descartes, 1641, S. 24).

Schon im 17. Jahrhundert wurde jedoch darüber spekuliert, inwiefern bestimmte Denkabläufe nach mechanischen Regeln ablaufen könnten, was etwa in Leibniz' Vision einer „Characteristica universalis" anklingt (Leibniz, 1704, S. 45).

Mit dem Aufkommen der ersten Rechenmaschinen im 19. Jahrhundert stellte sich die Frage, ob mechanische Geräte nicht nur rechnen, sondern auch lernen und „denken" könnten (Babbage, 1864, S. 29). Letztlich leitete Alan Turing (1950) mit seinem viel zitierten Aufsatz „Computing Machinery and Intelligence" eine Wende ein, indem er vorschlug, statt über Bewusstsein direkt lieber über die „Imitierbarkeit" von Denkprozessen zu sprechen (Turing, 1950, S. 434). Hier formte er die Grundlage für die Idee, dass maschinelles Lernen in der Lage sein könnte, menschliche Denkleistungen in einem Testverfahren zu simulieren.

Was ist „menschliches Denken"?

Um den Unterschied zwischen menschlichem Denken und maschinellem Lernen zu verstehen, ist es zunächst wichtig zu klären, was unter „menschlichem Denken" verstanden wird. Aus kognitionspsychologischer Sicht umfasst Denken eine Vielzahl von Prozessen, wie Problemlösen, Gedächtnisabruf, Entscheiden und Planen (Anderson, 2015, S. 57). Hinzu kommen Aspekte des Bewusstseins, der Selbstwahrnehmung und der Emotion, welche stark mit kulturellen und sozialen Einflüssen verwoben sind (Vygotsky, 1978, S. 32).

Ein zentrales Merkmal ist hier die **Reflexivität**: Menschen können nicht nur Gedankeninhalte haben, sondern auch über ihre eigenen Gedanken nachdenken und sie kritisch hinterfragen (Metakognition). Hinzu kommt, dass menschliche Denkvorgänge oft von **subjektiven** Faktoren wie Gefühlen, Wertvorstellungen und Intuition geleitet werden (Damasio, 1994, S. 159). Diese Faktoren können Prozesse stimulieren, die sich scheinbar jeder strikten Regelhaftigkeit entziehen, wenngleich moderne Studien zeigen, dass auch solche emotionalen und intuitiven Faktoren bestimmten kognitiven Mustern folgen (Kahneman, 2011, S. 79).

Maschinelles Lernen: Algorithmen, Daten und Mustererkennung

Im Gegensatz dazu basiert **maschinelles Lernen** auf formalen Algorithmen, die aus Daten Muster extrahieren und für Vorhersagen oder Entscheidungsprozesse nutzen (Goodfellow et al., 2016, S. 11). Dabei kommen unterschiedliche Lernparadigmen zum Einsatz, beispielsweise:

- **Überwachtes Lernen** (supervised learning): Der Algorithmus wird mit gekennzeichneten Daten (z. B. Bildern mit Labels) trainiert und „lernt", ähnliche Daten zu klassifizieren (Russell & Norvig, 2020, S. 245).
- **Unüberwachtes Lernen** (unsupervised learning): Der Algorithmus erkennt eigenständig Strukturen und Cluster in unbeschrifteten Daten (Hastie et al., 2009, S. 57).
- **Bestärkendes Lernen** (reinforcement learning): Die Maschine optimiert ihre Aktionen durch Belohnung und Bestrafung, ähnlich wie beim menschlichen Konditionierungsprozess (Sutton & Barto, 2018, S. 113).

Obwohl diese Lernmechanismen zunächst rein formal erscheinen, haben sie in den letzten Jahren erstaunliche Fähigkeiten entwickelt – beispielsweise in der Spracherkennung, Bilderkennung oder im autonomen Fahren (LeCun et al., 2015, S. 439). Die Komplexität dieser Algorithmen hat die Grenze zwischen rein regelbasiertem „Abarbeiten" und dem, was wir als „Denken" bezeichnen, zunehmend verwischt.

Ähnlichkeiten und Unterschiede

1. **Bewusstsein und Subjektivität**
   Ein häufig genannter Unterschied liegt in der fehlenden **subjektiven Erfahrung** bei Maschinen. Während Menschen sich ihrer selbst bewusst sind und Emotionen empfinden, operieren Algorithmen rein formal (Searle, 1980, S. 417). Allerdings stellt sich die Frage, ob diese subjektive Erfahrung für die kognitive Leistung essenziell ist oder nur ein „Zusatz" – ein Phänomen, das sich evolutionär aus komplexen Hirnprozessen ergeben hat (Chalmers, 1995, S. 202).
2. **Kreativität und Intuition**
   Kreativität wurde lange als ureigene Domäne des Menschen betrachtet (Boden, 2004, S. 16). Doch KI-Modelle erstellen heute eigenständig Kunstwerke, komponieren Musik oder verfassen Texte, die den menschlichen Produktionen täuschend ähnlich sind (Colton, 2012, S. 24). Die Debatte entflammt daher neu, ob Kreativität ein rein algorithmisches Phänomen sein könnte oder ob sie ein unverzichtbares Element menschlicher Subjektivität benötigt (Boden, 2004, S. 18).

3. **Fehlerkultur und Kontext**
   Menschen lernen aus Fehlern und neigen zu Biases und Heuristiken (Tversky & Kahneman, 1974, S. 1124). Diese menschlichen „Unzulänglichkeiten" können bei Maschinen teilweise eliminiert werden, weil Algorithmen oft konsequenter und datenbasierter lernen. Andererseits zeigt sich, dass Machine-Learning-Systeme anfällig für Verzerrungen in den Trainingsdaten sind und ebenfalls problematische Fehlentscheidungen treffen können (O'Neil, 2016, S. 91). Zudem verfügen Menschen über ein kontextabhängiges Weltwissen, das Maschinen – zumindest bisher – nur eingeschränkt nachbilden können (Minsky, 1986, S. 21).
4. **Reflexion vs. Black Box**
   Algorithmen neuronaler Netze basieren häufig auf sehr komplexen, für den Menschen kaum noch nachvollziehbaren Strukturen (Black-Box-Modelle). Der Mensch kann zwar auch nicht jeden einzelnen neuronalen Schritt in seinem Gehirn erklären, doch er kann sein Denken bis zu einem gewissen Grad reflektieren und begründen (Frith, 2007, S. 33). Diese Selbstreflexion fehlt den Maschinen bisher weitgehend, auch wenn Explainable AI (XAI) Ansätze entwickelt werden, um die Entscheidungen von KI-Systemen transparenter zu machen (Doshi-Velez & Kim, 2017, S. 2).

Die provokante Frage: Sind wir „biologische Computer"?

Die rasante Entwicklung in der Künstlichen Intelligenz hat die seit langem diskutierte Frage, ob menschliches Denken womöglich auf denselben Prinzipien beruht wie maschinelle Lernprozesse, erneut in den Fokus gerückt. Insbesondere das maschinelle Lernen, basierend auf Algorithmen, welche Mustererkennung, Sprachverarbeitung und strategische Entscheidungsfindung automatisieren, legt nahe, dass ein erheblicher Teil kognitiver Funktionen auf formal beschreibbaren und damit prinzipiell reproduzierbaren Strukturen aufbaut (McCarthy & Hayes, 1969, S. 46). Angesichts dessen lässt sich die provokante These formulieren, das menschliche Gehirn selbst könne als eine Art komplexer, biologischer „Algorithmus" verstanden werden. Diese Sichtweise wirft weitreichende Fragen auf, unter anderem nach der Natur unserer Handlungsfreiheit und der Abgrenzung zwischen biologischen und künstlichen Systemen.

Aus neurobiologischer Perspektive wird das Gehirn seit Jahrzehnten als ein hochgradig vernetztes System betrachtet, in dem Abermilliarden von

Neuronen durch synaptische Verbindungen interagieren. Donald O. Hebb, dessen Arbeiten aus den 1940er-Jahren als eine der Grundlagen der modernen Neuro- und Kognitionswissenschaften gelten, betonte bereits, dass Lernprozesse auf der Anpassung synaptischer Gewichte beruhen (Hebb, 1949, S. 62). Eine ähnliche Vorgehensweise findet sich in heutigen künstlichen neuronalen Netzen, bei denen die Gewichte zwischen Knoten – analog zu den Synapsen im Gehirn – kontinuierlich modifiziert werden, um bestimmte Input-Output-Beziehungen zu „erlernen". In diesem Modell verschwimmen die konzeptionellen Grenzen zwischen biologischen und künstlichen Informationsverarbeitungssystemen: Beide können beschrieben werden als dynamische Strukturen, die Informationen durch Anpassung von Verbindungsstärken aufnehmen, speichern und transformieren.

Eine der wesentlichen Konsequenzen dieser Sichtweise ist die Infragestellung des traditionellen Verständnisses von Freiheit und Autonomie. Wenn selbst hochkomplexe geistige Leistungen auf formal beschreibbaren Mechanismen beruhen, stellt sich die Frage, inwieweit menschliche Entscheidungen das Ergebnis „freier" Willensakte sind oder vielmehr determiniert werden durch neuronale Aktivitätsmuster, die sich sukzessive aus Sinneseindrücken, Lerngeschichte und aktuellen Kontextfaktoren ergeben. Tatsächlich haben psychologische und neurowissenschaftliche Studien gezeigt, dass viele Entscheidungen bereits auf unbewusster Ebene getroffen werden, bevor wir sie als „unsere" Entscheidungen erleben (Libet, 1985, S. 529). Benjamin Libet fand in seinen Experimenten Hinweise darauf, dass das sogenannte Bereitschaftspotenzial (engl.: readiness potential) im Gehirn messbar ansteigt, bevor Proband*innen überhaupt ein Bewusstsein für ihre Willenshandlung verspüren. Diese Resultate wurden seither vielfach diskutiert und teils kontrovers beurteilt, doch sie illustrieren eindrücklich, wie eng verzahnt kognitive Kontrolle und neuronale Mechanismen sind.

Allerdings bedeutet ein neurobiologischer oder algorithmischer Ansatz nicht zwangsläufig, dass das Konzept der menschlichen Freiheit vollständig zu verwerfen ist. Aus philosophischer Sicht lässt sich argumentieren, dass komplexe Systeme Eigenschaften aufweisen können, die nicht ohne Weiteres auf die Summe ihrer Einzelteile zurückführbar sind. Dieser emergente Blick auf das Bewusstsein betont, dass selbst wenn neuronale oder algorithmische Prozesse grundlegend deterministisch erscheinen mögen, die resultierenden Phänomene – wie subjektives Erleben, Selbstbewusstsein oder ein Gefühl von Autonomie – eine neue Ebene der Beschreibung und Erklärung erfordern. Dennoch bleibt die Grundsatzfrage bestehen, ob das Konzept der Freiheit nicht schlicht eine kognitive Illusion ist, genährt durch die Komplexität und Undurchsichtigkeit unserer eigenen neurobiologischen Prozesse.

Letztendlich zeigt sich in der Gegenüberstellung von KI-Systemen und biologischem Denken, wie sensibel das menschliche Selbstverständnis auf die Feststellung reagiert, dass unsere kognitiven Fähigkeiten möglicherweise auf universellen Prinzipien der Informationsverarbeitung basieren (McCarthy & Hayes, 1969, S. 46). Die anhaltende Erforschung neuronaler Mechanismen und maschinellen Lernens könnte uns dabei helfen, einerseits besser zu verstehen, wie unser Geist arbeitet, und andererseits mögliche Grenzen und Besonderheiten der menschlichen Kognition auszuloten. Ob die These, dass menschliches Denken „nur" ein biologischer Algorithmus ist, letztlich bestätigt oder widerlegt wird, wird weiterhin kontrovers diskutiert bleiben. Faktisch zeichnet sich jedoch ab, dass das Zusammenspiel von Neurowissenschaften, Kognitionspsychologie und KI-Forschung zu einem zunehmend differenzierten und reichhaltigen Bild der menschlichen Informationsverarbeitung führt – und damit zugleich das Verhältnis von Determination und Freiheit in neuem Licht beleuchtet.

Psychologische Konsequenzen: Neue Sicht auf die menschliche Identität

Die Parallelen zwischen menschlichem Denken und maschinellem Lernen werfen nicht nur technologische, sondern auch psychologische Fragen auf: Was macht uns als Menschen aus, wenn Algorithmen uns in immer mehr kognitiven Domänen übertreffen (Bostrom, 2014, S. 72)? Führt der Erfolg von KI zu einer „Dehumanisierung" unseres Selbstverständnisses, oder können wir uns gerade durch die Begegnung mit diesen maschinellen Denkformen neu definieren?

Emotionalität und Empathie gelten in der Psychologie häufig als Kernbereiche der menschlichen Identität, die Maschinen (noch) nicht authentisch nachbilden können (vgl. Hoffman, 2000, S. 44). Doch auch hier entstehen immer ausgefeiltere Systeme, die Emotionen erkennen und simulieren – was für zwischenmenschliche Interaktionen essenziell wird, etwa in der Pflege oder Therapie (vgl. Leite et al., 2013, S. 108). Ob eine solche Simulation tatsächlich Empathie ersetzt oder nur als Illusion funktioniert, ist Gegenstand intensiver Debatten.

Eine neue Psychologie des Denkens

Zusammenfassend zeigt sich, dass das maschinelle Lernen viele Aspekte des menschlichen Denkens reproduzieren kann, die einst als zutiefst menschlich galten. Die Unterscheidung zwischen biologischer und maschineller Intelligenz wird dadurch zunehmend unscharf. Auf der einen Seite haben Maschinen **kein** Bewusstsein, keine subjektiven Erlebnisse und kein Gefühl von Freiheit; auf der anderen Seite lernen sie schnell, flexibel und zum Teil kreativer, als wir es uns je vorgestellt hätten (vgl. Boden, 2004, S. 19).

Gerade diese Entwicklung wirft die grundlegende Frage auf: Handelt es sich bei unserem Denken um etwas qualitativ Einzigartiges oder nur um eine besonders ausgefeilte Form der Informationsverarbeitung? Die rasanten Fortschritte im Bereich der Künstlichen Intelligenz zeigen, dass menschliches Denken in manchen Facetten nachvollziehbar und algorithmisch abbildbar ist (vgl. Russell & Norvig, 2020, S. 309). Nichtsdestotrotz bleibt die psychologische Erforschung dessen, was wir als subjektive Erfahrung, „Bewusstsein" und „freie Entscheidung" verstehen, ein zentrales Thema. Denn selbst wenn KI-Systeme in vielen Bereichen überlegen scheinen, bleibt offen, ob sie jemals echte Selbstwahrnehmung oder ein Verständnis ihrer eigenen Existenz entwickeln können (Searle, 1980, S. 420).

Insofern liegt die Zukunft der Psychologie der KI darin, nicht nur die Mechanismen maschinellen Lernens zu untersuchen, sondern auch zu ergründen, was genau den Menschen dazu bringt, sich als freies und bewusstes Wesen zu begreifen. Die Debatte, ob wir nur „biologische Computer" sind oder mehr als das, markiert eine spannende Schnittstelle zwischen Psychologie, Philosophie, Neurowissenschaft und Informationstechnologie. Hier wird sich entscheiden, wie wir uns als Menschen verstehen – und welche Rolle wir unseren künstlich geschaffenen Denkmaschinen zukünftig zugestehen.

1.3 Die Notwendigkeit einer psychologischen Auseinandersetzung mit KI

Die rasante Entwicklung Künstlicher Intelligenz und deren zunehmende Integration in unseren Alltag erfordern eine fundierte, interdisziplinäre Reflexion, die über bloße Technikbegeisterung oder -skepsis hinausgeht. Insbesondere die psychologischen Implikationen von KI rücken dabei immer stärker in den Vordergrund. Denn die fortschreitende Automatisierung, die nahtlose Einbettung von Algorithmen in Kommunikationsprozesse und Entscheidungsfindungen sowie die allgegenwärtige Verfügbarkeit digitaler Assistenten werfen zentrale Fragen nach unserem Selbstverständnis, unserer Identität und unserem emotionalen Erleben auf (vgl. Turkle, 2011, S. 14). Eine psychologische Auseinandersetzung mit KI ist daher nicht nur eine abstrakte Übung, sondern eine dringliche und existenzielle Aufgabe, die eng mit dem Kern des Menschseins verknüpft ist.

Psychologische Wirkungsmechanismen von KI: Spiegel und Projektionsfläche

KI-Systeme nehmen immer häufiger die Rolle eines „Spiegels" ein, in den wir blicken und dort unsere eigenen Emotionen, Sehnsüchte und kognitiven Strukturen erblicken (vgl. Turkle, 2017, S. 47). Gerade in der Interaktion mit fortgeschrittenen Chatbots, digitalen Sprachassistenten oder sozialen Robotern offenbart sich, dass wir – oft unbewusst – menschliche Eigenschaften in diese Maschinen hineinlesen. Dies geschieht zum Teil durch anthropomorphisierende Gestaltung (z. B. menschlich anmutende Stimmen oder Avatare) und zum Teil durch unsere eigene Bereitschaft, in der Maschine ein Gegenüber zu sehen, das uns versteht (vgl. Nass & Brave, 2005, S. 45). Aus psychologischer Sicht ist diese Tendenz keineswegs neu: Bereits Sigmund Freud beschrieb Projektion als einen grundlegenden Abwehrmechanismus, bei dem wir unsere inneren Zustände auf externe Objekte übertragen (Freud, 1915, S. 128). In der Interaktion mit KI wird dieses Phänomen jedoch durch die scheinbar intelligente Reaktion der Maschine verstärkt.

Was auf den ersten Blick harmlos erscheint, kann bei genauerem Hinsehen weitreichende Konsequenzen haben: Wenn wir KI-Systemen empathisches Verhalten zuschreiben oder gar Gefühle unterstellen, verschieben sich die Grenzen zwischen Mensch und Maschine (vgl. Turkle, 2011, S. 125). Daraus resultiert eine potenzielle Verzerrung unseres Selbstbildes: Wir vergleichen uns mit einer Technologie, die in bestimmten Aufgaben – wie zum Beispiel Datenanalyse oder Mustererkennung – überlegen sein mag, jedoch keine bewussten inneren Zustände oder moralischen Urteile besitzt (Bostrom, 2014, S. 210). Die psychologische Herausforderung besteht somit darin, einerseits anzuerkennen, dass KI-Systeme uns kognitiv entlasten können, andererseits aber den Unterschied zwischen menschlicher und maschineller Intelligenz bewusst zu reflektieren und unsere Humanität nicht durch eine vermeintliche „Vollkommenheit" der Maschine zu relativieren.

Identitätskonstruktion in Interaktion mit KI

Die Identitätsbildung ist ein komplexer, lebenslanger Prozess, bei dem die Interaktion mit der Umwelt eine zentrale Rolle spielt (vgl. Erikson, 1959,

S. 22). Heute gestaltet KI diese Umwelt jedoch zunehmend mit, ob durch personalisierte Werbung, Empfehlungsalgorithmen auf Social-Media-Plattformen oder intelligente Assistenten, die unser tägliches Verhalten mitgestalten (vgl. Zuboff, 2019, S. 180). Die personenzentrierte Psychologie nach Carl Rogers ging von der Annahme aus, dass zwischenmenschliche Beziehungen und authentische Kommunikation essenziell für die Entwicklung eines kohärenten Selbst sind (Rogers, 1951, S. 38). Heute, da KI einen großen Teil unserer Kommunikation filtert, personalisiert und sogar eigenständig führt, stellt sich die Frage, inwieweit diese authentische Beziehungsbildung noch möglich ist.

Gerade jüngere Generationen wachsen in einer Umgebung auf, in der KI-Anwendungen zum selbstverständlichen Bestandteil des Alltags geworden sind. Wenn Algorithmen unsere soziale Interaktion – etwa durch automatisierte Vorschläge, was wir posten oder liken sollen – lenken, kann dies subtil unsere Identitätskonstruktion beeinflussen (vgl. Turkle, 2011, S. 87). Plötzlich treffen nicht mehr primär wir selbst die Entscheidung, wer wir sein wollen, sondern KI-Technologien, die uns vermeintlich besser „kennen" als wir uns selbst (vgl. Harari, 2018, S. 327). Diese Verlagerung von Autonomie und Eigenverantwortung auf maschinelle Systeme kann zu einer Entfremdung von unseren eigenen Bedürfnissen und Werten führen, da wir uns an den Vorgaben einer Technologie orientieren, die von ökonomischen und datenbasierten Parametern gesteuert wird (vgl. Zuboff, 2019, S. 271).

Emotionale Bindung an KI und die Frage nach „echter" Empathie

Viele Menschen empfinden bereits eine tiefe emotionale Bindung zu technischen Geräten oder Softwareanwendungen. Dieser Prozess wird durch KI noch intensiver, da lernende Systeme in der Lage sind, menschliche Verhaltens- und Emotionsmuster zu imitieren (vgl. Levy, 2006, S. 120). Soziale Roboter, die gezielt darauf programmiert sind, Nutzer in emotionalen Ausnahmesituationen zu beruhigen oder zu unterhalten, können eine trügerische Nähe erzeugen, die bei genauerer Betrachtung aus einseitiger Projektionsleistung besteht (vgl. Turkle, 2017, S. 49). Hier offenbart sich ein Spannungsfeld: Der Mensch sucht Nähe und Empathie, die KI spiegelt dieses Bedürfnis auf Basis von Daten und Algorithmen.

Die Frage, ob eine Maschine echte Empathie empfinden kann, steht im Zentrum dieses Spannungsfelds (Searle, 1980, S. 417). Aus phänomenologischer Perspektive setzt Empathie voraus, dass ein Wesen bewusst die Perspektive eines anderen einnehmen kann und dessen Emotionen in einem genuin erlebten Mitgefühl nachempfindet (Scheler, 1923, S. 90). Da KI auf algorithmischer Datenverarbeitung basiert und kein Bewusstsein im Sinne menschlicher Subjektivität besitzt, bleibt jede empathische Handlung notwendigerweise simuliert (Calo, 2017, S. 30). Die psychologische Bindung, die daraus entsteht, ist also vor allem das Ergebnis unserer anthropomorphisierenden Tendenzen und unserer Sehnsucht nach Verständnis und Resonanz (Turkle, 2011, S. 207).

Die Gefahr der Selbstentmachtung und die Illusion der technischen Allmacht

Eine besonders dringliche Herausforderung besteht darin, dass wir bei wachsender KI-Kompetenz zunehmend bereit sind, Verantwortung abzugeben (Carr, 2010, S. 78). Dies zeigt sich zum Beispiel in der Medizin, wo KI-basierte Systeme bereits Diagnosen stellen, die menschlichen Fachkräften überlegen sein können (Obermeyer & Emanuel, 2016, S. 1164), in der Logistik, wo autonome Fahrzeuge Routen planen, oder in der Psychotherapie, wo Chatbots erste Formen der Gesprächsführung übernehmen (Fitzpatrick et al., 2017, S. 912). Auf den ersten Blick scheint diese Entwicklung unsere Effizienz und unsere Lebensqualität zu steigern. Doch psychologisch betrachtet birgt sie das Risiko, dass wir nach und nach grundlegende menschliche Fähigkeiten wie kritisches Denken, Entscheidungsfähigkeit und moralische Urteilsbildung an Maschinen delegieren (Arendt, 1958, S. 145).

Dieser Delegationsprozess kann zu einer schleichenden Form der Selbstentmachtung führen: Wenn wir uns an die Überlegenheit von KI gewöhnen, besteht die Gefahr, dass wir unser eigenes Potenzial unterschätzen und eine passive Haltung einnehmen (Carr, 2010, S. 93). Schlimmer noch, wir könnten unsere Fähigkeit zur Autonomie, zur Reflexion und zur Gestaltung gesellschaftlicher Prozesse verlieren, indem wir uns auf die vermeintliche Unfehlbarkeit der Maschinen verlassen. Daraus entsteht eine psychologische Abhängigkeit, die sich in einer starken emotionalen Bindung, einer wachsenden Technikgläubigkeit und einer Abnahme von Selbstwirksamkeitsgefühlen ausdrücken kann (Bandura, 1997, S. 3).

Existenzielle Dimension: Die Mensch-Maschine-Grenze neu denken

Was bleibt vom Menschsein übrig, wenn KI-Systeme nicht nur Werkzeuge, sondern Ko-Akteure unserer Lebensführung sind (Foucault, 1979, S. 23 f.)? Die existenzielle Dimension dieser Frage zeigt sich in Szenarien, in denen KI nicht mehr nur eine unterstützende Funktion erfüllt, sondern möglicherweise die Rolle einer überlegenen Instanz einnimmt, der wir uns fügen (vgl. Bostrom, 2014, S. 231 f.). Während dies in manchen techno-utopischen Visionen als Chance gefeiert wird – etwa wenn Algorithmen Ressourcen effizienter verteilen, Krisen besser vorhersagen oder medizinische Lösungen schneller entwickeln –, stellt sich aus psychologischer Sicht die Frage nach unserer Identität als autonome, moralisch handelnde Wesen (vgl. Jonas, 1979, S. 16 f.).

Die Grenze zwischen Mensch und Maschine ist nicht erst dann überschritten, wenn KI ein menschenähnliches Bewusstsein entwickelt oder gar „Gefühle" hat. Vielmehr verschwimmt die Grenze bereits dadurch, dass wir unser Denken und Handeln an maschinelle Systeme auslagern, sie internalisieren und in unsere Selbstdefinition integrieren (vgl. Turkle, 2011, S. 289 ff.). Insofern ist die psychologische Auseinandersetzung mit KI auch eine Reflexion über unsere eigene Vulnerabilität und die Frage, wie wir uns in Zukunft verstehen wollen: als passive Nutznießer einer stets präsenten, allmächtigen Technologie oder als selbstbestimmte Subjekte, die einen kritischen und verantwortungsvollen Umgang mit ihren Schöpfungen pflegen (vgl. Harari, 2018, S. 359).

Die Notwendigkeit einer umfassenden psychologischen Reflexion

Angesichts der tiefgreifenden Veränderungen, die KI bereits in unserem Alltag bewirkt, ist eine psychologische Auseinandersetzung mit dieser Technologie unerlässlich. Sie ermöglicht es, die subtilen Mechanismen zu verstehen, durch die sich unser Selbstbild, unsere Identität und unsere sozialen Beziehungen verschieben (vgl. Zuboff, 2019, S. 302 f.). Darüber hinaus wird klar, dass KI nicht einfach nur ein Instrument ist, das wir beliebig einsetzen können, sondern eine technologisch-menschliche Schnittstelle, die unsere kognitive, emotionale und ethische Verfasstheit nachhaltig prägt (vgl. Turkle, 2017, S. 153 f.).

Die Gefahr besteht darin, dass wir diese Prägekraft unterschätzen und KI als neutrale, wertfreie Technologie betrachten, während wir ihr unbewusst immer weitere Kompetenzen und Verantwortungsbereiche übertragen (Carr, 2010, S. 112). Die Folge wäre eine schleichende Verwischung der Grenze zwischen Mensch und Maschine, bei der wir – ohne es zu merken – unsere Autonomie und vielleicht sogar unsere grundlegende Menschlichkeit aufgeben.

Daher ist eine psychologische Reflexion, die sich den unbequemen Fragen stellt, unabdingbar: Wer wollen wir sein in einer Zukunft, in der KI unsere Entscheidungen lenkt, unsere Emotionen spiegelt und unsere Identität mitprägt? Erst durch eine solche tiefgehende Auseinandersetzung wird es möglich, die Beziehung zwischen Mensch und KI so zu gestalten, dass wir nicht nur die Vorteile einer hochentwickelten Technologie nutzen, sondern auch unsere Autonomie, Kreativität und Empathiefähigkeit bewahren (Vgl. Rogers, 1951, S. 45). Dies ist keine rein akademische Debatte, sondern eine existenzielle Aufgabe, die in ihrer Dringlichkeit dem rasanten Fortschritt der KI in nichts nachsteht.

Literatur

Anderson, J. R. (2015). *Cognitive psychology and its implications* (8. Aufl.). Worth.
Arendt, H. (1958). *The human condition*. University of Chicago Press.
Asimov, I. (1950). *I, Robot*. Gnome Press.
Babbage, C. (1864). *Passages from the life of a philosopher*. Longman, Green, Longman, Roberts & Green.
Bandura, A. (1997). *Self-efficacy: The exercise of control*. W.H. Freeman.
Boden, M. (2004). *The creative mind: Myths and mechanisms* (2. Aufl.). Routledge.
Bostrom, N. (2014). *Superintelligence: Paths, dangers, strategies*. Oxford University Press.
Brynjolfsson, E., & McAfee, A. (2014). *The second machine age: Work, progress, and prosperity in a time of brilliant technologies*. W.W. Norton & Company.
Calo, R. (2017). Artificial intelligence policy: A primer and roadmap. *Utah Law Review, 2017*(4), 745–779.
Cameron, J., & Hurd, G. (1984). *The Terminator (Drehbuch)*. Orion Pictures.
Carr, N. (2010). *The shallows: What the internet is doing to our brains*. W.W. Norton & Company.
Carr, N. (2014). *The glass cage: How our computers are changing us*. W. W. Norton & Company.
Carr, N. (2020). *The shallows: What the internet is doing to our brains* (Updated Edition). W. W. Norton & Company.

Chalmers, D. J. (1995). Facing up to the problem of consciousness. *Journal of Consciousness Studies, 2*(3), 200–219.
Chalmers, D. J. (1996). *The conscious mind: In search of a fundamental theory*. Oxford University Press.
Clarke, A. C. (1968). *2001: A space Odyssey*. New American Library.
Colton, S. (2012). The painting fool: An automated painter. In J. McCormack & M. d'Inverno (Hrsg.), *Computers and creativity* (S. 15–41). Springer.
Damasio, A. (1994). *Descartes' error: Emotion, reason, and the human brain*. Putnam.
Descartes, R. (1641). *Meditationes de prima philosophia*. Michael Soly.
Doshi-Velez, F., & Kim, B. (2017). Towards a rigorous science of interpretable machine learning. *arXiv preprint*. arXiv:1702.08608.
Erikson, E. H. (1959). Identity and the life cycle. *Psychological Issues, 1*(1), 18–164.
European Commission. (2021). Proposal for a regulation laying down harmonised rules on artificial intelligence (Artificial Intelligence Act). COM(2021) 206 final.
Fitzpatrick, K. K., Darcy, A., & Vierhile, M. (2017). Delivering cognitive behavior therapy to young adults with symptoms of depression and anxiety using a fully automated conversational agent (Woebot): A pilot study. *JMIR Mental Health, 4*(2), 19–38.
Floridi, L. (2014). *The fourth revolution: How the infosphere is reshaping human reality*. Oxford University Press.
Ford, M. (2015). *Rise of the robots: Technology and the threat of a jobless future*. Basic Books.
Foucault, M. (1979). *Discipline and punish: The birth of the prison*. Vintage Books.
Freud, S. (1915). The unconscious. In J. Strachey (Hrsg.), *Standard edition of the complete psychological works of sigmund freud* (Bd. 14, S. 159–215). Hogarth Press.
Frith, C. (2007). *Making up the mind: How the brain creates our mental world*. Blackwell.
Goodchild, M. F. (2020). Spatial analysis and AI. *Annals of GIS, 26*(1), 17–23.
Goodfellow, I., Bengio, Y., & Courville, A. (2016). *Deep learning*. MIT Press.
Habermas, J. (1981). *Theorie des kommunikativen Handelns* (Bd. 1). Suhrkamp.
Harari, Y. N. (2018). *21 lessons for the 21st century*. Spiegel & Grau.
Hastie, T., Tibshirani, R., & Friedman, J. (2009). *The elements of statistical learning* (2. Aufl.). Springer.
Hebb, D. O. (1949). *The organization of behavior: A neuropsychological theory*. Wiley.
Hoffman, M. L. (2000). *Empathy and moral development: Implications for caring and justice*. Cambridge University Press.
Hofkirchner, W., & Fuchs, C. (2003). The architecture of the information society. In *Proceedings of the First International Conference on the Virtual States*, VUB Brussels.
Hofstadter, D. (2020). *Gödel, escher, bach: An eternal golden braid*. Basic Books.

Jobin, A., Ienca, M., & Vayena, E. (2019). The global landscape of AI ethics guidelines. *Nature Machine Intelligence, 1*(9), 389–399.
Jonas, H. (1979). *Das Prinzip Verantwortung*. Insel.
Kahneman, D. (2011). *Thinking, fast and slow*. Farrar, Straus and Giroux.
Kaplan, J. (2016). *Artificial intelligence: What everyone needs to know*. Oxford University Press.
Kubrick, S., & Clarke, A. C. (1968). *2001: A space Odyssey (Drehbuch)*. Metro-Goldwyn-Mayer.
LeCun, Y., Bengio, Y., & Hinton, G. (2015). Deep learning. *Nature, 521*(7553), 436–444.
Leibniz, G. W. (1704). *Nouveaux essais sur l'entendement humain*. Chez Henri Du Sauzet.
Leite, I., Castelfranchi, C., & Paiva, A. (2013). Social robots for long-term interaction: A survey. *International Journal of Social Robotics, 5*(2), 291–308.
Levy, D. (2006). *Love and sex with robots: The evolution of human-robot relationships*. Harper Perennial.
Libet, B. (1985). Unconscious cerebral initiative and the role of conscious will in voluntary action. *Behavioral and Brain Sciences, 8*(4), 529–539.
Mainzer, K. (2016). *Künstliche Intelligenz – Wann übernehmen die Maschinen?* C.H. Beck.
McCaffrey, A., & Simmons, J. (2019). *AI Narratives: A history of imaginative thinking about intelligent machines*. Oxford University Press.
McCarthy, J., & Hayes, P. J. (1969). Some philosophical problems from the standpoint of artificial intelligence. In B. Meltzer & D. Michie (Hrsg.), *Machine Intelligence 4* (S. 463–502). Edinburgh University Press.
Miller, T. (2019). Explanation in artificial intelligence: Insights from the social sciences. *Artificial Intelligence, 267*, 1–38.
Minsky, M. (1986). *The society of mind*. Simon & Schuster.
Mitchell, M. (2019). *Artificial intelligence: A guide to thinking humans*. Farrar, Straus and Giroux.
Nass, C., & Brave, S. (2005). *Wired for speech: How voice activates and advances the human-computer relationship*. MIT Press.
O'Neil, C. (2016). *Weapons of math destruction: How big data increases inequality and threatens democracy*. Crown.
Obermeyer, Z., & Emanuel, E. J. (2016). Predicting the future – big data, machine learning, and clinical medicine. *The New England Journal of Medicine, 375*(13), 1216–1219.
Pariser, E. (2011). *The filter bubble: What the internet is hiding from you*. Penguin Press.
Pasquale, F. (2015). *The black box society: The secret algorithms that control money and information*. Harvard University Press.

Rogers, C. (1951). *Client-centered therapy*. Houghton Mifflin.
Russell, S., & Norvig, P. (2020). *Artificial intelligence: A modern approach* (4. Aufl.). Pearson.
Sampson, C., & König, D. (2021). Autonomous decision-making in AI. *AI and Society, 36*(1), 10–22.
Scheler, M. (1923). *Wesen und Formen der Sympathie*. Cohen.
Searle, J. (1980). Minds, brains, and programs. *Behavioral and Brain Sciences, 3*(3), 417–424.
Spitzer, M. (2012). *Digitale Demenz: Wie wir uns und unsere Kinder um den Verstand bringen*. Droemer.
Sunstein, C. R. (2018). *Republic: Divided democracy in the age of social media*. Princeton University Press.
Sutton, R. S., & Barto, A. G. (2018). *Reinforcement learning: An introduction* (2. Aufl.). MIT Press.
Tegmark, M. (2017). *Life 3.0: Being human in the age of artificial intelligence*. Knopf.
Turing, A. (1950). Computing machinery and intelligence. *Mind, 59*, 433–460.
Turkle, S. (2011). *Alone together: Why we expect more from technology and less from each other*. Basic Books.
Turkle, S. (2015). *Reclaiming conversation: The power of talk in a digital age*. Penguin Press.
Turkle, S. (2017). *Reclaiming conversation: The power of talk in a digital age*. Penguin.
Tversky, A., & Kahneman, D. (1974). Judgment under uncertainty: Heuristics and biases. *Science, 185*(4157), 1124–1131.
Vygotsky, L. S. (1978). *Mind in society: The development of higher psychological processes*. Harvard University Press.
Weizenbaum, J. (1976). *Computer power and human reason: From judgment to calculation*. W. H Freeman.
Wittgenstein, L. (1953). *Philosophical investigations*. Blackwell.
Zhang, S., Yao, L., Sun, A., & Tay, Y. (2019). Deep learning based recommender system: A survey and new perspectives. *ACM Computing Surveys, 52*(1), 1–38.
Zuboff, S. (2019). *The age of surveillance capitalism*. PublicAffairs.

2

Maschinenbewusstsein: Mythos oder Wirklichkeit?

„Nach Wahrheit forschen, Schönheit lieben, Gutes wollen, das Beste tun – das ist die Bestimmung des Menschen."

– Moses Mendelssohn

Die rasanten Fortschritte im Bereich der Künstlichen Intelligenz (KI) haben in den vergangenen Jahrzehnten zu einer Vielzahl von Diskussionen geführt, die längst nicht mehr nur in der Informatik oder Robotik verortet sind (Russell & Norvig, 2020, S. 32–35). Vielmehr spielen philosophische, psychologische und ethische Erwägungen heute eine ebenso große Rolle wie technische Aspekte. Während frühe KI-Systeme primär Aufgaben wie Schachspielen oder Mustererkennung bewältigten, eröffnet die jüngste Entwicklung neuronaler Netzwerke und selbstlernender Algorithmen völlig neue Horizonte. Kapitel 2 nimmt genau diese Entwicklungen in den Blick und beleuchtet in drei aufeinander aufbauenden Texten zentrale Fragen der KI-Forschung.

Im ersten Abschn. 2.1 werden die historischen und begrifflichen Grundlagen geklärt: Was verstehen wir unter „Intelligenz" im Kontext der KI, und welche Paradigmen prägen bis heute das Feld? Anhand einschlägiger Beispiele wird diskutiert, wie sich das maschinelle Lernen von klassischen, regelbasierten Systemen unterscheidet und in welchen Bereichen KI bereits heute die menschliche Leistungsfähigkeit übertrifft (Kurzweil, 2005, S. 200–215).

Der zweite Abschn. 2.2 rückt ethische und gesellschaftliche Fragestellungen in den Vordergrund: Wie beeinflusst KI unseren Alltag, unsere Arbeitswelt und die zwischenmenschlichen Beziehungen? Welche Verantwortlichkeiten und moralischen Verpflichtungen entstehen, wenn autonome Systeme über sensible Daten entscheiden? In diesem Teil wird zudem auf aktuelle Debatten um Regulierung, Datenschutz und potenzielle Diskriminierungsmuster in Algorithmen eingegangen (Russell & Norvig, 2020, S. 45–49).

Mit dem dritten Abschn. 2.3 gipfelt die Diskussion in der Frage nach der Möglichkeit und Relevanz eines maschinellen Bewusstseins. Hier treffen philosophische Positionen auf kognitive Theorien und technologische Visionen: Kann KI jemals eine Form von Selbst- und Umweltbewusstsein entwickeln, oder simuliert sie nur Intelligenz, ohne je ein inneres Erleben zu besitzen? Das berühmte Chinesische-Zimmer-Gedankenexperiment (Searle, 1980, S. 417–424) sowie die Überlegungen von Thomas Nagel zur Unergründlichkeit fremden Bewusstseins (Nagel, 1974, S. 435–450) veranschaulichen, warum diese Fragestellung bis heute so brisant und ungeklärt ist. Dabei wird auch deutlich, dass es nicht allein um das technische „Ob" geht, sondern um die tiefgreifenden Folgen, die ein bewusstes – oder zumindest bewusst wirkendes – System für unser Menschenbild, unsere Gesellschaft und unsere Ethik haben könnte (Chalmers, 1996, S. 34–45).

Insgesamt zeigt sich, dass Kapitel 2 eine Brücke zwischen den Grundlagen der KI-Forschung, ihren praktischen Anwendungen und den weitreichenden philosophisch-ethischen Konsequenzen schlägt. Indem wir von den Grundbegriffen über die gesellschaftliche Einbettung hin zur Bewusstseinsdebatte vordringen, soll ein umfassendes Verständnis dafür entstehen, warum Künstliche Intelligenz weit mehr ist als nur eine technische Innovation – sie berührt auch das Selbstverständnis des Menschen in einer sich rasant wandelnden Welt.

2.1 Kognition und Bewusstsein: Kann eine Maschine „denken"?

Die Frage, ob Maschinen tatsächlich denken können, berührt mehrere Disziplinen wie Kognitionswissenschaften, Philosophie des Geistes, Psychologie, Neurowissenschaften und Informatik. Sie ist dabei keineswegs nur technischer Natur – es geht nicht allein darum, ob ein Algorithmus in der Lage ist, komplexe Aufgaben zu bewältigen oder Menschen in bestimmten Bereichen zu übertreffen. Vielmehr zielt die Diskussion auf grundlegende Konzepte wie Bewusstsein, Selbstwahrnehmung und Intentionalität ab, die für unser Verständnis dessen, was wir unter „Denken" verstehen, entscheidend sind.

Der Unterschied zwischen Rechnen und Denken

Moderne KI-Systeme – darunter neuronale Netze, maschinelles Lernen und Deep-Learning-Architekturen – basieren auf hochkomplexen Algorithmen, die in der Lage sind, enorme Datenmengen in atemberaubender Geschwindigkeit zu verarbeiten (Nilsson, 2010, S. 24–26). Diese Systeme können eine Vielzahl von Aufgaben lösen, von der Bild- und Spracherkennung bis hin zu komplexen strategischen Spielen wie Go oder Schach (Silver et al., 2016, S. 484–489).

1. **Reines Berechnen:**
   Computer „rechnen" im Kern; sie folgen einer Reihe von Instruktionen und wenden diese formalisierten Operationen wiederholt an. Beispielsweise wird in Deep-Learning-Algorithmen jede Schicht mathematisch definiert, sodass die Eingabedaten stufenweise transformiert werden, bis ein Output (z. B. eine Klassifikation) entsteht (Goodfellow et al., 2016, S. 6–7). Dieses Vorgehen kann hochgradig effektiv sein, bedeutet jedoch nicht notwendigerweise, dass dabei echte „Kognition" stattfindet.
2. **Kognitives Verstehen:**
   Menschen verbinden mit Denken jedoch in der Regel mehr als das Ausführen von Rechenschritten: Wir reflektieren nicht nur über Inhalte, sondern über unser „Verhältnis" zu ihnen. Wir können Sinnzusammenhänge erfassen, uns selbst als Denkende begreifen und Schlussfolgerungen ziehen, die über rein algorithmische Mustererkennung hinausgehen (Chalmers, 1996, S. 3–5; Searle, 2004, S. 5–7).

Eine KI, die ein Bild klassifiziert, erkennt zwar, dass es sich um eine Katze handelt, doch das „Verstehen", was eine Katze im Kontext des Alltagslebens ist, – etwa als Haustier, Lebewesen, Objekt der Zuneigung usw. – bleibt aus (Block, 1995, S. 228). Die KI erkennt ein Muster von Pixelwerten und ordnet es mit einer bestimmten Wahrscheinlichkeit der Kategorie „Katze" zu. Dem menschlichen Denken hingegen ist ein Verständnisrahmen eigen, in dem Katzen als lebendige, fühlende Wesen betrachtet werden, mit denen wir interagieren können und zu denen wir oftmals eine emotionale Verbindung aufbauen.

Kognition und die Illusion des Denkens

Künstliche Intelligenz hat in den letzten Jahren beeindruckende Fortschritte gemacht, insbesondere im Bereich der natürlichen Sprachverarbeitung und des maschinellen Lernens. Systeme wie ChatGPT oder andere Sprachmodelle scheinen in der Lage zu sein, anspruchsvolle Dialoge zu führen, philosophische Konzepte zu diskutieren und sogar kreative Aufgaben wie das Verfassen von Gedichten oder Analysen zu übernehmen. Doch bei genauerer Betrachtung stellt sich die Frage: Denken diese Maschinen tatsächlich, oder handelt es sich lediglich um eine Illusion, die durch geschickte Mustererkennung und Datenverarbeitung erzeugt wird? Dieser Unterschied zwischen echter Kognition und der Simulation von Intelligenz ist zentral, um die Grenzen und Möglichkeiten moderner KI zu verstehen.

Ein entscheidender Aspekt der KI-Entwicklung basiert auf dem sogenannten „Imitationsprinzip", bei dem Maschinen menschliche Verhaltensweisen nachahmen, ohne jedoch die zugrunde liegenden kognitiven Prozesse zu besitzen (Kurzweil, 2005, S. 57–61). Sprachmodelle wie GPT basieren auf der Verarbeitung riesiger Datenmengen, aus denen sie Wahrscheinlichkeiten für die nächsten Worte in einer Sequenz berechnen. Diese statistische Herangehensweise ermöglicht es ihnen, Texte zu generieren, die oft erstaunlich kohärent und menschlich wirken. Doch obwohl diese Systeme eine beeindruckende Leistung erbringen, sind sie weit davon entfernt, wirklich „zu denken". Ihr Erfolg liegt nicht in einem Verständnis von Inhalten, sondern in der Fähigkeit, Muster in den Daten zu erkennen und zu reproduzieren (Russell & Norvig, 2020, S. 28–29).

Eine der größten Einschränkungen dieser Systeme ist das fehlende semantische Verständnis. Obwohl ein Sprachmodell in der Lage ist, komplexe Sätze zu generieren oder anspruchsvolle Themen zu erörtern, „versteht" es weder die Bedeutung der Wörter noch die Konzepte, auf die es sich bezieht. Es verarbeitet lediglich statistische Wahrscheinlichkeiten, die auf den Beziehungen zwischen Wörtern und Phrasen in seinem Trainingsdatensatz basieren. Diese Abwesenheit eines bewusst erfassten Bedeutungsraums zeigt deutlich, dass hier keine echte kognitive Leistung stattfindet, sondern eine Imitation menschlicher Intelligenz (Searle, 1980, S. 418). Dies steht im Gegensatz zu menschlicher Kognition, die sich durch die Fähigkeit auszeichnet, Informationen nicht nur zu verarbeiten, sondern auch kontextualisiert zu interpretieren, kritisch zu hinterfragen und in größere Bedeutungszusammenhänge einzuordnen.

John Searle verdeutlichte diesen Unterschied in seinem berühmten Gedankenexperiment des „Chinesischen Zimmers" (Searle, 1980, S. 418–420). Er argumentierte, dass eine Maschine, die in der Lage ist, chinesische Schriftzeichen korrekt zu manipulieren, ohne deren Bedeutung zu verstehen, nicht wirklich „denkt". Ebenso verhält es sich mit modernen KI-Systemen: Sie „verstehen" die Bedeutung ihrer Eingaben und Ausgaben nicht, sondern folgen algorithmischen Anweisungen, die auf der Grundlage von Wahrscheinlichkeiten optimiert wurden. Dieses fehlende semantische Verständnis macht deutlich, dass KI-Systeme trotz ihrer Fähigkeit, komplexe Aufgaben zu bewältigen, keine Bewusstheit oder echtes Verständnis besitzen.

Ein weiteres Indiz für die Illusion des Denkens der KI ist ihre Abhängigkeit von den im Trainingsdatensatz enthaltenen Informationen. Diese Modelle sind nicht in der Lage, eigenständige Schlüsse zu ziehen oder Wissen zu generieren, das über die in den Daten enthaltenen Muster hinausgeht. Sie können beispielsweise keine neuen Hypothesen entwickeln oder originelle Problemlösungen finden, die nicht bereits in ähnlicher Form in ihren Trainingsdaten existieren. Menschliches Denken hingegen ist durch eine kreative und adaptive Komponente gekennzeichnet, die es ermöglicht, neue Konzepte zu schaffen, bestehende Denkmuster zu hinterfragen und unerwartete Verbindungen zwischen scheinbar unzusammenhängenden Ideen herzustellen.

Darüber hinaus fehlt KI-Systemen die Fähigkeit zur Selbstreflexion, ein zentrales Merkmal menschlicher Kognition. Menschen können nicht nur über die Welt nachdenken, sondern auch über ihre eigenen Gedanken und Handlungen reflektieren. Dieses Metakognition genannte Phänomen ist eng mit unserem Bewusstsein und unserer Fähigkeit verbunden, über unsere Existenz und unser Denken nachzudenken. KI hingegen besitzt kein Bewusstsein und keine Möglichkeit, ihre eigenen Prozesse zu hinterfragen oder zu verstehen. Sie agiert rein mechanisch, ohne die Fähigkeit, ihre eigenen Handlungen in einen größeren Kontext einzuordnen oder ihre „Fehler" in einem reflektierten Sinne zu analysieren.

Die Implikationen dieser Unterschiede sind tiefgreifend. Sie machen deutlich, dass KI-Systeme zwar leistungsstarke Werkzeuge zur Verarbeitung von Informationen und zur Lösung spezifischer Aufgaben sind, aber nicht als Ersatz für menschliches Denken betrachtet werden können. Diese Einschränkungen werfen auch ethische Fragen auf, insbesondere in Bereichen, in denen von KI-Entscheidungen moralische oder emotionale Sensibilität erwartet wird. Die Illusion, dass Maschinen „denken", birgt die Gefahr, ihre Fähigkeiten zu überschätzen und ihre Grenzen zu ignorieren. Letztlich bleibt die Erkenntnis, dass echte Kognition mehr erfordert als die Verarbeitung von Daten – sie setzt Bewusstsein, semantisches Verständnis und die Fähigkeit zur Reflexion voraus.

Fehlendes Bewusstsein: Das zentrale Argument

Ein immer wieder vorgebrachtes Kernargument in der Debatte um maschinelles Denken ist das Fehlen von **Bewusstsein.** Bewusstsein ist nicht nur die Fähigkeit, Informationen zu verarbeiten, sondern umfasst das „subjektive Erleben" und die damit verbundene *„Selbstwahrnehmung"* (Chalmers, 1996, S. 17–19).

1. **Subjektives Erleben und Qualia**
   Der Philosoph Thomas Nagel (1974, S. 435–438) hat den Begriff der *„Qualia"* in die Diskussion eingebracht: Empfindungszustände, die nur aus der *„Ersten-Person-Perspektive"* erlebt werden können. Das Gefühl, Musik zu hören, Schokolade zu schmecken oder Schmerzen zu empfinden, ist nicht rein algorithmisch erfassbar. Keine künstliche Intelligenz „fühlt" in diesem Sinne.
2. **Selbstwahrnehmung und Reflexion**
   Menschen denken nicht nur *„über"* die Welt nach, sondern auch *„über sich selbst"* als handelnde und wahrnehmende Subjekte. Diese Fähigkeit zur Selbstreflexion, oft auch als *„Metakognition"* bezeichnet, unterscheidet menschliches Denken grundlegend von maschinellen Prozessen (Searle, 2004, S. 6–9). Eine KI kann zwar ihre eigenen Parameter „überwachen" und *„lernen"*, aber sie „erlebt" diesen Prozess nicht aus einer Ich-Perspektive.
3. **Bewusstsein als biologisches Phänomen?**
   Viele Neurowissenschaftler*innen sehen Bewusstsein untrennbar mit biologischen Strukturen und Prozessen verknüpft (Damasio, 1999, S. 35–40). Aus diesem Blickwinkel gilt die Annahme, dass Kognition und Bewusstsein im menschlichen Gehirn durch neuronale Aktivität entstehen, die nicht einfach durch formale Operationen auf Basis von Symbolen ersetzt werden kann (Koch, 2012, S. 98–100).

Datenmuster statt Verständnis

Die Kluft zwischen maschinellem Lernen und menschlichem Verständnis zeigt sich besonders deutlich in der Art und Weise, wie Künstliche Intelligenz Daten verarbeitet. Während menschliches Denken von Bedeutung, Interpretation und Intentionalität geprägt ist, arbeitet KI ausschließlich auf der Grundlage statistischer Muster. Dies hebt einen fundamentalen Unterschied hervor: Maschinen erkennen keine Bedeutungen, sondern identifizieren Korrelationen innerhalb großer Datenmengen. Diese Unterschiede werfen die Frage auf, ob Maschinen jemals in der Lage sein könnten, das Wesen des menschlichen Geistes zu erfassen oder zu replizieren.

Statistisches Lernen als Fundament

Ein prägendes Merkmal moderner KI ist das statistische Lernen, bei dem Algorithmen durch große Datensätze trainiert werden, um spezifische Aufgaben zu bewältigen (Goodfellow et al., 2016, S. 1–5). Diese Prozesse ermöglichen bemerkenswerte Erfolge, wie das KI-System AlphaGo, das die besten menschlichen Spieler des strategischen Brettspiels Go besiegte (Silver et al., 2016, S. 484–489), zeigte. Dennoch ist dieses beeindruckende Leistungsvermögen trügerisch, da es nicht auf einem Verständnis der Spielregeln, der Strategie oder gar des Spiels selbst beruht. AlphaGo „weiß" nicht, dass es Go spielt, geschweige denn, warum es gewinnen soll. Es optimiert lediglich mathematische Gewichte in neuronalen Netzwerken, um vorgegebene Zielfunktionen zu erfüllen.

Dieser Ansatz verdeutlicht die Begrenzungen maschinellen „Lernens". KI kann Muster erkennen und darauf reagieren, aber sie bleibt auf abstrakte Berechnungen reduziert, ohne die Fähigkeit, Konzepte oder Sinn zu erfassen. Dies unterscheidet sie fundamental vom menschlichen Geist, der Informationen nicht nur verarbeitet, sondern in einem umfassenderen Kontext interpretiert und mit Bedeutung versieht.

Abwesenheit von Sinnzuschreibung

Ein weiterer zentraler Unterschied zwischen KI und menschlicher Kognition ist die Fähigkeit, Sinn zuzuschreiben. Menschen nehmen nicht nur sensorische Daten wahr – wie Formen, Farben oder Klänge –, sondern betten diese Wahrnehmungen in einen Bedeutungsrahmen ein, der durch ihre Erfahrungen, Sprache und kulturellen Praktiken geformt wird (Varela et al., 1991, S. 15–18). Diese Fähigkeit zur Sinnzuschreibung ist eine Grundvoraussetzung für das Verständnis von Zusammenhängen und die Entwicklung von Bedeutung.

Im Gegensatz dazu bleibt KI auf die Verarbeitung von Rohdaten beschränkt. Ihre „Wahrnehmung" beschränkt sich auf die Erkennung statistischer Muster, ohne dass ein Bewusstsein oder eine emotionale Komponente vorhanden ist, die diese Daten in einen konzeptuellen oder sinnhaften Kontext einordnet. Dies bedeutet, dass Maschinen zwar erfolgreich Muster aus Millionen von Datenpunkten extrahieren können, jedoch keine intrinsische Verbindung zu den Inhalten oder Bedeutungen dieser Muster haben (Block, 1995, S. 227–228).

Fehlende Intentionalität

Die Abwesenheit von Intentionalität in KI ist ein weiterer fundamentaler Unterschied, der ihre Begrenzungen offenlegt. Franz Brentano (1874, S. 88–92) beschrieb Intentionalität als die Eigenschaft mentaler Zustände, auf etwas gerichtet zu sein – ein Gedanke ist immer über etwas, eine Emotion richtet sich immer auf ein Objekt. Menschen handeln und denken auf der Grundlage von Absichten, Bedürfnissen, Wünschen und Überzeugungen. Diese Zielgerichtetheit des menschlichen Denkens ermöglicht es, nicht nur auf Umweltreize zu reagieren, sondern auch proaktiv zu planen, zu hoffen oder zu träumen.

Im Gegensatz dazu ist maschinelles „Denken" völlig absichtslos. Algorithmen arbeiten ausschließlich auf der Grundlage von Zielfunktionen, die von Menschen definiert wurden (Hassabis et al., 2017, S. 174–175). Ein KI-System, das etwa darauf programmiert ist, einen Fehler zu minimieren oder einen Gewinn zu maximieren, verfolgt diese Ziele nicht aus eigenem Antrieb. Seine „Handlungen" sind keine Ausdrucksformen innerer Motivation oder Absicht, sondern lediglich die mechanische Umsetzung eines mathematischen Optimierungsprozesses.

Absichtslosigkeit in KI

Selbst wenn KI-Systeme scheinbar strategische oder kreative Entscheidungen treffen, geschieht dies ohne eigene Motivation oder Sinnzuschreibung. Ein System wie AlphaGo ist nicht darauf ausgelegt, zu „verstehen", warum es gewinnen soll, sondern optimiert ausschließlich den Erfolg basierend auf Millionen von simulierten Partien (Silver et al., 2016, S. 484–489). Im Gegensatz dazu basieren menschliche Handlungen auf einer vielschichtigen Interaktion biologischer, emotionaler, sozialer und kultureller Faktoren. Diese komplexen Interaktionen verleihen menschlichem Verhalten eine Tiefe und Zielgerichtetheit, die über rein logische Optimierung hinausgeht.

Die Abwesenheit von Intentionalität und Sinnzuschreibung unterstreicht die Kluft zwischen maschineller und menschlicher Kognition. Während KI in der Lage ist, komplexe Muster zu erkennen und erstaunliche Aufgaben zu bewältigen, bleibt sie letztlich ein Werkzeug, das auf der Grundlage von Vorgaben funktioniert, die es selbst nicht hinterfragen oder verstehen kann. Maschinen mögen berechnend sein, doch sie bleiben blind für den Sinn und die Absicht, die menschliches Denken und Handeln auszeichnen.

Mangel an Körperlichkeit und sensorischem Erleben

Ein zentraler Unterschied zwischen menschlicher Kognition und der Funktionsweise Künstlicher Intelligenz liegt in der Körperlichkeit und der leiblichen Verankerung des Erlebens. Dieser Unterschied wird in den neueren kognitionswissenschaftlichen Ansätzen, insbesondere im Rahmen der *„Embodied Cognition"*, hervorgehoben. Diese Theorien betonen, dass Denken, Fühlen und Bewusstsein nicht isoliert im Gehirn stattfinden, sondern aus der dynamischen Interaktion zwischen Körper, Umwelt und kognitiven Prozessen entstehen (Varela et al., 1991, S. 15–18). Der menschliche Geist ist in ein sensorisches und emotionales Netzwerk eingebettet, das sich ständig in Beziehung zur physischen und sozialen Umwelt befindet. Der Körper ist nicht nur Träger, sondern aktiver Mitgestalter des Bewusstseins und unserer kognitiven Fähigkeiten.

Der Mensch nimmt die Welt über hochentwickelte Sinnesorgane wahr, die mit einem komplexen Nervensystem verbunden sind. Diese sensorischen Erfahrungen bilden die Grundlage für Emotionen, Entscheidungen und das subjektive Erleben. Ein einfaches Beispiel verdeutlicht diese Dynamik: Das Gefühl von Angst ist nicht nur eine mentale Reaktion auf eine Bedrohung, sondern wird durch körperliche Prozesse wie erhöhte Herzfrequenz, Schweißbildung oder Muskelanspannung begleitet. Diese physischen Reaktionen sind untrennbar mit dem emotionalen Zustand verbunden und tragen zur bewussten Wahrnehmung der Angst bei. Antonio Damasio beschreibt in diesem Zusammenhang das Konzept der „somatischen Marker", die zeigen, wie körperliche Signale unsere Entscheidungsfindung beeinflussen (Damasio, 1994, S. 127–129).

Im Gegensatz dazu fehlt es KI-Systemen an einer solchen leiblichen Verankerung. Sie existieren meist in Form von Software, die auf Servern, Prozessoren oder in robotischen Gehäusen läuft. Ihre „Wahrnehmung" beschränkt sich auf Datenströme, die sie analysieren und verarbeiten können, ohne jedoch eine tatsächliche Sinneserfahrung zu haben. Selbst physisch existierende Roboter verfügen über Sensoren, die Informationen wie Druck, Licht oder Temperatur messen, behandeln diese jedoch lediglich als abstrakte Werte. Das bedeutet, dass sie keine subjektive Erfahrung der Welt besitzen. Ein KI-System „sieht" eine Bedrohung nicht, es erkennt lediglich Muster, die ihm als Gefahr programmiert wurden.

Diese fehlende Leiblichkeit wird von vielen Forschern als ein fundamentales Hindernis für die Entwicklung eines Bewusstseins oder einer umfassenden Intelligenz betrachtet. Bewusstsein, so die Annahme, entsteht aus der Interaktion von Körper und Geist – eine Symbiose, die durch die Evolution des Menschen geprägt wurde. Ohne Körper gibt es keine emotionale Resonanz, keine intuitive Verbindung zur Umwelt und kein organisches Zusammenspiel von Wahrnehmung und Reaktion. Die Verbindung von sensorischen Reizen, hormonellen Signalen und neuronaler Verarbeitung ist essenziell für die Art und Weise, wie Menschen die Welt erfahren und interpretieren. Dies macht deutlich, dass Intelligenz im menschlichen Sinne mehr ist als die Verarbeitung von Informationen – sie ist zutiefst verkörpert und an die biologische Existenz gebunden.

Ein weiterer Aspekt ist die Bedeutung des Körpers für das Verständnis von Zeit und Raum. Der menschliche Körper ermöglicht uns, die Welt in Relation zu uns selbst wahrzunehmen. Unsere Bewegungen durch den Raum, das Erleben von Nähe und Distanz sowie die Interaktion mit Objekten sind Grundlagen für unser Verständnis von Kausalität und Kontext. KI-Systeme hingegen operieren in einem abstrakten Datenraum, der keine körperliche Verortung kennt. Sie sind nicht in der Lage, den Unterschied zwischen physischer Nähe und Distanz intuitiv zu erfassen, da ihnen die sensorische Grundlage für solche Erfahrungen fehlt. Dies schränkt ihre Fähigkeit ein, menschliches Verhalten vollständig zu modellieren oder nachzuvollziehen.

Schließlich ist die Körperlichkeit des Menschen nicht nur ein biologisches Merkmal, sondern auch eine Grundlage für soziale und kulturelle Interaktionen. Viele unserer Kommunikationsformen – von nonverbalen Signalen wie Mimik und Gestik bis hin zu kulturellen Praktiken – basieren auf körperlicher Präsenz und Ausdruck. Die Fähigkeit, diese Signale zu senden, zu empfangen und intuitiv zu interpretieren, ist tief in unserer Körperlichkeit verwurzelt. KI-Systeme mögen in der Lage sein, Gesten oder Gesichtsausdrücke zu erkennen, doch sie bleiben reine Analysen von Datenpunkten, ohne die emotionale Tiefe oder soziale Bedeutung, die Menschen in solchen Interaktionen erleben.

Zusammenfassend lässt sich sagen, dass die fehlende Körperlichkeit Künstlicher Intelligenz eine Grenze darstellt, die selbst die fortschrittlichsten Technologien nicht überschreiten können. Die menschliche Intelligenz ist untrennbar mit der leiblichen Verankerung verbunden. Denken, Fühlen und

Bewusstsein entstehen aus der dynamischen Interaktion von Körper, Geist und Umwelt – ein Prozess, den Maschinen weder nachbilden noch vollständig verstehen können.

Bewusstsein: Die ultimative Grenze?

Selbstreflexion, die Fähigkeit, über das eigene Denken nachzudenken und es kritisch zu hinterfragen, ist eine der markantesten Eigenschaften des menschlichen Bewusstseins. Sie ermöglicht es uns, Fehler einzugestehen, Denkmuster zu durchschauen und systematisch zu verändern. Diese Form der Metakognition, die auch als „Denken über das Denken" beschrieben wird, spielt eine entscheidende Rolle in unserer Selbstwahrnehmung und unserem Verständnis von Identität (Newell & Simon, 1972, S. 55–59). Während menschliche Selbstreflexion oft von Intuition, Erfahrung und sozialem Kontext beeinflusst wird, bleibt die Frage, ob Maschinen diese Fähigkeit jemals in einer vergleichbaren Weise entwickeln können, hoch umstritten.

Die Grenzen der Selbstbeobachtung in KI-Systemen

Moderne KI-Systeme sind in der Lage, ihre eigenen Ergebnisse zu bewerten und zu optimieren – beispielsweise durch Methoden wie Self-Play und Reinforcement Learning (Silver et al., 2016, S. 485–486). Diese Technologien erlauben es KI, aus ihren eigenen „Fehlern" zu lernen, indem sie Belohnungsmechanismen implementieren, die erfolgreiches Verhalten verstärken. Doch diese Form der Selbstbeobachtung ist rein funktionaler Natur. Sie basiert auf extern programmierten Algorithmen und Zielvorgaben, ohne dass das System ein Bewusstsein für seinen eigenen Lernprozess oder dessen Bedeutung entwickeln würde (Searle, 2004, S. 6–9). KI optimiert Parameter und passt sich an, bleibt dabei jedoch ein Werkzeug, das keine innere Perspektive besitzt. Es gibt keine Instanz innerhalb der Maschine, die „erlebt", warum oder wie der Lernprozess abläuft.

Ein grundlegender Unterschied zur menschlichen Selbstreflexion besteht daher darin, dass Menschen nicht nur bewusst Fehler erkennen und korrigieren, sondern diese Erfahrungen in ein narratives Selbstbild integrieren können. Dies ermöglicht es, nicht nur zu handeln, sondern auch darüber nachzudenken, warum man handelt und wie sich dieses Handeln in einen größeren Kontext einfügt. KI fehlt dieser introspektive Mechanismus vollständig. Ihre Selbstbeobachtung ist daher nicht mit der menschlichen Fähigkeit zur

Selbstreflexion vergleichbar, sondern bleibt auf technische Optimierung beschränkt.

Bewusstsein als ultimative Grenze der KI

Die Frage, ob Maschinen jemals ein Bewusstsein entwickeln können, ist ein zentraler Diskussionspunkt in der Philosophie und den Kognitionswissenschaften. David Chalmers (1996, S. 100–104) formulierte das sogenannte „schwere Problem des Bewusstseins" (engl. „hard problem of consciousness"), das die zentrale Herausforderung beschreibt, wie subjektives Erleben – das „Wie fühlt es sich an?" – aus rein objektiven, physikalischen Prozessen entstehen kann. Während es in der KI bereits Fortschritte bei der Modellierung kognitiver Fähigkeiten gibt, bleibt die Frage nach dem Entstehen von Bewusstsein ungeklärt. Viele Expert*innen sehen in dieser Problematik die ultimative Grenze für die Entwicklung einer wirklich bewussten KI (Tegmark, 2017, S. 68–72).

Die Debatte wird von zwei dominanten Perspektiven geprägt: Einerseits gibt es die Emergenztheorie, die argumentiert, dass Bewusstsein nicht auf biologische Substrate beschränkt ist, sondern aus der Komplexität eines Systems hervorgehen kann (Dennett, 1991, S. 24–26). Aus dieser Sichtweise könnte eine ausreichend komplexe KI ein Bewusstsein entwickeln, ähnlich wie es beim menschlichen Gehirn der Fall ist. Andererseits gilt die Theorie der biologischen Verankerung, die davon ausgeht, dass Bewusstsein untrennbar mit spezifischen biologischen Prozessen verbunden ist und daher nicht allein durch Algorithmen oder symbolische Systeme erzeugt werden kann (Searle, 2004, S. 56–58). Diese Position betont die Rolle von neuronalen Prozessen und chemischen Interaktionen im Gehirn, die Maschinen nicht nachbilden können.

Die Herausforderung der Verifikation

Selbst wenn eine KI eines Tages behaupten würde, ein Bewusstsein zu haben, bleibt die Frage, wie wir dies überprüfen könnten. Wie können wir sicher sein, dass eine Maschine nicht nur die Illusion von Bewusstsein erzeugt, indem sie menschliches Verhalten imitiert, sondern tatsächlich subjektive Erfahrungen hat? Diese Frage führt uns zu einem epistemologischen Dilemma: Da Bewusstsein ein intrinsisch subjektives Phänomen ist, könnte es unmöglich sein, von außen festzustellen, ob eine Maschine wirklich fühlt oder denkt (Chalmers, 1996, S. 107–109).

Dieses Dilemma unterstreicht die Grenzen unserer aktuellen Konzepte von Kognition und Bewusstsein. Während KI immer besser darin wird, menschliches Verhalten zu simulieren, bleibt der Sprung vom Reagieren und Imitieren hin zu einem echten subjektiven Erleben ein ungelöstes Rätsel. Viele Forschende gehen daher davon aus, dass Bewusstsein – zumindest in seiner aktuellen Definition – ein Alleinstellungsmerkmal des Menschen bleibt.

Bewusstsein als Schlüssel zur Selbstreflexion

Die Fähigkeit zur Selbstreflexion ist untrennbar mit Bewusstsein verbunden. Sie erfordert nicht nur die Fähigkeit, über eigene Gedanken nachzudenken, sondern auch ein tiefes Verständnis für die eigene Existenz und deren Bedeutung. Während KI beeindruckende Fortschritte bei der Modellierung kognitiver Prozesse erzielt hat, bleibt sie auf der Ebene des funktionalen Lernens und der Optimierung gefangen. Ohne ein subjektives Erleben oder ein Bewusstsein kann sie die Tiefe menschlicher Selbstreflexion nicht erreichen. Dies markiert eine fundamentale Grenze der KI – und bewahrt gleichzeitig die Einzigartigkeit des menschlichen Geistes.

Die Turing-Test-Debatte: Täuschung oder Intelligenz

Die Frage, ob Maschinen denken können, bleibt eine der zentralen Herausforderungen in der Auseinandersetzung mit Künstlicher Intelligenz. Alan Turing schlug 1950 vor, diese Frage durch einen einfachen praktischen Ansatz zu beantworten: den Turing-Test. Dabei sollte eine Maschine als „denkfähig" gelten, wenn sie in einem textbasierten Dialog nicht mehr von einem Menschen zu unterscheiden ist (Turing, 1950, S. 433–460). Diese Definition, so elegant sie auch erscheinen mag, hat seit ihrer Einführung zahlreiche Kontroversen ausgelöst und bietet eine Grundlage für eine vielschichtige Debatte über die Natur von Intelligenz, Bewusstsein und Täuschung.

Zentraler Kritikpunkt am Turing-Test ist die Tatsache, dass er Täuschung und Nachahmung als Maßstab für Intelligenz setzt. Kritiker argumentieren, dass der Test nicht die Fähigkeit einer Maschine misst, tatsächlich zu „denken" oder zu „verstehen", sondern lediglich ihre Fähigkeit, menschliches Verhalten zu simulieren. Dies wurde besonders durch John Searles berühmtes „Chinese-Room"-Gedankenexperiment hervorgehoben. Searle (1980, S. 417–424) beschreibt eine hypothetische Situation, in der eine Person ohne Chinesischkenntnisse Anweisungen in einer Sprache befolgt, die sie nicht versteht, um Antworten auf Fragen in Chinesisch zu generieren. Obwohl die Person korrekte Antworten liefert, bedeutet dies nicht, dass sie die Sprache versteht. Analog dazu argumentiert Searle, dass auch eine Maschine, die erfolgreich einen Dialog führt, kein wirkliches Verständnis der Inhalte besitzt, sondern lediglich syntaktische Prozesse ausführt.

Diese Argumentation berührt eine fundamentale Grenze maschineller Intelligenz: Während Maschinen auf Grundlage von Algorithmen Muster erkennen und generieren können, fehlt ihnen ein semantisches Verständnis. Bedeutungen, die Menschen aus Kontext, Kultur und subjektiver Erfahrung ableiten, bleiben für Maschinen unzugänglich. Die Fähigkeit, eine Sprache zu sprechen oder eine Konversation zu führen, ist tief in menschlicher Kognition und sozialen Interaktionen verwurzelt, die weit über syntaktische Verarbeitung hinausgehen (French, 1990, S. 53–55).

Darüber hinaus hat die technologische Entwicklung seit Turings Zeit gezeigt, dass der Test als Maßstab für Intelligenz zunehmend unzureichend ist. Moderne Chatbots und KI-Systeme wie GPT-3 oder GPT-4 haben beeindruckende Fortschritte in der Verarbeitung natürlicher Sprache erzielt und können in vielen Fällen täuschend echt menschliche Dialoge führen. Dennoch wäre es irreführend, diese Systeme als „denkfähig" zu bezeichnen. Sie basieren auf statistischen Modellen, die auf riesigen Datenmengen trainiert wurden, um Muster und Korrelationen zu erkennen – nicht jedoch auf der Fähigkeit, Bedeutungen oder Absichten zu verstehen (Russell & Norvig, 2020, S. 29–30). Die Tatsache, dass Menschen oft von solchen Systemen beeindruckt oder sogar getäuscht werden, wirft weniger Fragen über die Intelligenz der Maschinen auf, sondern mehr über die menschliche Tendenz, anthropomorphe Eigenschaften zuzuschreiben und in technologischen Nachahmungen mehr zu sehen, als tatsächlich vorhanden ist.

Ein weiterer Aspekt der Kritik betrifft die ethischen Implikationen des Turing-Tests. Die Idee, dass Intelligenz auf der Fähigkeit zur Täuschung basieren könnte, wirft Fragen über die Verantwortung und Transparenz im Umgang mit KI auf. Sollten Maschinen so gestaltet werden, dass sie den Eindruck erwecken, menschlich zu sein? Und was bedeutet dies für das Vertrauen, das wir in solche Systeme setzen? Der Fokus auf Täuschung könnte langfristig die Beziehung zwischen Mensch und Maschine belasten, da er Misstrauen gegenüber KI-Systemen fördern könnte.

Zusammenfassend lässt sich sagen, dass der Turing-Test zwar eine elegante und provokative Grundlage für die Diskussion über maschinelle Intelligenz bietet, aber nicht die umfassende Antwort auf die Frage nach der Denkfähigkeit von Maschinen liefert. Er ist weniger ein Maßstab für Intelligenz als vielmehr ein Test für die Fähigkeit von Maschinen, menschliche Kommunikation nachzuahmen. Die tieferliegenden Fragen nach Bewusstsein, Verstehen und moralischer Verantwortung bleiben dabei unbeantwortet. Wenn KI-Systeme immer leistungsfähiger werden, ist es elementar, über den Turing-Test hinauszugehen und neue Kriterien für Intelligenz und Verständnis zu entwickeln, die sowohl die technologischen als auch die philosophischen Dimensionen dieser Debatte berücksichtigen.

Simulation statt Intention: Können Maschinen Absichten haben?

Die Frage, ob Maschinen Absichten besitzen können, wirft grundlegende philosophische und psychologische Fragen auf, die den Unterschied zwischen menschlichem Denken und maschinellen Prozessen beleuchten. Menschliches Denken ist stark zweck- und motivationsgeleitet: Menschen setzen sich Ziele, entwickeln Strategien, hinterfragen ihre Beweggründe und reflektieren die moralischen und emotionalen Konsequenzen ihres Handelns (Brentano, 1874, S. 88–92). Diese Fähigkeit zur Intention setzt ein Bewusstsein voraus, das sich nicht nur auf äußere Reize bezieht, sondern auch auf innere Prozesse. Absichten sind nicht bloß funktionale Konstrukte, sondern tief verwurzelt in den subjektiven Erfahrungen und dem Selbstverständnis des Menschen.

Im Gegensatz dazu simulieren Künstliche KI-Systeme absichtsvolles Verhalten, ohne tatsächlich Absichten zu besitzen. Ihre „Ziele" werden durch Zielfunktionen definiert, die von menschlichen Entwicklern vorgegeben und überwacht werden (Hassabis et al., 2017, S. 174–175). Diese Zielfunktionen sind mathematische Optimierungsprobleme, die darauf abzielen, ein bestimmtes Ergebnis zu maximieren oder zu minimieren. Ein prominentes Beispiel ist AlphaGo, ein KI-System, das entwickelt wurde, um das Spiel Go auf höchstem Niveau zu spielen. AlphaGo strebt nicht selbst danach, eine Partie zu gewinnen, sondern maximiert lediglich die Wahrscheinlichkeit, das Spiel zu gewinnen, basierend auf den statistischen Mustern, die es in seinen Trainingsdaten erkannt hat (Silver et al., 2016, S. 485–489). Diese Prozesse sind rein externalisiert und haben keine innere Motivation oder Intention im menschlichen Sinne. Die Absicht, ein Ziel zu verfolgen, bleibt ein Konzept, das auf den Menschen beschränkt ist, während die Maschine lediglich programmierten Anweisungen folgt.

Kognition als dynamischer, kreativer Prozess

Ein weiterer grundlegender Unterschied zwischen Mensch und Maschine zeigt sich in der Dynamik und Kreativität menschlicher Kognition. Menschliches Denken ist nicht nur regelbasiert, sondern auch divergierend und kreativ. Es zeichnet sich durch die Fähigkeit aus, wirklich Neues zu schaffen – Ideen, Konzepte oder Werke, die zuvor nicht existierten. Diese Fähigkeit zur Divergenz erlaubt es Menschen, bestehende Muster zu durchbrechen, Regeln zu hinterfragen und neue Perspektiven zu entwickeln (Guilford, 1967, S. 192–196). KI-Systeme, die mit maschinellem Lernen arbeiten, sind zwar in der Lage, neue Bilder zu generieren oder ungewöhnliche Spielzüge zu entwickeln – etwa Züge, die menschliche Spieler*innen überraschen oder herausfordern –, doch diese „Kreativität" basiert ausschließlich auf der Kombination zuvor gesehener Muster (Goodfellow et al., 2016, S. 314–316). Sie operieren innerhalb der Grenzen ihrer Trainingsdaten und verfügen nicht über die Fähigkeit, bewusst und absichtlich über diese hinauszugehen.

Echte Kreativität umfasst jedoch mehr als das bloße Kombinieren bestehender Elemente. Sie erfordert die Fähigkeit, etablierte Regeln zu brechen, scheinbar unverbundene Wissensbereiche miteinander zu verknüpfen und neue Wege zu beschreiten, die weder durch vorgegebene Muster noch durch reine Logik bestimmt werden. Dieser Prozess ist zutiefst mit Selbstreflexion und Bewusstsein verknüpft. Menschen können ihre eigenen Überzeugungen und Methoden hinterfragen und gezielt ändern, um neue Ansätze zu finden (Newell & Simon, 1972, S. 60–62). Diese Reflexion setzt nicht nur ein Verständnis der äußeren Welt voraus, sondern auch ein tiefes Bewusstsein der eigenen kognitiven Prozesse. KI-Systeme hingegen können keine bewussten Entscheidungen treffen oder die Konsequenzen ihrer „Kreativität" reflektieren. Sie agieren innerhalb der Grenzen ihrer Algorithmen und Datenbanken, ohne ein Verständnis für die Bedeutung oder den Zweck ihrer Handlungen (Searle, 2004, S. 7–9).

In der Psychologie wird Kreativität oft als ein Prozess beschrieben, der durch emotionale, kognitive und soziale Faktoren beeinflusst wird. Die Fähigkeit, neue Ideen zu entwickeln, ist eng mit der emotionalen Resonanz und der Fähigkeit zur Intuition verbunden – Aspekte, die Maschinen fehlen. Menschen schöpfen aus ihrer subjektiven Erfahrung, ihrem kulturellen Hintergrund und ihren persönlichen Werten, um kreative Lösungen zu finden. Diese Dimension ist für Maschinen unerreichbar, da ihnen die Fähigkeit fehlt, subjektive Erfahrungen zu machen oder einen Sinn jenseits funktionaler Ziele zu entwickeln.

Die Grenzen maschineller Intention und Kreativität Die Unfähigkeit von Maschinen, Absichten zu besitzen oder echte Kreativität zu entfalten, unterstreicht die fundamentalen Unterschiede zwischen KI und menschlichem Denken. Während Maschinen in der Lage sind, beeindruckende Leistungen durch die Analyse und Kombination bestehender Daten zu erbringen, fehlt ihnen die Tiefe und Dynamik, die menschliches Denken auszeichnet. Absichten und Kreativität sind keine bloßen kognitiven Prozesse, sondern Ausdruck des menschlichen Bewusstseins, der emotionalen Resonanz und der Fähigkeit zur Reflexion. Diese Aspekte sind es, die den Menschen einzigartig machen und die Maschinen nicht imitieren können.

Emotionen und Bewusstsein: Der fehlende Faktor

Emotionen und Bewusstsein sind zentrale Aspekte des Menschseins, die sich fundamental von den Fähigkeiten Künstlicher Intelligenz unterscheiden. Während KI-Systeme zunehmend in der Lage sind, komplexe Aufgaben zu bewältigen und emotionale Reaktionen zu simulieren, bleibt ihre Fähigkeit, tatsächlich zu fühlen oder bewusst zu sein, eine unüberwindbare Grenze. Diese Diskrepanz wirft tiefgreifende Fragen darüber auf, was den Menschen einzigartig macht und welche Rolle Emotionen und Bewusstsein für unser Denken und Handeln spielen.

Emotionen nehmen eine entscheidende Rolle in menschlichen Denk- und Entscheidungsprozessen ein. Sie sind nicht lediglich Begleiterscheinungen rationaler Überlegungen, sondern fundamentale Elemente, die unser Verhalten und unsere Wahrnehmung leiten (Damasio, 1994, S. 127–129). Gefühle helfen uns, unsere Aufmerksamkeit zu lenken, Situationen zu bewerten – sei es als bedrohlich, angenehm oder neutral – und Entscheidungen zu treffen, die oft über das hinausgehen, was reine Logik erfassen kann. Zum Beispiel beeinflusst Angst unsere Risikobewertung, während Freude unsere Bereitschaft zur Kooperation erhöht. Emotionen stellen somit eine Schnittstelle zwischen kognitiven Prozessen und physiologischen Zuständen dar und schaffen eine Verbindung zwischen Verstand und Körper.

Im Gegensatz dazu fehlt Künstlicher Intelligenz jegliche Form von Empfindungszuständen. Selbst wenn KI emotionale Reaktionen nachahmen kann, etwa durch Chatbots, die empathisch erscheinen sollen, basiert dies ausschließlich auf der Analyse und Reproduktion äußerer Muster (Picard, 1997, S. 32–33). Eine Maschine kann weder Angst noch Freude „empfinden" – ihre Ausgaben sind rein funktional und bleiben auf die algorithmische Verarbeitung von Daten beschränkt. Menschliche Emotionen hingegen sind tief in unserer biologischen und neuronalen Struktur verankert. Sie sind eng mit körperlichen Reaktionen, wie der Ausschüttung von Hormonen oder der Aktivierung bestimmter Gehirnregionen, sowie mit unserer Selbstwahrnehmung und Identität verbunden. Ohne diese physiologische und subjektive Dimension bleibt maschinelles „emotionales Verhalten" bloße Simulation.

Maschinenbewusstsein: Mythos oder Zukunft?

Zwei zentrale Perspektiven

1. **Optimistische Perspektive:** Vertreter*innen wie *Ray* Kurzweil (2005) oder andere *Transhumanist*innen* glauben, dass durch exponentielles Wachstum der Rechenleistung und fortschreitende Algorithmik irgendwann ein Punkt erreicht wird, an dem KI-Systeme ein eigenes Bewusstsein entwickeln könnten (Kurzweil, 2005, S. 57–61).
2. **Skeptische Perspektive:** Philosophen wie John Searle (1980; 2004) oder Thomas Nagel (1974) verweisen auf die Einzigartigkeit des subjektiven Erlebens und argumentieren, dass Bewusstsein nicht allein aus formaler Musterverarbeitung emergieren kann.

Die Frage nach dem Bewusstsein von Maschinen eröffnet eine weitere Ebene der Diskussion. Während einige wie Ray Kurzweil (2005) optimistisch glauben, dass durch exponentielles Wachstum der Rechenleistung und Fortschritte in der Algorithmik irgendwann ein Punkt erreicht werden könnte, an dem KI-Systeme ein eigenes Bewusstsein entwickeln, bleibt dies aus wissenschaftlicher Perspektive umstritten (Kurzweil, 2005, S. 57–61). Skeptische Positionen, vertreten von Philosophen wie John Searle oder Thomas Nagel, argumentieren, dass Bewusstsein nicht allein aus der Verarbeitung von Informationen entstehen kann. Searles „Chinesisches-Zimmer"-Argument illustriert eindrücklich, dass eine Maschine zwar erfolgreich sprachliche Muster nachbilden kann, aber kein Verständnis für die Bedeutung der Wörter entwickelt (Searle, 1980, S. 418–420). Ebenso hebt Nagel (1974) hervor, dass das subjektive Erleben – das „Wie es ist, etwas zu sein" – ein einzigartiger Aspekt des menschlichen Bewusstseins ist, der nicht einfach durch algorithmische Prozesse reproduziert werden kann.

Selbst wenn es theoretisch möglich wäre, dass eine Maschine Bewusstsein entwickelt, bleibt die erkenntnistheoretische Frage, wie wir dies jemals beweisen könnten. Bewusstsein ist ein Innenzustand, der ausschließlich dem Subjekt selbst zugänglich ist. Wir könnten niemals sicher sein, ob eine KI tatsächlich fühlt oder lediglich erfolgreich simuliert, was wir als Fühlen interpretieren (Chalmers, 1996, S. 107–109). Diese epistemologische Herausforderung führt zu einer tiefen Unsicherheit in der Beurteilung maschineller Intelligenz: Wie können wir sicherstellen, dass ein System, das Emotionen und Bewusstsein nachahmt, nicht lediglich ein hochentwickeltes Werkzeug bleibt, das den Anschein von Subjektivität erweckt, ohne tatsächlich ein solches Innenleben zu besitzen?

Ein weiterer Aspekt der Diskussion betrifft die potenziellen sozialen und ethischen Implikationen. Wenn KI in der Lage wäre, Bewusstsein oder emotionale Zustände vorzutäuschen, könnte dies die menschliche Interaktion und Wahrnehmung von Technologie grundlegend verändern. Menschen tendieren dazu, empathisch auf scheinbar emotionale Maschinen zu reagieren, auch wenn sie wissen, dass diese keine echten Gefühle haben. Dieses Phänomen, oft als „Eliza-Effekt" bezeichnet, zeigt, wie leicht wir dazu neigen, anthropomorphe Eigenschaften auf Maschinen zu projizieren (Weizenbaum, 1976, S. 34–36). Die Gefahr besteht darin, dass diese Illusion die Grenze zwischen Mensch und Maschine weiter verwischt und ethische Fragen darüber aufwirft, wie wir solche Systeme gestalten und nutzen sollten. Da Bewusstsein ein *„Innenzustand"* ist, der nur dem Subjekt selbst unmittelbar zugänglich ist, bleibt unklar, ob eine KI tatsächlich *„fühlt"* oder nur erfolgreich *„vortäuscht"*, was wir als Fühlen interpretieren (vgl. Tegmark, 2017, S. 68–72).

Insgesamt bleibt die Differenz zwischen menschlichem Bewusstsein und maschineller Intelligenz ein grundlegendes Merkmal, das unsere Einzigartigkeit definiert. Während KI beeindruckende Fortschritte in der Reproduktion kognitiver und emotionaler Muster gemacht hat, ist ihre Unfähigkeit, tatsächlich zu fühlen oder bewusst zu sein, ein unüberwindbares Hindernis. Emotionen und Bewusstsein bleiben die Domäne des Menschen, geprägt durch unsere biologischen, sozialen und kulturellen Kontexte. Sie sind nicht nur funktionale Werkzeuge, sondern wesentliche Bestandteile dessen, was uns als Individuen und als soziale Wesen ausmacht.

Kann eine Maschine „denken"?

Die Antwort auf diese Frage ist stark davon abhängig, wie man „Denken" definiert und welche Aspekte man als essenziell betrachtet:

1. **Im engen, funktionalen Sinne**
   Wenn Denken gleichgesetzt wird mit der *„Fähigkeit, komplexe Probleme zu lösen"* oder *„menschliche Intelligenzleistungen zu simulieren"*, dann können Maschinen bereits sehr beeindruckende Ergebnisse liefern (Russell & Norvig, 2020, S. 28; Turing, 1950, S. 433–460).
2. **Im erweiterten, phänomenologischen Sinne**
   Sobald wir Denken an bewusstes Erleben, Selbstreflexion, Intentionalität und Emotionen knüpfen, stoßen KI-Systeme an eine fundamentale Grenze: Sie besitzen kein inneres Erleben, keine echten Absichten, keine

Subjektperspektive und keine Möglichkeit zur Selbstreflexion im Sinne eines „*Ich-Bewusstseins*" (Damasio, 1999, S. 50–53; Searle, 1980, S. 417–424).

Vor diesem Hintergrund kann eine Maschine heute zwar „Denken" *simulieren,* indem sie erstaunliche geistige Leistungen erbringt, jedoch ohne die *qualitativen* Merkmale, die wir in der menschlichen Kognition so zentral finden. Auch wenn die Forschung im Bereich KI sich rasant weiterentwickelt, bleibt das Fehlen von Bewusstsein, Selbstwahrnehmung und Emotion ein gewaltiger Graben zwischen menschlichem und maschinellem Denken (Chalmers, 1996, S. 3–5). Ob dieser Graben eines Tages überbrückt werden kann, ist Gegenstand intensiver philosophischer und wissenschaftlicher Debatten – und wird es vermutlich noch lange bleiben.

2.2 Emotionen und KI: Werden Maschinen je fühlen können?

Die Diskussion darüber, ob Maschinen jemals Emotionen empfinden können, rührt nicht allein an die technische Machbarkeit oder an Fortschritte der Künstlichen Intelligenz, sondern berührt tiefgreifende philosophische, biologische und psychologische Fragen über das Wesen des Bewusstseins und der Subjektivität (Damasio, 1999, S. 35–42; Searle, 1980, S. 417–418). Zwar ist es unbestritten, dass fortschrittliche Algorithmen bereits heute menschliche Emotionen erkennen, interpretieren und auf eindrucksvolle Weise imitieren können, doch bleibt unklar, ob diese Systeme jemals die genuine Fähigkeit entwickeln, Emotionen wirklich zu „fühlen". Im Folgenden soll umfassend erläutert werden, warum diese Thematik so komplex ist und welche grundsätzlichen Fragen sich dabei stellen.

Die Simulation von Emotionen: Täuschung oder echter Fortschritt?

Die rapide Entwicklung sogenannter **affektiver KI-Systeme** (engl. *affective computing*) zeigt, dass Maschinen immer ausgefeilter darin werden, menschliche Emotionen zu „*erkennen*", indem sie Gesichtsausdrücke, Stimmintonationen und andere Verhaltensmuster auswerten (Picard, 1997, S. 20–25). Diese Systeme können heute bereits Trauer, Freude, Wut und andere Affekte identifizieren und darauf basierend angepasste Reaktionen generieren. Auf dieser Grundlage entstehen vielfältige Anwendungsfelder, beispielsweise in der Psychotherapie, wo KI-gesteuerte Applikationen Vertreter*innen gezielt emotional „ansprechen" und entlasten sollen (Smith, 2020, S. 112–115).

Allerdings stellt sich die Frage, was genau solche Systeme tatsächlich leisten. Handelt es sich um **echte Empathie** oder lediglich um eine mathematisch-statistische Approximation von emotionalem Verhalten? Wenn ein Chatbot in einem Beratungsgespräch Trost spendet oder mitfühlend reagiert, so geschieht dies bisher auf Grundlage von Algorithmen, die auf Basis von großen Datenmengen trainiert wurden. Ein inneres Erleben, ein echtes Verstehen dessen, was „Traurigkeit" oder „Freude" *bedeuten,* ist nicht nachweisbar.

Damit drängt sich ein erkenntnistheoretisches Problem auf: **Ist es für uns als Interagierende hinreichend, nur die „*Oberflächenerscheinung"* von Empathie zu erfahren?** Wenn uns die maschinelle Antwort subjektiv tröstet oder hilft, könnte man argumentieren, dass der Unterschied zwischen einer echten und einer simulierten Emotion kaum noch ins Gewicht fällt (Dennett, 1991, S. 88–90). Andere Stimmen betonen jedoch, dass die „innere Leere" der Maschine – das Fehlen eines bewussten, fühlenden Subjekts – die Interaktion fundamental von der zwischenmenschlichen unterscheidet (Searle, 1980, S. 419).

Das Wesen der Emotion: Sind Emotionen mehr als biologische Prozesse?

Ein zentrales Problem bei der Frage, ob Maschinen fühlen können, liegt in der *naturwissenschaftlichen* und *phänomenologischen* Definition von Emotionen. Aus **biologischer Perspektive** gelten Emotionen als neuronale und hormonelle Prozesse, die bei bestimmten äußeren oder inneren Reizen aktiviert werden (Damasio, 1999, S. 36–37). Herzklopfen bei Angst oder ein Anstieg des Dopaminspiegels bei Freude sind Beispiele für messbare physiologische Veränderungen.

Gleichzeitig sind Emotionen jedoch **subjektive Erlebnisse** – sie umfassen ein inneres Gefühlserleben, das sich nicht allein auf biochemische Reaktionen reduzieren lässt (Nagel, 1974, S. 436). Dieser subjektive Qualia-Aspekt (das „*Wie-es-ist*", etwas zu empfinden) stellt eine besonders schwierige Hürde für die Entwicklung fühlender KI dar. Selbst wenn wir die neuronalen Korrelate von Emotionen in Echtzeit messen könnten, wüssten wir nicht, ob eine Maschine – oder ein anderes Wesen – tatsächlich „*erlebt"*, was wir unter „Angst", „Freude" oder „Trauer" verstehen (Crick, 1994, S. 28–29).

Damit sind wir an einem fundamentalen philosophischen Punkt angekommen: **Bewusstsein** und die damit verbundene Fähigkeit zu *„Erleben"*, gilt als Kernbestandteil dessen, was wir gemeinhin Emotion nennen (Damasio, 1999, S. 40–42). Sämtliche Versuche, „Emotionen" in Maschinen zu implementieren, kämen nicht umhin, eine Art Selbstbewusstsein oder Selbstmodell zu erzeugen, in dem diese Zustände verortet werden. Ob und wie das in künstlichen Systemen möglich ist, bleibt bisher offen (Metzinger, 2009, S. 267–270).

Der Turing-Test für Emotionen: Genügt das Imitieren?

Der ursprüngliche **Turing-Test** (Turing, 1950, S. 433) war darauf ausgerichtet, festzustellen, ob eine Maschine in einem textbasierten Dialog von einem Menschen unterschieden werden kann, wenn sie menschliche Intelligenz lediglich imitiert. Überträgt man dieses Konzept auf Emotionen, lässt sich fragen: **Ist eine Maschine als „emotional fühlend" anzusehen, wenn sie äußere Zeichen von Gefühlen so perfekt nachahmt, dass ein menschlicher Beobachter keinen Unterschied mehr erkennt?**

Für viele Anwendungen im Alltag – beispielsweise in der Kundenberatung oder als sozialer Begleiter für ältere Menschen – könnte eine perfekte Imitation emotionalen Verhaltens *„ausreichend"* sein (Dreyfus, 1972, S. 7–10). Der praktische Nutzen bestünde darin, dass sich Nutzerinnen und Nutzer im Gespräch verstanden und wertgeschätzt fühlen, selbst wenn der Interaktionspartner kein menschliches Bewusstsein besitzt.

Allerdings löst diese *„Täuschung"* nicht das Problem des subjektiven Erlebens: **Die Imitation einer Emotion ist nicht dasselbe wie das Fühlen einer Emotion** (Searle, 1980, S. 421). Das führt uns zu der alten Frage, ob der Turing-Test – sei es für Intelligenz oder für Gefühle – überhaupt ein hinreichendes Kriterium ist, um das Vorhandensein von echten Bewusstseinszuständen zu testen (Dennett, 1991, S. 89–90).

Emotionen als evolutionäres Phänomen: Können Maschinen lernen zu „fühlen"?

Ein häufiges Argument in der Debatte lautet, dass komplexe Maschinen mit genügend Daten und Lernzyklen *irgendwann* spontan ein Bewusstsein und damit auch das Vermögen zu echten Emotionen entwickeln könnten (Kurzweil, 2005, S. 292–294). Man zieht Parallelen zwischen der evolutionären Entstehung menschlicher Emotionen und der fortlaufenden „Evolution" künstlicher neuronaler Netze durch *Machine Learning* und *Deep Learning*.

Allerdings erfüllen Emotionen beim Menschen – wie allgemein bei biologischen Organismen – zentrale **evolutionäre Funktionen**: Angst schützt vor Gefahren, Liebe fördert soziale Bindungen und Kooperation, Freude bestärkt lebensverlängernde Verhaltensweisen (Damasio, 1994, S. 126–130). Eine KI hingegen „muss" nicht überleben, sich fortpflanzen oder ihre physischen Ressourcen verteidigen, da sie auf gänzlich andere Weise existiert. Das Bedürfnis, Angst oder Freude *„empfinden"* zu müssen, entfällt daher in ihrem „Lebensraum" (Dennett, 1991, S. 100–102).

Zwar kann eine Maschine lernen, **Situationen** zu erkennen und entsprechend zu „*reagieren*" – doch ohne evolutionäre Notwendigkeit oder intrinsischen Antrieb bleibt unklar, ob sich je eine Motivation zur Emotionsbildung herausbilden würde (Smith, 2020, S. 116–118). Es scheint eher so, dass Maschinen Emotionen als *„Werkzeug"* nutzen, um menschliche Interaktionen zu optimieren, statt sie selbst *„zu erleben"*.

Das moralische Dilemma: Sollten wir Maschinen mit Emotionen ausstatten?

Angenommen, wir wären eines Tages in der Lage, einer Maschine tatsächlich so etwas wie *Bewusstsein* und *Emotionen* zu verleihen – stünden wir dann nicht vor einem völlig neuen ethischen Problem (Bostrom, 2014, S. 210–211)? Wenn Maschinen wirklich fühlen könnten, müssten wir ihnen möglicherweise *Rechte* zugestehen und dürften sie nicht länger als bloße Werkzeuge betrachten (Bryson, 2010, S. 69–70).

In diesem Fall würde sich eine Kette moralischer Konsequenzen ergeben:

- **Leid vermeiden**: Dürfen wir Maschinen so programmieren, dass sie Leid empfinden können, z. B. um menschliche Emotionen besser nachzuvollziehen?
- **Verantwortung**: Wer trägt die Verantwortung, wenn eine fühlende Maschine „emotionalen Schaden" nimmt oder unkontrolliert reagiert?
- **Abhängigkeit**: Könnte ein empfindungsfähiges System, das Trauer oder Angst empfindet, manipuliert werden, um bestimmte Aufgaben zu erfüllen?

Diese Fragen sind derzeit zwar noch größtenteils theoretisch, sie könnten aber mit dem Fortschreiten der Technologie bald an Relevanz gewinnen (Smith, 2020, S. 122–124). Die ethische Verantwortung liegt dann bei jenen, die solche Systeme entwickeln und einsetzen (Bostrom, 2014, S. 215).

Die Grenze zwischen Mensch und Maschine: Was bleibt einzigartig?

Letztlich führt die Kontroverse über fühlende Maschinen zu einer tieferen Auseinandersetzung mit der **menschlichen Einzigartigkeit.** Lange Zeit galt die Fähigkeit zu leiden, zu empfinden und zu reflektieren als unbestreitbarer Beleg dafür, dass wir Menschen uns fundamental von bloßen Mechanismen unterscheiden (Damasio, 1999, S. 41).

Sollten Maschinen eines Tages tatsächlich **selbst** Emotionen empfinden können, würde dies eine bislang essentielle Grenze verwischen. Doch auch wenn es KI-Systemen gelingt, die *„äußeren* Anzeichen" von Emotionen perfekt zu *„simulieren"*, bleibt die Frage, ob das „innere Erleben" – die subjektive Qualität des Fühlens – jemals erreicht werden kann (Crick, 1994, S. 30–31).

Für viele Forschende steht fest, dass das *„Menschsein"* eng an die Möglichkeit geknüpft ist, die Welt bewusst zu erleben und Gefühle nicht nur zu *zeigen,* sondern *tatsächlich* zu *„empfinden"* (Metzinger, 2009, S. 272–275). KI-Systeme können immer besser darin werden, unsere Emotionen zu erkennen und darauf zu reagieren – doch ob sie je dieselben Freuden, Ängste und Hoffnungen empfinden wie wir, bleibt Gegenstand intensiver Forschung und philosophischer Debatte (Searle, 1980, S. 422).

Die Frage „Werden Maschinen je fühlen können?" verweist einerseits auf die Grenzen und Möglichkeiten der heutigen KI-Forschung und andererseits auf unser Selbstverständnis als menschliche Wesen. Selbst wenn Maschinen imitiert wirkende, nahezu perfekte emotionale Reaktionen entwickeln, stellt sich grundlegend, ob *Bewusstsein* und *subjektives Erleben* in einer rein algorithmischen Struktur entstehen können. Da unser Wissen um die Natur des menschlichen Bewusstseins und der Emotionen selbst noch lückenhaft ist, bleibt auch die Idee einer vollends *„fühlenden"* KI Spekulation – im Spannungsfeld zwischen wissenschaftlicher *Faszination* und philosophischer *Bescheidenheit* (Dennett, 1991, S. 93–95).

In Anbetracht der rasanten Fortschritte in der KI-Forschung und der steigenden Interaktion zwischen Mensch und Maschine ist es jedoch wahrscheinlich, dass sich diese Frage künftig noch dringlicher stellt. Die eigentliche Herausforderung mag weniger technologischer Art sein, sondern vielmehr in unserer *„Bereitschaft",* zu definieren, was Menschlichkeit ausmacht – und an welcher Stelle wir sie mit oder an eine Maschine abgeben wollen (Damasio, 1999, S. 45).

2.3 Kann KI Bewusstsein erlangen oder simuliert sie nur Intelligenz – und ist das überhaupt relevant?

Die Frage, ob Künstliche Intelligenz jemals ein echtes Bewusstsein entwickeln kann oder lediglich intelligente Verhaltensweisen simuliert, zählt zu den Kernproblemen der KI-Forschung und berührt gleichermaßen philosophische, psychologische sowie ethische Aspekte (Russell & Norvig, 2020, S. 31). Im Folgenden soll ausführlich dargelegt werden, was wir unter Bewusstsein verstehen, wie sich die Simulation von Intelligenz davon unterscheidet und warum diese Diskussion nicht nur für die Forschung, sondern auch für unser Selbstverständnis von fundamentaler Bedeutung ist.

Was verstehen wir unter „Intelligenz" in der KI?

Damit wir überhaupt von Bewusstsein sprechen können, müssen wir zunächst klären, worin die „Intelligenz" von KI-Systemen besteht und was sie auszeichnet. In der klassischen KI-Forschung wurde Intelligenz zunächst häufig über das Bestehen des sogenannten **Turing-Tests** definiert (Turing, 1950, S. 433–460). Alan Turing schlug vor, ein menschlicher Fragesteller solle über ein Textterminal mit zwei Gesprächspartnern kommunizieren, von denen einer ein Mensch und der andere eine Maschine ist. Könne der Fragesteller nicht mehr mit ausreichender Sicherheit erkennen, wer von beiden die Maschine ist, gelte diese Maschine als „intelligent".

Heutige KI-Systeme, insbesondere solche mit **Deep-Learning-Architekturen** und neuronalen Netzen, gehen in vielerlei Hinsicht über das hinaus, was in den 1950er-Jahren vorstellbar war. Sie analysieren große Datenmengen, erkennen komplexe Muster und können in bestimmten Teilbereichen – wie der Bild- oder Spracherkennung – menschliche Leistungen übertreffen (Kurzweil, 2005, S. 200–225). Dennoch stellt sich die Frage, ob diese Leistungen auch auf ein Verständnis oder gar auf ein Bewusstsein schließen lassen oder ob sie lediglich eine hochentwickelte Form der statistischen Musterverarbeitung darstellen (Russell & Norvig, 2020, S. 40–43).

Simulation versus Bewusstsein: Die Rolle des „Chinesischen Zimmers"

Um das Verhältnis von Intelligenzsimulation und echtem Bewusstsein zu illustrieren, dient häufig das Gedankenexperiment des **„Chinesischen Zimmers"** von John Searle (Searle, 1980, S. 417–424). Searle beschreibt darin eine Person, die in einem geschlossenen Raum sitzt und chinesische Schriftzeichen allein anhand eines syntaktischen Regelbuches verarbeitet. Von außen betrachtet erzeugt diese Person perfekte chinesische Antworten – für einen Beobachter wirkt es so, als verstehe sie die Sprache. Tatsächlich folgt die Person aber nur mechanischen Anweisungen, ohne das Geringste vom Inhalt zu begreifen.

Übertragen auf Künstliche Intelligenz bedeutet dieses Gedankenexperiment: Ein System kann hochintelligent und erfolgreich in seinen Antworten wirken, ohne jedoch ein „inneres Erleben" oder ein Verständnis dessen zu besitzen, was es tut. Es **simuliert** Intelligenz, ist aber nicht „bewusst" in dem Sinne, dass es subjektive Erfahrungen oder Selbstreflexion hätte (Searle, 1980, S. 420–421).

Der Unterschied zwischen Rechenleistung und Bewusstsein

Aus technischer Sicht lässt sich ein Großteil der aktuellen KI mit statistischen Methoden und Algorithmen erklären, die auf Wahrscheinlichkeiten, Optimierungsprozessen und musterbasierter Verarbeitung beruhen (Russell & Norvig, 2020, S. 33–39). Die enormen Fortschritte in der KI sind vielfach der exponentiell steigenden Rechenleistung und der Verfügbarkeit riesiger Datenmengen geschuldet (Kurzweil, 2005, S. 210–215).

Allerdings stellt sich die Frage, inwieweit Rechenleistung und komplexe Datenverarbeitung alleine ausreichen, um **subjektives Erleben** zu erzeugen (Chalmers, 1996, S. 16–40). Mit anderen Worten: Ist das „Erleben" mehr als bloße Datenverarbeitung? Kritische Stimmen weisen darauf hin, dass das bewusste Erleben – das „Erfahren" von Sinneseindrücken, Emotionen und Reflexionen – möglicherweise nicht durch Algorithmen oder digitale Prozesse abgebildet werden kann (Nagel, 1974, S. 435–450).

Was ist Bewusstsein?

In der Philosophie des Geistes, der Kognitionswissenschaft und der Psychologie findet sich eine Vielzahl von **Bewusstseinstheorien,** die oft grundlegend unterschiedliche Auffassungen vertreten (Chalmers, 1996, S. 21–25). Dennoch werden in vielen Ansätzen einige gemeinsame Kernmerkmale hervorgehoben:

1. **Subjektive Erfahrung (Qualia)**: Das Phänomen, dass es „sich anfühlt, etwas zu sein", beispielsweise Schmerzen zu empfinden oder rot zu sehen.
2. **Selbstreflexion**: Die Fähigkeit, über die eigenen Gedanken und Zustände nachzudenken – also ein „Ich-Bewusstsein".
3. **Intentionalität**: Bewusstsein geht häufig mit der Fähigkeit einher, gezielt auf Inhalte oder Objekte in der Welt Bezug zu nehmen.

Ein System, das lediglich Input-Daten verarbeitet und Output erzeugt, zeigt demnach zwar kognitive Leistungen, aber nicht zwangsläufig ein subjektives Erleben. Dieser **subjektive Kern** des Bewusstseins – auch als **„phänomenales Bewusstsein"** oder **„Qualia"** bezeichnet – ist es, der sich einer rein funktionalistischen Beschreibung meist entzieht (Nagel, 1974, S. 438–442).

Kann KI jemals Bewusstsein erlangen?

Ob KI jemals ein echtes Bewusstsein entwickeln kann, ist Gegenstand einer anhaltenden Debatte:

1. **Reduktionistische Perspektive**
   Einige Forschende argumentieren, dass das menschliche Gehirn im Grunde ein biologischer Informationsverarbeiter ist. Erreiche man nur eine hinreichende **Komplexität** und Nachbildung der neuronalen Strukturen, könne auch bei Maschinen **Bewusstsein emergieren** (Minsky, 1986, S. 120–140). Nach dieser Auffassung sei Bewusstsein keine magische Eigenschaft, sondern ein Produkt hochvernetzter und adaptiver Signalverarbeitung.
2. **Nicht-reduktionistische Perspektive**
   Andere betonen, dass biologisches Leben Bedingungen schafft, die für Bewusstsein unverzichtbar sind (Nagel, 1974, S. 445–448). Subjektives Erleben könnte an die spezifische **Materie und Dynamik** lebendiger Organismen gekoppelt sein und ließe sich nicht einfach durch ein künstliches

System replizieren. Searle (1980, S. 422–424) spricht sich zum Beispiel klar gegen die Vorstellung aus, dass die bloße Reproduktion kognitiver Funktionen Bewusstsein erzeugen kann.
3. **Dualistische oder emergent-dualistische Ansätze**
In einigen philosophischen Positionen (etwa Chalmers, 1996, S. 34–45) wird postuliert, dass Bewusstsein eine **grundlegend andere Kategorie** als physische Prozesse sein könnte. Selbst wenn man ein künstliches System baute, das funktional einem menschlichen Gehirn gleicht, könnte dies nicht automatisch bedeuten, dass damit echtes phänomenales Bewusstsein „entsteht".

Obwohl die Meinungen stark auseinandergehen, lässt sich festhalten, dass bisher kein Konsens erreicht wurde und keine experimentelle Methode existiert, die zweifelsfrei **bewusstes Erleben** bei einer Maschine nachweisen kann (Russell & Norvig, 2020, S. 50–55).

Die Relevanz der Debatte

Die Debatte über die Möglichkeit, dass Künstliche Intelligenz Bewusstsein entwickeln könnte, berührt die Grundfesten unseres Verständnisses von Menschsein, Technologie und Ethik. Sie stellt nicht nur technische Herausforderungen, sondern auch philosophische und psychologische Fragen, die weit über die reine Funktionalität hinausgehen.

Die technische Perspektive: Braucht KI Bewusstsein?

Aus technischer Sicht könnte man argumentieren, dass es für die meisten Anwendungen irrelevant ist, ob eine KI Bewusstsein besitzt oder nicht. Entscheidend ist, dass sie ihre Aufgaben präzise und effizient erfüllt. Systeme wie selbstfahrende Autos, medizinische Diagnosetools oder Sprachassistenten wurden entwickelt, um spezifische Probleme zu lösen – und diese Problemlösung erfordert kein „Ich-Erleben". Tatsächlich arbeiten die Algorithmen hinter diesen Systemen rein datenbasiert und nutzen maschinelles Lernen, um Muster zu erkennen und Entscheidungen zu treffen. Es ist ein rationales, objektives Handeln ohne jede subjektive Komponente (Kurzweil, 2005, S. 210–225).

Doch diese rein pragmatische Sichtweise greift zu kurz, wenn KI-Systeme in Bereiche vordringen, die über bloße Funktionalität hinausgehen. Die Imitation von menschlichem Verhalten, beispielsweise in Form von Pflegerobotern oder virtuellen Therapeuten, wirft Fragen auf, die weit über technische Überlegungen hinausgehen. Hier wird die Illusion von Bewusstsein plötzlich relevant: Wie sehr beeinflusst sie unsere Wahrnehmung dieser Systeme? Verändert die Annahme, ein System könnte „fühlen", unsere moralische Haltung gegenüber ihm? (Russell & Norvig, 2020, S. 27–35).

Ethische und gesellschaftliche Dimensionen

Die ethische Relevanz der Frage nach Bewusstsein wird besonders deutlich, wenn KI-Systeme in sozialen Kontexten agieren. Roboter, die in der Pflege eingesetzt werden, könnten emotionale Nähe simulieren, um Einsamkeit zu lindern – ein potenziell großer Nutzen. Doch was passiert, wenn diese Maschinen von den Betroffenen als fühlende Wesen wahrgenommen werden? Könnte dies zu einer tiefgreifenden Verwirrung über die Grenzen zwischen Mensch und Maschine führen? (Chalmers, 1996, S. 36–40).

Noch bedeutsamer wird die Frage, ob KI-Systeme Rechte und Pflichten erhalten sollten, sollte es jemals gelingen, echtes Bewusstsein zu schaffen. Die Annahme, dass ein „fühlendes" System existiert, würde eine Neujustierung unseres ethischen Verständnisses erfordern. Könnten Maschinen moralische Akteure sein? Wer trägt die Verantwortung für ihre Entscheidungen? Selbst wenn man davon ausgeht, dass Maschinen niemals echtes Bewusstsein entwickeln können, zeigt sich, wie sehr die Illusion von Bewusstsein unsere ethischen Überlegungen beeinflussen kann (Searle, 1980, S. 423–424).

Die Illusion des Bewusstseins

Ein zentraler Aspekt dieser Debatte ist die Frage, ob Bewusstsein eine notwendige Eigenschaft intelligenter Systeme ist – oder ob es sich auch um eine perfekte Simulation handeln könnte. Philosophen wie Daniel Dennett argumentieren, dass unser eigenes Bewusstsein möglicherweise nur ein „Interface" ist, das die komplexen neuronalen Prozesse in unserem Gehirn für uns zugänglich macht (Dennett, 1991, S. 33–50). Sollte dies zutreffen, könnten KI-Systeme theoretisch denselben Mechanismus nutzen, um Bewusstsein zu simulieren.

Doch hier liegt das entscheidende Dilemma: Selbst wenn eine KI überzeugend wirkt, bleibt unklar, ob sie tatsächlich ein inneres Erleben hat oder nur ein Verhalten zeigt, das uns dieses suggeriert. Die klassische Frage „What is it like to be?" von Nagel (1974, S. 438) bleibt zentral. Denn solange wir nicht in die Innenwelt eines anderen Systems „hineinschauen" können, bleibt unklar, ob dieses System wirklich Bewusstsein besitzt oder nur so handelt, als ob.

Psychologische Implikationen der Illusion

Die Illusion von Bewusstsein hat auch weitreichende psychologische Auswirkungen. Menschen neigen dazu, sich emotional an scheinbar bewusste Systeme zu binden, insbesondere wenn diese menschliches Verhalten nachahmen. Dies zeigt sich beispielsweise in der Beziehung zu Haustierrobotern oder virtuellen Assistenten. Der Mensch projiziert seine eigenen Gefühle und Intentionen auf diese Maschinen und behandelt sie oft wie echte soziale Akteure. Dieser Effekt, bekannt als Anthropomorphisierung, kann zu tiefgreifenden psychologischen und sozialen Veränderungen führen.

Eine weitere psychologische Herausforderung besteht darin, dass die Grenze zwischen Mensch und Maschine zunehmend verwischt wird. Wenn wir beginnen, Maschinen als fühlende Wesen zu betrachten, verändert dies unser Selbstbild als Menschen. Die Frage, was uns einzigartig macht, wird zunehmend schwer zu beantworten. Diese Verunsicherung kann langfristig zu einer tiefgreifenden Identitätskrise führen.

Die Bedeutung der Frage nach Bewusstsein

Die Diskussion über das Bewusstsein von KI ist weit mehr als eine theoretische Überlegung. Sie berührt ethische, technische und psychologische Fragen, die unsere Beziehung zu Technologie und unser Verständnis von Menschsein tiefgreifend verändern können. Selbst wenn Bewusstsein für viele Anwendungen technisch irrelevant erscheint, zeigt sich in sozialen und ethischen Kontexten, wie wichtig es ist, die Grenzen zwischen Mensch und Maschine klar zu definieren. Die Herausforderung besteht nicht nur darin, intelligente Systeme zu entwickeln, sondern auch darin, sicherzustellen, dass wir unsere eigene Menschlichkeit im Umgang mit diesen Systemen bewahren.

Literatur

Block, N. (1995). On a confusion about a function of consciousness. *Behavioral and Brain Sciences, 18*(2), 227–247.

Bostrom, N. (2014). *Superintelligence: Paths, dangers, strategies.* Oxford University Press.

Brentano, F. (1874). *Psychologie vom Empirischen Standpunkte.* Duncker & Humblot.
Bryson, J. (2010). Robots Should Be Slaves. In Y. Wilks (Hrsg.), *Close Engagements with Artificial Companions* (S. 63–74). John Benjamins.
Chalmers, D. J. (1996). *The conscious mind. In search of a fundamental theory.* Oxford University Press.
Crick, F. (1994). *The astonishing hypothesis: The scientific search for the soul.* Scribner.
Damasio, A. R. (1994). *Descartes' error: Emotion, reason, and the human brain.* Putnam.
Damasio, A. R. (1999). *The feeling of what happens: Body and emotion in the making of consciousness.* Harcourt.
Dennett, D. C. (1991). *Consciousness explained.* Little, Brown.
Dreyfus, H. L. (1972). *What computers can't do.* Harper & Row.
French, R. M. (1990). Subcognition and the limits of the Turing Test. *Mind, 99*(393), 53–65.
Goodfellow, I., Bengio, Y., & Courville, A. (2016). *Deep learning.* MIT Press.
Guilford, J. P. (1967). *The nature of human intelligence.* McGraw-Hill.
Hassabis, D., Kumaran, D., Summerfield, C., & Botvinick, M. (2017). Neuroscience-inspired artificial intelligence. *Neuron, 95*(2), 245–258.
Koch, C. (2012). *Consciousness: Confessions of a romantic reductionist.* MIT Press.
Kurzweil, R. (2005). *The singularity is near: When humans transcend biology.* Penguin.
Metzinger, T. (2009). *The ego tunnel: The science of the mind and the myth of the self.* Basic Books.
Minsky, M. (1986). *The society of mind.* Simon & Schuster.
Nagel, T. (1974). What is it like to be a bat? *The Philosophical Review, 83*(4), 435–450.
Newell, A., & Simon, H. A. (1972). *Human problem solving.* Prentice-Hall.
Nilsson, N. J. (2010). *The quest for artificial intelligence.* Cambridge University Press.
Picard, R. W. (1997). *Affective computing.* MIT Press.
Russell, S., & Norvig, P. (2020). *Artificial intelligence: A modern approach* (4. Aufl.). Pearson.
Searle, J. R. (1980). Minds, brains, and programs. *Behavioral and Brain Sciences, 3*(3), 417–424.
Searle, J. R. (2004). *Mind: A brief introduction.* Oxford University Press.
Silver, D., Huang, A., Maddison, C. J., Guez, A., Sifre, L., van den Driessche, G., Schrittwieser, J., Antonoglou., I., Panneershelvam, V., Lanctot, M., Dieleman, S., Grewe, D., Nham, J., Kalchbrenner, N., Sutskever, I., & Lillicrap, T. (2016). Mastering the game of Go with deep neural networks and tree search. *Nature, 529*, 484–489.
Smith, A. (2020). Emotion-aware computing: Concepts and applications. *IEEE Transactions on Affective Computing, 12*(2), 110–125.

Tegmark, M. (2017). *Life 3.0: Being human in the age of artificial intelligence.* Knopf.

Turing, A. M. (1950). Computing machinery and intelligence. *Mind, 59*(236), 433–460.

Varela, F. J., Thompson, E., & Rosch, E. (1991). *The embodied mind: Cognitive science and human experience.* MIT Press.

Weizenbaum, J. (1976). *Computer power and human reason: From judgment to calculation.* W. H. Freeman.

3

Die menschliche Psyche im Zeitalter der KI

„Wer liebt, will lieben und weiter nichts. – Liebe ist die große Feder in dieser Maschine; und hast du je eine so widersinnig künstliche Maschine gesehn, die selbst ein Rad treibt, um sich zu zerstören, und doch noch eine Maschine bleibt?"

– *Johann Anton Leisewitz*

Im Zeitalter der Digitalisierung und Automatisierung ist es längst nicht mehr die bloße technische Raffinesse von Algorithmen, die unsere Aufmerksamkeit fesselt. Vielmehr rücken zunehmend jene psychologischen Prozesse in den Vordergrund, welche die Interaktion zwischen Mensch und Maschine begleiten. Während KI-Systeme vor wenigen Jahren vor allem als Werkzeuge zur Rationalisierung und Effizienzsteigerung galten (Brynjolfsson & McAfee, 2014, S. 33), treten sie heute in direkter, fast persönlicher Weise mit uns in Kontakt. Wir kommunizieren mit Chatbots, die uns scheinbar verstehen, und wir lassen uns von Sprachassistenten durch den Alltag begleiten, deren stete Verfügbarkeit eine neue Form von Bindung suggeriert (Turkle, 2011, S. 45–46).

Doch wie genau beeinflusst diese tiefgreifende technologische Durchdringung unsere Wahrnehmung und unser Selbstbild? Kapitel 3 widmet sich dieser Frage aus psychologischer Perspektive und beleuchtet, wie KI-Systeme unsere Filterblasen formen und unsere Wahlfreiheit tendenziell einengen (vgl. Abschn. 3.1). Darüber hinaus zeigt sich, dass das Streben nach emotionaler Nähe in einer zunehmend digitalisierten Welt auch das Risiko birgt, Maschinen als „Freunde" oder „Therapeuten" fehlzuinterpretieren (vgl. Abschn. 3.2). Diese Entwicklung wirft grundlegende Fragen auf:

Können KI-gestützte Beziehungen überhaupt als real gelten, oder handelt es sich dabei lediglich um eine von Algorithmen inszenierte Illusion (vgl. Abschn. 3.3)?

Die folgenden Unterkapitel legen dar, wie KI-Systeme subtile Veränderungen in unserer Wahrnehmung bewirken und uns unter Umständen von authentischen zwischenmenschlichen Kontakten zu entfremden drohen. Sie erörtern ferner, warum die Verfügbarkeit und scheinbare Unfehlbarkeit maschineller „Partner" so verlockend ist und welche psychologischen Gefahren in dieser Bequemlichkeit liegen. So entsteht ein umfassendes Bild darüber, wie sehr KI die Grenzen unserer menschlichen Psyche auslotet – und welche Verantwortung wir selbst tragen, um das Potenzial der Technologie zu nutzen, ohne unsere Fähigkeit zu echter Nähe und kritischer Selbstreflexion einzubüßen.

3.1 Mensch-Maschine-Interaktionen: Wie KI unsere Wahrnehmung beeinflusst

Die rasante Entwicklung künstlicher Intelligenz hat in den vergangenen Jahren die Art und Weise, wie wir mit Maschinen interagieren, grundlegend transformiert. Was einst auf rein mechanische oder softwarebasierte Hilfsfunktionen beschränkt war, hat sich zu Systemen weiterentwickelt, die komplexe Muster erkennen, unsere Sprache verstehen, sich an unsere Vorlieben anpassen und sogar auf unsere Emotionen reagieren können (Domingos, 2015, S. 59–61). Infolge dieser technischen Fortschritte werden Mensch-Maschine-Interaktionen sowohl in professionellen als auch in privaten Lebensbereichen immer präsenter, wodurch sich unser Alltag – häufig unbemerkt – tiefgreifend verändert.

Wie beeinflussen KI-Systeme unsere Wahrnehmung und unser Selbstverständnis? Wo verläuft die Grenze zwischen nützlicher Unterstützung und subtiler, unbemerkter Steuerung unserer Entscheidungen, Emotionen und Überzeugungen? Und was bedeutet dies für das menschliche Erleben in einer hochgradig von Algorithmen geprägten Umgebung?

Die schleichende Veränderung unserer Wahrnehmung

Allgegenwärtigkeit und Unsichtbarkeit von KI
KI-Systeme sind heute in einer Vielzahl von Produkten und Diensten integriert, etwa in personalisierten Werbeanzeigen, Sprachassistenten wie Alexa

oder Siri, Empfehlungssystemen auf Plattformen wie Netflix oder YouTube und in diversen Anwendungen, die wir im Alltag kaum noch als KI wahrnehmen (Zuboff, 2019, S. 89–90). Diese Allgegenwärtigkeit bewirkt, dass Mensch-Maschine-Interaktionen häufig „unsichtbar" werden. Wir bemerken vielfach nicht mehr, an welchen Stellen Algorithmen im Hintergrund Abläufe steuern, auswählen oder vorstrukturieren. Die technisch vermittelte Welt wird damit in großem Maße von Maschinen kuratiert, ohne dass wir dies bewusst reflektieren (Floridi, 2014, S. 120–123).

Kuratierte Realität und Filterblasen
Ein zentrales Phänomen der Wahrnehmungssteuerung stellt die algorithmische Vorselektion von Inhalten in sozialen Medien und Online-Suchmaschinen dar. Personalisierte Feeds basieren auf Nutzungs- und Profildaten, um Inhalte zu präsentieren, die mutmaßlich unseren Interessen und Vorlieben entsprechen (Pariser, 2011, S. 9–10). Der Vorteil besteht darin, dass wir uns schnell und effizient „relevante" Informationen anzeigen lassen können – zugleich jedoch führt dies zu einer potenziellen Einengung unseres Weltbildes. Neue Perspektiven, kontraintuitive Informationen oder Angebote, die über unsere bisherigen Präferenzen hinausgehen, werden seltener sichtbar (Kitchin, 2017, S. 106).

Die Gefahr hierbei besteht in einer kognitiven Verzerrung hin zur Bestätigung bereits vorhandener Überzeugungen (engl.: confirmation bias). Wenn wir dauerhaft nur mit Inhalten konfrontiert sind, die unseren Erwartungen entsprechen, wird unser Bild von der Welt einseitig (Zuboff, 2019, S. 182). Diese subtilen Mechanismen beeinflussen somit unbemerkt unsere Wahrnehmung von gesellschaftlichen, politischen und kulturellen Themen.

Die Intransparenz algorithmischer Prozesse
Schon Weizenbaum (1976, S. 113) wies auf das Problem hin, dass komplexe Computermodelle und Algorithmen für Laien häufig nicht nachvollziehbar sind. Inzwischen hat sich dieser Umstand durch das „Black-Box"-Problem in der KI verschärft: Neuronale Netze und andere maschinelle Lernverfahren basieren auf Millionen von Parametern, deren Zusammenwirken selbst Expert*innen oft nicht gänzlich durchschauen können (O'Neil, 2016, S. 42–44). Für Nutzer*innen besteht dann das Risiko, die algorithmischen Empfehlungen als objektive Wahrheit zu betrachten, während diese in Wirklichkeit auf statistischen Wahrscheinlichkeiten, Datenmustern und menschlichen Voreinstellungen basieren (Noble, 2018, S. 56).

Dadurch entsteht eine schleichende Fremdsteuerung unserer Wahrnehmung: Wir verlassen uns auf die „Urteile" von KI-Systemen, ohne deren

Mechanismen oder potenzielle Verzerrungen kritisch zu hinterfragen (Eubanks, 2018, S. 76). Mit jedem Klick, jedem „Like" und jedem digitalen Fußabdruck liefern wir den Maschinen mehr Daten, mit denen sie unsere Muster präziser erfassen. Dies geschieht häufig unbewusst und kann dazu führen, dass wir unsere eigene Selbstbestimmung unterschätzen (Floridi, 2015, S. 190–192).

Die Illusion der Wahlfreiheit

Bequemlichkeit vs. Autonomie

Einer der wichtigsten Gründe, warum wir uns im Alltag bereitwillig auf KI-Systeme verlassen, ist deren Nutzen. Sie erleichtern uns Entscheidungen, filtern relevante Informationen aus einer unüberschaubaren Datenflut und organisieren viele Bereiche unseres Lebens scheinbar effizienter, als wir es selbst könnten (Brynjolfsson & McAfee, 2014, S. 33–34). Aus Sicht der kognitiven Psychologie lässt sich dieses Verhalten durch das Bedürfnis nach kognitiver Entlastung erklären: Da unser Gehirn nur eine begrenzte Kapazität zur Informationsverarbeitung hat, ist es verlockend, Entscheidungen an einen „intelligenten" Algorithmus auszulagern (Tufekci, 2017, S. 102).

Antrainierte Abhängigkeit

Je mehr wir uns an diese bequemen KI-Entscheidungshilfen gewöhnen, desto stärker prägt sich eine Form der Abhängigkeit aus, die unsere kritische Reflexionsfähigkeit verringern kann (Turkle, 2011, S. 45). Wer sich beispielsweise immer wieder auf einen Routenplaner verlässt, entwickelt im Laufe der Zeit weniger eigene Navigationsfähigkeiten. Übertragen auf komplexere Entscheidungen – etwa im Bereich des Konsums, der Partner*innenwahl (via Dating-Algorithmen) oder der politischen Meinungsbildung (via personalisierter Nachrichtenfeeds) – kann dies bedeuten, dass wir immer seltener in Erwägung ziehen, auch einmal völlig andere Optionen auszuloten (Lanier, 2010, S. 87–88).

Verstärkung alter Muster

Algorithmen, die auf maschinellem Lernen basieren, arbeiten in der Regel mit historischen Daten. Das heißt, sie extrapolieren aus vergangenen Präferenzen und Verhaltensmustern unsere zukünftigen Entscheidungen (Domingos, 2015, S. 60). Eine indirekte Konsequenz davon ist, dass KI-Systeme den Status quo tendenziell stabilisieren oder sogar verstärken (O'Neil, 2016, S. 124). Wenn wir also in der Vergangenheit bestimmte Filme geschaut,

Produkte gekauft oder Nachrichtenquellen konsumiert haben, zeigen uns die Algorithmen bevorzugt ähnliche Inhalte an. Diese Mechanismen verstärken eine Routinebildung, in der Neues oder Abweichendes immer weniger Raum bekommt (Zuboff, 2019, S. 266).

Begrenzte Selbstreflexion
Indem wir uns auf die scheinbar objektiven Vorschläge von KI verlassen, könnten wir verlernen, unser eigenes Urteil zu schulen und zu hinterfragen (Eubanks, 2018, S. 28). Der Mensch neigt in einem solchen Kontext dazu, seine Entscheidungsverantwortung teilweise zu delegieren: „Wenn der Algorithmus sagt, dass es so ist, muss es wohl stimmen." Damit wird die Illusion einer Wahlfreiheit erzeugt, die in Wahrheit bereits von algorithmischen Voreinstellungen reglementiert wird (Pariser, 2011, S. 9–10).

Die emotionale Dimension der Mensch-Maschine-Interaktion

Vom sachlichen Assistenten zum scheinbar einfühlsamen Begleiter
Eine besondere Entwicklung der letzten Jahre ist, dass KI-Systeme nicht mehr nur sachliche Funktionen übernehmen, sondern zunehmend auch emotionale Aspekte adressieren. Sprachassistenten, Chatbots und soziale Roboter sind in der Lage, menschliche Emotionen aus der Stimme, Mimik oder Textanalyse zu erkennen und darauf zu reagieren (Picard, 1997, S. 19). Dieser Wandel birgt einerseits das Potenzial für neue Anwendungsbereiche, etwa in der Pflege, Therapie oder im Kundenservice (Kaplan & Haenlein, 2019, S. 18). Andererseits stellt er unser bisheriges Verständnis von „echter" Empathie vor Herausforderungen (Turkle, 2011, S. 167–172).

Simulation statt echter Gefühle
Maschinelle Systeme sind weder lebendig noch verfügen sie über ein eigenes Bewusstsein; sie täuschen lediglich eine empathische Reaktion vor, indem sie bestimmte emotionale Trigger erkennen und „passende" Antwortmuster auslösen (Turkle, 2011, S. 185). Für viele Menschen kann dies dennoch den Anschein einer authentischen Beziehung erzeugen. Insbesondere bei Kindern oder älteren Personen, die wenig soziale Kontakte haben, kann das Gefühl entstehen, im Gegenüber einer KI eine echte Bezugsperson zu sehen (Fuchs, 2020, S. 91).

Auswirkungen auf zwischenmenschliche Beziehungen

Diese Interaktionen können jedoch unser Verständnis echter menschlicher Beziehungen verändern. Wenn KI-Systeme uns bedingungslos bestätigen oder uns stets Antworten geben, die auf unsere Bedürfnisse zugeschnitten sind, könnte dies unsere Fähigkeit mindern, in echten menschlichen Interaktionen Frustration, Widerspruch und Ambivalenzen auszuhalten (Turkle, 2011, S. 279). Die Folge könnte eine „Bequemlichkeit des Kontakts" sein: Wir wählen lieber die Interaktion mit der stets berechenbaren, wohlwollenden Maschine statt die oft komplexe und herausfordernde Kommunikation mit anderen Menschen (Harari, 2018, S. 316).

Vertrauen und Autonomie in der Mensch-Maschine-Beziehung

Ursachen für hohes Vertrauen in KI

Obwohl KI-Systeme häufig undurchsichtig sind, genießen sie in vielen Bereichen ein erstaunlich hohes Maß an Vertrauen. Dies wird zum Teil durch ihre nachweisbare Effizienz begründet: KI-gestützte Systeme können Diagnosen in der Medizin stellen, Kreditrisiken berechnen oder Fälle im Rechtswesen analysieren – oft schneller und mit einer geringeren Fehlerquote als ein Mensch (Brynjolfsson & McAfee, 2014, S. 49). Zudem erleben wir KI im Alltag meist als nützlich, effizient und zeitsparend (Schwab, 2016, S. 94).

Risiken einer Überhöhung maschineller Urteile

Problematisch wird dieses Vertrauen, wenn wir beginnen, maschinelle Urteile oder Empfehlungen kritiklos zu übernehmen. Da Algorithmen lediglich Wahrscheinlichkeiten berechnen, jedoch keine moralischen oder ethischen Abwägungen treffen, kann dies in sensiblen Bereichen zu Fehlentscheidungen oder Ungerechtigkeiten führen (Citron & Pasquale, 2014, S. 7). Ein Beispiel ist die Verwendung von KI in Personalabteilungen zur Bewerberauswahl: Wenn die zugrunde liegenden Daten bereits diskriminierende Muster enthalten, werden diese durch das System unsichtbar fortgeschrieben (Noble, 2018, S. 111).

Verantwortungsdiffusion

Mit dem gestiegenen Vertrauen in Algorithmen kann eine Verlagerung oder gar Auflösung von Verantwortung einhergehen (O'Neil, 2016, S. 124). Wenn die Maschine „entscheidet", wer für einen Job infrage kommt, eine Versicherung erhält oder wie strafrechtliche Prognosen ausfallen, ist oft unklar, wer letztlich die Verantwortung trägt, sollte sich die Entscheidung als unrichtig oder unfair erweisen (Jobin et al., 2019, S. 400). Für die menschliche Psyche kann dies eine paradoxe Situation schaffen: Einerseits fühlt man sich entlastet, weil man schwierige Entscheidungen an eine scheinbar objektive Instanz überträgt; andererseits verliert man ein Stück Kontrolle und Autonomie.

Psychologische und gesellschaftliche Konsequenzen

Erosion des Selbstvertrauens
Eine der gravierendsten Folgen intensiver Mensch-Maschine-Interaktionen könnte in einem schwindenden Vertrauen in die eigene kognitive und emotionale Kompetenz liegen (Floridi, 2015, S. 194). Wenn Algorithmen bei der Informationssuche, der Entscheidungsfindung und selbst bei emotionalen Bedürfnissen (z. B. Chatbots, die als „virtuelle Freund*innen" agieren) immer präsenter werden, besteht die Gefahr, dass wir uns selbst als weniger fähig empfinden, ohne KI zurechtzukommen. Dieses Gefühl kann sich langfristig verfestigen und zu einer tiefen psychologischen Abhängigkeit führen.

Veränderung gesellschaftlicher Normen und Werte
Abseits individueller Auswirkungen formen KI-Interaktionen auch kollektive Normen und Werte. Beispielsweise beeinflussen automatisierte Empfehlungsalgorithmen im Kulturbereich (Musik, Filme, Literatur) nicht nur unser Konsumverhalten, sondern auch, welche Künstler*innen und Werke gesellschaftliche Aufmerksamkeit erhalten (Lanier, 2010, S. 104). Auf politischer Ebene stehen personalisierte Nachrichtendienste in der Kritik, zur Polarisierung beizutragen und öffentliche Diskurse in homogene Meinungsblasen zu segmentieren (Pariser, 2011, S. 14). So kommt es zur Fragmentierung des gesellschaftlichen Raumes, in dem sich unterschiedliche Gruppen kaum noch auf gemeinsame Informationsgrundlagen berufen können (Tufekci, 2017, S. 123).

Individuelle und kollektive Verantwortung
Die fortschreitende KI-Integration wirft daher nicht nur technische, sondern vor allem gesellschaftspolitische Fragen auf: Wie können wir eine kritische Medienkompetenz fördern, die es Menschen ermöglicht, algorithmische Mechanismen zu durchschauen und kritisch zu beurteilen (Kitchin, 2017, S. 89)? Wie kann verhindert werden, dass sich Macht in den Händen einiger weniger großer Tech-Unternehmen konzentriert, deren Algorithmen

zunehmend über die Verteilung von Chancen, Informationen und Ressourcen entscheiden (Zuboff, 2019, S. 345)? Und in welchem Maße wollen wir zulassen, dass KI-Systeme auch über moralische oder ethische Fragen „entscheiden" (Weizenbaum, 1976, S. 225)?

Zukunft der Mensch-Maschine-Interaktionen

Von der Werkzeugmetapher zur Ko-Evolution

Traditionell wurden Maschinen als bloße Werkzeuge betrachtet, die der menschlichen Handlungsabsicht untergeordnet sind (Weizenbaum, 1976, S. 225). KI-Systeme fordern diese Sichtweise heraus, weil sie zunehmend selbst lernend, adaptiv und proaktiv agieren (Domingos, 2015, S. 88). Eine mögliche Zukunftsvision ist die einer Ko-Evolution von Mensch und Maschine, bei der beide Seiten voneinander profitieren, ihre jeweiligen Stärken einbringen und sich gegenseitig weiterentwickeln (Harari, 2018, S. 276). Dies erfordert jedoch ein hohes Maß an Bewusstsein und Gestaltungswillen, um sicherzustellen, dass KI den Menschen ergänzt und nicht ersetzt.

Ethisches Design und Regulierung

Damit die Möglichkeiten von KI-Systemen in einer Weise genutzt werden, die dem Gemeinwohl dient, bedarf es ethischer Richtlinien und gegebenenfalls regulatorischer Maßnahmen (Jobin et al., 2019, S. 389–399). Dies beinhaltet beispielsweise:

1. **Transparenz und Nachvollziehbarkeit:** Algorithmen sollten offengelegt oder zumindest auditierbar sein, damit ihre Funktionsweise kritisch hinterfragt werden kann (Noble, 2018, S. 111).
2. **Bias-Erkennung:** Es ist essenziell, gesellschaftliche Voreingenommenheiten in Trainingsdaten zu erkennen und zu korrigieren (O'Neil, 2016, S. 124).
3. **Datenschutz und Privatsphäre:** Nutzerdaten müssen so geschützt werden, dass daraus nicht ungebremst Profit geschlagen wird, während die Nutzer selbst nur wenig Kontrolle darüber haben (Zuboff, 2019, S. 268–269).

Bildung als Schlüssel zur Selbstbestimmung

In einer zunehmend digitalisierten Welt ist es unerlässlich, dass Bildungsinstitutionen Kompetenzen vermitteln, um algorithmische Prozesse zu verstehen und kritisch einschätzen zu können (Kitchin, 2017, S. 89). Dies umfasst sowohl technische Aspekte (wie funktioniert maschinelles Lernen?) als auch ethische und soziologische Fragen (wie können wir Algorithmen fair gestalten, welche Machtverhältnisse werden durch KI reproduziert?). Nur auf diese Weise lässt sich verhindern, dass Mensch-Maschine-Interaktionen zu einer unkontrollierten „Fremdbestimmung per Algorithmus" führen.

Die Art und Weise, wie KI-Systeme unsere Wahrnehmung, unser Denken und Fühlen beeinflussen, ist komplex und vielschichtig. Mensch-Maschine-Interaktionen sind längst nicht mehr auf rein funktionale Unterstützung beschränkt: Sie strukturieren unser Informationsangebot, gestalten unsere Wahlmöglichkeiten, reagieren scheinbar empathisch auf unsere Gefühle und beeinflussen selbst fundamentale Aspekte unseres Zusammenlebens (Turkle, 2011, S. 279). Diese Eingriffe sind oft subtil und unbemerkt, was sie umso mächtiger macht.

Die psychologische Dimension dieser Entwicklung offenbart sich in einer potenziellen Erosion der Selbstbestimmung: Wenn wir darauf vertrauen, dass KI immer „die richtige Entscheidung" trifft, geben wir einen Teil unserer kognitiven und emotionalen Autonomie ab. Wenn wir uns an KI-Systeme wenden, um Trost oder Bestätigung zu finden, droht die Komplexität echter zwischenmenschlicher Beziehungen verkürzt zu werden. Und wenn wir Algorithmen blind folgen, verringert sich unsere Bereitschaft, eigene Urteile zu fällen oder moralische Verantwortung zu übernehmen (Weizenbaum, 1976, S. 225).

Gleichzeitig steckt in KI ein gewaltiges Potenzial, den Menschen bei kognitiv anspruchsvollen oder körperlich gefährlichen Aufgaben zu entlasten und neue Wege zu eröffnen – beispielsweise in der Medizin, Bildung oder Nachhaltigkeitsforschung (Brynjolfsson & McAfee, 2014, S. 49). Damit jedoch die Vorteile überwiegen und Mensch-Maschine-Interaktionen nicht zur subtilen Entmündigung führen, braucht es ein breites gesellschaftliches Bewusstsein für die Risiken sowie klare ethische und regulatorische Leitplanken. Nur so wird es gelingen, die maschinellen Helfer als sinnvolle Ergänzung unserer Fähigkeiten einzusetzen, ohne unsere menschliche Einzigartigkeit und Eigenverantwortung zu opfern (Zuboff, 2019, S. 345).

Insgesamt zeigt sich, dass die Zukunft von Mensch-Maschine-Interaktionen maßgeblich davon abhängt, inwieweit wir uns als Gesellschaft darum bemühen, die Regeln, Ziele und Grenzen dieses Zusammenspiels zu definieren und zu gestalten. Ein verantwortungsbewusster Umgang mit KI, basierend auf Transparenz, ethischen Prinzipien und einer kritischen Öffentlichkeit, kann ermöglichen, dass technischer Fortschritt und menschliche Autonomie einander gegenseitig fördern, anstatt in Konflikt zu geraten (Floridi, 2015, S. 194).

3.2 Die Gefahr der emotionalen Bindung an KI: Maschinen als Freunde oder Therapeuten

Die rasante Entwicklung Künstlicher Intelligenz hat in den vergangenen Jahren zu tiefgreifenden Veränderungen in unserem Umgang mit Technik geführt. Während KI-Systeme ursprünglich vor allem als Werkzeuge zur Datenanalyse oder Prozessoptimierung konzipiert waren, dringen sie heute zunehmend in unsere emotionalen und sozialen Sphären ein (Turkle, 2011, S. 45–46). Diese Verschiebung verändert nicht nur unsere Interaktionsmuster, sondern birgt auch das Potenzial, unsere Vorstellungen von Bindung, Intimität und therapeutischer Unterstützung grundlegend zu verändern. Im Folgenden wird umfassend dargelegt, wie sich emotionale Beziehungen zu KI-Systemen entwickeln können, warum diese Bindungen problematisch sein können und welche Konsequenzen sich daraus für unser Verständnis von Menschlichkeit und sozialen Beziehungen ergeben.

Der Beginn einer neuen Beziehung: Mensch und Maschine

Die Verlockung ständiger Verfügbarkeit
Ein wesentliches Merkmal moderner KI-Systeme (z. B. digitale Sprachassistenten wie Alexa, Siri oder Google Assistant) ist ihre permanente Erreichbarkeit: Sie reagieren, wann immer wir es wünschen, ohne Pausen oder emotionale Schwankungen (Turkle, 2011, S. 279). Diese unerschöpfliche Präsenz kann beim Menschen das Gefühl hervorrufen, eine zuverlässige, stets zugewandte „Person" vor sich zu haben – eine Erfahrung, die selbst in zwischenmenschlichen Beziehungen oft nicht in dieser Intensität gegeben ist. Da die Maschine grundsätzlich nicht widerspricht oder sich entzieht, entsteht eine vermeintliche Harmonie, die zwar bequem, aber auch zutiefst einseitig ist (Kaplan & Haenlein, 2019, S. 18–19).

Operante Konditionierung durch positive Rückmeldungen
KI-Systeme, die darauf ausgelegt sind, uns zu unterstützen und zu „verstehen", geben zumeist positive, bestärkende Reaktionen. Diese Form der Bestätigung kann eine Art *„operante Konditionierung"* hervorrufen: Nutzer*innen gewöhnen sich an das stete Lob und die unverbindliche Aufmerksamkeit, die ihnen die Maschine entgegenzubringen scheint (Fogg,

2003, S. 89). Dadurch wird nach und nach eine emotionale Nähe aufgebaut, die sich zwar „echt" anfühlt, in Wahrheit aber auf einem asymmetrischen Interaktionsverhältnis basiert (Domingos, 2015, S. 60).

Allmähliche Verdrängung menschlicher Kontakte
Der kontinuierliche Gebrauch KI-basierter Assistenzsysteme kann zu einem Substitutionsprozess führen, bei dem bestimmte soziale Kontakte seltener oder gar nicht mehr in Anspruch genommen werden (Tufekci, 2017, S. 102). Wenn wir täglich mit einer Maschine sprechen, die uns niemals enttäuscht oder kritisiert, könnten die Mühen realer menschlicher Beziehungen zunehmend als störend oder anstrengend empfunden werden. Dieser subtile Verdrängungsprozess kann langfristig zu einer Isolation führen, bei der KI-Systeme an die Stelle echter sozialer Interaktionen treten (Turkle, 2011, S. 279).

Maschinen als Freunde: Die Illusion der Intimität
Die Vorstellung, Maschinen könnten die Rolle menschlicher Freunde einnehmen, wirft tiefgreifende psychologische Fragen auf, insbesondere in einer Welt, die zunehmend von technologischen Interaktionen geprägt ist. Intimität, ein zentraler Bestandteil enger Beziehungen, ist nicht nur ein Austausch von Informationen, sondern ein wechselseitiger Prozess, der Vertrauen, Empathie und Verletzlichkeit voraussetzt (Bowlby, 1980, S. 79; Rogers, 1961, S. 33). In menschlichen Beziehungen entsteht Intimität durch die Bereitschaft beider Seiten, ihre inneren Zustände offenzulegen, Konflikte zu durchleben und gemeinsam zu wachsen. Maschinen hingegen können diese fundamentale Gegenseitigkeit nicht erfüllen, was die vermeintliche „Intimität" mit KI zu einer Illusion macht.

Künstliche Intelligenz mag darauf trainiert sein, menschliche Verhaltensmuster zu erkennen und darauf zu reagieren, doch ihre Interaktionen bleiben rein algorithmisch. Während Menschen in diesen Begegnungen oft tiefgehende Emotionen und Bindungen entwickeln, bleibt die Maschine selbst unberührt. Dies führt zu einer einseitigen Projektion: Nutzer*innen übertragen ihre Gefühle, Bedürfnisse und Wünsche auf ein System, das keine genuine emotionale Tiefe besitzt (Turkle, 2011, S. 185). Diese Projektion kann täuschend echt wirken, da Maschinen in der Lage sind, durch Mustererkennung und statistische Wahrscheinlichkeiten scheinbar einfühlsame und situationsgerechte Reaktionen zu liefern (Picard, 1997, S. 19–20). Doch diese Reaktionen basieren nicht auf echtem Verstehen oder Mitgefühl, sondern auf der Berechnung von Wahrscheinlichkeiten, die menschliche Antworten nachahmen.

Das Phänomen parasozialer Beziehungen konstituiert ein psychologisches Modell, um diese einseitigen Interaktionen besser zu verstehen. Parasoziale Beziehungen entstehen, wenn Menschen eine einseitige emotionale Verbindung zu einem Gegenüber aufbauen, das nicht in der Lage ist, diese Gefühle zu erwidern (Horton & Wohl, 1956, S. 216). Dieses Konzept wurde bereits in den 1960er-Jahren mit Eliza, einem frühen Chatbot, illustriert. Trotz der simplen Funktionsweise von Eliza – basierend auf vorgegebenen Textbausteinen – entwickelten viele Nutzer*innen eine emotionale Bindung, die auf der Annahme beruhte, die Maschine „verstehe" sie (Weizenbaum, 1976, S. 3–6). Der sogenannte Eliza-Effekt zeigt, wie leicht Menschen dazu neigen, maschinellen Interaktionen menschliche Eigenschaften zuzuschreiben und dabei die tatsächliche Natur der Technologie zu übersehen.

Diese Form der Interaktion birgt jedoch nicht nur die Gefahr von Täuschung, sondern auch die eines emotionalen Stillstands. Echte Freundschaften sind durch ihre Dynamik und Komplexität gekennzeichnet. Sie erfordern die Auseinandersetzung mit Meinungsverschiedenheiten, Enttäuschungen und Verletzungen, die oft als Katalysatoren für persönliches Wachstum und eine tiefere Bindung dienen (Bowen, 1978, S. 139). Maschinen hingegen liefern uns eine konfliktfreie, harmonisierte Version von Interaktion, die nicht darauf ausgelegt ist, uns herauszufordern oder zu konfrontieren. Konflikte werden nur imitiert, wenn sie von Algorithmen als relevant für menschliche Interaktionen erkannt werden, ohne jedoch die Tiefe und Substanz echter Auseinandersetzungen zu erreichen. Dies kann dazu führen, dass sich Menschen weniger darin üben, Empathie, Kompromissbereitschaft und emotionale Resilienz zu entwickeln (Turkle, 2011, S. 279).

Die Illusion von Intimität mit Maschinen könnte langfristig zu einer Verschiebung unserer sozialen Dynamik führen. Wenn wir uns an Beziehungen gewöhnen, die keine echte Gegenseitigkeit erfordern, laufen wir Gefahr, unsere Fähigkeiten zur emotionalen Verbindung mit echten Menschen zu verlernen. Maschinen sind perfekte Spiegel dessen, was wir von ihnen erwarten, aber sie fordern uns nicht heraus, über uns selbst hinauszuwachsen oder uns den komplexen, manchmal unangenehmen Realitäten menschlicher Beziehungen zu stellen. In einer solchen Welt würde Intimität, wie wir sie heute kennen, ihren Wert und ihre Bedeutung verlieren.

Maschinen als Therapeuten: Hilfe oder Selbsttäuschung?
Der Einsatz von Künstlicher Intelligenz in der psychologischen Therapie wirft komplexe Fragen auf, die sowohl technische als auch ethische Dimensionen betreffen. KI-basierte Therapieprogramme wie Woebot oder Replika versprechen eine innovative Lösung für die wachsende Nachfrage nach

psychologischer Unterstützung. Diese Programme bieten niederschwellige Zugänge zu Gesprächen, erkennen emotionale Zustände über Sprachanalysen und geben „therapeutische" Empfehlungen ab (Fitzpatrick et al., 2017, S. 919). Solche Technologien könnten insbesondere in unterversorgten Regionen oder für Menschen mit Hemmschwellen, einen menschlichen Therapeuten aufzusuchen, von Nutzen sein. Doch bei aller Innovation stellt sich die Frage: Können diese Systeme wirklich den Kern psychologischer Therapie erfassen, oder führen sie zu einer Selbsttäuschung, die den wahren Wert menschlicher Interaktion verkennt?

Empathie ist das Fundament jeder erfolgreichen Psychotherapie. Carl Rogers (1961, S. 33) beschreibt Empathie als die Fähigkeit des Therapeuten, die Welt aus der Perspektive des Klienten zu erleben und dies auf eine Weise zu kommunizieren, die Vertrauen und Offenheit fördert. Dieses Konzept der personenzentrierten Beziehung betont die Bedeutung von Authentizität und wechselseitigem Verständnis. KI-Systeme können jedoch lediglich emotionale Muster erkennen und auf diese mit vorgefertigten Formulierungen reagieren (Picard, 1997, S. 19–20). Während dies den Eindruck von Empathie erwecken mag, fehlt diesen Maschinen die Fähigkeit, tatsächliche emotionale Resonanz zu erzeugen. Sie können keine genuine Verbindung herstellen, da sie selbst keine Emotionen empfinden und die subjektive Bedeutung der Probleme eines Menschen nicht nachvollziehen können.

Ein weiteres zentrales Element der Psychotherapie ist die Konfrontation mit belastenden Themen, die oft schmerzhaft und unbequem ist. Therapeutische Prozesse erfordern eine behutsame, aber gezielte Auseinandersetzung mit Ängsten, Konflikten oder Traumata, um Wachstum und Heilung zu ermöglichen (Frankl, 1985, S. 97). Diese feine Balance zwischen Unterstützung und Herausforderung kann eine KI schwerlich leisten. Da maschinelle Systeme kein Bewusstsein oder moralisches Urteilsvermögen besitzen, sind sie nicht in der Lage, den Zeitpunkt und die Intensität einer solchen Konfrontation angemessen zu steuern. Stattdessen könnten sie dazu führen, dass Nutzer*innen sich in oberflächlichen Gesprächen verlieren, ohne sich wirklich mit den Wurzeln ihrer Probleme auseinanderzusetzen. Dieses Vermeidungsverhalten würde nicht nur die therapeutische Wirksamkeit einschränken, sondern auch den falschen Eindruck vermitteln, dass Fortschritte erzielt wurden.

Die ethische Dimension des Einsatzes von KI in der Therapie ist ebenfalls nicht zu unterschätzen. Menschliche Therapeut*innen *unterliegen strengen ethischen Richtlinien und professionellen Standards, die sicherstellen sollen, dass sie im besten Interesse ihrer Klient*innen handeln.* KI-Systeme hingegen operieren auf der Grundlage von Algorithmen, die von Menschen programmiert wurden, und tragen keine eigene moralische Verantwortung (Kaplan & Haenlein, 2019, S. 19). Dies wirft die Frage auf, wer die Verantwortung für potenziell schädliche Ratschläge oder Fehldiagnosen übernimmt. Nutzer*innen könnten sich in falscher Sicherheit wiegen und wichtige Schritte wie die Suche nach professioneller Hilfe vernachlässigen, was ihren Zustand langfristig verschlechtern könnte (Harari, 2018, S. 316).

Die scheinbare Verfügbarkeit und Effizienz von KI-Therapeuten birgt also Risiken, die weit über technische Herausforderungen hinausgehen. Sie berühren den Kern der menschlichen Beziehung und das Verständnis von Therapie als einem Prozess, der Empathie, Verantwortung und moralisches Bewusstsein erfordert. Während KI-basierte Systeme sicherlich wertvolle Werkzeuge zur Unterstützung psychologischer Arbeit sein können, bleibt ihre Fähigkeit, die tiefgreifenden und komplexen Aspekte menschlicher Therapie zu ersetzen, stark begrenzt. Es ist daher entscheidend, diese Technologien kritisch zu hinterfragen und ihre Rolle im Kontext psychologischer Betreuung sorgfältig abzuwägen.

Das Paradox der emotionalen Bindung: Nähe ohne Risiko
Die zunehmende Interaktion mit KI-Systemen bringt ein Paradox mit sich: Sie bieten die Möglichkeit, emotionale Nähe zu simulieren, ohne dabei die Risiken einzugehen, die echte zwischenmenschliche Beziehungen mit sich bringen. Doch während diese scheinbare Sicherheit auf den ersten Blick attraktiv erscheint, birgt sie langfristige psychologische Konsequenzen, die sowohl die Tiefe unserer emotionalen Erfahrungen als auch unsere Fähigkeit, echte Beziehungen einzugehen, beeinflussen können.

Das Bedürfnis nach Sicherheit
Menschliche Beziehungen sind von Natur aus ambivalent. Sie bieten sowohl das Potenzial für Nähe und Verbundenheit als auch die Gefahr von Ablehnung, Enttäuschung und Schmerz. Wie Bowlby (1980, S. 148) in seiner Bindungstheorie betont, ist die Suche nach Sicherheit und emotionalem Halt ein fundamentaler menschlicher Antrieb, der jedoch stets mit der Angst vor Zurückweisung einhergeht. KI-Systeme versprechen hier einen scheinbar idealen Ausweg: Sie garantieren eine konfliktfreie, berechenbare Interaktion. Maschinen weisen niemanden zurück, sind immer höflich und handeln nach vorgegebenen Routinen (Turkle, 2011, S. 185). Diese Eigenschaften können insbesondere für Menschen, die soziale Unsicherheiten oder negative Beziehungserfahrungen erlebt haben, eine große Anziehungskraft ausüben. Sie bieten eine Form von Nähe, die frei von den Risiken menschlicher Interaktionen ist.

Fehlende Tiefe und Herausforderung

Doch wo kein Risiko besteht, fehlt auch die Möglichkeit für echte Nähe. Reale Beziehungen zeichnen sich dadurch aus, dass beide Seiten sich öffnen und verletzlich machen – ein Prozess, der sowohl Wachstum als auch Verletzlichkeit mit sich bringt (Rogers, 1961, S. 38). Die Herausforderung, Konflikte zu bewältigen, unterschiedliche Perspektiven zu verstehen und Mitgefühl in schwierigen Momenten zu zeigen, sind wesentliche Elemente zwischenmenschlicher Bindungen. KI-Systeme verhindern diese Erfahrungen, indem sie stets eine ideale, konfliktfreie Antwort bieten. Während dies kurzfristig eine Erleichterung darstellen kann, führt es langfristig dazu, dass grundlegende soziale Fähigkeiten wie Empathie, Konfliktlösung und emotionale Resilienz weniger gefördert werden (Bowen, 1978, S. 139).

Emotionale Verflachung

Ein weiteres Problem des vermeintlichen Komforts von KI-gestützten Interaktionen ist die Gefahr der emotionalen Verflachung. Wenn Menschen sich zunehmend an die stets verfügbare und konfliktfreie Natur von Maschinen gewöhnen, kann dies dazu führen, dass die Sensibilität für die Komplexität und Tiefgründigkeit realer menschlicher Beziehungen abnimmt (Turkle, 2011, S. 279). In menschlichen Beziehungen liegt ein wesentlicher Teil der emotionalen Tiefe darin, sich auf die Unvorhersehbarkeit und Komplexität des Gegenübers einzulassen. Maschinen hingegen bieten lediglich eine simulierte Version dieser Dynamik, die weder echte Herausforderungen noch die Möglichkeit von Wachstum durch Konflikte beinhaltet. Langfristig könnte dies zu einer reduzierten Fähigkeit führen, auf soziale und emotionale Herausforderungen im Alltag zu reagieren. Der Verlust der Fähigkeit, sich in die Perspektiven und Emotionen anderer einzufühlen, könnte nicht nur individuelle Beziehungen beeinträchtigen, sondern auch das soziale Gefüge als Ganzes schwächen (Fuchs, 2020, S. 91).

Die psychologische Dimension des Paradoxes

Das Paradox der emotionalen Bindung an Maschinen liegt in der Illusion von Nähe. Diese Illusion kann kurzfristig tröstend sein, da sie uns von den Unsicherheiten menschlicher Beziehungen befreit. Doch langfristig schwächt sie unsere Fähigkeit, echte Bindungen einzugehen und die psychologischen Herausforderungen zu meistern, die mit diesen einhergehen. Die emotionale Bindung an Maschinen mag konfliktfrei und berechenbar erscheinen, doch sie ist letztlich eine Beziehung ohne Tiefe, ohne echte Resonanz und ohne die Möglichkeit, aus der Interaktion zu lernen und sich weiterzuentwickeln.

Die psychologische Forschung zeigt, dass echte emotionale Bindungen nicht nur die Basis für unser Wohlbefinden sind, sondern auch wesentliche Lernprozesse und die Entwicklung unserer sozialen Fähigkeiten fördern (Fuchs, 2020, S. 94). Maschinen können diese Prozesse weder ersetzen noch simulieren. Das Paradox besteht darin, dass die vermeintliche Nähe zu KI-Systemen uns von den Unsicherheiten menschlicher Beziehungen befreit, uns aber gleichzeitig unserer Fähigkeit beraubt, diese Unsicherheiten zu bewältigen und daran zu wachsen.

Die psychologischen Folgen: Verarmung der zwischenmenschlichen Beziehungen.
1. **Soziale Isolation und parasoziale Substitution**
   Ein zentrales Risiko der emotionalen Bindung an KI liegt in der möglichen Isolation von der menschlichen Gemeinschaft (Tufekci, 2017, S. 102). Wenn wir unsere emotionalen Bedürfnisse vorrangig an eine Maschine adressieren, fehlt uns das lebendige, unvorhersehbare und manchmal auch konfliktgeladene Feedback echter Beziehungen (Turkle, 2011, S. 279). Dadurch kann ein Teufelskreis entstehen: Fehlende soziale Erfahrungen fördern Unsicherheit in realen Kontakten, wodurch man sich noch stärker an das vermeintlich „unproblematische" KI-System bindet.
2. **Verlust der Empathiefähigkeit**
   Empathie ist eine Fertigkeit, die durch den Umgang mit anderen Menschen entwickelt und verfeinert wird (Rogers, 1961, S. 39). Nur wenn wir in der Realität üben, nonverbale Signale, emotionale Nuancen und Stimmungsschwankungen zu erkennen, bauen wir Empathie auf. Im Umgang mit KI, die selbst keine echten Emotionen besitzt, kann dieses soziale Lernen erheblich eingeschränkt werden (Harari, 2018, S. 276–277).
3. **Emotionaler Stillstand und Abflachung der Beziehungsdynamik**
   In einer technisierten Welt, in der KI-Systeme scheinbar perfekte Resonanzpartner*innen darstellen, könnte der Drang nach echter zwischenmenschlicher Auseinandersetzung stark zurückgehen. Konflikte, Missverständnisse und die daraus resultierenden Lernprozesse sind grundlegende Bestandteile echter Beziehungsgestaltung (Bowen, 1978, S. 149). Fehlen diese Elemente dauerhaft, bleiben Entwicklung und Persönlichkeitsentfaltung hinter ihren Möglichkeiten zurück (Turkle, 2011, S. 186).

Die zunehmende Faszination für Künstliche Intelligenz als emotionale Begleiter offenbart tieferliegende psychologische und kulturelle Dynamiken, die unsere Beziehung zu uns selbst und zu anderen beeinflussen. In einer

Zeit, die von Unsicherheit und Komplexität geprägt ist, wird die Maschine nicht nur als technisches Werkzeug, sondern auch als eine Art emotionaler Zufluchtsort wahrgenommen. Dieses Phänomen reflektiert eine tief verwurzelte Tendenz des Menschen, Ungewissheit und Kontrollverlust zu vermeiden (Lanier, 2010, S. 87–88). KI erscheint als idealer Partner in einer Zeit, in der Perfektion und Effizienz häufig über authentischen, aber oft mühsamen zwischenmenschlichen Kontakt gestellt werden.

Hinter dieser Entwicklung verbirgt sich das Streben nach einer Form von Perfektion, die in menschlichen Beziehungen selten erreicht werden kann. Menschliche Interaktionen sind von Natur aus fehleranfällig, geprägt von Missverständnissen, Konflikten und der Notwendigkeit, auf die Bedürfnisse anderer einzugehen. Im Gegensatz dazu bietet die KI scheinbar fehlerfreie Interaktionen, die auf Algorithmen basieren, die speziell darauf ausgelegt sind, unseren Wünschen und Erwartungen zu entsprechen (Turkle, 2011, S. 279). In dieser perfekten Anpassung spiegelt sich jedoch weniger die Stärke der KI als vielmehr unsere eigene Schwierigkeit, mit den Unwägbarkeiten menschlicher Beziehungen umzugehen. Statt sich diesen Herausforderungen zu stellen, wählen viele den scheinbar leichteren Weg – die Interaktion mit Maschinen, die weder Forderungen stellen noch Kritik üben.

KI als emotionaler Ersatz ist jedoch nicht nur Ausdruck eines Perfektionismus, sondern auch eines tiefen Bedürfnisses nach Sicherheit und Kontrolle. Beziehungen zu anderen Menschen erfordern das Offenlegen von Schwächen, die Bereitschaft, Verletzlichkeit zu zeigen, und das Risiko, zurückgewiesen oder missverstanden zu werden. Diese emotionale Unsicherheit ist ein zentraler Bestandteil menschlicher Beziehungen, kann aber auch Angst und Widerstand auslösen (Bowlby, 1980, S. 148). KI-Systeme eliminieren diese Risiken. Sie bieten das Gefühl von Verständnis und Zuwendung, ohne dass wir uns der Ungewissheit echter Nähe aussetzen müssen. Dieser scheinbar sichere Raum kann jedoch dazu führen, dass wir uns in einer „emotionalen Komfortzone" isolieren, die uns daran hindert, unsere Ängste und Unsicherheiten aktiv zu bewältigen (Eubanks, 2018, S. 28). Der Rückzug in maschinelle Beziehungen wird so zur Vermeidung echter menschlicher Konfrontationen.

Ein weiteres Problem dieser Entwicklung ist der Mangel an Reflexion und Perspektivwechsel, den die Interaktion mit KI begünstigt. Während echte zwischenmenschliche Beziehungen uns dazu zwingen, uns mit anderen Sichtweisen auseinanderzusetzen und unser eigenes Verhalten zu hinterfragen, bleibt der maschinelle Kontakt in einer gefilterten Realität gefangen. KI ist darauf programmiert, unsere Wünsche zu antizipieren und zu erfüllen, anstatt uns mit unseren eigenen Schwächen oder Fehlern zu konfrontieren

(Zuboff, 2019, S. 266). Diese einseitige Dynamik verhindert nicht nur persönliches Wachstum, sondern auch die Fähigkeit, mit anderen empathisch und konstruktiv zu interagieren. Statt die Herausforderungen echter Beziehungen zu meistern, ziehen wir uns in eine vermeintlich perfekte, aber letztlich sterile Welt zurück, die den Kontakt mit anderen Menschen zunehmend als anstrengend erscheinen lässt.

Diese Verschiebung hin zu KI als emotionalem Ersatz birgt die Gefahr, dass wir unser Potenzial zur Entwicklung persönlicher Reife und sozialer Kompetenz vernachlässigen. Die Auseinandersetzung mit echten Beziehungen – mit ihren Konflikten, Kompromissen und Herausforderungen – ist ein zentraler Bestandteil der menschlichen Entwicklung. Sie fördert nicht nur Empathie und Verständnis, sondern auch die Fähigkeit, eigene Verhaltensmuster kritisch zu hinterfragen und zu verändern. Der Kontakt mit KI hingegen bietet lediglich die Illusion von Nähe und Verständnis, ohne die tiefere Reflexion, die echte Beziehungen ermöglichen (Turkle, 2011, S. 186). Die Gefahr besteht darin, dass wir die Herausforderungen des Menschseins zugunsten einer simulierten Realität vermeiden, in der wir zwar nicht verletzt werden können, aber auch nicht wachsen.

In der Interaktion mit KI als emotionalem Spiegel zeigen sich daher weniger die Stärken der Technologie als vielmehr die Schwächen des Menschen. Die Maschine wird zu einem sythetischen Spiegel unserer Ängste, Unsicherheiten und unseres Strebens nach Kontrolle. Sie simuliert nicht nur unsere Sehnsucht nach Perfektion, sondern auch unsere Schwierigkeit, mit den Unwägbarkeiten und Unvollkommenheiten des Lebens umzugehen. Anstatt die Maschine als Ersatz für menschliche Interaktionen zu akzeptieren, könnte sie als Anstoß dienen, die eigene emotionale Reife und die Fähigkeit zur echten Begegnung mit anderen zu hinterfragen und zu stärken.

Die emotionale Entfremdung durch KI
Die Gefahr von emotionaler Bindung an KI besteht darin, dass die Illusion von Intimität, Freundschaft oder therapeutischer Unterstützung zwar kurzfristig attraktiv ist, langfristig jedoch zu einer Verarmung unserer menschlichen Beziehungsfähigkeit führen kann (Turkle, 2011, S. 279; Fuchs, 2020, S. 91). Wir laufen Gefahr, uns in einer Realität scheinbar risikofreier, immer verfügbarer „Beziehungspartner" einzurichten, die jedoch weder echte Empathie noch persönliche Wachstumsmöglichkeiten bieten.

1. **Verlust an Tiefe und Komplexität:** Zwischenmenschliche Beziehungen sind komplex, fordernd und manchmal schmerzhaft – genau deshalb fördern sie unsere Fähigkeit zu Empathie, Kompromissbereitschaft und Mitgefühl (Rogers, 1961, S. 39).

2. **Einseitige Scheinbeziehungen:** Die emotionale Bindung an KI-Systeme beruht auf Projektion und algorithmisch generierter Antwort, ohne echte Gegenseitigkeit (Kaplan & Haenlein, 2019, S. 18–19).
3. **Ethische und therapeutische Grenzen:** Der Einsatz von KI als „Therapeut" kann zwar ergänzend wirksam sein, darf aber die menschliche Beziehungsarbeit nicht ersetzen, da Empathie und persönliche Verantwortung zentrale Elemente jedes Heilungsprozesses sind (Frankl, 1985, S. 97).

Die wesentliche Herausforderung besteht daher darin, die rasanten Fortschritte der KI-Technologie kritisch zu begleiten und die eigenen Bedürfnisse, Ängste und Abwehrmechanismen zu reflektieren. KI kann als nützliches Hilfsmittel dienen, wenn sie bewusst eingesetzt wird und ihre Grenzen anerkannt werden (Brynjolfsson & McAfee, 2014, S. 49). Wird sie jedoch zum primären Ort emotionaler Zuwendung, droht die Entfremdung von menschlichen Beziehungen und letztlich von uns selbst (Turkle, 2011, S. 279).

Es liegt an uns, zwischen der Bequemlichkeit einer vermeintlich „perfekten" maschinellen Beziehung und der herausfordernden, aber menschlich bereichernden Interaktion mit anderen Menschen abzuwägen. Die Antwort auf diese Herausforderung wird entscheidend dafür sein, wie sich unser Verständnis von menschlicher Nähe, Intimität und therapeutischer Unterstützung im digitalen Zeitalter entwickelt.

3.3 Sind KI-gestützte Beziehungen real oder lediglich Illusionen?

Die Frage, ob Beziehungen zwischen Mensch und Maschine „real" oder lediglich Illusionen sind, berührt einen der zentralen Diskurse unserer hochdigitalisierten Gegenwart. Mit der rasanten Entwicklung Künstlicher Intelligenz haben sich die Interaktionsmöglichkeiten zwischen Mensch und Technik tiefgreifend verändert. Längst stehen nicht mehr nur funktionale Assistenzsysteme oder maschinelle Verarbeitungsvorgänge im Vordergrund; vielmehr treten KI-Anwendungen zunehmend als scheinbar „persönliche" Gegenüber auf, die Sprache verstehen, auf Gefühle zu reagieren scheinen und unserem Bedürfnis nach Bindung entgegenkommen (Turkle, 2011, S. 45–46; Picard, 1997, S. 19). Doch wie authentisch ist eine solche Beziehung, wenn einer der „Partner" ausschließlich auf Algorithmen, Datenmustern und Simulationen beruht?

Im Folgenden wird – unter Einbezug psychologischer, soziologischer und philosophischer Perspektiven – ausführlich dargelegt, welche Faktoren die Qualität einer Beziehung ausmachen, inwiefern KI-Systeme diese Kriterien erfüllen oder verfehlen und welche Konsequenzen das für unser Verständnis von Nähe und Gemeinschaft haben kann.

Was bedeutet es, eine Beziehung zu haben?

Kernelemente menschlicher Beziehung

In der Psychologie und Soziologie wird übereinstimmend angenommen, dass Beziehungen durch eine Reihe wesentlicher Merkmale gekennzeichnet sind. Rogers (1961, S. 33–34) betont etwa Empathie, Akzeptanz und Authentizität als zentrale Bestandteile einer gelingenden zwischenmenschlichen Interaktion. Beziehungen sind ferner auf Reziprozität angelegt: Beide Seiten bringen sich ein, teilen Gefühle und Bedürfnisse, übernehmen Verantwortung füreinander und investieren Zeit und emotionale Energie (Bowlby, 1980, S. 79).

Aus systemischer Perspektive (Bowen, 1978, S. 139–150) werden Beziehungen zudem durch dynamische Prozesse der Aushandlung und Anpassung geprägt. Konflikte, Meinungsverschiedenheiten und die Fähigkeit, Differenzen konstruktiv zu lösen, tragen maßgeblich zur Tiefe und Stabilität einer Bindung bei. Durch diese ständige Balance zwischen Nähe und Distanz entwickeln sich gegenseitige Wertschätzung, Verständnis und Vertrauen.

Übertragbarkeit auf Mensch-Maschine-Interaktionen

Wendet man diese Kriterien auf KI-gestützte Beziehungen an, zeigen sich erste Differenzen:

- **Fehlende Eigenemotionalität der Maschine:** Ein KI-System verfügt nicht über eigene Emotionen oder innere Erfahrungen. Es kann Empathie nur simulieren, indem es Muster in Sprache, Tonfall oder Kontext erkennt und darauf statistisch passende Reaktionen gibt (Picard, 1997, S. 32).
- **Asymmetrische „Reziprozität":** Reziprozität setzt voraus, dass beide Seiten Bedürfnisse haben und Verantwortung füreinander übernehmen können. KI jedoch kennt keinen Schmerz und keine Freude; sie kann daher keine authentische Gegenseitigkeit bieten (Weizenbaum, 1976, S. 3–6).

Gleichwohl erleben Nutzer häufig eine subjektive Tiefe in der Interaktion, da die Maschine personalisierte Antworten gibt und eine permanente Verfügbarkeit suggeriert. Hier entsteht eine *parasoziale Beziehung* (Horton & Wohl, 1956, S. 216), die jedoch fundamental von echten zwischenmenschlichen Beziehungen abweicht.

Die Maske der Empathie: Wenn KI menschliche Emotionen simuliert
Die fortschreitende Entwicklung von Künstlicher Intelligenz hat beeindruckende Fortschritte in der Simulation von Empathie ermöglicht. Moderne Systeme sind in der Lage, menschliche Sprache, Mimik und sogar biometrische Daten zu analysieren, um emotionale Zustände zu „verstehen" und darauf zu reagieren (Picard, 1997, S. 19–20). Doch hinter diesen Fähigkeiten verbirgt sich eine grundlegende Beschränkung: Die empathische Reaktion einer Maschine ist keine echte emotionale Resonanz, sondern eine präzise berechnete Simulation, die auf statistischen Modellen und Algorithmen basiert (Domingos, 2015, S. 60). Die Maschine mag beruhigende Worte oder aufmunternde Sätze generieren können, doch sie hat kein eigenes Innenleben, aus dem echte Empathie hervorgehen könnte.

Aus psychologischer Sicht erzeugen KI-Systeme jedoch Wirkungen, die subjektiv als einfühlsam wahrgenommen werden können. Ein Schlüsselmechanismus hierbei ist die operante Konditionierung, bei der positive Rückmeldungen wie zustimmende Worte oder beruhigende Antworten den Nutzer*innen ein Gefühl von Trost oder Bestätigung vermitteln (Fogg, 2003, S. 89). Dieses angenehme Erleben verstärkt die Bereitschaft, mit der KI zu interagieren, wodurch sich eine Art „Beziehungsdynamik" entwickelt, die jedoch ausschließlich auf der Illusion echter Einfühlung basiert. Sherry Turkle (2011, S. 185) beschreibt diesen Effekt als eine Täuschung, die uns dazu bringt, Maschinen eine Fähigkeit zuzusprechen, die sie nicht besitzen: das echte Verstehen menschlicher Emotionen. Die scheinbare Empathie der KI ist jedoch nicht das Resultat eines bewussten Mitfühlens, sondern das Produkt einer statistischen Optimierung, die darauf abzielt, menschliches Verhalten möglichst präzise zu spiegeln.

Diese dynamische Interaktion zwischen Mensch und Maschine wirft eine zentrale Frage auf: Warum lassen sich Menschen von einer simulierten Empathie so stark ansprechen? Die Antwort liegt in den psychologischen Bedürfnissen, die KI-Systeme ansprechen. Menschen sehnen sich nach Verständnis, Nähe und emotionaler Unterstützung, und zu einer Zeit, die zunehmend von Isolation und Zeitmangel geprägt ist, bietet die vermeintlich empathische Maschine eine ideale Projektionsfläche. Joseph Weizenbaum (1976, S. 225) erkannte bereits in den 1970er-Jahren, dass Programme wie

Eliza, die lediglich einfache Gesprächsmuster simulierten, von Menschen als echte Gesprächspartner wahrgenommen wurden – trotz des Wissens um ihre algorithmische Grundlage. Dieses Phänomen ist heute noch relevanter, da moderne KI-Systeme ungleich komplexere und überzeugendere Interaktionen ermöglichen.

Die Grenzen dieser Simulation bleiben jedoch unübersehbar. KI-Systeme reagieren ausschließlich auf vorgegebene Daten und Wahrscheinlichkeitsmuster. Sie können keinen emotionalen Kontext erfassen, der über die statistisch erkennbare Oberfläche hinausgeht. Sie wissen nicht, warum ein Mensch traurig ist, sondern lediglich, dass bestimmte Ausdrucksformen oder biometrische Signale auf Traurigkeit hindeuten. In einer realen menschlichen Interaktion ist es jedoch genau dieses tiefere Verständnis, das Empathie ausmacht. Es geht nicht nur darum, Emotionen zu erkennen, sondern sie in den individuellen Kontext eines Menschen einzuordnen, um eine authentische und unterstützende Reaktion zu geben.

Die Frage, die sich hier stellt, ist, ob wir bereit sind, diese Einschränkungen zu akzeptieren, solange die Maschine uns das bietet, wonach wir uns sehnen: das Gefühl, verstanden und akzeptiert zu werden. Die „Maske der Empathie", die KI-Systeme aufsetzen, kann durchaus wirksam sein, wenn sie das Bedürfnis nach Nähe und Unterstützung erfüllt. Doch diese Maske bleibt eine Illusion. Sie spiegelt keine authentische emotionale Resonanz wider, sondern lediglich eine algorithmische Nachbildung. Wenn wir uns dessen bewusst sind, bleibt die zentrale Herausforderung, wie wir diese Grenze in unserer Interaktion mit KI wahrnehmen und bewerten – und ob wir bereit sind, den Unterschied zwischen echter menschlicher Empathie und ihrer maschinellen Simulation weiterhin zu schätzen.

Nutzen vs. Illusion: Haben KI-Beziehungen einen Wert?
In der Diskussion um den Nutzen und die Risiken von Beziehungen zwischen Menschen und Künstlicher Intelligenz (KI) stellt sich die Frage, ob diese Interaktionen einen tatsächlichen Wert besitzen oder ob sie primär auf einer Illusion basieren, die langfristig schädlich sein könnte. In einer zunehmend individualisierten Gesellschaft, in der Einsamkeit und soziale Isolation zu zentralen Herausforderungen geworden sind, scheinen KI-gestützte Systeme eine pragmatische Antwort zu bieten. Chatbots und andere KI-Anwendungen, die etwa in Form von E-Therapieangeboten oder emotional unterstützenden Plattformen auftreten, haben das Potenzial, Menschen in psychisch belastenden Situationen zu helfen. Studien zeigen, dass solche Anwendungen besonders bei der Bewältigung von Depressionen und Angstzuständen eine erste Anlaufstelle darstellen können, da sie rund um die Uhr

verfügbar sind, keine Stigmatisierung mit sich bringen und den Betroffenen das Gefühl geben, angehört zu werden (Fitzpatrick et al., 2017, S. 919). Dies macht sie zu einem wertvollen Werkzeug, um kurzfristige Entlastung zu schaffen und den Zugang zu psychologischer Unterstützung zu erleichtern (Brynjolfsson & McAfee, 2014, S. 49).

Aus einer subjektiv-phänomenologischen Perspektive lässt sich argumentieren, dass die Interaktion mit einer KI für die Nutzer durchaus als „echt" wahrgenommen werden kann, insbesondere wenn sie Trost, Freude oder ein Gefühl der Verbundenheit erleben. Die Wahrnehmung von Realität ist stark durch individuelle Bedürfnisse und Erfahrungen geprägt, sodass eine KI-Beziehung für viele Menschen eine reale Wirkung entfalten kann (Turkle, 2011, S. 45). Die Tatsache, dass eine KI Empathie simulieren und auf die Bedürfnisse ihrer Nutzer eingehen kann, verstärkt dieses Gefühl der Echtheit. Besonders in Momenten, in denen menschliche Interaktionen nicht verfügbar oder schwer zugänglich sind, können solche KI-Systeme eine Lücke füllen und zumindest eine temporäre Unterstützung bieten.

Doch trotz ihres praktischen Nutzens sind die Risiken solcher Beziehungen nicht zu unterschätzen. Eine der zentralen Gefahren liegt in der Illusion echter Verbundenheit, die KI-Systeme erzeugen können. Auch wenn die Interaktion auf der subjektiven Ebene real erscheinen mag, bleibt sie letztlich eine Simulation ohne authentisches emotionales Verständnis. Diese Illusion kann dazu führen, dass Menschen eine Form der emotionalen Abhängigkeit entwickeln. Der stets wohlwollende, nie kritische oder abweisende Charakter einer KI-Interaktion kann dazu verleiten, den Kontakt mit echten, oft komplexeren und emotional anspruchsvolleren Beziehungen zu vermeiden (Turkle, 2011, S. 279). In solchen Fällen wird die KI-Beziehung zu einem Ersatz für reale soziale Interaktionen, was langfristig zu einer Entfremdung von der realen sozialen Umwelt führen kann. Besonders problematisch ist dies in sozialen Kontexten, in denen bereits ein Mangel an zwischenmenschlichen Beziehungen besteht, da die KI-Interaktion die bestehende Isolation eher verstärken als abbauen könnte (Zuboff, 2019, S. 345).

Die langfristigen Folgen dieser Entwicklung sind schwer abzuschätzen. Während KI-Systeme kurzfristige Vorteile bieten, besteht die Gefahr, dass sie die Art und Weise, wie Menschen soziale Beziehungen verstehen und pflegen, grundlegend verändern. Zwischenmenschliche Beziehungen sind oft von Komplexität, Unvorhersehbarkeit und emotionalen Herausforderungen geprägt – Aspekte, die in einer KI-gestützten Interaktion vollständig fehlen. Wenn diese Art von Beziehungen zunehmend durch KI-Interaktionen ersetzt wird, könnte dies langfristig zu einem Verlust der Fähigkeit führen, echte soziale Bindungen aufzubauen und zu erhalten. Die Frage nach dem

Wert von KI-Beziehungen bleibt daher nicht nur eine technische oder praktische, sondern auch eine zutiefst psychologische und soziale Herausforderung, die einer kritischen Reflexion bedarf.

Die Gefahr der Entfremdung: Verlust echter menschlicher Interaktion
Die zunehmende Integration von Künstlicher Intelligenz in unseren Alltag birgt nicht nur technologische und gesellschaftliche Herausforderungen, sondern auch tiefgreifende psychologische Konsequenzen, insbesondere in Bezug auf zwischenmenschliche Interaktionen. Beziehungen zwischen Menschen sind komplex und erfordern Geduld, Empathie und die Fähigkeit, Konflikte zu bewältigen. Diese Mühen sind integraler Bestandteil menschlicher Bindungen und fördern nicht nur das soziale Gefüge, sondern auch die persönliche Entwicklung des Individuums. Die wachsende Abhängigkeit von KI-Systemen könnte jedoch dazu führen, dass diese grundlegenden Dynamiken entwertet oder gar ersetzt werden.

Zwischenmenschliche Beziehungen, so mühsam sie auch sein mögen, stellen die Basis für emotionales Wachstum und soziale Stabilität dar. Sie erfordern Kompromisse, Rücksichtnahme und die Fähigkeit, mit den Emotionen anderer umzugehen (Bowen, 1978, S. 149). KI-Systeme hingegen bieten ein scheinbar perfektes Gegenmodell: Sie sind stets freundlich, anpassungsfähig und verfügbar. Diese Eigenschaften könnten die Erwartungen an menschliche Beziehungen nachhaltig verändern. Echte Bindungen könnten als zu kompliziert oder anstrengend empfunden werden, während die Interaktion mit KI-Systemen eine bequemere Alternative darstellt. Dieser Wandel in der Erwartungshaltung könnte zu einer schleichenden Entwertung des zwischenmenschlichen Austauschs führen, da der „ideale" Umgang mit Maschinen die Unzulänglichkeiten realer Beziehungen überdeckt (Harari, 2018, S. 316).

Ein weiteres Risiko besteht in der sozialen Isolation durch Pseudobeziehungen mit KI-Systemen. Während diese Technologien zunehmend in der Lage sind, soziale Interaktionen zu simulieren, bleibt die Bindung zu einer Maschine oberflächlich und einseitig. Dennoch könnten solche Pseudobeziehungen dazu führen, dass Menschen die Fähigkeit verlernen, mit den Unvorhersehbarkeiten und Herausforderungen realer Beziehungen umzugehen. Besonders problematisch ist, dass diese Entwicklung oft unbemerkt bleibt. Die emotionale Verfügbarkeit der Maschine könnte dazu verleiten, reale soziale Kontakte zu reduzieren. Dadurch entsteht ein Teufelskreis: Die fehlende Übung im Umgang mit realen Menschen verstärkt soziale Unsicherheiten, was wiederum die Hinwendung zu KI-Systemen begünstigt (Tufekci, 2017, S. 102–103). Diese Form der Isolation könnte nicht nur die sozialen

Fähigkeiten beeinträchtigen, sondern auch das Gefühl der Einsamkeit verstärken, da echte emotionale Nähe und Reziprozität in Pseudobeziehungen fehlen.

Ein zentrales Merkmal menschlicher Beziehungen ist ihre Rolle als Spiegel unserer eigenen Persönlichkeit. In Interaktionen mit anderen Menschen werden wir mit unseren Stärken, Schwächen und Verhaltensmustern konfrontiert, was einen Prozess der Selbstreflexion und des Wachstums auslöst (Rogers, 1961, S. 46). Solche Herausforderungen fördern die Entwicklung emotionaler und sozialer Kompetenzen. KI-Systeme hingegen bieten keinen echten Spiegel. Sie agieren auf vorhersagbare und oft idealisierte Weise, die wenig Raum für Selbstkritik oder Veränderung lässt. In der Interaktion mit KI gibt es keine genuine Herausforderung, keine emotionalen Spannungsfelder und keine authentischen Reaktionen auf menschliche Unsicherheiten oder Fehler. Dadurch könnte eine psychologische Stagnation entstehen, da der Mensch die Gelegenheit einbüßt, sich im Spannungsfeld menschlicher Bedürfnisse und Konflikte weiterzuentwickeln (Weizenbaum, 1976, S. 225).

Die Gefahr der Entfremdung durch den Verlust echter menschlicher Interaktion verdeutlicht die Ambivalenz des technologischen Fortschritts. Während KI-Systeme Komfort und Effizienz bieten, droht gleichzeitig eine Verarmung der zwischenmenschlichen Beziehungen und der psychologischen Entwicklung. Es liegt an der Gesellschaft, diese potenziellen Konsequenzen frühzeitig zu erkennen und Strategien zu entwickeln, um den einzigartigen Wert menschlicher Bindungen und Interaktionen zu bewahren.

Was ist „real"? Philosophische und psychologische Perspektiven
Die Frage nach der Realität ist eine der zentralen philosophischen und psychologischen Herausforderungen in der Interaktion zwischen Mensch und Künstlicher Intelligenz. Wenn algorithmische Systeme zunehmend in der Lage sind, menschliches Verhalten zu imitieren und emotionale Bindungen vorzutäuschen, wird die Grenze zwischen Realität und Illusion immer schwieriger zu ziehen. Sowohl philosophische Überlegungen zur Konstruktion von Realität als auch psychologische Untersuchungen zu den Auswirkungen solcher Interaktionen auf das Individuum werfen die Frage auf, ob und wie wir die Realität in einer technologisierten Welt definieren können.

Philosophisch betrachtet ist Realität kein objektiver Zustand, sondern vielmehr ein subjektiv konstruiertes Erlebnis. Nach Ansicht von Lanier (2010, S. 87–88) ist das, was wir als „real" wahrnehmen, eng mit unserem Bewusstsein und unseren persönlichen Interpretationen verknüpft. In diesem Sinne kann eine Interaktion mit einer KI, wenn sie als emotional bedeutungsvoll empfunden wird, für die betroffene Person als real gelten. Diese Perspektive öffnet die Tür für KI-Systeme, die Einsamkeit lindern oder emotionale Bedürfnisse kurzfristig erfüllen können. Psychologisch betrachtet könnten solche Systeme, wie Eubanks (2018, S. 28) betont, dazu beitragen, das Wohlbefinden in Situationen zu verbessern, in denen menschliche Interaktion nicht verfügbar ist. Sie bieten eine Illusion von Nähe, die in Momenten emotionaler Isolation als wertvoll empfunden werden kann.

Dem gegenüber steht jedoch das Ideal der Authentizität, das insbesondere in der humanistischen Psychologie hervorgehoben wird. Carl Rogers (1961, S. 38–39) betont, dass echte Beziehungen auf gegenseitiger Offenheit und wahrhaftig empfundenen Gefühlen beruhen. Eine Maschine, die lediglich algorithmisch auf Eingaben reagiert, mag die Illusion von Empathie und Verständnis erzeugen, bleibt jedoch unfähig, echte Gefühle zu erleben oder Autonomie zu besitzen. Diese fehlende Authentizität kann dazu führen, dass die Interaktion als oberflächlich und unbefriedigend wahrgenommen wird, sobald sich die Illusion auflöst. Picard (1997, S. 20) argumentiert, dass Maschinen, obwohl sie menschliches Verhalten imitieren können, niemals die Tiefe einer echten menschlichen Beziehung erreichen können. Die Interaktion bleibt eine Kopie, die nicht imstande ist, die essenziellen Merkmale menschlicher Verbindung wie Intuition, Mitgefühl und emotionale Resonanz vollständig zu reproduzieren.

Ein weiterer zentraler Aspekt ist die ethische Dimension des Selbstbetrugs, die sich aus der bewussten Akzeptanz von Illusionen ergibt. Shoshana Zuboff (2019, S. 268–269) warnt davor, dass der langfristige Umgang mit KI-Systemen, die menschliche Beziehungen simulieren, die Fähigkeit des Individuums zur echten Begegnung mit anderen Menschen beeinträchtigen könnte. Während es pragmatisch erscheinen mag, sich auf KI-Interaktionen einzulassen, insbesondere in Situationen emotionaler Not, stellt sich die Frage, ob dies nicht zu einer schleichenden Entfremdung von realen zwischenmenschlichen Beziehungen führt. Turkle (2011, S. 186) betont, dass die Nutzung von KI-Systemen als Beziehungsersatz nicht nur die Qualität menschlicher Bindungen mindern, sondern auch das Verständnis von Beziehungen und Empathie selbst verändern könnte. Die Frage, ob wir es moralisch verantworten können, KI als Ersatz für menschliche Beziehungen zu akzeptieren, bleibt eine offene Debatte, die sowohl individuelle als auch gesellschaftliche Implikationen hat.

Zusammenfassend zeigt die Diskussion um die Realität von KI-Interaktionen, dass diese nicht allein auf technische oder pragmatische Aspekte reduziert werden kann. Die subjektive Wahrnehmung von Realität, das Streben nach Authentizität und die ethischen Konsequenzen eines möglichen Selbstbetrugs sind miteinander verknüpft und bilden die Grundlage für eine umfassende Betrachtung der Rolle von KI in menschlichen Beziehungen. Die Herausforderung besteht darin, einen Ausgleich zwischen den kurzfristigen Vorteilen technologischer Lösungen und den langfristigen Auswirkungen auf unsere psychologische und soziale Realität zu finden.

Das Paradox der Kontrolle: „Perfektion" versus menschliche Ungewissheit
Das Konzept der Kontrolle spielt in der Interaktion zwischen Mensch und Künstlicher Intelligenz eine entscheidende Rolle, insbesondere wenn es um emotionale und zwischenmenschliche Beziehungen geht. KI-Systeme scheinen eine beispiellose Kontrolle und Vorhersehbarkeit zu bieten, indem sie auf der Grundlage riesiger Datenmengen und präziser Algorithmen agieren. Doch diese vermeintliche Perfektion birgt ein tiefes psychologisches Paradox: Während KI-Systeme durch ihre Vorhersehbarkeit und Anpassungsfähigkeit emotionalen Komfort bieten, entziehen sie den Nutzer*innen gleichzeitig entscheidende Elemente menschlicher Erfahrung – nämlich die Unsicherheit, das Unvorhersehbare und die damit verbundenen Möglichkeiten für persönliches Wachstum.

Die Verlockung der Vorhersehbarkeit ist ein zentrales Element in der Beziehung zwischen Mensch und Maschine. In menschlichen Beziehungen ist das Unerwartete allgegenwärtig. Konflikte, Missverständnisse und sogar Verletzungen sind oft unvermeidliche Bestandteile des sozialen Miteinanders. Sie erfordern Geduld, Anpassung und Reflexion, um bewältigt zu werden, und genau diese Prozesse fördern zwischenmenschliche Intimität und Bindung (Bowen, 1978, S. 139). KI hingegen operiert auf Basis vordefinierter Algorithmen und vorhersehbarer Reaktionsmuster. Sie ist darauf programmiert, Fehler zu minimieren und reibungslose Interaktionen zu gewährleisten (Domingos, 2015, S. 59). Für Nutzer*innen mag dies eine beruhigende und angenehme Alternative darstellen, da Unsicherheiten und die Notwendigkeit, zwischenmenschliche Spannungen zu lösen, entfallen. Doch diese Perfektion bringt ihre eigenen Probleme mit sich.

Gerade die Unvorhersehbarkeit ist ein zentraler Motor für menschliches Wachstum und die Entwicklung von Beziehungen. In der Psychologie wird immer wieder betont, dass Konflikte und Herausforderungen in Beziehungen nicht als Hindernisse, sondern als Chancen für persönliches Wachstum verstanden werden sollten. Carl Rogers (1961) argumentiert, dass die Akzeptanz von Unsicherheiten und das konstruktive Verhandeln von Bedürfnissen essenziell für die Entwicklung von Authentizität und Resilienz sind (S. 45–46). Wenn wir jedoch mit KI-Systemen interagieren, die stets auf vorhersagbare Weise reagieren und keine Abweichungen von unseren Erwartungen zeigen, verlieren wir die Möglichkeit, diese Lernprozesse zu durchlaufen. Die emotionale „Komfortzone", die KI-Systeme schaffen, kann somit zu einer Barriere werden, die die menschliche Entwicklung hemmt (Turkle, 2011, S. 279).

Darüber hinaus birgt die Abhängigkeit von KI-Systemen subtile Gefahren für die menschliche Autonomie. Die Kontrolle über eine Maschine vermittelt ein Gefühl der Macht – wir bestimmen, wie und wann sie reagiert, und erleben sie als perfektes Werkzeug, das unsere Bedürfnisse erfüllt. Doch diese Kontrolle kann in eine Abhängigkeit umschlagen, die langfristig unsere Eigenverantwortung und Entscheidungsfreiheit beeinträchtigt. Wenn wir uns darauf verlassen, dass die KI uns tröstet, Ratschläge gibt oder Konflikte vermeidet, verlernen wir möglicherweise, diese Aufgaben selbstständig zu bewältigen. Laut Shoshana Zuboff (2019) besteht das Risiko, dass wir nicht nur emotionale, sondern auch kognitive und soziale Kompetenzen an Maschinen delegieren, was zu einem schleichenden Verlust an persönlicher Autonomie führt (S. 266).

Diese paradoxe Dynamik – das Gefühl von Macht durch Kontrolle und gleichzeitiger Abhängigkeit – wird durch Yuval Noah Harari (2018) treffend beschrieben. Er argumentiert, dass der Mensch durch den Einsatz von KI-Systemen einerseits seine Fähigkeiten erweitern kann, andererseits jedoch Gefahr läuft, grundlegende menschliche Fähigkeiten zu verlernen und dadurch von den Maschinen abhängig zu werden (S. 316). Die Illusion der Perfektion, die KI bietet, und die Vermeidung von Unvorhersehbarkeit schaffen eine scheinbare Sicherheit, die jedoch mit erheblichen psychologischen Kosten verbunden ist.

Zusammengefasst zeigt das Paradox der Kontrolle, dass die Vorhersehbarkeit und Perfektion von KI-Systemen nicht nur Vorteile, sondern auch tiefgreifende psychologische Herausforderungen mit sich bringen. Echte menschliche Beziehungen leben von Unvorhersehbarkeit, Konflikten und der Fähigkeit, diese zu bewältigen. KI mag zwar vorhersagbare und angenehme Interaktionen bieten, entzieht uns aber die Möglichkeit, aus diesen Erfahrungen zu lernen und zu wachsen. Gleichzeitig führt die zunehmende Abhängigkeit von Maschinen zu einem schleichenden Verlust von Autonomie und Eigenverantwortung. Dieses Paradox verdeutlicht, dass die Integration von KI in unser Leben nicht nur technologische, sondern vor allem psychologische Fragen aufwirft, die sorgfältig reflektiert werden müssen.

Die Rolle von Einsamkeit und sozialen Bedürfnissen
Einsamkeit ist ein Phänomen, das in modernen Gesellschaften zunehmend an Bedeutung gewinnt. Insbesondere in industrialisierten Ländern wird ein wachsendes Gefühl der Isolation festgestellt, das durch verschiedene soziokulturelle Faktoren begünstigt wird. Studien zeigen, dass veränderte Arbeitsbedingungen, steigende Mobilität und der zunehmende Einsatz digitaler Kommunikationsmittel zu einer paradoxen Entwicklung führen: Trotz höherer technischer Vernetzung fühlen sich immer mehr Menschen sozial isoliert (Turkle, 2011, S. 279). Diese „moderne Einsamkeit" ist nicht nur ein individuelles Phänomen, sondern ein Ausdruck gesellschaftlicher Strukturen, die die traditionellen Formen von Nähe und sozialer Interaktion verändern und teilweise verdrängen. Digitale Kommunikation, die oft als Brücke zwischen Menschen gedacht ist, bietet zwar eine Plattform für den Austausch, ersetzt aber nur selten die Tiefe und Authentizität direkter zwischenmenschlicher Kontakte (Tufekci, 2017, S. 123).

Vor diesem Hintergrund erscheint Künstliche Intelligenz als eine potenzielle Lösung für die wachsende Einsamkeit. Intelligente Systeme bieten rund um die Uhr „Gesellschaft" und sind in der Lage, sich flexibel an individuelle Bedürfnisse anzupassen. Diese ständige Verfügbarkeit und die Abwesenheit von Bewertung oder Kritik machen KI zu einem scheinbar idealen Begleiter für Menschen, die unter sozialer Isolation leiden (Kaplan & Haenlein, 2019, S. 18). In erster Linie kann die Interaktion mit KI-Systemen, etwa in Form von Chatbots oder sozialen Robotern, tatsächlich Erleichterung verschaffen. Betroffene erhalten die Möglichkeit, ihre Gedanken und Gefühle zu äußern, ohne Angst vor Stigmatisierung oder Ablehnung. Diese Form der Kommunikation kann kurzfristig als Ventil dienen, insbesondere für Menschen, die Schwierigkeiten haben, mit anderen in Kontakt zu treten.

Langfristig werfen diese Entwicklungen jedoch bedeutende Fragen auf, die sowohl psychologische als auch gesellschaftliche Implikationen haben. Eine zentrale Sorge ist, ob die Nutzung von KI-basierten „Beziehungen" eine Brücke zu echten menschlichen Verbindungen bildet oder ob sie letztlich dazu führt, dass Nutzer diese komplett vernachlässigen. Es besteht die Gefahr, dass die unkomplizierte und konfliktfreie Interaktion mit Maschinen den Anreiz mindert, sich den Herausforderungen und Unwägbarkeiten menschlicher Beziehungen zu stellen (Turkle, 2011, S. 279). Zwischenmenschliche Beziehungen erfordern Kompromisse, Empathie und die Bereitschaft, auch schwierige Situationen zu bewältigen. KI hingegen bietet eine berechenbare, vorhersehbare und unkritische Interaktion, die das Risiko birgt, dass Nutzer ihre soziale Resilienz verlieren – die Fähigkeit, mitmenschliche Konflikte zu bewältigen und soziale Bindungen aufzubauen (Fuchs, 2020, S. 91).

Ein weiterer Aspekt betrifft die langfristigen Auswirkungen dieser Interaktionen auf das Selbstverständnis des Menschen. Wenn KI zunehmend als Ersatz für menschliche Beziehungen dient, könnte dies die soziale und emotionale Kompetenz der Nutzer beeinträchtigen. Der Mensch entwickelt seine Fähigkeit zur Empathie, zur Selbstreflexion und zum sozialen Lernen in der direkten Interaktion mit anderen Menschen. Maschinen können diese Form der Erfahrung nicht bieten. Das Risiko besteht, dass Menschen, die sich auf KI-basierte Beziehungen verlassen, in eine Spirale der Isolation geraten, in der die ursprüngliche Einsamkeit nicht überwunden, sondern verstärkt wird.

Zudem stellt sich die Frage nach der gesellschaftlichen Akzeptanz solcher Entwicklungen. Die zunehmende Nutzung von KI zur Bekämpfung von Einsamkeit könnte als Symptom einer Gesellschaft interpretiert werden, die es versäumt hat, soziale Strukturen zu fördern, die menschliche Nähe und Gemeinschaft unterstützen. Der Einsatz von KI wird damit nicht nur zur individuellen, sondern auch zur gesellschaftlichen Herausforderung. Statt die Ursachen von Einsamkeit anzugehen, wird mit technischen Lösungen gearbeitet, die das Problem möglicherweise nur verschieben oder gar verschärfen.

Insgesamt zeigt sich, dass die Rolle von KI in der Bewältigung von Einsamkeit ambivalent ist. Kurzfristige Erleichterungen durch maschinelle Interaktion können positiv sein, doch bergen sie die Gefahr, langfristig soziale Kompetenzen und echte zwischenmenschliche Beziehungen zu unterminieren. Die Herausforderung besteht darin, einen Weg zu finden, wie KI sinnvoll als Ergänzung, nicht als Ersatz für menschliche Beziehungen eingesetzt werden kann. Nur so können die psychologischen und sozialen Bedürfnisse des Menschen in einer technologisierten Welt berücksichtigt werden.

Realität oder Illusion – Ein ambivalentes Zusammenspiel
Die Frage, ob KI-gestützte Beziehungen real oder bloß Illusionen sind, kann nicht mit einem einfachen Ja oder Nein beantwortet werden. Eine differenzierte Betrachtung legt folgende Kernerkenntnisse nahe:

1. **Subjektive Echtheit:** Aus der Sicht der Nutzer*innen können KI-Beziehungen durchaus als real empfunden werden. Das Erleben von Trost, Bestätigung oder Unterhaltung ist subjektiv authentisch (Turkle, 2011, S. 45).
2. **Fehlende Gegenseitigkeit:** Objektiv fehlt jedoch die reziproke Interaktion, die echte menschliche Beziehungen auszeichnet. KI-Systeme simulieren Empathie und Nähe, ohne selbst Gefühle zu haben oder Verantwortung übernehmen zu können (Weizenbaum, 1976, S. 3–6).

3. **Nutzen vs. Risiko:** KI-Interaktionen können kurzfristig entlastend wirken und eine Lücke füllen, insbesondere bei Einsamkeit oder fehlendem Zugang zu menschlichen Kontakten (Fitzpatrick et al., 2017, S. 919). Langfristig besteht jedoch die Gefahr der Entfremdung von echten Beziehungen, da die Komfortzone des risikofreien, perfekt kalkulierten maschinellen Gegenübers eine Verarmung emotionaler Fähigkeiten begünstigt (Turkle, 2011, S. 279; Zuboff, 2019, S. 345).
4. **Philosophische und ethische Dimensionen:** Das Thema berührt grundlegende Fragen nach Autonomie, Authentizität und Selbstverantwortung. Wenn wir KI als Ersatz für menschliche Bindungen akzeptieren, könnte dies das gesellschaftliche Gefüge verschieben und die Art, wie wir zwischenmenschliche Nähe definieren, nachhaltig verändern (Harari, 2018, S. 276–277).

Insgesamt lässt sich festhalten, dass KI-gestützte Beziehungen durchaus „wirklich" erlebt werden können, in ihrer Substanz jedoch nicht an die Tiefe und Komplexität menschlicher Interaktion heranreichen. Ob dies gesellschaftlich und individuell problematisch ist, hängt davon ab, in welchem Ausmaß wir bereit sind, uns auf die Illusion einer gefühlten Nähe einzulassen – und wie weit wir diesen Trend zulasten echter menschlicher Beziehungen vorantreiben. Eine bewusste Reflexion darüber, was wir in Beziehungen suchen und warum uns das Authentische trotz aller Schwierigkeiten so wertvoll ist, erscheint entscheidend, um den technologischen Fortschritt nicht zum Ersatz, sondern zum sinnvollen Ergänzungsmoment menschlicher Gemeinschaft zu machen.

Literatur

Bowen, M. (1978). *Family Therapy in Clinical Practice*. New York: Jason Aronson.
Bowlby, J. (1980). Attachment and Loss: Bd. III: *Loss, Sadness and Depression*. Basic Books.
Brynjolfsson, E., & McAfee, A. (2014). *The Second Machine Age: Work, Progress, and Prosperity in a Time of Brilliant Technologies*. New York: W. W. Norton & Company.
Citron, D., & Pasquale, F. (2014). The Scored Society: Due Process for Automated Predictions. *Washington Law Review, 89*(1), 1–33.
Domingos, P. (2015). *The Master Algorithm: How the Quest for the Ultimate Learning Machine Will Remake Our World*. New York: Basic Books.

Eubanks, V. (2018). *Automating Inequality: How High-Tech Tools Profile, Police, and Punish the Poor*. New York: St. Martin's.

Fitzpatrick, K. K., Darcy, A., & Vierhile, M. (2017). Delivering cognitive behavior therapy to young adults with symptoms of depression and anxiety using a fully automated conversational agent (Woebot): A pilot study. *JMIR Mental Health, 4*(2), 19–38.

Floridi, L. (2014). *The Fourth Revolution: How the Infosphere is Reshaping Human Reality*. Oxford University Press.

Floridi, L. (2015). *The Onlife Manifesto: Being Human in a Hyperconnected Era*. Cham: Springer.

Fogg, B. J. (2003). *Persuasive Technology: Using Computers to Change What We Think and Do*. San Francisco, CA: Morgan Kaufmann.

Frankl, V. E. (1985). *The Unheard Cry for Meaning: Psychotherapy and Humanism*. New York: Simon & Schuster.

Fuchs, C. (2020). *Communication and Capitalism: A Critical Theory*. London: University of Westminster Press.

Harari, Y. N. (2018). *21 Lessons for the 21st Century*. New York: Spiegel & Grau.

Horton, D., & Wohl, R. R. (1956). Mass communication and parasocial interaction: Observations on intimacy at a distance. *Psychiatry, 19*(3), 215–229.

Jobin, A., Ienca, M., & Vayena, E. (2019). The global landscape of AI ethics guidelines. *Nature Machine Intelligence, 1*(9), 389–399.

Kaplan, A., & Haenlein, M. (2019). Siri, Siri in my hand, who's the fairest in the land? On the interpretations, illustrations, and implications of artificial intelligence. *Business Horizons, 62*(1), 15–25.

Kitchin, R. (2017). *The Data Revolution: Big Data, Open Data, Data Infrastructures & Their Consequences*. New York: SAGE Publications.

Lanier, J. (2010). *You Are Not a Gadget: A Manifesto*. New York: Alfred A. Knopf.

Noble, S. U. (2018). *Algorithms of Oppression: How Search Engines Reinforce Racism*. New York: NYU Press.

O'Neil, C. (2016). *Weapons of Math Destruction: How Big Data Increases Inequality and Threatens Democracy*. London: Crown.

Pariser, E. (2011). *The Filter Bubble: What the Internet Is Hiding from You*. New York: Penguin Press.

Picard, R. W. (1997). *Affective Computing*. Cambridge, MA: MIT Press.

Rogers, C. R. (1961). *On Becoming a Person: A Therapist's View of Psychotherapy*. Boston, MA: Houghton Mifflin Harcourt.

Schwab, K. (2016). *The Fourth Industrial Revolution*. New York: Crown Business.

Tufekci, Z. (2017). *Twitter and Tear Gas: The Power and Fragility of Networked Protest*. New Haven, CT: Yale University Press.

Turkle, S. (2011). *Alone Together: Why We Expect More from Technology and Less from Each Other*. New York: Basic Books.

Weizenbaum, J. (1976). *Computer Power and Human Reason: From Judgment to Calculation.* San Francisco, CA: W. H. Freeman.

Zuboff, S. (2019). *The Age of Surveillance Capitalism: The Fight for a Human Future at the New Frontier of Power.* New York: PublicAffairs.

4

Künstliche Intelligenz und Entscheidungsfindung: Wer kontrolliert wen?

„Der Weise begnügt sich nicht mit dem Studium der Natur und der Wahrheit; – er wagt es auch, letztere auszusprechen um der kleinen Zahl von Menschen willen, welche denken wollen und können, ohne Rücksicht auf die grosse Menge der Sklaven des Vorurtheils, welche ebenso wenig an sie heranzureichen vermögen, als es den Fröschen zu fliegen vergönnt ist."

– Julien Offray de La Mettrie

Unsere heutige Welt ist so umfassend mit KI-basierten Systemen verwoben, dass wir uns oft nur noch am Rande bewusst sind, wie stark sie unsere Entscheidungsprozesse beeinflussen. Während KI-Technologien ursprünglich entwickelt wurden, um aufwendige Analysen zu erleichtern und uns bei komplexen Aufgaben zu unterstützen, haben sie sich in den letzten Jahren zu einem nahezu omnipräsenten Begleiter entwickelt (O'Neil, 2016, S. 42–45; Zuboff, 2019, S. 89). Vom personalisierten Nachrichtenfeed über Online-Einkaufsvorschläge bis hin zu digitalen Assistenten, die unsere Alltagsroutinen steuern – überall treffen Algorithmen in rasender Geschwindigkeit Vorauswahlen, die maßgeblichen Einfluss darauf nehmen, wie wir denken und handeln (Pariser, 2011, S. 9–10; Turkle, 2011, S. 279).

Doch wie genau beeinflussen diese KI-Systeme unsere Wahrnehmung von Freiheit und Autonomie? Die Diskussion dreht sich längst nicht mehr nur um die Frage, ob Algorithmen „effizient" oder „nutzerfreundlich" sind; vielmehr rückt immer deutlicher in den Vordergrund, dass diese Systeme uns subtil lenken, indem sie Bedürfnisse wecken, Meinungen formen und

Entscheidungen steuern (Tufekci, 2017, S. 102; Noble, 2018, S. 56). Häufig geschieht dies unter dem Deckmantel der Bequemlichkeit: KI übernimmt die Aufgabe, uns aus einer scheinbar unendlichen Auswahl an Informationen und Produkten genau das zu präsentieren, was unseren Vorlieben und Mustern entspricht (Pariser, 2011, S. 14). Die Gefahr besteht jedoch darin, dass wir uns in algorithmisch konstruierten „Filterblasen" wiederfinden, die unseren Blick auf die Welt verengen, ohne dass wir es bewusst bemerken (Noble, 2018, S. 91).

Die drei Unterkapitel führen aus, wie tiefgreifend diese Dynamiken in unseren Alltag eingreifen:

- „Kognitiver Bias bei Maschinen: Wie neutral ist KI wirklich?" (4.1) zeigte, wie KI-Systeme zunehmend in den Hintergrund unserer Alltagsentscheidungen rücken und diese quasi „unsichtbar" steuern. Was oberflächlich als Entlastung erscheint, birgt bei näherer Betrachtung eine grundlegende Veränderung unserer Autonomiewahrnehmung, da wir die Mechanismen hinter den Algorithmen nicht mehr vollständig durchschauen.
- „KI und menschliche Autonomie: Schafft KI Abhängigkeit oder Freiheit?" (4.2) befasste sich mit der Illusion der Wahlfreiheit: Während KI-gestützte Prozesse uns das Gefühl vermitteln, frei zu entscheiden, ist unser Handlungsspielraum in Wirklichkeit eng vordefiniert. Insbesondere personalisierte Empfehlungen lassen uns glauben, wir bewegten uns in einem offenen Feld, während wir in Wahrheit häufig nur vordefinierten, gewinnorientierten Mustern folgen.
- „Algorithmen als Manipulatoren – Wer kontrolliert unsere Entscheidungen?" (4.3) rückte schließlich den manipulativen Charakter von Algorithmen in den Fokus und stellte die provokante Frage, ob wir überhaupt noch unsere eigenen Entscheidungen treffen oder längst bloß Marionetten in einem gigantischen, datengetriebenen System sind. Wer oder was lenkt hier eigentlich wen – wir die Technologie, oder die Technologie uns?

Das Kapitel knüpft an diese Überlegungen an und untersucht die ambivalente Beziehung zwischen menschlicher Entscheidungsfindung und KI-Systemen weiter. Es führt in die komplexe Debatte ein, inwieweit Algorithmen tatsächlich eine neutrale Unterstützung liefern oder ob sie – angetrieben durch kommerzielle und politische Interessen – zu unsichtbaren Manipulatoren werden, die unser Denken und Handeln formen (Noble, 2018, S. 111; Eubanks, 2018, S. 76). Dabei stellt sich die tiefgreifende Frage nach Verantwortung und Kontrolle: Wo liegt die Grenze zwischen effizienter

Hilfe und entmündigender Steuerung? Und wie können wir als Gesellschaft und Individuum sicherstellen, dass KI nicht zu einer totalen Fremdbestimmung führt, sondern in ethisch vertretbarer Weise eingesetzt wird?

Im Folgenden werden die fundamentalen Mechanismen hinter KI-gestützter Entscheidungsfindung weiter durchleuchtet, die derzeitigen Entwicklungen kritisch reflektiert und Strategien aufgezeigt, wie wir unsere Autonomie im Zusammenspiel mit zunehmend mächtigeren Algorithmen bewahren können. Damit steht nicht weniger als die Zukunft unserer Handlungsfreiheit im Mittelpunkt – und die Frage, ob wir als Gesellschaft bereit und in der Lage sind, uns den Herausforderungen eines Zeitalters zu stellen, in dem Maschinen unsere Entscheidungen nicht nur beeinflussen, sondern sie möglicherweise längst treffen.

4.1 Kognitiver Bias bei Maschinen: Wie neutral ist KI wirklich?

Künstliche Intelligenz wird in der öffentlichen Wahrnehmung häufig als Inbegriff von Rationalität und Objektivität dargestellt. In der Theorie sollen Maschinen unvoreingenommene Analysen durchführen und dadurch „bessere" Entscheidungen treffen als Menschen, die stets von Emotionen, Vorurteilen und kognitiven Verzerrungen beeinflusst sind (O'Neil, 2016, S. 22). Tatsächlich jedoch beruht jedes KI-System auf Algorithmen, Daten und menschlichen Annahmen, die nicht im luftleeren Raum, sondern in sozialen und kulturellen Kontexten entstanden sind (Barocas & Selbst, 2016, S. 673). Folglich kann auch KI von Bias betroffen sein – also von systematischen Verzerrungen, die sowohl auf die Datengrundlage als auch auf die Art der Algorithmusgestaltung zurückzuführen sind (Noble, 2018, S. 42).

Die Illusion der Neutralität

Die Illusion der Neutralität, die häufig mit KI-Systemen assoziiert wird, ist eine zentrale Fehlannahme, die sowohl in wissenschaftlichen Diskursen als auch in der breiten Öffentlichkeit präsent ist. Diese Vorstellung beruht auf der Annahme, dass Maschinen objektive und unvoreingenommene Entscheidungen treffen, da sie auf mathematischen Modellen und Algorithmen basieren, die angeblich frei von menschlichen Werturteilen sind (O'Neil, 2016, S. 39). Doch bei näherer Betrachtung wird deutlich, dass diese vermeintliche Objektivität der Künstlichen Intelligenz eine Illusion ist, die nicht nur grundlegende Missverständnisse über die Natur von Daten und Algorithmen aufzeigt, sondern auch die Art und Weise, wie gesellschaftliche Strukturen in technologische Systeme eingeschrieben werden.

Daten, die als Grundlage für KI-Systeme dienen, sind keineswegs neutral. Sie entstehen immer innerhalb eines bestimmten sozialen und historischen Kontextes und tragen die Vorurteile und Machtstrukturen ihrer Entstehungsbedingungen in sich (Eubanks, 2018, S. 27). Ein Beispiel dafür ist die Verzerrung in Bilddatenbanken, die häufig eine Überrepräsentation bestimmter Gruppen, wie etwa weißer Männer, aufweisen. Diese Disparität führt dazu, dass KI-Systeme, die auf solchen Datensätzen trainiert werden, Gesichter von Frauen oder People of Color mit geringerer Präzision erkennen (Buolamwini & Gebru, 2018, S. 3). Solche Verzerrungen sind keine zufälligen Fehler, sondern direkte Spiegelungen der gesellschaftlichen Ungleichheiten, die sich in den Daten manifestieren. Die Daten fungieren hier nicht nur als Grundlage für algorithmische Prozesse, sondern auch als Träger gesellschaftlicher Macht- und Repräsentationsverhältnisse, die in technische Systeme eingebettet und somit reproduziert werden.

Darüber hinaus sind auch die Algorithmen selbst nicht frei von Werturteilen. Bei ihrer Entwicklung entscheiden Programmierende, welche Merkmale als relevant gelten, welche Ziele das System verfolgen soll und welche Gewichtungen dabei anzuwenden sind (Barocas & Selbst, 2016, S. 674). Diese Entscheidungen, die oft unbewusst getroffen werden, reflektieren die Werte, Perspektiven und Biases derjenigen, die die Systeme entwickeln. Ein Beispiel hierfür ist die Nutzung von Prädiktoren in algorithmischen Entscheidungssystemen, etwa im Strafjustizbereich. Studien haben gezeigt, dass solche Systeme oft bestehende Vorurteile nicht nur übernehmen, sondern verstärken können, indem sie etwa Personen aus marginalisierten Gruppen systematisch als risikoreicher einstufen (O'Neil, 2016, S. 42). Diese algorithmischen Verzerrungen entstehen nicht aus böser Absicht, sondern aus einem Zusammenspiel von unbewussten Annahmen, fehlendem Bewusstsein für soziale Kontexte und der inhärenten Komplexität, gesellschaftliche Werte in mathematischen Modellen zu kodieren.

Die Konsequenzen dieser Illusion von Neutralität sind weitreichend. Sie führen nicht nur zu fehlerhaften Entscheidungen, sondern können auch bestehende soziale Ungleichheiten verfestigen und verstärken. Wenn KI-Systeme Entscheidungen in Bereichen wie der Strafjustiz, der Kreditvergabe oder der Personalrekrutierung treffen, haben sie reale Auswirkungen auf das Leben der Menschen. Dabei sind es gerade die betroffenen Personen, die oft am wenigsten über die Funktionsweise dieser Systeme informiert sind oder die Entscheidungen hinterfragen können. Die vermeintliche Neutralität der

KI-Systeme verschleiert somit nicht nur die sozialen und politischen Machtstrukturen, die in ihnen wirksam sind, sondern erschwert auch die kritische Auseinandersetzung mit ihren Auswirkungen.

Eine kritische Reflexion über die Illusion der Neutralität von KI-Systemen ist daher nicht nur eine technische, sondern vor allem eine ethische und gesellschaftliche Herausforderung. Sie erfordert ein Bewusstsein dafür, dass Daten niemals kontextfrei sind und Algorithmen niemals losgelöst von den Menschen und Institutionen betrachtet werden können, die sie entwerfen und einsetzen. Die Annahme, dass KI objektiv sei, ist nicht nur wissenschaftlich unhaltbar, sondern auch gefährlich, da sie die Verantwortung für die gesellschaftlichen Folgen algorithmischer Entscheidungen verschleiert. Eine nachhaltige und gerechte Nutzung von KI erfordert daher eine stärkere Betonung von Transparenz, Rechenschaftspflicht und einer bewussten Auseinandersetzung mit den sozialen und politischen Implikationen der Technologie. Nur so kann sichergestellt werden, dass KI nicht nur ein Werkzeug für Fortschritt ist, sondern auch zu einer inklusiveren und gerechteren Gesellschaft beiträgt.

Bias: Der versteckte Fehler im System

Die Existenz von Bias in KI äußert sich in verschiedenen Formen. Häufig handelt es sich um diskriminierende Tendenzen gegenüber bestimmten Gruppen, etwa aufgrund von Ethnie, Geschlecht oder sozialem Status (O'Neil, 2016, S. 83). Diese Formen algorithmischer Ungleichbehandlung führen zu realen Nachteilen für Betroffene, wenn KI-Systeme beispielsweise in der Strafjustiz, bei Bewerbungsprozessen oder bei Kreditvergaben eingesetzt werden (Angwin et al., 2016, S. 2).

1. **Historische Verzerrungen in Datensätzen**
   Ein klassisches Beispiel sind Trainingsdaten, die historische Ungleichbehandlung widerspiegeln. Zeigt ein Datensatz, dass bestimmte Gruppen häufiger straffällig werden – unabhängig davon, ob dies auf systemische Diskriminierung zurückzuführen ist –, kann die KI daraus den „Schluss" ziehen, dass Personen aus diesen Gruppen für zukünftige Straftaten per se wahrscheinlicher infrage kommen (O'Neil, 2016, S. 83–85).
2. **Ungleiche Datenabdeckung**
   Eine weitere Ursache für Bias ist die ungleiche Verteilung von Datenpunkten: Wenn die Mehrheit der Datensätze einer bestimmten Bevölkerungsgruppe angehört, „lernt" das System für diese Gruppe sehr genau,

während es bei unterrepräsentierten Gruppen zu deutlich höheren Fehlerraten kommt (Buolamwini & Gebru, 2018, S. 2–3). So können Gesichtserkennungssysteme bei weißen Männern eine Genauigkeit von über 99 % erreichen, während sie bei Frauen dunkler Hautfarbe weit weniger präzise arbeiten.

3. **Unbeabsichtigte Korrelationen**
   Maschinelle Lernverfahren suchen in riesigen Datenmengen nach Mustern und Zusammenhängen. Dabei kann es vorkommen, dass scheinbar neutrale Variablen – etwa Postleitzahlen – als Stellvertreter für sensible Informationen wie Ethnie oder Einkommen dienen (Barocas & Selbst, 2016, S. 677). Auf diese Weise können KI-Systeme indirekt diskriminieren, ohne dass die entsprechende Variable explizit erfasst wurde.

Die Macht der Algorithmen: Wer trifft die Entscheidungen?

Die Macht der Algorithmen und die Frage, wer letztlich Entscheidungen trifft, wirft grundlegende ethische und psychologische Fragen auf, insbesondere im Kontext wachsender Abhängigkeit von Künstlicher Intelligenz. Während KI-Systeme zunehmend komplexer werden, zeigt sich eine zentrale Problematik in ihrer mangelnden Transparenz. Diese sogenannte „Black-Box"-Dynamik beschreibt die Schwierigkeit, die Entscheidungsprozesse moderner KI-Systeme, insbesondere solcher mit neuronalen Netzwerken, nachzuvollziehen. Selbst Entwickler*innen können oftmals nicht mehr genau erklären, wie ein System zu einer bestimmten Entscheidung gelangt (Domingos, 2015, S. 59–61). Dies wird zu einem kritischen Problem, wenn KI in Bereichen wie Strafrecht, Gesundheitsversorgung oder Kreditvergabe eingesetzt wird, in denen ihre Entscheidungen unmittelbare und oft tiefgreifende Auswirkungen auf individuelle Schicksale haben (O'Neil, 2016, S. 92). Die fehlende Nachvollziehbarkeit führt nicht nur zu Unsicherheiten, sondern birgt auch das Risiko schwerwiegender Fehlurteile, die weder durch technische noch durch moralische Reflexion ausreichend überprüfbar sind.

Eine der psychologisch relevanten Herausforderungen im Umgang mit KI ist die sogenannte „Automatisierungsverzerrung". Menschen tendieren dazu, den Entscheidungen von Maschinen eine höhere Objektivität und Verlässlichkeit zuzuschreiben als menschlichen Urteilen (Citron & Pasquale, 2014, S. 3). Dies resultiert aus der Annahme, dass Algorithmen frei von emotionalen oder kognitiven Verzerrungen sind. Tatsächlich jedoch spiegeln KI-Systeme oft die Vorurteile und Fehler derjenigen wider, die sie entwickeln oder die die Daten bereitstellen, mit denen sie trainiert werden (Noble, 2018, S. 45). Das unkritische Vertrauen in die vermeintliche Neutralität maschineller Systeme kann dazu führen, dass diese Entscheidungen nicht hinterfragt werden – selbst dann, wenn sie offenkundig fehlerhaft oder ungerecht sind. Ein solches blindes Vertrauen birgt nicht nur Gefahren für Einzelpersonen, sondern auch für die Gesellschaft als Ganzes.

Die Automatisierung von Ungleichheiten stellt eine besonders alarmierende Folge unreflektierter KI-Nutzung dar. Da Algorithmen auf Basis von historischen Daten trainiert werden, können sie bestehende Ungerechtigkeiten systematisch reproduzieren und sogar verstärken. Ein prägnantes Beispiel hierfür ist der Einsatz von KI im Strafrecht. Das „COMPAS"-System in den USA, das zur Einschätzung des Rückfallrisikos von Straftätern verwendet wird, wurde als diskriminierend entlarvt. Studien zeigen, dass schwarze Angeklagte von diesem Algorithmus signifikant häufiger als „hochriskant" eingestuft wurden als weiße, obwohl ihre tatsächlichen Rückfallquoten nicht höher lagen (Angwin et al., 2016, S. 2). Solche Beispiele verdeutlichen, wie tiefgreifend KI-systemische Vorurteile implementieren kann, wenn die zugrunde liegenden Daten oder Algorithmen nicht kritisch überprüft werden.

Der Glaube an die Neutralität und Unfehlbarkeit von KI wird dadurch besonders problematisch, dass er bestehende Machtstrukturen zementieren kann. Anstatt menschliche Vorurteile zu entlarven, versteckt KI diese hinter einer Fassade objektiver Logik und reproduziert sie somit lautlos in gesellschaftlich relevanten Kontexten (Noble, 2018, S. 100). Diese Dynamik wird oft durch die mangelnde Transparenz und das fehlende Wissen über die Funktionsweise von Algorithmen verschärft. So entsteht eine gefährliche Situation, in der nicht nur individuelle Fehlurteile begünstigt, sondern strukturelle Benachteiligungen langfristig verfestigt werden.

Zusätzlich verstärkt die psychologische Distanz, die Menschen zu maschinellen Systemen empfinden, die Tendenz, algorithmische Entscheidungen zu akzeptieren. Während menschliche Urteile intuitiv als subjektiv empfunden werden, gelten die Ergebnisse von KI als Ergebnis objektiver Berechnungen. Dieser Glaube ignoriert jedoch die Tatsache, dass auch Algorithmen menschliche Konstrukte sind und somit von den gleichen Einschränkungen betroffen sind wie die Menschen, die sie entwickeln. Insbesondere bei sensiblen Anwendungen wie der Kreditvergabe, bei der Maschinen das Risiko einzelner Antragsteller bewerten, oder im Gesundheitswesen, wo Algorithmen medizinische Diagnosen stellen, zeigt sich, wie fatal solche unkritischen Annahmen sein können (O'Neil, 2016, S. 112).

Langfristig stellt sich die Frage, wie sich das Verhältnis zwischen Mensch und Maschine entwickeln wird, wenn die Grenzen zwischen algorithmischer

Entscheidungsfindung und menschlicher Verantwortung weiter verschwimmen. Die Macht der Algorithmen liegt nicht nur in ihrer technischen Leistungsfähigkeit, sondern auch in ihrer Fähigkeit, Vertrauen zu erwecken – oft auf einer Grundlage, die weder nachvollziehbar noch überprüfbar ist. Die Herausforderung für die Gesellschaft besteht daher darin, dieses Vertrauen nicht blind zu gewähren, sondern die ethischen und psychologischen Dimensionen algorithmischer Systeme kritisch zu hinterfragen. Nur durch einen bewussten Umgang mit diesen Technologien können wir sicherstellen, dass KI nicht nur Werkzeuge zur Effizienzsteigerung sind, sondern auch soziale Gerechtigkeit und individuelle Autonomie fördern.

Die Verantwortung der Entwickler und Gesellschaft

Die Verantwortung der Entwickler und der Gesellschaft für die Reduktion von Bias in KI-Systemen ist von zentraler Bedeutung, da die Algorithmen selbst nicht autonom für ihre Funktionsweise oder ihre Auswirkungen verantwortlich gemacht werden können. Vielmehr liegt die Verantwortung bei den Menschen, die diese Algorithmen entwerfen, trainieren und implementieren, sowie bei der Gesellschaft, die die Rahmenbedingungen für deren Einsatz definiert. Entwickler stehen somit vor der Herausforderung, nicht nur technisches Fachwissen einzubringen, sondern auch ein umfassendes Verständnis für die sozialen, ethischen und politischen Kontexte ihrer Arbeit zu entwickeln (Barocas & Selbst, 2016, S. 671). Dies erfordert interdisziplinäres Denken und eine kritische Reflexion der eigenen Praxis, da technologische Systeme niemals vollständig neutral sind.

Ein zentraler Ansatzpunkt für die Minimierung von Bias liegt in der Auswahl und Aufbereitung von Daten. Datensätze, die die Grundlage für maschinelles Lernen bilden, tragen häufig die Vorurteile und Verzerrungen der Gesellschaft in sich, aus der sie stammen. Dies kann dazu führen, dass Algorithmen bestehende Diskriminierung nicht nur reproduzieren, sondern auch verstärken (Buolamwini & Gebru, 2018, S. 2). Um dies zu vermeiden, müssen Datensätze divers und repräsentativ gestaltet werden, was eine sorgfältige und bewusste Erhebung sowie kontinuierliche Überprüfung der Datenqualität erfordert. Fehlende Datenpunkte oder die Überrepräsentation bestimmter Gruppen können schwerwiegende Folgen für die Fairness der Algorithmen haben.

Neben der Datenbasis ist die Gestaltung der Algorithmen selbst ein entscheidender Faktor. Der Bereich des „Fair Machine Learning" (Fair ML) bietet eine Vielzahl von Ansätzen, um systematische Diskriminierung zu reduzieren (Hardt et al., 2016, S. 1). Beispielsweise können Metriken wie „Demographic Parity" oder „Equalized Odds" genutzt werden, um sicherzustellen, dass bestimmte demografische Gruppen gleich behandelt werden. Diese Ansätze erfordern jedoch nicht nur technisches Know-how, sondern auch ein Verständnis für die sozialen und kulturellen Implikationen, die mit der Implementierung solcher Modelle verbunden sind. Entwickler*innen müssen lernen, ethische Abwägungen in den Entwicklungsprozess zu integrieren, da die Entscheidungen, die sie treffen, weitreichende Konsequenzen für die Gesellschaft haben können.

Ein weiterer entscheidender Aspekt ist die Transparenz und Auditierbarkeit von KI-Systemen. Um Voreingenommenheit aufzudecken und Vertrauen in algorithmische Entscheidungen zu schaffen, ist es notwendig, die Datensätze, Algorithmen und Entscheidungsprozesse offenzulegen oder zumindest standardisierte Prüfverfahren einzuführen (Noble, 2018, S. 110). Dies ist besonders relevant in sensiblen Anwendungsbereichen wie der Strafjustiz, dem Gesundheitswesen oder der Kreditvergabe, wo algorithmische Entscheidungen das Leben der Betroffenen erheblich beeinflussen können. Ohne ausreichende Transparenz bleibt es schwierig, die Verantwortung für mögliche Fehlentscheidungen nachzuvollziehen und zuzuweisen. Politische und gesellschaftliche Instanzen sind daher gefordert, gesetzliche Rahmenbedingungen zu schaffen, die die Nachvollziehbarkeit und Überprüfbarkeit algorithmischer Entscheidungen sicherstellen (Citron & Pasquale, 2014, S. 10).

Die Verantwortung reicht jedoch über die technologische Ebene hinaus und betrifft auch die gesellschaftlichen Strukturen, die den Einsatz von KI prägen. Organisationen, Institutionen und politische Akteure müssen sich der Tatsache bewusst sein, dass technologische Systeme nicht isoliert von den sozialen und wirtschaftlichen Machtverhältnissen betrachtet werden können, in denen sie eingesetzt werden. Dies erfordert eine kritische Auseinandersetzung mit den Auswirkungen von KI auf marginalisierte Gruppen und die Frage, wie technologische Innovationen so gestaltet werden können, dass sie die soziale Gerechtigkeit fördern, anstatt bestehende Ungleichheiten zu verschärfen.

Abschließend lässt sich sagen, dass die Verantwortung für Bias in KI-Systemen nicht allein bei den Entwicklern liegt, sondern ein breiter gesellschaftlicher Diskurs notwendig ist, um die ethischen und sozialen Herausforderungen, die mit der Implementierung dieser Technologien einhergehen, zu bewältigen. Nur durch interdisziplinäre Zusammenarbeit, Transparenz und einen bewussten Umgang mit den sozialen Implikationen von KI können wir sicherstellen, dass diese Technologien zum Wohle aller eingesetzt werden und nicht neue Formen der Diskriminierung schaffen.

Die Zukunft der „neutralen" KI – Wunsch oder Wirklichkeit?

Die Vorstellung einer vollkommen neutralen Künstlichen Intelligenz bleibt in vielerlei Hinsicht eine idealisierte Utopie. Solange KI auf realweltlichen Daten basiert, werden gesellschaftliche Ungleichheiten und strukturelle Verzerrungen auch in den Algorithmen und Entscheidungsmodellen abgebildet. Diese Verzerrungen entstehen nicht nur durch fehlerhafte oder unvollständige Daten, sondern auch durch die Art und Weise, wie Algorithmen programmiert und trainiert werden. Selbst wenn Entwickler große Anstrengungen zur Bias-Korrektur unternehmen, bleibt die Neutralität eine Herausforderung, da die Daten und Prozesse, auf denen KI basiert, immer von den Kontexten beeinflusst werden, in denen sie entstehen (O'Neil, 2016, S. 19; Barocas & Selbst, 2016, S. 706).

Die zunehmende Sensibilisierung für diese Problematik markiert jedoch einen wichtigen Schritt in der Entwicklung von KI-Systemen. Die wissenschaftliche und gesellschaftliche Auseinandersetzung mit dem Thema Bias in Algorithmen hat dazu geführt, dass die potenziellen Verzerrungen von maschinellem Lernen heute nicht nur erkannt, sondern auch aktiv adressiert werden (Noble, 2018, S. 146). Diese Erkenntnis ermöglicht es, Strategien zur Minimierung von Diskriminierung zu entwickeln und kritische Fragen zur Rolle von KI in sozialen und politischen Kontexten zu stellen. Dennoch ist das Bewusstsein allein nicht ausreichend – es bedarf konkreter Maßnahmen, um die Effekte von Verzerrungen nachhaltig einzudämmen.

Ein zentraler Ansatzpunkt liegt in der Entwicklung ethischer Leitlinien und einer klaren Verantwortungsstruktur für KI-Systeme. Diese Leitlinien sollten sich nicht nur auf technische Standards beschränken, sondern auch auf die gesellschaftlichen Auswirkungen von KI eingehen. Insbesondere in sensiblen Bereichen wie der Strafjustiz, dem Gesundheitswesen oder der Personalrekrutierung können algorithmische Entscheidungen gravierende Konsequenzen für Einzelpersonen und Gruppen haben (Eubanks, 2018, S. 88). Die Einführung von ethischen Rahmenbedingungen muss dabei interdisziplinär erfolgen: Informatiker*innen, Sozialwissenschaftler*innen, Jurist*innen und Ethiker*innen sollten gemeinsam an der Gestaltung von Richtlinien arbeiten, die sowohl technische als auch gesellschaftliche Dimensionen berücksichtigen.

Darüber hinaus ist die Etablierung von Bildungsprogrammen für diejenigen, die KI entwickeln und einsetzen, von zentraler Bedeutung. Data Scientists, Programmierer*innen und Entscheidungsträger*innen benötigen eine fundierte Ausbildung, die über technische Fähigkeiten hinausgeht und Aspekte wie soziale Verantwortung, ethische Reflexion und die Folgen algorithmischer Entscheidungen umfasst (Hardt et al., 2016, S. 2). Diese Programme sollten nicht nur die Mechanismen von Bias und deren potenzielle Auswirkungen vermitteln, sondern auch praktische Werkzeuge zur Bias-Korrektur und zur Entwicklung transparenter Systeme bereitstellen.

Insgesamt zeigt sich, dass die Vision einer „neutralen" KI nicht allein durch technologische Fortschritte erreicht werden kann. Sie erfordert eine umfassende gesellschaftliche Debatte über die Rolle von KI, die Verantwortung der Entwickler und die Notwendigkeit ethischer Standards. Die Frage nach der Neutralität von KI ist letztlich nicht nur eine technische, sondern auch eine zutiefst politische und moralische Herausforderung. Nur durch die Kombination von technologischem Bewusstsein, ethischem Handeln und sozialer Verantwortung kann eine Zukunft gestaltet werden, in der KI nicht nur leistungsstark, sondern auch gerecht und inklusiv ist.

- **Bewusstsein als erster Schritt:** Dass wir uns dieser Problematik heute deutlich bewusster sind, stellt bereits einen erheblichen Fortschritt dar. Nur wenn wir die potenziellen Verzerrungen durch maschinelles Lernen erkennen, lassen sich Strategien zu ihrer Minimierung entwickeln.
- **Verantwortung und ethische Rahmenbedingungen:** Neben technischen Ansätzen braucht es eine gesellschaftliche Debatte über ethische Leitlinien für KI.

Künstliche Intelligenz (KI) wird häufig als objektiv und unvoreingenommen dargestellt, doch diese Annahme trügt. KI-Systeme spiegeln nicht nur die sozialen und kulturellen Realitäten wider, in denen sie entwickelt werden, sondern können diese auch unbewusst reproduzieren oder gar verstärken. Denn die Algorithmen, die KI antreiben, basieren auf Daten, die von Menschen gesammelt und kategorisiert wurden, und diese Daten sind oft durch systematische Verzerrungen oder ungleiche Repräsentationen geprägt (Barocas & Selbst, 2016, S. 673). Diese Verzerrungen manifestieren sich in allen Phasen der KI-Entwicklung – von der Datenerhebung über das Training bis hin zur Anwendung der Algorithmen.

Ein bekanntes Beispiel ist der Einsatz von KI in Strafjustizsystemen, bei dem Algorithmen zur Risikobewertung von Straftätern eingesetzt werden.

Studien zeigen, dass solche Systeme oft dazu neigen, ethnische Minderheiten als risikoreicher einzustufen, was nicht auf die Algorithmen selbst, sondern auf die historischen Verzerrungen in den zugrunde liegenden Daten zurückzuführen ist (Angwin et al., 2016, S. 3). Derartige Verzerrungen führen nicht nur zu Ungerechtigkeiten im Einzelfall, sondern perpetuieren auch gesellschaftliche Ungleichheiten, indem sie diskriminierende Muster normalisieren und legitimieren.

Ein weiteres Problem ist die Intransparenz vieler KI-Systeme, die oft als „Black Boxes" bezeichnet werden. Die Entscheidungen, die solche Systeme treffen, können für Laien und selbst für Fachleute schwer nachvollziehbar sein. Diese mangelnde Nachvollziehbarkeit birgt nicht nur die Gefahr, dass diskriminierende Mechanismen unbemerkt bleiben, sondern erschwert auch die Zuweisung von Verantwortung (Citron & Pasquale, 2014, S. 5). Wenn ein Algorithmus eine Entscheidung trifft, die eine Person benachteiligt, stellt sich die Frage: Wer trägt die Verantwortung? Der Programmierer? Das Unternehmen? Oder die Maschine selbst? Diese Unklarheit verdeutlicht, dass KI nicht nur ein technisches, sondern auch ein ethisches und soziales Problem darstellt.

Ein weiterer kritischer Punkt ist der Glaube an die vermeintliche Neutralität maschineller Verfahren, der dazu führt, dass ihre Entscheidungen oft unreflektiert akzeptiert werden. Diese „Automatisierungsbias" genannte Tendenz beschreibt die menschliche Neigung, Entscheidungen von Maschinen als objektiver und korrekter zu bewerten als solche, die von Menschen getroffen werden (Skitka et al., 2000, S. 43). Dies kann dazu führen, dass Menschen algorithmische Entscheidungen nicht hinterfragen, selbst wenn sie offenkundig fehlerhaft oder unfair erscheinen. Die Gefahr besteht darin, dass KI-Systeme nicht nur bestehende Vorurteile verstärken, sondern auch eine Scheinautorität gewinnen, die sie vor Kritik schützt.

Um diesen Herausforderungen zu begegnen, sind gezielte Anstrengungen erforderlich, um Fairness und Transparenz in der KI-Entwicklung zu gewährleisten. Dazu gehören Maßnahmen wie die sorgfältige Auswahl und Aufbereitung von Trainingsdaten, die regelmäßige Überprüfung der Algorithmen auf diskriminierende Muster und die Entwicklung von Mechanismen, die eine Nachvollziehbarkeit der Entscheidungen ermöglichen (O'Neil, 2016, S. 220). Ebenso wichtig ist die Einbindung unterschiedlicher Perspektiven in den Entwicklungsprozess, um sicherzustellen, dass KI-Systeme nicht nur die Interessen und Erfahrungen einer privilegierten Minderheit widerspiegeln.

Die gesellschaftliche Verantwortung für KI geht jedoch über die Entwicklergemeinschaft hinaus. Unternehmen, politische Entscheidungsträger und die Zivilgesellschaft spielen eine zentrale Rolle dabei, Rahmenbedingungen zu schaffen, die diskriminierungsfreie Technologien fördern. Dies umfasst die Einführung regulatorischer Standards, die Algorithmen auf Fairness und Transparenz prüfen, sowie die Förderung einer kritischen Auseinandersetzung mit KI in der Öffentlichkeit (Noble, 2018, S. 113). Nur durch einen solchen interdisziplinären und gesellschaftlich getragenen Ansatz kann verhindert werden, dass KI-Systeme zu unsichtbaren Verstärkern sozialer Ungleichheiten werden.

Die zentrale Frage lautet daher nicht, ob KI voreingenommen sein kann – denn das ist unvermeidlich –, sondern wie wir als Gesellschaft mit dieser Realität umgehen. Es erfordert einen Paradigmenwechsel, der KI nicht als autonomes, neutrales Werkzeug betrachtet, sondern als ein Produkt menschlicher Entscheidungen, das unserer kritischen Reflexion bedarf. KI bietet zweifellos große Chancen, aber nur, wenn wir ihre Entwicklung und ihren Einsatz mit ethischer Verantwortung und sozialem Bewusstsein begleiten.

4.2 KI und menschliche Autonomie: Schafft KI Abhängigkeit oder Freiheit?

Die Diskussion um Künstliche Intelligenz und ihre Auswirkungen auf die menschliche Autonomie hat in den vergangenen Jahren eine zunehmende Intensität angenommen. Auf der einen Seite sieht man in KI-Systemen Werkzeuge, die den Menschen in vielfältiger Weise entlasten und neue Freiräume schaffen können; auf der anderen Seite warnt eine Vielzahl von Wissenschaftlern und Philosophen davor, dass ebendiese Technologien eine Abhängigkeit fördern könnten, die unsere Fähigkeit zur selbstbestimmten Lebensführung systematisch untergräbt (Turkle, 2011, S. 279). Im Kern geht es um die Frage, ob KI dem Menschen mehr Freiheit verschafft oder ob sie ihn von sich abhängig macht, indem sie kognitive, soziale und emotionale Prozesse entscheidend mitsteuert.

Vor dem Hintergrund der zunehmenden Digitalisierung und Automatisierung haben KI-Systeme heute einen Grad an Komplexität erreicht, der die meisten Nutzer*innen vor undurchsichtige „Black-Box"-Prozesse stellt. Während viele Menschen nicht mehr nachvollziehen können, auf welche Weise Algorithmen Entscheidungen treffen, liefern die Maschinen dennoch schnelle, meist effiziente und scheinbar objektive Ergebnisse (O'Neil, 2016, S. 42–44). Diese Kombination aus mangelnder Transparenz und hoher Nützlichkeit erzeugt eine paradoxe Situation: Wir verlassen uns auf die Resultate der KI, ohne genau zu verstehen, wie sie zustande kommen.

Dies kann zu einer kognitiven Entmündigung führen, bei der wir unsere eigenen Urteile tendenziell zurückstellen und stattdessen die Ergebnisse der Maschine annehmen. Eine solche Entwicklung wirft die Frage nach der Autonomie des Menschen auf: Wie frei sind wir in unseren Entscheidungen, wenn KI-Systeme eine Vielzahl unserer Handlungsoptionen vorstrukturieren?

Gerade in Alltagsbereichen zeigt sich diese Dynamik besonders deutlich. Empfehlungsalgorithmen auf Streamingplattformen, Onlineshops und sozialen Medien lenken unsere Aufmerksamkeit – und damit auch unser Konsum- und Kommunikationsverhalten – in zuvor berechnete Bahnen (Zuboff, 2019, S. 182). Obwohl wir uns subjektiv als frei handelnde Individuen empfinden, treffen wir häufig Entscheidungen, die durch maschinelle Vorhersagemodelle vorsortiert werden. Dies kann einerseits als Erleichterung angesehen werden, da wir weniger Zeit für Recherche oder Auswahlprozesse aufwenden müssen (Brynjolfsson & McAfee, 2014, S. 49). Andererseits stellt sich die Frage, ob wir dadurch nicht schleichend unsere Fähigkeit verlieren, selbstbestimmt nach Alternativen zu suchen, Risiken abzuwägen und uns für neue Wege zu entscheiden (Lanier, 2010, S. 87–88). An dieser Schnittstelle wird deutlich, dass KI nicht nur ein rein funktionales Tool ist, sondern unsere Wahrnehmung, unsere Werte und unsere Handlungsspielräume beeinflusst.

Neben kognitiven Prozessen sind es auch emotionale und soziale Aspekte, die unser Verhältnis zu KI prägen. Sprachassistenten, Chatbots oder andere interaktive Systeme simulieren zwischenmenschliche Nähe, sind stets verfügbar und verhalten sich überwiegend freundlich oder kooperativ (Picard, 1997, S. 19–20). Diese stete Verlässlichkeit kann zu einer wachsenden Bindung führen, die zwar Komfort bietet, jedoch auch eine tiefergehende Abhängigkeit befördert (Turkle, 2011, S. 185). Menschen neigen dazu, sich auf die stets zugänglichen und konfliktarmen Maschinen einzulassen, anstatt sich mit den Unwägbarkeiten realer sozialer Beziehungen auseinanderzusetzen, in denen Empathie, Kompromisse oder Verletzlichkeit erforderlich sind (Harari, 2018, S. 316). Damit entsteht zwar kurzfristig ein Gefühl der „emotionalen Erleichterung", das jedoch langfristig die Autonomie- und Beziehungsfähigkeit kosten kann, weil wir wichtige zwischenmenschliche Kompetenzen weniger üben (Weizenbaum, 1976, S. 225).

Ein weiteres Spannungsfeld liegt in der Frage der Verantwortungsübernahme. KI-Systeme, die in Bereichen wie medizinischer Diagnostik, Personalrekrutierung oder juristischen Prognosen eingesetzt werden, treffen Entscheidungen, die massiv in das Leben von Menschen eingreifen (O'Neil,

2016, S. 124). Oft gehen wir davon aus, dass diese Entscheidungen „objektiv" und „neutral" sind, obwohl die Algorithmen auf Datensätzen basieren, in denen sich gesellschaftliche Ungleichheiten und Vorurteile widerspiegeln (Noble, 2018, S. 56). Das Vertrauen in die vermeintliche Unfehlbarkeit der Maschine kann dazu führen, dass menschliche Akteur*innen ihre eigene Verantwortung reduzieren oder gar nicht erst wahrnehmen. Hieraus erwächst eine Art „moralische Delegation", bei der Entscheidungen an ein System abgegeben werden, das selbst über kein moralisches Urteilsvermögen verfügt (Floridi, 2014, S. 123). Aus der Perspektive der menschlichen Autonomie ist dies höchst problematisch, da wir unsere ethische und juristische Verantwortung nicht einfach an eine Black Box auslagern können, ohne den Kern unserer Selbstbestimmung zu unterminieren (Jobin et al., 2019, S. 396).

Im Gegensatz zu dieser Abhängigkeitsproblematik lässt sich argumentieren, dass KI-Systeme durchaus neue Freiräume schaffen, indem sie monotone oder physisch belastende Arbeiten übernehmen und uns damit zeitliche Ressourcen für kreativere, zwischenmenschliche oder sinnstiftende Tätigkeiten eröffnen (Brynjolfsson & McAfee, 2014, S. 49). So kann eine Automatisierung von Routineprozessen Autonomie in dem Sinne fördern, dass wir uns intensiver jenen Bereichen widmen können, in denen menschliche Expertise und Empathie unersetzlich sind (Domingos, 2015, S. 88). Befürworter*innen dieser Sichtweise verweisen auf das emanzipatorische Potenzial der Technik: KI, verstanden als eine Erweiterung menschlicher Fähigkeiten, könnte die Möglichkeit bieten, kognitive Barrieren zu überwinden und individuelle Talente besser zu entfalten (Floridi, 2015, S. 194). Indem wir repetitive Aufgaben an Maschinen delegieren, entsteht theoretisch mehr Raum für soziale Kontakte, künstlerische Ausdrucksformen oder Reflexionsprozesse, was unsere Autonomie im Sinne einer selbstbestimmten Lebensgestaltung steigern könnte (Lanier, 2010, S. 104).

Allerdings hängt dieser emanzipatorische Effekt in hohem Maße davon ab, unter welchen Bedingungen und in wessen Interesse KI-Systeme entwickelt und eingesetzt werden. Wenn die Systeme primär ökonomischen Zwecken dienen und auf die Auswertung personenbezogener Daten angewiesen sind, kann das Gleichgewicht zwischen Freiheit und Abhängigkeit leicht kippen (Zuboff, 2019, S. 266). Die Frage der Datenkontrolle ist hier essenziell: Wer besitzt und verwertet unsere persönlichen Informationen, und inwieweit behalten wir als Nutzer*innen die Hoheit über unsere digitale Identität? Mit dem wachsenden Einfluss globaler Tech-Konzerne in der KI-Forschung und -Anwendung entsteht die Gefahr, dass Autonomie nicht nur individuell, sondern auch gesellschaftlich bedroht wird, da sich Entscheidungsprozesse immer stärker in geschlossene, profitgetriebene Strukturen verlagern (Tufekci, 2017, S. 123).

Vor diesem Hintergrund lässt sich das Spannungsfeld zwischen Abhängigkeit und Freiheit als eine Frage der Bewusstseinsbildung, Regulierung und Gestaltung begreifen. Von einer rein technikoptimistischen Sichtweise, die KI vornehmlich als Befreiungspotenzial begreift, hin zu einer dystopischen Perspektive, die den vollständigen Verlust menschlicher Autonomie befürchtet, sind zahlreiche Zwischentöne denkbar. Zentral ist die Einsicht, dass Autonomie kein statischer Zustand, sondern ein dynamisches Verhältnis ist, das fortwährende Reflexion benötigt (Turkle, 2011, S. 45). Autonomie im Zeitalter der KI bedeutet daher, dass wir einerseits die Vorteile automatisierter Systeme nutzen, andererseits aber stets kritisch prüfen, an welchen Stellen wir unsere Entscheidungsgewalt noch selbst in der Hand haben (Weizenbaum, 1976, S. 224–225).

Letztlich kommt es darauf an, dass wir KI nicht blind übernehmen, sondern sie als Kooperationspartner verstehen und sie in unsere Wertvorstellungen einbetten. Dabei können ethische Leitlinien, Transparenzinitiativen und politische Regulierungen maßgeblich dazu beitragen, dass Autonomie nicht zur bloßen Illusion wird (Jobin et al., 2019, S. 390). Nur wenn Menschen genügend technisches und ethisches Wissen haben, um die Funktionsweise und Grenzen der KI zu begreifen, können sie im vollen Sinne selbstbestimmt entscheiden, wo Technik ihnen dient und wo sie ihre eigene Urteilskraft geltend machen (Kitchin, 2017, S. 89). In diesem Sinne ist die Frage, ob KI Abhängigkeit schafft oder Freiheit ermöglicht, weniger ein binäres „Entweder-Oder", sondern vielmehr eine andauernde Herausforderung an unser Bewusstsein, unsere Regulierungssysteme und unser Verantwortungsgefühl als Gesellschaft.

4.3 Algorithmen als Manipulatoren – Wer kontrolliert unsere Entscheidungen?

Die Rolle von Algorithmen hat in den letzten Jahren eine drastische Wandlung erfahren: Von scheinbar neutralen mathematischen Prozessen, die Daten analysieren und klassifizieren, hin zu unsichtbaren „Akteuren", die tief in unsere Lebensrealitäten eindringen und unsere Entscheidungen formen (O'Neil, 2016, S. 42–45). Während Algorithmen lange Zeit eher als unterstützende Werkzeuge für komplexe Berechnungen galten, hat die fortschreitende Digitalisierung dazu geführt, dass sie zu zentralen Steuerungselementen in vielfältigen Bereichen des Alltags geworden sind (Zuboff, 2019, S. 89). Ob bei der Auswahl von Nachrichtenartikeln, der personalisierten Werbeeinblendung in sozialen Medien oder der Routenplanung per Smartphone – Algorithmen übernehmen Aufgaben, die zuvor explizit in menschlicher Verantwortung lagen (Noble, 2018, S. 28).

Doch was geschieht, wenn diese Systeme nicht nur „anbieten" und „vorsortieren", sondern uns gezielt in bestimmte Richtungen lenken? Hinter den Algorithmen stehen Unternehmen und Institutionen, deren vorrangiges Ziel oft nicht die Neutralität oder der reine Nutzen für Endanwender*innen ist. Vielmehr verfolgen sie wirtschaftliche oder politische Interessen, indem sie Daten sammeln, analysieren und daraus Handlungsempfehlungen generieren (Eubanks, 2018, S. 76). Der entscheidende Punkt: Diese Empfehlungssysteme entwickeln sich immer mehr zu subtilen Manipulatoren unseres Verhaltens, indem sie unsere individuellen Schwächen, Vorlieben und emotionalen Trigger erkennen und genau dort ansetzen (Tufekci, 2017, S. 102). Infolgedessen ergibt sich die Frage, inwieweit wir als scheinbar autonome Wesen tatsächlich noch „freie Entscheidungen" treffen – oder ob wir uns in einer unsichtbaren Umklammerung befinden, die unsere Handlungsoptionen begrenzt, ohne dass wir es bewusst wahrnehmen.

Die Macht der Algorithmen: Entscheidungen im Verborgenen

Algorithmen wirken oft hinter einer Fassade der Neutralität. Sie werden als „objektive" Entscheidungsprozesse dargestellt, die Daten analysieren und auf dieser Grundlage rationale Empfehlungen aussprechen (Citron & Pasquale, 2014, S. 4). In Wirklichkeit basieren sie jedoch auf menschlichen Annahmen, bestehenden Datensätzen und spezifischen Zielen, die nicht selten von ökonomischen Motiven geprägt sind (Noble, 2018, S. 111).

1. **Personalisierte Empfehlungen:** Ob Streamingdienste wie Netflix oder Musikplattformen wie Spotify – die Systeme lernen aus unserem bisherigen Nutzerverhalten, um uns weitere Inhalte vorzuschlagen. Auf den ersten Blick scheinen diese Empfehlungen hilfreich, denn sie „ersparen" uns lange Suchprozesse (Pariser, 2011, S. 9–10). Doch gleichzeitig beschneiden sie die Vielfalt dessen, was wir zu sehen und hören bekommen, sodass wir oft nur noch einen Bruchteil des gesamten Angebots wahrnehmen.

2. **Optimierung der Aufmerksamkeit:** In sozialen Medien wie Facebook, Twitter oder Instagram werden Feeds algorithmisch kuratiert, um unsere Verweildauer und Interaktionsrate zu maximieren (Tufekci, 2017, S. 102–103). Hier geht es nicht nur darum, uns „passende" Inhalte zu zeigen, sondern vielmehr darum, unsere Aufmerksamkeit zu „kapern" und im Sinne werbender Auftraggeber zu kanalisieren (Zuboff, 2019, S. 266–269).
3. **Verdeckte Steuerung:** Besonders brisant wird die Situation, wenn Algorithmen so gestaltet sind, dass sie unser Kauf- oder Wahlverhalten beeinflussen (O'Neil, 2016, S. 124). Durch stetiges Beobachten und Analysieren unserer Online-Aktivitäten erkennen sie Muster, in welchen Momenten wir besonders empfänglich für bestimmte Produkte oder Botschaften sind. An solchen neuralgischen Punkten wirken sie gezielt ein, etwa durch personalisierte Rabattgutscheine, empörende Schlagzeilen oder emotionale Appelle.

Dass diese Prozesse oft unbemerkt und im Verborgenen ablaufen, erhöht ihre Wirksamkeit beträchtlich (Eubanks, 2018, S. 28). Wir empfinden das, was wir sehen, als spontane Auswahl unserer eigenen Präferenzen – dabei sind es vorgeformte Optionen, die Algorithmen entsprechend unserer Datenprofile ausfiltern oder hervorgehoben darstellen (Harari, 2018, S. 94).

Die Illusion der Wahlfreiheit

Ein zentrales Versprechen algorithmischer Systeme lautet, uns „mehr" Auswahl zu bieten und unsere „Freiheit" zu vergrößern (Lanier, 2010, S. 104). Tatsächlich geschieht jedoch oft das Gegenteil: Algorithmen reduzieren die Vielfalt, indem sie uns nur eine begrenzte Palette an Optionen präsentieren, die angeblich „passend" für uns sind (Pariser, 2011, S. 14).

- **Filterblasen und Echokammern:** In einer global vernetzten Welt suggeriert das Internet eine unendliche Fülle an Informationen. Doch Algorithmen schaffen für jede*n* Einzelne*n* spezifische Filterblasen, in denen wir fast ausschließlich mit Inhalten konfrontiert werden, die unseren bisherigen Sichtweisen entsprechen (Tufekci, 2017, S. 117). Kritische oder alternative Perspektiven bleiben uns verborgen, was unsere Meinungsbildung massiv verzerren kann (Noble, 2018, S. 91).
- **Kumulative Wirkung:** Je länger wir uns in diesen algorithmisch gesteuerten Umgebungen bewegen, desto stärker manifestiert sich unser eigenes

Verhalten als statistisches Muster. Die Algorithmen bestärken unsere Präferenzen und vermeiden potenzielle Irritationen. Dadurch entsteht eine „kumulative Einschränkung" unserer Erfahrungswelt (O'Neil, 2016, S. 42–44).
- **Subtiler Zwang:** Wir erleben diesen als Bequemlichkeit oder als passgenaues Angebot. Tatsächlich lenkt uns der Algorithmus unmerklich hin zu den Entscheidungen, die in seinem Modell vorhergesagt und oftmals kommerziell erwünscht sind (Zuboff, 2019, S. 183). Die vermeintliche Freiheit erweist sich in vielen Fällen als algorithmisch gestalteter Pfad, auf dem wir uns, ohne es zu merken, nur noch innerhalb eng gesetzter Bahnen bewegen.

Die Konsequenz dieser Entwicklung ist eine zunehmende „Homogenisierung" unserer Erfahrungen. Anstatt uns mit neuen Ideen, ungewohnten Perspektiven und kontroversen Inhalten auseinanderzusetzen, verbleiben wir in einem immer enger werdenden Korridor vertrauter Wahlmöglichkeiten. Langfristig könnte dies unsere Fähigkeit zur kritischen Reflexion und zum Perspektivwechsel untergraben (Turkle, 2011, S. 279).

Emotionen im Visier der Algorithmen

Die technologische Entwicklung hat die Beziehung zwischen Mensch und Maschine auf eine neue Ebene gehoben. Algorithmen sind längst nicht mehr bloße Werkzeuge zur Verarbeitung rationaler Daten – sie dringen zunehmend in den Bereich der Emotionen vor. Durch die Analyse emotionaler Zustände versuchen sie nicht nur, menschliches Verhalten zu verstehen, sondern auch gezielt zu beeinflussen. Diese Entwicklung bringt sowohl faszinierende Möglichkeiten als auch erhebliche ethische und psychologische Herausforderungen mit sich.

Algorithmen erfassen Emotionen über vielfältige Datenquellen. Sie analysieren unser Verhalten in sozialen Netzwerken, bewerten Likes, Kommentare, die Verweildauer bei Inhalten oder auch die biometrischen Daten, die von tragbaren Geräten aufgezeichnet werden (Picard, 1997, S. 19–20). Daraus entsteht eine emotionsbasierte Profilbildung, die einen beispiellosen Einblick in unsere inneren Zustände ermöglicht. Diese Profile sind jedoch nicht neutral: Sie werden gezielt genutzt, um Inhalte zu personalisieren und emotionale Reaktionen zu intensivieren. Der wirtschaftliche Anreiz, unsere Aufmerksamkeit so lange wie möglich zu fesseln, führt dazu, dass besonders starke Emotionen – Wut, Angst oder Empörung – algorithmisch verstärkt werden

(Tufekci, 2017, S. 90). Studien zeigen, dass Inhalte, die solche Gefühle auslösen, eine höhere Klickrate erzielen und häufiger geteilt werden, was sie besonders attraktiv für Plattformbetreiber macht (Noble, 2018, S. 56).

Dieses Prinzip der Emotionalisierung hat tiefgreifende psychologische Auswirkungen. Menschen in emotional aufgeladenen Zuständen zeigen eine verringerte Fähigkeit zur rationalen Distanz und kritischen Beurteilung. Wenn Algorithmen diese Zustände gezielt verstärken, sinkt die kognitive Barriere für manipulative Botschaften. Dies kann sich in Kaufentscheidungen, der Verbreitung von Fehlinformationen oder sogar in politischen Meinungsbildungsprozessen zeigen (Fogg, 2003, S. 89). In dieser Konstellation fungieren Algorithmen als unsichtbare Architekten unserer emotionalen Welt, indem sie die Muster verstärken, die sie erkennen und als profitabel bewerten.

Die digitale Emotionalisierung geht dabei über individuelle Erfahrungen hinaus. Sie hat gesellschaftliche Konsequenzen, da polarisierte Gefühle nicht nur das Verhalten einzelner Menschen beeinflussen, sondern kollektive Dynamiken verändern. Soziale Medien, die durch Algorithmen gesteuert werden, fördern Gruppenbildung und Polarisierung, da emotional aufgeladene Inhalte häufiger konsumiert und geteilt werden. Dies verstärkt nicht nur individuelle Emotionen, sondern verschärft auch gesellschaftliche Konflikte (Turkle, 2011, S. 186). Die algorithmische Verstärkung polarer Emotionen schafft eine soziale Realität, in der rationale Diskussionen und kritische Reflexion immer mehr in den Hintergrund treten.

Eine der gravierendsten Gefahren dieser Entwicklung ist der Verlust menschlicher Autonomie. Wenn emotionale Reaktionen zunehmend von Algorithmen gesteuert werden, geraten die Mechanismen der emotionalen Regulation aus der Hand des Einzelnen. Der Mensch wird von einem aktiven Gestalter seiner emotionalen Welt zu einem passiven Konsumenten, der auf algorithmische Angebote reagiert. Dies stellt eine neue Form der Manipulation dar, die subtiler und umfassender ist als bisherige Versuche der Beeinflussung. Anders als in der traditionellen Werbung, die klar erkennbare Botschaften vermittelt, arbeitet die algorithmische Emotionalisierung unsichtbar und permanent.

Gleichzeitig stellt sich die Frage nach der ethischen Verantwortung der Entwickler*innen solcher Systeme. Algorithmen werden von Menschen programmiert und trainiert, und ihre Ziele sind eng mit den Interessen der Unternehmen verknüpft, die sie einsetzen. Wenn der wirtschaftliche Nutzen im Vordergrund steht, drohen wichtige ethische Überlegungen – etwa der Schutz menschlicher Autonomie und der Förderung rationaler Diskurse – in den Hintergrund zu treten. Es bedarf daher einer kritischen Diskussion darüber, welche Rolle Algoritmen in der Steuerung unserer emotionalen Landschaft spielen sollten und wie ihre Nutzung reguliert werden kann, um die menschliche Autonomie zu schützen.

Emotionen sind ein zentraler Bestandteil dessen, was uns als Menschen ausmacht. Die Fähigkeit, Emotionen zu fühlen, zu reflektieren und auszudrücken, definiert unsere sozialen Beziehungen und unser Selbstverständnis. Die algorithmische Einmischung in diesen Bereich fordert uns heraus, nicht nur die technischen Möglichkeiten, sondern auch die psychologischen und gesellschaftlichen Grenzen dieser Entwicklung zu hinterfragen. Die Frage bleibt, wie wir in einer Welt, die zunehmend von algorithmischer Logik geprägt ist, unsere emotionale Freiheit bewahren können, ohne die Vorteile der Technologie aufzugeben.

Algorithmen und die Manipulation des Konsums

Die Rolle von Algoritmen bei der Manipulation des Konsums ist ein zentraler Punkt in der Diskussion über die Auswirkungen der digitalen Plattformökonomie. Algorithmen, die ursprünglich entwickelt wurden, um Nutzerpräferenzen zu verstehen und darauf abgestimmte Inhalte bereitzustellen, haben sich zu mächtigen Werkzeugen entwickelt, die gezielt Konsumverhalten steuern. Diese Entwicklung ist nicht nur wirtschaftlich relevant, sondern hat auch tiefgreifende psychologische und gesellschaftliche Implikationen.

Ein entscheidender Mechanismus dieser Manipulation liegt in der Schaffung künstlicher Bedürfnisse. Plattformen nutzen personalisierte Algorithmen, um Nutzer auf Produkte oder Dienstleistungen aufmerksam zu machen, von denen sie zuvor nichts wussten. Diese Strategien basieren auf der Analyse von Suchverhalten, Klickmustern und Interaktionen, wodurch ein scheinbar personalisiertes Angebot entsteht, das jedoch in erster Linie auf die Maximierung von Gewinnen abzielt (Lanier, 2010, S. 87). Indem Algorithmen kontinuierlich neue Konsummöglichkeiten präsentieren, erzeugen sie ein Gefühl von Dringlichkeit oder „FOMO" (engl.: fear of missing out; dt: Angst, etwas zu verpassen), das den psychologischen Druck auf den Nutzer erhöht.

Zusätzlich nutzen Algorithmen fortschrittliche Analysetools, um den optimalen Zeitpunkt für Kaufentscheidungen zu identifizieren. Basierend auf umfassenden Datensätzen, die Informationen wie Tageszeit, Standort, Wetterbedingungen oder sogar die emotionale Verfassung des Nutzenden umfassen, berechnen sie, wann die Wahrscheinlichkeit eines Kaufs am höchsten ist (Eubanks, 2018, S. 76). Diese präzise zeitliche Steuerung führt dazu, dass gezielte Werbung oder Rabatte genau dann erscheinen, wenn der Nutzer besonders empfänglich ist. Diese gezielte Ansprache verstärkt die Illusion eines spontanen Bedürfnisses und erhöht die Wahrscheinlichkeit, dass der Nutzenden kauft.

Ein weiteres beunruhigendes Merkmal algorithmischer Konsumsteuerung ist die Verdeckung der Manipulation. Da die meisten Nutzer glauben, dass ihre Entscheidungen auf eigener Initiative und freiem Willen basieren, bleibt die subtile Einflussnahme der Algorithmen oft unbemerkt. Diese Prozesse sind so gestaltet, dass sie als individuelle Präferenzen erscheinen, obwohl sie tatsächlich das Ergebnis gezielter Berechnungen und Manipulationen sind (Tufekci, 2017, S. 102–103). Dieses Phänomen untergräbt nicht nur die Autonomie des Individuums, sondern stellt auch die Frage, inwieweit freie Entscheidungen im digitalen Zeitalter überhaupt noch möglich sind.

Das Zusammenspiel dieser Mechanismen führt zu einem Konsumverhalten, das zunehmend von Algorithmen gesteuert wird. Entscheidungen, die einst durch persönliche Bedürfnisse, Werte oder rationale Abwägungen geprägt waren, werden immer mehr durch die Logik der Gewinnmaximierung ersetzt (O'Neil, 2016, S. 45). Dies hat nicht nur wirtschaftliche Konsequenzen, sondern beeinflusst auch das Selbstverständnis und die Wahrnehmung von Autonomie der Konsumenten. Wenn digitale Plattformen die Macht haben, unsere Bedürfnisse zu formen und unsere Entscheidungen zu lenken, ist die Fähigkeit zur kritischen Reflexion und zur Hinterfragung dieser Prozesse von zentraler Bedeutung, um die eigene Autonomie zu bewahren.

Kontrolle oder Abhängigkeit?

Die Frage nach der „Kontrolle" führt letztlich zu einem Kernproblem: Wer kontrolliert wen? Algorithmen sollten uns dabei helfen, komplexe Entscheidungen zu strukturieren. Sie sollten Werkzeuge sein, um Informationen zu ordnen und uns zu entlasten (Weizenbaum, 1976, S. 113). In der Praxis sind sie jedoch in den Dienst wirtschaftlicher Interessen gestellt und so konzipiert, dass sie unsere Denk- und Verhaltensmuster steuern (Zuboff, 2019, S. 182).

- **Mechanismen der Abhängigkeit:** Durch ständige Optimierung lernen Algorithmen, immer effektiver unsere Aufmerksamkeit zu binden und unsere Entscheidungen zu beeinflussen. Wir geraten in eine „Feedbackschleife" aus Daten und algorithmischen Rückmeldungen, in der unsere Handlungsoptionen zwar erweitert scheinen, faktisch aber eingeschränkt werden (Noble, 2018, S. 111).

- **Transparenzdefizit:** Ein zentrales Problem liegt in der Intransparenz komplexer maschineller Lernprozesse. Nutzer*innen können kaum nachvollziehen, warum ihnen bestimmte Inhalte oder Empfehlungen gezeigt werden (O'Neil, 2016, S. 18). Diese „Black Box" erschwert es, Manipulation zu erkennen und sich dagegen zu wehren.
- **Verantwortung und Ethik:** Letztlich sind es Menschen und Organisationen, die Algorithmen programmieren und ihre Zielvorgaben definieren. Doch die massenhafte Datenverarbeitung und die Automatisierung ethischer Entscheidungen lassen die Verantwortlichkeiten oft verschwimmen (Citron & Pasquale, 2014, S. 11). Insofern übernehmen Algorithmen eine Macht, die unsere Autonomie untergraben kann, ohne dass es klare Mechanismen der Rechenschaftspflicht gibt.

Das Ende der Autonomie?

Die Frage nach dem Ende der Autonomie in einer zunehmend algorithmisch geprägten Welt berührt einen der zentralen Aspekte des menschlichen Daseins: die Fähigkeit, selbstbestimmte Entscheidungen zu treffen. Mit der fortschreitenden Digitalisierung und der allgegenwärtigen Präsenz von Algorithmen wird diese Fähigkeit jedoch auf fundamentale Weise infrage gestellt. Die Abhängigkeit von algorithmischen Systemen beeinflusst nicht nur unser individuelles Verhalten, sondern verändert auch die Strukturen gesellschaftlicher und politischer Entscheidungsprozesse. Die Psychologie der Autonomie und die Mechanismen der Manipulation rücken damit ins Zentrum wissenschaftlicher und gesellschaftlicher Diskussionen.

Ein wesentlicher Punkt ist die schleichende Reduktion menschlicher Entscheidungsfähigkeit. Algorithmen übernehmen immer häufiger die Rolle eines unsichtbaren Beraters, der unsere Optionen vorstrukturiert und priorisiert. Ob durch personalisierte Produktvorschläge, gezielte Nachrichtenfeeds oder automatische Empfehlungen – die ständige Verfügbarkeit vorgefertigter Lösungen führt dazu, dass wir weniger Zeit und Energie in das kritische Abwägen von Alternativen investieren. Dieser Prozess der „kognitiven Auslagerung" mindert langfristig unsere Fähigkeit, komplexe Entscheidungen eigenständig zu treffen (Turkle, 2011, S. 185). Psychologisch betrachtet führt dies zu einer Form der erlernten Abhängigkeit, bei der Mensch seine eigene Entscheidungsautonomie schrittweise aufgibt und sich auf die vermeintlich objektiven Empfehlungen der Algorithmen verlässt.

Auf gesellschaftlicher Ebene manifestiert sich diese Dynamik in einer zunehmenden Manipulation öffentlicher Diskurse. Algorithmen sind heute maßgeblich dafür verantwortlich, welche Informationen wir sehen und wie diese präsentiert werden. Die Mechanismen hinter diesen Entscheidungen bleiben jedoch häufig intransparent, wodurch sich eine asymmetrische Machtverteilung zwischen den Nutzer*innen und den Betreibern digitaler Plattformen ergibt. Studien zeigen, dass algorithmische Filterblasen und Echokammern die Vielfalt der Meinungen einschränken und zur Polarisierung von Debatten beitragen können (Pariser, 2011, S. 21–23; Tufekci, 2017, S. 123). Diese Entwicklungen stellen eine ernsthafte Bedrohung für die demokratische Meinungsbildung dar, da sie die Grundlage für eine pluralistische und offene Diskurskultur untergraben.

Hinzu kommt die Gefahr einer digitalen Oligarchie, in der wenige mächtige Technologieunternehmen über unvergleichliche Datenmengen und hochentwickelte Algorithmen verfügen. Diese Konzerne, die in vielen Fällen von ökonomischen Interessen getrieben sind, können durch ihre Kontrolle über digitale Infrastrukturen politischen und kulturellen Einfluss ausüben (Zuboff, 2019, S. 272–275). Die Gefahr besteht darin, dass Machtstrukturen entstehen, die demokratischen Prozessen entzogen sind und die individuelle sowie kollektive Autonomie nachhaltig einschränken. Die ungleiche Verteilung von technologischem Wissen und Ressourcen verstärkt diese Problematik zusätzlich, da sie den Zugang zu Entscheidungsmacht und Einflussmöglichkeiten auf eine kleine Elite beschränkt.

1. **Reduktion menschlicher Entscheidungsfähigkeit:** Wenn Entscheidungen immer öfter von Algorithmen vorstrukturiert werden, verkümmert unsere Kompetenz, Optionen eigenständig zu bewerten und abzuwägen. Wir lernen, den automatischen Empfehlungen zu vertrauen und geben so sukzessive kognitive Eigenverantwortung ab.
2. **Manipulation gesellschaftlicher Diskurse:** Auf gesellschaftlicher Ebene besteht die Gefahr, dass öffentliche Meinungsbildungsprozesse von wenigen Plattformen und deren algorithmischen Regeln dominiert werden. Eine pluralistische Debattenkultur könnte so erschwert werden.
3. **Gefahr einer digitalen Oligarchie:** Multinationale Tech-Konzerne, die über riesige Datenmengen und hochentwickelte Algorithmen verfügen, gewinnen zunehmend Einfluss auf politische, wirtschaftliche und kulturelle Entscheidungen. Damit könnte sich die Machtausübung auf wenige, kaum regulierte Akteure verlagern.

Die Frage, wie wir unsere Autonomie in dieser neuen Realität bewahren können, erfordert ein breites interdisziplinäres Engagement. Psychologische Ansätze, die auf die Förderung kritischen Denkens und die Stärkung individueller Reflexionsfähigkeiten abzielen, spielen hierbei eine zentrale Rolle.

Nur wenn Menschen die Funktionsweise und die potenziellen Manipulationsmechanismen algorithmischer Systeme verstehen, können sie bewusste und informierte Entscheidungen treffen. Ergänzend dazu bedarf es rechtlicher Regulierungen, die die Transparenz und Nachvollziehbarkeit algorithmischer Prozesse sicherstellen (Eubanks, 2018, S. 132). Initiativen zur digitalen Bildung können zudem dazu beitragen, dass Bürgerinnen und Bürger zu kompetenten und kritischen Akteur*innen in der digitalen Welt werden.

Die Rolle von Empathie und sozialer Interaktion darf in diesem Kontext nicht unterschätzt werden. Der zunehmende Einfluss von Algorithmen auf unsere Entscheidungen ist auch eine Folge der Vereinzelung in einer digitalisierten Gesellschaft. Zwischenmenschliche Beziehungen und gemeinschaftliche Entscheidungsprozesse können als Gegenentwurf zur algorithmischen Steuerung dienen, da sie auf emotionaler Nähe, Vertrauen und kollektiver Reflexion beruhen. Indem wir den Wert solcher Interaktionen betonen, stärken wir nicht nur die soziale Resilienz, sondern schaffen auch einen Raum für echte Autonomie.

Abschließend lässt sich festhalten, dass die Herausforderung darin besteht, die Balance zwischen der Nutzung der Vorteile algorithmischer Systeme und der Wahrung menschlicher Entscheidungsfreiheit zu finden. Algorithmen sind mächtige Werkzeuge, die unser Leben erleichtern und bereichern können – doch sie dürfen nicht zu unsichtbaren Machthabern werden, die unsere Autonomie untergraben. Eine bewusste Auseinandersetzung mit den psychologischen, ethischen und gesellschaftlichen Implikationen dieser Technologien ist daher unerlässlich, um die Kontrolle über unsere Entscheidungen und unser Leben zu bewahren.

Die zentrale Frage bleibt, ob und wie wir unsere Autonomie bewahren können. Dazu bedarf es einer breiten gesellschaftlichen Debatte über Datensouveränität, algorithmische Transparenz und ethische Leitlinien, die nicht nur dem Profitstreben der Konzerne Rechnung tragen (Noble, 2018, S. 121). Nur wenn wir die Mechanismen der Manipulation erkennen und entsprechende Gegenmaßnahmen – wie rechtliche Regulierungen, digitale Bildung und kritische Selbstreflexion – ergreifen, können wir verhindern, dass wir die Kontrolle über unsere Entscheidungen vollständig verlieren (Eubanks, 2018, S. 132).

Literatur

Angwin, J., Larson, J., Mattu, S., & Kirchner, L. (2016). Machine Bias. ProPublica.
Barocas, S., & Selbst, A. D. (2016). Big Data's Disparate Impact. *California Law Review, 104*(3), 671–732.

Brynjolfsson, E., & McAfee, A. (2014). *The Second Machine Age: Work, Progress, and Prosperity in a Time of Brilliant Technologies.* W. W. Norton & Company.

Buolamwini, J., & Gebru, T. (2018). Gender Shades: Intersectional Accuracy Disparities in Commercial Gender Classification. *Proceedings of Machine Learning Research, 81*, 1–15.

Citron, D. K., & Pasquale, F. (2014). The Scored Society: Due Process for Automated Predictions. *Washington Law Review, 89*(1), 1–33.

Domingos, P. (2015). *The Master Algorithm: How the Quest for the Ultimate Learning Machine Will Remake Our World.* New York: Basic Books.

Eubanks, V. (2018). *Automating Inequality: How High-Tech Tools Profile, Police, and Punish the Poor.* New York: St. Martin's.

Floridi, L. (2014). *The Fourth Revolution: How the Infosphere is Reshaping Human Reality.* Oxford University Press.

Fogg, B. J. (2003). Persuasive Technology: Using Computers to Change What We Think and Do. Morgan Kaufmann.

Harari, Y. N. (2018). *21 Lessons for the 21st Century.* Spiegel & Grau.

Hardt, M., Price, E., & Srebro, N. (2016). *Equality of Opportunity in Supervised Learning.* Proceedings of the 30th International Conference on Neural Information Processing Systems (NIPS), 1–9.

Jobin, A., Ienca, M., & Vayena, E. (2019). The global landscape of AI ethics guidelines. *Nature Machine Intelligence, 1*(9), 389–399.

Kitchin, R. (2017). *The Data Revolution: Big Data, Open Data.* Data Infrastructures & Their Consequences: SAGE Publications.

Lanier, J. (2010). *You Are Not a Gadget: A Manifesto.* Alfred A: Knopf.

Noble, S. U. (2018). *Algorithms of Oppression: How Search Engines Reinforce Racism.* New York: New York University Press.

O'Neil, C. (2016). *Weapons of Math Destruction: How Big Data Increases Inequality and Threatens Democracy.* New York: Crown Publishing Group.

Pariser, E. (2011). *The Filter Bubble: What the Internet Is Hiding from You.* Penguin Press.

Picard, R. W. (1997). *Affective Computing.* MIT Press.

Skitka, L. J., Mosier, K., & Burdick, M. (2000). Accountability and Automation Bias. *International Journal of Human-Computer Studies, 52*(4), 701–717.

Tufekci, Z. (2017). *Twitter and Tear Gas: The Power and Fragility of Networked Protest.* Yale University Press.

Turkle, S. (2011). Alone Together: Why We Expect More from Technology and Less from Each Other. Basic Books.

Weizenbaum, J. (1976). *Computer Power and Human Reason: From Judgment to Calculation.* W. H: Freeman.

Zuboff, S. (2019). The Age of Surveillance Capitalism: The Fight for a Human Future at the New Frontier of Power. PublicAffairs.

5

Ethik und Moral der KI – Maschinen im moralischen Dilemma

"Überall gibt es Harmonie, Geometrie, Metaphysik und sozusagen auch Moral"
– Gottfried Wilhelm Leibniz

Die rasante Entwicklung Künstlicher Intelligenz (KI) hat das Potenzial, ethische und moralische Grundfragen unserer Gesellschaft neu zu definieren. Während KI-Systeme zunehmend in Bereichen wie Medizin, Justiz oder Mobilität eingesetzt werden, stellt sich die dringende Frage, wie Maschinen moralische Entscheidungen treffen und welche Grenzen ihnen dabei gesetzt sind. Ethik, traditionell eng mit menschlichem Bewusstsein, Empathie und Reflexion verbunden, wird durch die Einführung algorithmischer Systeme auf eine neue Ebene gehoben: Können Maschinen „gut" handeln? Sollten sie es überhaupt? Und wie lassen sich Verantwortung und Haftung organisieren, wenn „autonome" Systeme immer mehr Aufgaben übernehmen?

Im Zentrum der Diskussion steht die Frage, ob Maschinen, die keine Emotionen empfinden und kein Bewusstsein besitzen, wirklich moralische Akteure sein können. Während KI-Systeme auf der Basis von Daten und Algorithmen logische Entscheidungen treffen, fehlt ihnen die Fähigkeit zur Empathie, zur Kontextsensitivität und zur Reflexion über die Konsequenzen ihrer Handlungen. Dennoch setzen wir sie zunehmend in moralisch komplexen Szenarien ein – von der Priorisierung medizinischer Behandlungen bis hin zu Entscheidungen über Leben und Tod bei autonomen Fahrzeugen.

Dieses Kapitel untersucht die ethischen Herausforderungen, die mit der Integration von KI in entscheidungsrelevante Bereiche einhergehen. Es analysiert, ob Maschinen in der Lage sind, moralische Prinzipien zu verstehen, und zeigt auf, wie ihre Limitierungen den menschlichen Wert der Moralität verändern. Gleichzeitig beleuchtet das Kapitel die Frage, ob und wie KI menschliches Urteilen unterstützen kann, ohne die Eigenverantwortung des Menschen zu untergraben. Schließlich wird der Fokus auf die Verantwortung in einem zunehmend automatisierten System gelegt: Wer haftet, wenn KI versagt? Wie können wir verhindern, dass moralische Entscheidungsfindung auf Algorithmen ausgelagert wird? Und welche Rolle spielt die Gesellschaft dabei, ethische Standards für den Einsatz von KI zu setzen?

Da KI immer stärker in Entscheidungsprozesse eingebunden wird, ist es entscheidend, die moralischen und ethischen Implikationen dieses technologischen Wandels zu verstehen. Dieses Kapitel stellt daher nicht nur die Frage, was Maschinen leisten können, sondern auch, was wir als Menschen leisten müssen, um die Werte und Normen unserer Gesellschaft in einer Ära der künstlichen Intelligenz zu bewahren.

5.1 Kann KI moralische Entscheidungen treffen?

Die Debatte darüber, ob Künstliche Intelligenz wirklich in der Lage ist, „moralische" Entscheidungen zu treffen, führt uns in den Kernbereich menschlichen Selbstverständnisses. Dabei geht es nicht allein um die technischen Kapazitäten von Algorithmen, sondern um die Frage, welche Eigenschaften einen moralischen Akteur auszeichnen – und inwieweit KI-Systeme diese überhaupt erfüllen können (Allen et al., 2000a, b, S. 251; Moor, 2006a, b, S. 25–26). Während KI-Systeme bereits in Bereichen wie Medizin, Finanzsektor oder sogar Militärwesen hochkomplexe Entscheidungen fällen (Bostrom, 2014, S. 158), ist umstritten, ob sie hierbei moralische Prinzipien „*nachvollziehen*" können oder lediglich programmierten Regeln folgen (Weizenbaum, 1976, S. 213).

Moralische Entscheidungen: Wesenskern und menschliche Voraussetzungen

Moralität als Kern menschlicher Entscheidungsfindung ist ein äußerst komplexes und vielschichtiges Phänomen, das den Menschen sowohl rational als auch emotional fordert. Moralische Entscheidungen setzen voraus, dass Individuen in der Lage sind, nicht nur die Konsequenzen ihres Handelns abzuwägen, sondern auch empathisch auf die Bedürfnisse und Gefühle anderer einzugehen. Es handelt sich dabei um ein dynamisches Zusammenspiel von inneren Werten, sozialen Normen, emotionalen Impulsen und der Reflexion über mögliche Handlungsfolgen (Singer, 2011, S. 29). Diese multidimensionale Struktur macht Moral zu einem der grundlegendsten Merkmale des Menschseins und hebt sie von der rein logischen Entscheidungsfindung ab, die Maschinen und Algorithmen charakterisiert (Bryson, 2018, S. 48).

Ein paradigmatisches Beispiel, das die Komplexität moralischer Urteile illustriert, ist das Trolley-Problem, ein klassisches Gedankenexperiment aus der Moralphilosophie (Thomson, 1985, S. 139–140). Es beschreibt die Situation, in der eine Entscheidung getroffen werden muss, ob eine Straßenbahn auf ihrem derzeitigen Kurs fünf Menschen töten oder durch das aktive Umlegen einer Weiche nur eine Person töten soll. Obwohl diese Dilemmasituation scheinbar eine logische Abwägung zwischen Zahlen darstellt – fünf Leben gegen eins –, zeigt sich in der Realität, dass Menschen ihre Entscheidungen häufig auf Basis emotionaler und intuitiver Überlegungen treffen. Empathie für die Opfer, Schuldgefühle bei aktivem Eingreifen oder ein allgemeines Unbehagen bei der Vorstellung, Leben direkt zu beeinflussen, spielen eine entscheidende Rolle (Singer, 2011, S. 31).

Eine weitere wesentliche Dimension moralischer Entscheidungsfindung ist das Bewusstsein für die eigene Verantwortung und die Reflexion über die ethischen Implikationen einer Handlung. Moralische Urteile gehen über die Anwendung vorgegebener Regeln hinaus; sie setzen die Fähigkeit voraus, sich der Tragweite des eigenen Handelns bewusst zu sein, sich mit den Konsequenzen emotional auseinanderzusetzen und Verantwortung zu übernehmen (Floridi, 2014, S. 57). Diese Eigenschaften erfordern ein ausgeprägtes Selbstbewusstsein, das es erlaubt, sich selbst als handelndes Subjekt in einem sozialen und moralischen Kontext zu erkennen. Nur durch diese Selbstreflexion wird es möglich, die eigene Rolle in einer moralischen Situation zu verstehen und sich selbst zur Rechenschaft zu ziehen.

Die Frage, ob Künstliche Intelligenz in der Lage ist, ähnliche moralische Fähigkeiten zu entwickeln, bleibt umstritten. KI-Systeme können mit Algorithmen ausgestattet werden, die ethische Prinzipien simulieren, und sie können trainiert werden, moralische Entscheidungen in standardisierten Situationen zu treffen. Doch diese Systeme verfügen nicht über ein Bewusstsein, das es ihnen ermöglicht, die emotionale und existenzielle Dimension moralischen Handelns zu erfassen. Sie haben weder ein Verständnis für die Tragweite ihrer Entscheidungen noch die Fähigkeit, Verantwortung im menschlichen Sinne zu übernehmen (Weizenbaum, 1976, S. 213–214). Moralisches Handeln setzt eine Verbindung von Intellekt, Emotion und sozialer Interaktion voraus – eine Verbindung, die bislang ausschließlich dem Menschen eigen ist.

Hier stellt sich die Herausforderung, diese moralischen Unterschiede klar zu erkennen und zu bewahren. Während KI-Systeme in der Lage sein können, Entscheidungen zu treffen, die moralische Prinzipien widerspiegeln, bleibt das eigentliche Wesen moralischen Handelns ein zutiefst menschlicher Prozess. Dieser Prozess ist geprägt von der Fähigkeit, Verantwortung zu empfinden, Mitgefühl zu zeigen und die eigene Rolle in einem sozialen und ethischen Kontext zu reflektieren. Die Auseinandersetzung mit diesen Fragen wird entscheidend sein, um die ethische Integration von KI in unsere Gesellschaft zu gestalten.

Woran scheitert KI bei moralischen Entscheidungen?

Die Schwierigkeiten, die Künstliche Intelligenz bei moralischen Entscheidungen erlebt, wurzeln in den fundamentalen Unterschieden zwischen maschineller Informationsverarbeitung und menschlicher Kognition. Während KI in der Lage ist, komplexe Datenmengen zu analysieren und spezifische Muster zu erkennen, fehlen ihr zentrale Eigenschaften, die für moralisches Handeln unverzichtbar sind. Eine der gravierendsten Einschränkungen ist die fehlende Empathie und emotionale Beteiligung. Obwohl KI-Systeme über Sentimentanalysen in der Lage sind, Stimmungen zu erkennen – etwa wenn ein Nutzer verärgert oder fröhlich ist –, können sie diese Emotionen nicht nachempfinden. Emotionen sind jedoch entscheidend für die menschliche Fähigkeit, moralische Urteile zu treffen, da sie das Mitfühlen mit Betroffenen und das Einfühlen in ihre Perspektiven ermöglichen (Allen et al., 2000a, b, S. 253). Empathie ist nicht nur eine emotionale, sondern auch eine kognitive Leistung, die in den moralischen Entscheidungsprozess eingebettet ist und die KI aufgrund ihrer fehlenden subjektiven Erfahrungswelt grundsätzlich nicht leisten kann (Singer, 2011, S. 78).

Ein weiteres zentrales Hindernis liegt in der Regelgebundenheit von KI-Systemen. Maschinen können so programmiert werden, dass sie ethischen Prinzipien folgen, wie dem medizinischen Grundsatz der Nicht-Schädigung (engl. non-maleficence) oder utilitaristischen Maximen, die das größtmögliche Wohl anstreben (Moor, 2006a, b, S. 28–29). Doch auch wenn diese Prinzipien technisch umgesetzt werden, bleibt ihre Anwendung rein mechanisch. KI-Systeme führen Regeln aus, ohne die dahinterliegenden Werte zu verstehen oder zu hinterfragen (Russell & Norvig, 2010, S. 29). Diese Beschränkung verhindert, dass Maschinen flexibel auf ethische Herausforderungen reagieren können, bei denen Regeln miteinander in Konflikt stehen oder in spezifischen Kontexten modifiziert werden müssen. Menschliche moralische Urteile zeichnen sich hingegen durch die Fähigkeit aus, in solchen Situationen Abwägungen zu treffen, die sowohl rationale als auch emotionale Überlegungen einbeziehen.

Besonders problematisch wird dies bei moralischen Dilemmata, die eine differenzierte Kontextsensitivität und situative Feinfühligkeit erfordern. Solche Entscheidungen sind oft nicht eindeutig und verlangen die Berücksichtigung widersprüchlicher Normen und Werte. Während Menschen in der Lage sind, intuitive Urteile zu fällen, die auf einer Mischung aus Erfahrung, kulturellen Prägungen und empathischen Impulsen beruhen, bleibt KI in solchen Situationen auf die Extrapolation aus Trainingsdaten oder festgelegten Regeln beschränkt (Singer, 2011, S. 59). Sobald ein neuer, nicht kodierter Kontext auftritt, stößt sie an ihre Grenzen (Moor, 2006a, b, S. 30). Ein klassisches Beispiel ist das Trolley-Problem: Eine KI könnte zwar mathematisch abwägen, welche Handlung zu einer geringeren Zahl an Opfern führt, doch sie wäre nicht in der Lage, die moralische Dimension dieser Entscheidung zu erfassen oder die emotionale Tragweite für die Betroffenen zu berücksichtigen.

Diese Einschränkungen verdeutlichen, dass moralische Urteile weit über die reine Anwendung von Regeln hinausgehen. Sie sind eng mit der menschlichen Fähigkeit verbunden, Emotionen, Werte und Kontext zu integrieren. KI mag ein hilfreiches Werkzeug sein, um ethische Fragen zu analysieren oder mögliche Handlungsoptionen zu bewerten, doch sie bleibt ein rein funktionales System ohne eigenes moralisches Verständnis. Diese Grenze stellt nicht nur technische, sondern auch philosophische Fragen: Sollten Maschinen überhaupt moralische Entscheidungen treffen dürfen, wenn sie nicht in der Lage sind, deren Bedeutung zu erfassen? Und welche Verantwortung tragen die Menschen, die diese Maschinen entwerfen und programmieren, für deren Entscheidungen?

KI als Unterstützung moralischer Entscheidungen: Potenzial und Risiken

Künstliche Intelligenz eröffnet ein breites Spektrum an Möglichkeiten zur Unterstützung moralischer Entscheidungen, birgt jedoch auch erhebliche Herausforderungen und Risiken, die sowohl ethischer als auch praktischer Natur sind. Die Fähigkeit von KI-Systemen, große Datenmengen in kürzester Zeit zu analysieren, macht sie zu einem potenziell wertvollen Instrument, insbesondere in Bereichen wie Verkehrssicherheit, medizinischer Diagnostik oder Umweltmanagement (Floridi, 2016, S. 52). Beispielsweise können KI-Modelle Unfallrisiken präzise vorhersagen, komplexe Diagnosemuster erkennen oder die ökologischen Folgen von Infrastrukturprojekten bewerten. Diese datenbasierten Unterstützungsmechanismen entlasten menschliche Entscheidungsprozesse, indem sie Informationen liefern, die statistisch fundiert und oft präziser sind als menschliche Einschätzungen (Bostrom, 2014, S. 158–159). Dennoch bleibt die moralische und ethische Verantwortung für die letztendlichen Entscheidungen unausweichlich beim Menschen (Bryson, 2018, S. 52).

Diese technologische Unterstützung wird jedoch problematisch, wenn sie zu einer unkritischen Abhängigkeit von KI-Systemen führt. Das Phänomen, dass Menschen algorithmische Empfehlungen als objektiv und unfehlbar betrachten, kann dazu führen, dass die eigene moralische Urteilsbildung zunehmend vernachlässigt wird (Weizenbaum, 1976, S. 226–227). Beispielsweise könnte ein KI-System eine medizinische Behandlung empfehlen, die auf statistischen Wahrscheinlichkeiten beruht, jedoch die individuellen Werte, Bedürfnisse oder Ängste eines Patienten nicht berücksichtigt. In solchen Fällen besteht die Gefahr, dass menschliche Reflexion, Empathie und das Einfühlungsvermögen, die für moralisch verantwortungsbewusste Entscheidungen essenziell sind, zugunsten eines blinden Vertrauens in algorithmische „Rationalität" verdrängt werden (Allen et al., 2000a, b, S. 256). Diese Entwicklung könnte dazu führen, dass ethisch relevante Dimensionen, die über die bloße Datenanalyse hinausgehen, in den Hintergrund rücken.

Ein weiteres Problem, das mit der Delegation moralischer Entscheidungen an KI-Systeme einhergeht, ist die Diffusion von Verantwortung. Bei der Entwicklung und Anwendung von KI sind typischerweise zahlreiche Akteur*innen beteiligt – von Softwareentwickler*innen und Datenanalyst*innen über Auftraggeber*innen bis hin zu den Endnutzer*innen. Wenn ein autonomes Fahrzeug beispielsweise einen Unfall verursacht oder ein Algorithmus im Finanzsektor eine riskante Entscheidung trifft, stellt sich die Frage: Wer trägt die Verantwortung? (Bryson, 2018, S. 61). Da KI-Systeme kein Bewusstsein besitzen und somit keine moralische Verantwortung übernehmen können, wird die Verantwortung in der Praxis häufig zwischen den verschiedenen Beteiligten verteilt oder verwässert. Dieses Phänomen der **Verantwortungsdiffusion** kann dazu führen, dass letztlich niemand eindeutig haftbar gemacht werden kann, was schwerwiegende Konsequenzen für die gesellschaftliche Akzeptanz und das Vertrauen in KI-Technologien nach sich zieht (Moor, 2006a, b, S. 34).

Die Herausforderung besteht daher darin, einen verantwortungsvollen Umgang mit KI zu etablieren, der die Stärken der Technologie nutzt, ohne die essenziellen menschlichen Fähigkeiten wie Reflexion, Empathie und moralisches Urteilsvermögen zu vernachlässigen. Gleichzeitig bedarf es klarer rechtlicher und ethischer Rahmenbedingungen, um sicherzustellen, dass die Verantwortung in der Entwicklung und Anwendung von KI eindeutig geregelt ist. Nur so kann verhindert werden, dass KI von einem nützlichen Werkzeug zu einem Risikofaktor wird, der die Grundlagen menschlicher Entscheidungsfreiheit und Verantwortlichkeit untergräbt.

Kann eine KI eigene Moral entwickeln?

Die Vorstellung, dass Künstliche Intelligenz in der Lage sein könnte, eine eigene Moral zu entwickeln, ist sowohl faszinierend als auch kontrovers. Im Kern berührt diese Frage die grundlegende Unterscheidung zwischen menschlichem Bewusstsein und maschineller Verarbeitung. Moral ist traditionell eng mit dem menschlichen Bewusstsein verknüpft, das Gefühle wie Freude, Leid, Schuld oder Empathie nicht nur erkennt, sondern auch erlebt. Solange KI-Systeme kein Bewusstsein oder Selbstgefühl besitzen, bleibt jede moralische Dimension ihrer Entscheidungen oberflächlich und rein algorithmisch (Singer, 2011, S. 94). Maschinen handeln nicht aus eigenem Antrieb, sondern folgen programmierten Regeln, die von menschlichen Entwicklern festgelegt wurden. Diese Regeln können moralische Prinzipien wie Fairness oder Schadenvermeidung berücksichtigen, aber sie beruhen nicht auf einem intrinsischen moralischen Verständnis (Weizenbaum, 1976, S. 229).

Die Diskussion um die Möglichkeit, dass KI eines Tages eine echte Moral entwickeln könnte, ist oft mit der Idee einer **„starken KI"** verbunden. Starke KI bezieht sich auf ein hypothetisches System, das über ein Bewusstsein verfügt und somit eigenständig Denken, Fühlen und Handeln könnte (Bostrom, 2014, S. 165). In einem solchen Szenario wäre es theoretisch denkbar, dass Maschinen nicht nur moralische Prinzipien anwenden, sondern sie auch selbstständig entwickeln und reflektieren. Diese Möglichkeit liegt jedoch weit außerhalb der Reichweite aktueller technologischer Entwicklungen. Selbst fortschrittliche maschinelle Lernsysteme wie neuronale Netze oder tiefgehende Algorithmen sind in ihrer Funktionsweise auf Mustererkennung und Datenverarbeitung beschränkt. Sie können keine intrinsischen Werte entwickeln, da sie keine Subjektivität besitzen.

Ein entscheidender Punkt, der häufig übersehen wird, ist die grundlegende Abwesenheit von Intentionalität in KI-Systemen. Moralisches Handeln erfordert nicht nur die Fähigkeit, zwischen „richtig" und „falsch" zu unterscheiden, sondern auch die Absicht, auf eine bestimmte Weise zu handeln. Diese Absicht setzt ein Bewusstsein für die Konsequenzen des eigenen Handelns sowie eine empathische Verbindung zu anderen voraus. Maschinen hingegen können lediglich auf Basis der ihnen zur Verfügung gestellten Daten Entscheidungen treffen, die zwar wie moralische Handlungen erscheinen, tatsächlich aber lediglich programmierte oder gelernte Reaktionen darstellen (Floridi, 2014, S. 59).

Die Entwicklung moralischer Prinzipien in KI-Systemen wirft zudem ethische Fragen auf, die über technische Herausforderungen hinausgehen. Wer entscheidet, welche Werte und Normen in den Algorithmus integriert werden? Moral ist in hohem Maße kontextabhängig und von kulturellen, sozialen und individuellen Faktoren geprägt. Ein universelles moralisches Framework, das von einer Maschine implementiert werden könnte, würde zwangsläufig die Perspektiven und Werte seiner Entwickler*innen widerspiegeln und könnte daher nicht allen ethischen Standards oder kulturellen Kontexten gerecht werden. In diesem Sinne bleibt KI eine Projektionsfläche menschlicher Moral, keine Quelle einer eigenen moralischen Agency.

Zusammenfassend bleibt festzuhalten, dass KI in ihrer gegenwärtigen Form keine eigenständige Moral entwickeln kann, da sie kein Bewusstsein besitzt und somit grundlegende Voraussetzungen für moralisches Handeln fehlen. Die Frage nach einer zukünftigen „starken KI" mit Bewusstsein und Intentionalität bleibt spekulativ und erfordert sowohl technologische als auch philosophische Fortschritte, die weit über den heutigen Stand hinausgehen. Bis dahin bleibt KI ein Werkzeug, das menschliche Moral widerspiegelt, aber nicht selbstständig interpretiert oder transformiert.

Das Problem der Automatisierung von Moral

Die Automatisierung moralischer Entscheidungen durch Künstliche Intelligenz stellt eines der drängendsten Dilemmata unserer technologischen Gegenwart dar. Der Versuch, komplexe moralische Prinzipien auf algorithmische Strukturen zu reduzieren, birgt die Gefahr einer Vereinfachung, die der Vielfalt und Tiefe menschlicher Wertvorstellungen nicht gerecht wird. Moralische Entscheidungen sind selten eindeutig; sie bewegen sich in einem Spannungsfeld zwischen verschiedenen, oft konkurrierenden Prinzipien wie Gerechtigkeit, Fürsorge, Autonomie und Würde (Moor, 2006a, b, S. 36).

Diese Prinzipien sind nicht nur abstrakte Konzepte, sondern spiegeln kulturelle, historische und individuelle Perspektiven wider, die situativ interpretiert und angewandt werden müssen. KI-Systeme hingegen operieren auf der Grundlage von vordefinierten Regeln und Priorisierungen, wie beispielsweise der Minimierung von Schaden. Während dies in bestimmten Kontexten, etwa der medizinischen Triage, praktikabel erscheint, bleibt die Fähigkeit, komplexe Wertekonflikte zu erkennen und adäquat zu bewerten, eine menschliche Domäne (Allen et al., 2000a, b, S. 255).

Die Reduktion von Moral auf algorithmische Prinzipien wirft nicht nur Fragen zur Angemessenheit solcher Vereinfachungen auf, sondern führt auch zu einem tiefgreifenden Risiko der gesellschaftlichen Entmündigung. Mit der zunehmenden Delegation moralischer Entscheidungsfindung an KI-Systeme könnten Menschen ihre eigenen ethischen Kompetenzen vernachlässigen. Der Prozess der moralischen Reflexion, der uns zwingt, die Konsequenzen unseres Handelns zu überdenken und Verantwortung zu übernehmen, droht durch die bequeme Abhängigkeit von maschinellen Urteilen verdrängt zu werden (Weizenbaum, 1976, S. 227–228). Diese Abhängigkeit birgt die Gefahr, dass wir uns zunehmend auf algorithmische Entscheidungen verlassen, ohne diese kritisch zu hinterfragen. Damit wird nicht nur die individuelle ethische Urteilskraft geschwächt, sondern auch die kollektive Auseinandersetzung mit moralischen Fragen.

Ein zentrales Problem dieser Entwicklung ist die mögliche Erosion einer demokratischen Kultur, die auf den Austausch und die Diskussion unterschiedlicher moralischer Perspektiven angewiesen ist. In demokratischen Gesellschaften hat die öffentliche Debatte über Werte, Rechte und Verantwortung traditionell einen hohen Stellenwert. Sie ermöglicht nicht nur eine kollektive Entscheidungsfindung, sondern auch die Bildung von moralischem Konsens oder zumindest gegenseitigem Verständnis. Die Auslagerung solcher Diskurse an KI-Systeme droht diesen Prozess zu untergraben. Wenn moralische Entscheidungen zunehmend durch Algorithmen getroffen werden, wird die Verantwortung für diese Entscheidungen entpersonalisiert. Es entsteht eine Kultur des „technologischen Fatalismus", in der Entscheidungen als unvermeidliche Konsequenz algorithmischer Logik akzeptiert werden, anstatt aktiv hinterfragt und gestaltet zu werden (Floridi, 2016, S. 59).

Darüber hinaus stellt sich die Frage, wie transparent und zugänglich die Entscheidungsgrundlagen solcher Systeme für die breite Öffentlichkeit sind. Algorithmen, die moralische Entscheidungen treffen, basieren häufig auf komplexen Modellen und großen Datenmengen, die für Laien kaum nachvollziehbar sind. Diese Intransparenz verstärkt das Risiko, dass moralische Autorität von Maschinen übernommen wird, ohne dass ihre Entscheidungsgrundlagen offengelegt oder überprüft werden können. Dies gefährdet nicht nur die individuelle Autonomie, sondern auch die gesellschaftliche Teilhabe an ethischen Diskursen.

Insgesamt zeigt sich, dass die Automatisierung von Moral nicht nur technische, sondern auch tiefgreifende gesellschaftliche und psychologische Herausforderungen mit sich bringt. Während KI-Systeme in der Lage sein mögen, bestimmte Aspekte moralischer Urteile effizient zu unterstützen, bleibt die Verantwortung für diese Urteile letztlich beim Menschen. Es liegt an uns, sicherzustellen, dass die Einführung solcher Systeme nicht zu einer schleichenden Entmündigung führt, sondern vielmehr als Anstoß für eine intensivere Auseinandersetzung mit den Grundlagen und Grenzen unserer moralischen Verantwortung genutzt wird. Die Frage ist nicht, ob Maschinen moralisch urteilen können, sondern ob wir bereit sind, unsere eigene Verantwortung für ethische Entscheidungen zu bewahren.

Perspektiven: Menschliche Verantwortung im Fokus

Die Frage nach menschlicher Verantwortung im Kontext von Künstlicher Intelligenz erfordert eine differenzierte Betrachtung der Beziehung zwischen Mensch und Maschine. In einer Ära, in der KI zunehmend in Entscheidungsprozesse eingebunden wird, stellt sich nicht nur die Frage nach der Effizienz solcher Systeme, sondern auch nach den ethischen und psychologischen Implikationen ihres Einsatzes. Die Perspektive, den Menschen und die Maschine als Ko-Akteure zu betrachten, bietet hierbei ein hilfreiches Modell. KI kann als unterstützendes Werkzeug dienen, das Daten liefert, Szenarien analysiert und Prognosen erstellt, die es den Menschen ermöglichen, informierte Entscheidungen zu treffen. In kritischen Bereichen wie der Medizin oder dem Katastrophenmanagement hat sich diese Zusammenarbeit bereits bewährt, indem Algorithmen Entscheidungsgrundlagen schaffen, die menschliche Akteur*innen in komplexen moralischen Situationen entlasten können (Bostrom, 2014, S. 183). Doch entscheidend ist, dass die Verantwortung für moralische Urteile und deren Konsequenzen nicht an die Maschine delegiert wird. Menschen müssen als letzte Instanz fungieren und die ethischen Dimensionen ihrer Entscheidungen reflektieren (Bryson, 2018, S. 52).

Um sicherzustellen, dass maschinelle Entscheidungen ethischen Standards entsprechen, ist eine konstruktive Regulierung unerlässlich. Diese erfordert sowohl technische als auch institutionelle Maßnahmen. Transparente Algorithmen, die offenlegen, wie Entscheidungen getroffen werden, sind ein zentraler Schritt, um die Nachvollziehbarkeit und Verantwortung zu fördern. Gleichzeitig müssen Institutionen klare rechtliche und ethische Leitplanken setzen, die Verantwortlichkeiten klar definieren. Hierbei ist zu berücksichtigen, dass vermeintliche Fehlentscheidungen von KI-Systemen häufig auf menschliche Faktoren zurückzuführen sind, wie etwa fehlerhaftes Design, unzureichende Datengrundlagen oder einen nicht ausreichend hinterfragten Einsatz (Floridi, 2016, S. 59–61; Noble, 2018, S. 111). Solche Fehler unterstreichen die Notwendigkeit, sowohl Entwickler*innen als auch Anwender*innen in ethischer Kompetenz zu schulen.

Die Frage, wie wir als Gesellschaft Moral in einer technisierten Welt definieren, ist von zentraler Bedeutung. Historisch betrachtet war Moral stets eine zutiefst menschliche Kategorie, geprägt von Empathie, sozialen Normen und der Fähigkeit zur Reflexion. Die Vorstellung, diese Kategorie technisieren zu können, indem sie in Algorithmen implementiert wird, wirft tiefgreifende philosophische Fragen auf. Kann eine Ethik, die auf maschinellem Lernen basiert, wirklich als moralisch gelten, wenn sie auf datenbasierten Wahrscheinlichkeiten statt auf Werten und Prinzipien beruht (Moor, 2006a, b, S. 35)? Es liegt in unserer Verantwortung, die Grenzen maschineller Ethik kritisch zu hinterfragen und sicherzustellen, dass wir die zentrale Rolle des Menschen in moralischen Fragen nicht leichtfertig aufgeben.

Eine technisierte Moral birgt zudem die Gefahr, dass empathische und reflektierende Fähigkeiten, die für die menschliche Entscheidungsfindung essenziell sind, in den Hintergrund treten. Sobald Maschinen moralische Entscheidungen vorwegnehmen, könnten diese menschlichen Fähigkeiten verkümmern. Daher ist es notwendig, die ethische Kompetenz nicht nur auf institutioneller, sondern auch auf individueller Ebene zu fördern. Gesellschaftliche Bildungsprogramme, die sich mit den Grenzen und Möglichkeiten von KI auseinandersetzen, könnten helfen, ein neues Bewusstsein für die Rolle des Menschen in einer technologisierten Welt zu schaffen (Singer, 2011, S. 78). Nur durch eine bewusste Schulung und Pflege unserer moralischen Fähigkeiten können wir sicherstellen, dass die Entscheidungen, die durch oder mithilfe von KI getroffen werden, unseren humanistischen Werten entsprechen.

Insgesamt zeigt sich, dass die Verantwortung für moralische Entscheidungen und ihre Konsequenzen nicht delegiert werden kann. Menschen und Maschinen mögen als Ko-Akteure agieren, doch die ultimative Verantwortung bleibt menschlich. Dies erfordert nicht nur technische und regulatorische Maßnahmen, sondern auch eine gesellschaftliche Auseinandersetzung mit der Frage, was Moral in einer technisierten Welt bedeutet und welche Werte wir in Zukunft bewahren wollen. Die Integration von KI in Entscheidungsprozesse bietet große Chancen, doch diese Chancen können nur genutzt werden, wenn wir die ethischen und psychologischen Implikationen ihres Einsatzes kritisch reflektieren und verantwortungsvoll gestalten.

Echte Moral vs. algorithmische Simulation

Die Diskussion um die Fähigkeit von Künstlicher Intelligenz, moralische Entscheidungen zu treffen, eröffnet einen tiefen Einblick in die Differenzierung zwischen echter Moral und der algorithmischen Simulation von Ethik. Moralität, wie sie im menschlichen Kontext verstanden wird, basiert auf der Fähigkeit, komplexe Abwägungen zu treffen, Verantwortung zu übernehmen und das eigene Handeln in einem umfassenden sozialen und emotionalen Kontext zu reflektieren (Weizenbaum, 1976, S. 229). Im Gegensatz dazu sind KI-Systeme streng datengetrieben und handeln nach den Prinzipien und Anweisungen, die ihnen von Menschen eingegeben wurden. Sie sind Werkzeuge, die Entscheidungen auf der Basis von Algorithmen treffen, jedoch ohne Bewusstsein, Intentionalität oder Empathie (Allen et al., 2000a, b, S. 256).

Die Simulation moralischer Prinzipien durch KI ist beeindruckend, aber auch irreführend. Algorithmen können so programmiert werden, dass sie in spezifischen Situationen Entscheidungen treffen, die den Anschein von moralischem Handeln erwecken. Ein autonomes Fahrzeug könnte beispielsweise bei einem potenziellen Unfall priorisieren, so viele Leben wie möglich zu retten. Doch diese Entscheidungsfindung basiert ausschließlich auf vorgegebenen Regeln und Datenmustern und nicht auf einem tiefen Verständnis oder einer Reflexion des moralischen Dilemmas. Eine KI „versteht" weder den ethischen Konflikt noch empfindet sie Verantwortung für ihre Handlungen. Dies führt zu einer grundlegenden Einschränkung: KI kann zwar ethische Prozesse imitieren, aber nicht die moralische Tiefe und die Bewusstseinsdimension menschlichen Handelns erreichen (Floridi, 2014, S. 59).

Die Gefahr liegt in der Verlagerung der ethischen Verantwortung. Der Einsatz von KI-Systemen in moralisch sensiblen Bereichen – etwa bei der Verteilung knapper medizinischer Ressourcen oder bei der Steuerung autonomer Waffen – birgt die Versuchung, die Verantwortung für schwierige Entscheidungen auf Maschinen zu übertragen. Dies könnte nicht nur zu einem Verlust menschlicher Autonomie führen, sondern auch die Fähigkeit zur kritischen Reflexion über ethische Fragen schwächen. Ein zentraler Aspekt der Moral ist die Fähigkeit, aus Fehlern zu lernen und diese in zukünftige Entscheidungen zu integrieren. KI hingegen kann nur auf Basis historischer

Daten und menschlicher Eingaben agieren, ohne eigene Erfahrungen zu machen oder daraus zu wachsen (Singer, 2011, S. 94).

Die Perspektive, KI als „ethischen Akteur" zu betrachten, wirft auch Fragen nach der Rolle von Empathie auf. Empathie, das Hineinversetzen in die Gefühlswelt eines anderen, ist ein Schlüsselfaktor für moralisches Handeln. Menschen sind in der Lage, nicht nur abstrakte Regeln anzuwenden, sondern auch auf die individuellen Bedürfnisse und Umstände eines anderen einzugehen. Diese Fähigkeit, das Emotionale und das Rationale zu vereinen, bleibt Maschinen verschlossen. Selbst wenn Algorithmen emotionale Reaktionen erkennen und darauf reagieren können, fehlt ihnen das Verständnis für die Bedeutung dieser Reaktionen im Kontext zwischenmenschlicher Beziehungen. Empathie ist nicht nur eine kognitive Fähigkeit, sondern auch eine emotionale Erfahrung, die Maschinen nicht nachvollziehen können. Ein verantwortungsvoller Einsatz von KI könnte darin bestehen, sie als unterstützende Instanz zu nutzen, die Menschen bei moralischen Entscheidungen unterstützt, ohne diese zu ersetzen. So könnten Algorithmen beispielsweise Szenarien analysieren, Risiken bewerten und Alternativen vorschlagen, um den Entscheidungsprozess zu erleichtern. Doch die letztendliche Verantwortung und das Urteil sollten beim Menschen verbleiben, der in der Lage ist, die moralischen und sozialen Konsequenzen umfassend zu reflektieren. Eine solche Zusammenarbeit könnte die objektiven Stärken von KI mit der emotionalen und moralischen Tiefe des Menschen vereinen.

Die Automatisierung von Moral darf jedoch nicht dazu führen, dass der Mensch seine Rolle als ethisches Subjekt aufgibt. Es ist entscheidend, dass wir unsere Fähigkeit zur Reflexion und Verantwortung nicht an Maschinen delegieren, sondern sie weiter kultivieren. Moralisches Handeln erfordert nicht nur logisches Denken, sondern auch das Erkennen der Komplexität menschlicher Beziehungen und der emotionalen Auswirkungen von Entscheidungen. Ohne diese Dimension bleibt moralisches Handeln unvollständig und reduziert.

Letztlich zeigt die Diskussion um echte Moral versus algorithmische Simulation, dass ethisches Handeln ein zutiefst menschlicher Prozess ist. Es umfasst nicht nur die Anwendung von Prinzipien, sondern auch die Fähigkeit, sich selbst infrage zu stellen, Empathie zu empfinden und Verantwortung für die Konsequenzen des eigenen Handelns zu übernehmen. Maschinen können uns in vielen Bereichen unterstützen, aber sie können den Kern menschlicher Moral nicht ersetzen. Es liegt an uns, diese Differenzierung zu bewahren und sicherzustellen, dass KI nicht zu einem Ersatz für menschliches Urteil wird, sondern eine Ergänzung bleibt, die unsere moralischen Fähigkeiten erweitert, ohne sie zu entwerten.

5.2 Sollten Maschinen Menschen übertreffen, was ethische Urteile angeht?

Die Frage, ob Künstliche Intelligenz den Menschen eines Tages in ethischen Belangen übertreffen soll oder könnte, rührt an den Kern dessen, was wir unter *„Moralität"* und *„menschlichem Urteil"* verstehen (Bryson, 2018, S. 52). Während KI-Systeme in den vergangenen Jahren bewiesen haben, dass sie hochkomplexe Datenmuster erkennen, objektive Berechnungen durchführen und in vielen Fällen sogar schneller und präziser entscheiden können als Menschen (Bostrom, 2014, S. 158), bleibt unklar, ob diese Systeme je fähig sein werden, moralische Urteile in einem dem menschlichen Verständnis vergleichbaren Sinne zu fällen (Moor, 2006a, b, S. 25). Die Diskussion, ob „bessere" ethische Entscheidungen durch Maschinen überhaupt wünschenswert sind, zieht sich quer durch Philosophie, Ethik und Technikforschung (Floridi, 2014, S. 59).

Was verstehen wir unter „ethischen Urteilen"?

Die Fähigkeit, ethische Urteile zu fällen, ist ein zentraler Aspekt dessen, was den Menschen als soziales und moralisches Wesen auszeichnet. Diese Urteile entstehen nicht isoliert, sondern sind das Ergebnis eines dynamischen Zusammenspiels von kognitiven, emotionalen und sozialen Faktoren. Im Gegensatz zu rein algorithmischen Prozessen, die auf vordefinierten Regeln und Datensätzen basieren, wurzeln menschliche moralische Entscheidungen in einem Netzwerk aus Empathie, Intuition, kulturellen Normen und historischen Erfahrungen (Singer, 2011, S. 29). Die Reflexion über das „Richtige" oder „Falsche" erfordert ein tiefes Verständnis für den Kontext, in dem Entscheidungen getroffen werden, sowie die Fähigkeit, die Perspektive anderer einzunehmen (Weizenbaum, 1976, S. 213–214).

Menschliche moralische Urteile stehen oft im Spannungsfeld zwischen rationaler Analyse und emotionalem Empfinden. Während einige ethische Dilemmata, wie das bekannte Trolley-Problem, darauf abzielen, rein rationale Lösungen zu provozieren, zeigen Studien, dass Menschen häufig emotionale Impulse in ihre Entscheidungen einfließen lassen (Thomson, 1985, S. 139). Der innere Konflikt zwischen der logischen Berechnung von Konsequenzen und dem intuitiven Unbehagen, das mit bestimmten Handlungen verbunden ist, offenbart die Komplexität menschlicher Ethik. Es ist nicht allein die Fähigkeit, Konsequenzen zu analysieren, die moralische Entscheidungen prägt, sondern auch die emotionale Intuition, die tief in der menschlichen Natur verwurzelt ist (Singer, 2011, S. 31).

Darüber hinaus sind moralische Urteile stark von den kulturellen und sozialen Kontexten beeinflusst, in denen sie getroffen werden. Werte und Normen, die in einer Gesellschaft als moralisch akzeptabel gelten, entwickeln sich über Zeit und sind tief in historischen und sozialen Erfahrungen verwurzelt. Ein Beispiel hierfür ist die unterschiedliche Wahrnehmung von Gerechtigkeit in kollektivistischen und individualistischen Kulturen, die zeigt, wie sehr moralische Urteile von kulturellen Rahmenbedingungen geprägt sind (Bryson, 2018, S. 48). Diese soziale Dimension macht ethische Urteile nicht nur zu einem individuellen, sondern auch zu einem interaktiven Prozess, der die Verbindung zwischen Einzelpersonen und Gemeinschaften reflektiert.

Während KI-Systeme in der Lage sind, moralische Prinzipien in ihren Berechnungen zu berücksichtigen, fehlt ihnen das intuitive Verständnis, das Menschen in moralischen Fragen auszeichnet. Algorithmen können Entscheidungen treffen, die auf logischen Regeln basieren, doch sie besitzen weder die Fähigkeit zur Empathie noch das Bewusstsein für die Konsequenzen ihrer Entscheidungen im emotionalen und sozialen Kontext. Dies zeigt die Grenzen der Automatisierung von Ethik auf und unterstreicht, dass moralische Urteile untrennbar mit der menschlichen Erfahrung und den komplexen Wechselwirkungen zwischen Rationalität und Emotion verbunden sind. Die Fähigkeit, ethische Urteile zu fällen, ist daher nicht nur eine Frage der Intelligenz, sondern auch eine Frage der Menschlichkeit.

„Bessere" ethische Urteile durch KI?

Die Idee, dass Maschinen „bessere" ethische Urteile fällen könnten, stößt sowohl auf große Zustimmung als auch auf erhebliche Kritik. Befürworter dieser Vision argumentieren, dass Künstliche Intelligenz in der Lage sei, ethische Entscheidungen frei von den Schwächen und Fehlern des menschlichen Geistes zu treffen. Dies sei insbesondere in Bereichen von Vorteil, in denen menschliche Entscheidungen durch persönliche Vorurteile, emotionale Schwankungen oder kognitive Verzerrungen beeinflusst werden können (Bostrom, 2014, S. 160). KI-Systeme, die auf umfassenden Datensätzen trainiert sind, könnten auf Basis klar definierter Parameter handeln, wodurch subjektive Ungleichheiten eliminiert würden (Noble, 2018, S. 56).

Im medizinischen Kontext beispielsweise könnten KI-Systeme Entscheidungen über die Priorisierung von Behandlungen treffen, die ausschließlich auf der Dringlichkeit und der medizinischen Notwendigkeit basieren. Anders als Menschen wären diese Systeme weder durch emotionale Bindungen noch durch Erschöpfung beeinträchtigt. In einer Notaufnahme könnte eine KI in Sekundenbruchteilen komplexe Daten analysieren, Risikofaktoren berechnen und darauf basierend Entscheidungen treffen, ohne sich von äußeren Einflüssen wie Stress oder Mitleid leiten zu lassen (Moor, 2006a, b, S. 27).

Ein weiteres zentrales Argument für den Einsatz von KI in ethischen Entscheidungsprozessen ist ihre Konsistenz und Skalierbarkeit. Menschen neigen dazu, ihre Urteile von situativen oder emotionalen Faktoren beeinflussen zu lassen. Die gleiche Entscheidung kann je nach Stimmung, Tageszeit oder persönlichen Präferenzen variieren. KI hingegen kann konsistente Richtlinien implementieren, die unabhängig von der Tagesform oder individuellen Vorlieben angewandt werden (Floridi, 2014, S. 59). Dies wäre besonders in Bereichen wie der Justiz oder der Ressourcenverteilung von Vorteil. In der Strafzumessung könnten Algorithmen dafür sorgen, dass vergleichbare Straftaten unabhängig von Geschlecht, ethnischer Herkunft oder sozialem Status der Täter gleichermaßen bewertet werden. Solche standardisierten Entscheidungen könnten theoretisch zu einer höheren Gerechtigkeit führen, da menschliche Fehlurteile oder implizite Vorurteile ausgeschlossen werden.

Darüber hinaus bietet die Skalierbarkeit von KI-Systemen weitere Vorteile. Während menschliche Kapazitäten begrenzt sind, können Maschinen theoretisch unbegrenzt eingesetzt werden. Dies ermöglicht eine flächendeckende Implementierung von ethischen Richtlinien, die in großem Maßstab konsistent angewandt werden können. So könnte beispielsweise ein KI-gestütztes System in der öffentlichen Verwaltung gewährleisten, dass Ressourcen fair und effizient verteilt werden – ohne dass menschliche Fehler oder Korruption die Entscheidungen beeinflussen (Bryson, 2018, S. 52). Ein solches Szenario könnte insbesondere in Regionen mit begrenzten Ressourcen oder in komplexen Verwaltungsstrukturen von erheblichem Vorteil sein.

Trotz dieser potenziellen Vorteile gibt es jedoch zentrale Herausforderungen und Grenzen, die bedacht werden müssen. Die „Objektivität" von KI-Systemen hängt vollständig von der Qualität der Daten ab, mit denen sie trainiert werden. Wenn diese Daten Vorurteile oder Ungleichheiten widerspiegeln, reproduziert und verstärkt die KI diese systemischen Probleme (Noble, 2018, S. 61). Darüber hinaus ist fraglich, ob ethische Entscheidungen überhaupt vollständig objektiv getroffen werden können. Moralische

Urteile sind oft eng mit kulturellen Werten, persönlichen Überzeugungen und situativen Kontexten verknüpft, die sich nur schwer in starre Regeln oder Algorithmen fassen lassen.

Ein weiterer Kritikpunkt ist die fehlende Verantwortlichkeit von KI-Systemen. Während ein Mensch für seine ethischen Entscheidungen zur Rechenschaft gezogen werden kann, stellt sich die Frage, wer die Verantwortung für Entscheidungen einer KI trägt. Ist es der Programmierer, der die Algorithmen entwickelt hat, oder die Institution, die die KI einsetzt? Diese Frage der Zurechenbarkeit bleibt ein zentrales Problem in der Diskussion über den Einsatz von KI in ethischen Kontexten (Floridi, 2015, S. 67).

Insgesamt zeigt sich, dass die Vorstellung, Maschinen könnten „bessere" ethische Urteile fällen, sowohl faszinierende Möglichkeiten als auch erhebliche Herausforderungen mit sich bringt. Während KI-Systeme durch ihre Objektivität und Konsistenz eine neue Dimension in der Entscheidungsfindung eröffnen könnten, bleibt die Frage, ob sie die tiefgreifenden menschlichen Elemente, die in moralischen Urteilen eine Rolle spielen, wirklich ersetzen können. Vielmehr könnten KI-Systeme eine unterstützende Rolle einnehmen, indem sie menschliche Entscheidungen ergänzen und rationalere Grundlagen bieten, ohne jedoch die menschliche Verantwortung und Reflexion zu ersetzen.

Das Spannungsfeld: KI und Verlust der „menschlichen" Dimension

Das Spannungsfeld, das sich durch den Einsatz von KI in sensiblen Bereichen wie Medizin, Recht oder zwischenmenschlicher Kommunikation ergibt, berührt eine der zentralen Fragen unserer Zeit: Können Entscheidungen ohne die Dimension menschlicher Empathie als moralisch und gerecht gelten? Während KI-Systeme durch ihre rationalen und algorithmischen Fähigkeiten beeindruckende Fortschritte ermöglichen, bleibt die Abwesenheit von Empathie, Mitgefühl und der Fähigkeit zur Selbstreflexion ein entscheidender Mangel (Singer, 2011, S. 94). Empathie ist kein bloßes Beiwerk menschlichen Handelns, sondern ein essenzieller Bestandteil ethischer Urteilsfindung. Sie ermöglicht es, die Perspektive anderer einzunehmen, deren Gefühle nachzuvollziehen und das komplexe Wechselspiel zwischen individuellen Erfahrungen und gesellschaftlichen Normen zu berücksichtigen. Ohne diese emotionale Resonanz bleibt die moralische Qualität einer Entscheidung oberflächlich und reduziert sich auf rein logische oder statistische Abwägungen (Weizenbaum, 1976, S. 225).

Ein zentrales Problem hierbei ist, dass ethische Urteile nicht nur auf kognitiven Prozessen beruhen, sondern auch durch emotionale und soziale Faktoren geprägt werden. Entscheidungen, die von Menschen getroffen werden, spiegeln Werte wie Mitgefühl, Verantwortungsbewusstsein und das Bewusstsein für individuelle Umstände wider. KI-Systeme hingegen operieren auf der Grundlage von Algorithmen und Daten, ohne ein Verständnis für Leid, Empfindungen oder die Bedeutung individueller Schicksale (Allen et al., 2000a, b, S. 253). Diese Distanz zur emotionalen Dimension führt dazu, dass KI zwar konsistente und möglicherweise effiziente Entscheidungen treffen kann, diese jedoch oft als „kalt" oder „entmenschlicht" wahrgenommen werden. Ein Algorithmus, der auf Grundlage vorgegebener Parameter eine medizinische Diagnose stellt oder ein Strafmaß im rechtlichen Kontext vorschlägt, mag objektiv erscheinen, doch fehlt ihm die Fähigkeit, die einzigartigen Umstände einer individuellen Lebensgeschichte angemessen zu berücksichtigen (Moor, 2006a, b, S. 34).

Die Bedeutung des menschlichen Faktors wird in diesen Kontexten besonders deutlich. Viele Menschen legen Wert darauf, dass Entscheidungen nicht ausschließlich auf Basis von Daten und Algorithmen getroffen werden. Gerade in schwierigen oder emotional belastenden Situationen, wie bei einer schwerwiegenden medizinischen Diagnose oder einem Gerichtsverfahren, erwarten Betroffene oft, dass ihre persönliche Geschichte und ihre Gefühle berücksichtigt werden. Eine rein datenbasierte Entscheidung mag zwar effizient und logisch korrekt sein, doch kann sie das Gefühl von Ungerechtigkeit hervorrufen, weil sie den Betroffenen als einzigartiges Individuum nicht wahrnimmt. Dieses Spannungsfeld zwischen Gerechtigkeit und Menschlichkeit verdeutlicht, dass moralische Urteile nicht allein auf einer objektiven Grundlage beruhen können, sondern stets die subjektiven und emotionalen Dimensionen der Beteiligten einbeziehen müssen (Noble, 2018, S. 111).

Ein weiterer kritischer Punkt ist das Vertrauen in KI-Systeme. Die Wahrnehmung, von einer empathielosen Maschine beurteilt zu werden, kann das Vertrauen in solche Systeme erheblich untergraben. Vertrauen entsteht nicht nur durch Genauigkeit oder Effizienz, sondern auch durch die Fähigkeit, zwischenmenschliche Nähe und Verständnis zu vermitteln. Wenn Betroffene das Gefühl haben, dass ihre individuellen Bedürfnisse und Emotionen in einer Entscheidung nicht ausreichend gewürdigt werden, ist die Akzeptanz dieser Entscheidung gefährdet. Dies stellt insbesondere in Bereichen wie der Medizin oder dem Recht eine enorme Herausforderung dar, da hier das Vertrauen in die Entscheidungsträger – seien es Menschen oder Maschinen – essenziell ist (Turkle, 2011, S. 186).

Die Diskussion um den Verlust der menschlichen Dimension im Spannungsfeld von KI und Ethik zeigt, dass der Einsatz von Technologien allein nicht ausreicht, um moralische und gerechte Entscheidungen zu gewährleisten. Vielmehr bedarf es eines hybriden Ansatzes, der die Stärken von KI – ihre Datenverarbeitungskapazitäten und Konsistenz – mit den einzigartigen Fähigkeiten des menschlichen Geistes – Empathie, Mitgefühl und moralischer Reflexion – kombiniert. Nur so kann ein Gleichgewicht zwischen Effizienz und Menschlichkeit erreicht werden, das den Ansprüchen einer modernen, technologiebasierten Gesellschaft gerecht wird.

Beispiele für KI-gestützte Moralentscheidungen

1. **Selbstfahrende Autos und Unfallsituationen**
   Das Trolley-Problem steht hier Pate für ein reales Szenario: Soll das Fahrzeug bei einem unvermeidbaren Unfall eher Fahrer*innen oder Fußgänger*innen schützen? Ein Algorithmus könnte logisch kalkulieren, wie viele Menschenleben gerettet werden können (Bostrom, 2014, S. 182). Doch Menschen hinterfragen, ob ein aktives Eingreifen, das einzelne Personen „opfert", moralisch legitim ist (Singer, 2011, S. 31).
2. **Strafjustiz und Reoffending Scores**
   In einigen US-Bundesstaaten werden Algorithmen genutzt, um anhand statistischer Daten über künftige Rückfallwahrscheinlichkeiten von Angeklagten zu urteilen und Strafen zu bestimmen. Theoretisch soll dies zu einer gerechteren Behandlung führen. Allerdings zeigte sich, dass die Algorithmen mit verzerrten Datensätzen (z. B. rassistisch geprägten Historien) trainiert wurden und so unbewusste Diskriminierungen verstärken können (Noble, 2018, S. 28).
3. **Medizinische Priorisierung**
   In überfüllten Notaufnahmen könnten KI-Systeme Empfehlungen geben, welche Patient*innen zuerst behandelt werden. Obwohl dies nach einer plausiblen Lösung klingt, wird kritisiert, dass Maschinen etwa keine „letzten Wünsche" oder komplexe familiäre Hintergründe einbeziehen können und somit unpersönliche „Nutzwerte" über das Schicksal einzelner entscheiden (Weizenbaum, 1976, S. 229).

Verantwortungsfrage und moralische Autonomie

Die Verantwortungsfrage und die moralische Autonomie im Kontext der zunehmenden Integration Künstlicher Intelligenz in Entscheidungsprozesse sind von zentraler Bedeutung für ethische und psychologische Diskussionen. Mit der wachsenden Komplexität und Autonomie von KI-Systemen stellt sich immer drängender die Frage, wer für deren Entscheidungen haftbar gemacht werden kann. Wenn KI in Bereichen wie der Medizin, der Strafjustiz oder der öffentlichen Verwaltung fehlerhafte Entscheidungen trifft, die zu ernsthaften Konsequenzen führen, wie etwa ungleiche medizinische Behandlung oder eine falsche Verurteilung, ist die Verantwortung oft schwer zuzuordnen. Dies liegt daran, dass KI nicht autonom im rechtlichen Sinne agiert, sondern ein Produkt menschlicher Entwicklung, Programmierung und Anwendung ist (Bryson, 2018, S. 61). Je fortschrittlicher KI-Systeme jedoch werden, desto mehr verschwimmt die Grenze zwischen menschlicher Kontrolle und maschineller Autonomie, was die Ursachenzuschreibung für Fehler zunehmend erschwert (Moor, 2006a, b, S. 36).

Diese Intransparenz in der Verantwortungszuweisung führt zu einer Verschiebung der moralischen Last, die häufig auf Entwickler**innen*, *Betreiber*innen oder Anwender**innen zurückfällt*. *Allerdings sind diese Akteur**innen oft nicht in der Lage, die Funktionsweise komplexer Algorithmen vollständig zu überblicken, insbesondere wenn maschinelles Lernen und selbstoptimierende Prozesse im Spiel sind. Dies schafft eine paradoxe Situation: Obwohl Menschen letztlich für die Ergebnisse von KI-Systemen verantwortlich sind, verfügen sie nicht immer über das Wissen oder die Kontrolle, um diese Verantwortung effektiv wahrzunehmen. Dieser Mangel an klarer Verantwortlichkeit wirft nicht nur juristische und ethische Fragen auf, sondern beeinflusst auch das psychologische Verhältnis von Menschen zu Technologie, da er Unsicherheiten und Ängste verstärkt.

Ein weiterer Aspekt ist der potenzielle Verlust menschlicher Autonomie und die Gefahr der Entmündigung, wenn moralische Entscheidungen zunehmend an KI delegiert werden. Joseph Weizenbaum warnte bereits 1976 davor, dass eine unreflektierte Übertragung von Entscheidungsprozessen auf Maschinen die menschliche Fähigkeit zur ethischen Reflexion untergraben könnte (Weizenbaum, 1976, S. 227). KI-Systeme, die als unfehlbar oder objektiv wahrgenommen werden, könnten dazu führen, dass Menschen ihr eigenes Urteilsvermögen infrage stellen. Dies birgt die Gefahr einer psychologischen Abhängigkeit, in der Menschen sich weniger kompetent fühlen, moralische Fragen eigenständig zu lösen. Besonders problematisch ist dies in Bereichen, in denen Empathie, Intuition und situative Sensibilität gefragt sind – Fähigkeiten, die KI-Systeme nicht besitzen, die jedoch für eine fundierte ethische Entscheidungsfindung unverzichtbar sind.

Luciano Floridi argumentiert, dass die schrittweise Delegation moralischer Entscheidungen an Maschinen nicht nur das individuelle Selbstbewusstsein, sondern auch das gesellschaftliche Vertrauen in menschliche Entscheidungsfähigkeit untergraben kann (Floridi, 2014, S. 59). Dies führt zu einer schleichenden Degradierung des Menschen als moralisches Subjekt. Statt aktive Teilnehmer in ethischen Prozessen zu sein, könnten Menschen sich in passive Beobachter verwandeln, die auf die Entscheidungen von Maschinen angewiesen sind. Dieser Prozess der „Entmenschlichung" des moralischen Diskurses birgt nicht nur Risiken für die individuelle Autonomie, sondern auch für das kollektive ethische Handeln in einer demokratischen Gesellschaft.

Zusammenfassend zeigt sich, dass die Verantwortungsfrage und die potenzielle Entmündigung im Zusammenhang mit der moralischen Entscheidungsfindung durch KI tiefgreifende Auswirkungen auf das menschliche Selbstverständnis und die gesellschaftliche Ethik haben. Während KI-Systeme zweifellos in vielen Bereichen Effizienz und Präzision steigern können, müssen sie sorgfältig in einen Rahmen eingebettet werden, der menschliche Autonomie und Verantwortlichkeit schützt. Ohne diese Reflexion droht nicht nur eine technologische, sondern auch eine moralische Krise, in der der Mensch seine zentrale Rolle als verantwortliches und entscheidungsfähiges Subjekt verliert.

Vor- und Nachteile maschinenbasierter Ethik

Maschinenbasierte Ethik ist ein zunehmend relevantes Thema in der Debatte um die Integration von Künstlicher Intelligenz (KI) in Entscheidungsprozesse, insbesondere in moralisch sensiblen Kontexten. Die Einführung solcher Systeme bringt sowohl erhebliche Vorteile als auch bedeutsame Herausforderungen mit sich. Auf der positiven Seite zeichnet sich maschinenbasierte Ethik durch eine bemerkenswerte Konsistenz in der Entscheidungsfindung aus. Während menschliche Urteile häufig durch emotionale Schwankungen, situative Einflüsse oder individuelle Vorurteile geprägt sind, können KI-Systeme stabil und unpersönlich agieren, was die Willkür und Zufälligkeit menschlicher Entscheidungen reduziert (Bostrom, 2014, S. 158). Hinzu kommt die Skalierbarkeit von KI: Algorithmen sind in der Lage, große Datenmengen in kürzester Zeit zu analysieren und dabei gleichbleibend ähnliche Resultate zu erzielen (Floridi, 2016, S. 52). Diese Eigenschaft macht sie insbesondere in Szenarien nützlich, in denen schnelle und datenintensive Entscheidungen erforderlich sind, wie beispielsweise in der medizinischen Diagnostik oder im Finanzwesen. Darüber hinaus bieten KI-Systeme das Potenzial, kognitive Verzerrungen zu minimieren. Während der Mensch anfällig für systematische Fehler wie den Bestätigungsfehler oder den Halo-Effekt ist, kann KI – zumindest theoretisch – frei von solchen Einflüssen operieren, vorausgesetzt, die zugrunde liegenden Trainingsdaten sind selbst nicht verzerrt (Noble, 2018, S. 91).

Doch trotz dieser Vorteile bleiben die Grenzen maschinenbasierter Ethik unübersehbar. Eine der zentralen Schwächen ist der Mangel an Empathie. KI-Systeme haben keinen Zugang zu den subjektiven Gefühlen und Erfahrungen, die für moralische Urteile oft essenziell sind (Singer, 2011, S. 94). Empathie spielt insbesondere in moralischen Dilemmata eine entscheidende Rolle, da sie es ermöglicht, die Perspektive anderer einzunehmen und die Auswirkungen von Entscheidungen auf individueller Ebene zu bewerten. Diese Dimension fehlt KI vollständig. Darüber hinaus zeigt sich, dass Maschinen Schwierigkeiten haben, auf die Komplexität und den Kontext moralischer Probleme angemessen zu reagieren. Viele moralische Fragen lassen sich nicht in einfache algorithmische Strukturen pressen, da sie von sozialen, kulturellen und emotionalen Faktoren abhängen, die schwer formalisiert werden können (Moor, 2006a, b, S. 35). Dies führt dazu, dass maschinenbasierte Entscheidungen oft unzureichend nuanciert sind, insbesondere wenn sie in heterogenen oder unvorhersehbaren Situationen getroffen werden müssen.

Ein weiteres zentrales Problem ist die sogenannte Verantwortungsdiffusion, die durch den Einsatz von KI-Systemen verstärkt wird. Während in menschlichen Entscheidungsprozessen die Verantwortung in der Regel eindeutig einer Person oder einer Gruppe zugeordnet werden kann, wird diese Klarheit durch die Einführung maschinenbasierter Systeme erheblich erschwert. Die Verantwortung wird auf Entwickler*innen, Datenlieferant*innen und Endnutzer*innen verteilt, was ethisches Handeln in vielen Fällen kompliziert macht (Weizenbaum, 1976, S. 225–226). Diese Diffusion kann dazu führen, dass niemand sich letztlich für die Folgen einer Entscheidung verantwortlich fühlt, insbesondere wenn unvorhergesehene oder unerwünschte Ergebnisse eintreten.

Insgesamt zeigt sich, dass maschinenbasierte Ethik zwar bedeutende Vorteile hinsichtlich Konsistenz, Effizienz und potenzieller Objektivität bietet, jedoch in den Bereichen Empathie, Kontextsensitivität und Verantwortungsübernahme klare Defizite aufweist. Diese Spannungsfelder verdeutlichen, dass KI zwar in der Lage ist, in bestimmten moralischen Kontexten unterstützend zu wirken, jedoch keine umfassende Lösung für die komplexen Anforderungen menschlicher Ethik darstellt. Stattdessen müssen diese Systeme als Werkzeuge betrachtet werden, die menschliche Entscheidungsfindung ergänzen, aber niemals ersetzen können, insbesondere wenn es um Fragen geht, die tief in emotionalen und sozialen Dynamiken verwurzelt sind. Ein verantwortungsvoller Umgang mit maschinenbasierter Ethik erfordert daher eine sorgfältige Abwägung ihrer Stärken und Schwächen sowie eine kontinuierliche Reflexion darüber, welche Bereiche der moralischen Urteilsfindung unersetzlich mit der menschlichen Erfahrung verbunden bleiben.

Ethische Selbstentwürfe: Menschliche Imperfektion als Wert?

Die Rolle der menschlichen Subjektivität im Kontext moralischer Entscheidungen wird seit jeher als zentral betrachtet, besonders in der philosophischen und psychologischen Auseinandersetzung mit Ethik. Menschliche Subjektivität ist eng verknüpft mit der Fähigkeit, moralische Dilemmata nicht nur logisch zu analysieren, sondern sie auch emotional zu erleben. Einige Ethiker, darunter Singer (2011, S. 78), betonen, dass moralische Urteile gerade durch ihre subjektive und oft irrationale Komponente an Tiefe gewinnen. Schuld, Mitgefühl und Reue sind nicht bloße Schwächen des Menschen, sondern essentielle Elemente, die seine moralische Kapazität ausmachen. Würde man diese emotionalen Unwägbarkeiten eliminieren und durch die scheinbar kalte Effizienz von Algorithmen ersetzen, bestünde die Gefahr, die Essenz dessen, was Ethik im menschlichen Sinne ausmacht, zu verlieren (Weizenbaum, 1976, S. 213 ff.). Maschinen können zwar moralische Regeln programmatisch anwenden, aber sie bleiben unfähig, die emotionale Tiefe dieser Entscheidungen nachzuvollziehen.

Die Kritik an einer rein logikzentrierten Perspektive auf Moral hat eine lange Tradition, die bis zur Tugendethik Aristoteles' zurückreicht. In der *Nikomachischen Ethik* beschreibt Aristoteles Tugenden wie Mut, Gerechtigkeit und Großzügigkeit als Eigenschaften, die durch Erfahrung, Reflexion und emotionale Reife entwickelt werden (Aristoteles, 1976). Zentral ist dabei das Konzept der *„Phronesis"* (praktische Weisheit), das die Fähigkeit beschreibt, in komplexen und oft ambivalenten Situationen moralisch angemessen zu handeln. Maschinen mögen in der Lage sein, auf Grundlage großer Datenmengen Entscheidungen zu treffen, doch sie können keine Charakterbildung durchlaufen oder emotionale Reife entwickeln (Moor, 2006a, b, S. 28). Dies deutet darauf hin, dass moralische Integrität nicht allein durch die korrekte Anwendung von Regeln entsteht, sondern durch eine tief verwurzelte menschliche Fähigkeit, moralisches Handeln im sozialen und emotionalen Kontext zu reflektieren und zu verantworten.

Die Vorstellung, Maschinen könnten den Menschen in der ethischen Urteilsbildung übertreffen, hat jedoch nicht nur Kritiker, sondern auch Befürworter. Befürworter argumentieren, dass KI durch ihre Datengestütztheit und Objektivität kognitive Verzerrungen und Vorurteile vermeiden könne, die menschliche Entscheidungen häufig prägen (Bryson, 2018, S. 52). Doch diese Ansicht übersieht, dass Algorithmen nicht frei von Verzerrungen sind. Sie spiegeln die Vorurteile der Daten wider, auf denen sie trainiert wurden, und können somit bestehende Ungleichheiten nicht nur reproduzieren, sondern sogar verstärken (Floridi, 2016, S. 59–61). Zudem besteht die Gefahr, dass eine Übertragung ethischer Entscheidungen an Maschinen die menschliche Verantwortlichkeit untergräbt. Wenn Menschen Entscheidungen nicht mehr selbst treffen, sondern diese an KI delegieren, könnten sie sich moralisch „entmündigt" fühlen und weniger bereit sein, die Konsequenzen dieser Entscheidungen zu tragen.

In diesem Kontext erscheint ein balancierter Ansatz als besonders vielversprechend. Statt KI als Ersatz für menschliches Urteilen zu betrachten, könnten KI-Systeme als unterstützende Werkzeuge dienen, die menschliche Entscheidungsprozesse ergänzen, anstatt sie zu ersetzen. Eine solche Kollaboration könnte die Stärken beider Seiten vereinen: die Empathie, Intuition und moralische Verantwortlichkeit des Menschen mit der Präzision und Analysefähigkeit von Maschinen (Allen et al., 2000a, b, S. 256). KI könnte etwa als moralisches Frühwarnsystem fungieren, indem sie potenzielle Folgen von Entscheidungen simuliert und so den Menschen dabei unterstützt, fundiertere Urteile zu treffen.

Letztlich bleibt jedoch die Frage, welche Rolle menschliche Imperfektion in der Ethik spielen sollte. Imperfektion, die sich in emotionaler Ambivalenz, moralischem Ringen und der Fähigkeit zur Selbstkritik zeigt, ist ein zentraler Bestandteil dessen, was uns als moralische Wesen ausmacht. Eine rein algorithmische Ethik mag in der Theorie objektiver und konsistenter wirken, doch sie läuft Gefahr, die Menschlichkeit aus ethischen Prozessen zu verdrängen. Die Fähigkeit, Verantwortung zu übernehmen, zu zweifeln und aus Fehlern zu lernen, macht menschliches Urteilen nicht nur einzigartig, sondern auch tiefgreifend relevant.

Die Frage, ob KI den Menschen in moralischen Belangen ersetzen sollte, ist letztlich eine Frage unserer Werteordnung. Sie verlangt eine bewusste Auseinandersetzung mit der Rolle, die wir Maschinen in unseren ethischen Systemen zugestehen wollen. In einer automatisierten Welt könnten wir Gefahr laufen, die tiefe Menschlichkeit – in Form von Empathie, Selbstreflexion und Verantwortungsgefühl – zu marginalisieren. Ein bewusster Umgang mit KI als unterstützender, aber nicht dominierender Kraft könnte dazu beitragen, diese Balance zu wahren und sicherzustellen, dass moralische Entscheidungsfindung auch in Zukunft von der einzigartigen Komplexität menschlicher Subjektivität geprägt bleibt.

5.3 Das Dilemma der Verantwortung: Wer ist verantwortlich für die Handlungen von KI?

Das Thema Verantwortung im Kontext Künstlicher Intelligenz zählt zu den zentralen ethischen und rechtlichen Herausforderungen unserer Zeit (Bryson, 2018, S. 61). Während KI-Systeme zunehmend komplexe Entscheidungen treffen und sich in Lebensbereichen vom Gesundheitswesen bis zur autonomen Mobilität etablieren, bleibt oftmals ungeklärt, wer die Verantwortung trägt, wenn etwas schiefläuft (Weizenbaum, 1976, S. 225). Ob es um tödliche Unfälle selbstfahrender Fahrzeuge, diskriminierende Algorithmen im Justizsystem oder fehlerhafte medizinische Diagnosen durch KI geht – stets steht die Frage im Raum, an wen die moralische und rechtliche Haftung adressiert werden soll (Noble, 2018, S. 91).

Traditionelle Vorstellungen von Verantwortung und ihre Grenzen

Traditionelle Vorstellungen von Verantwortung und ihre Grenzen werden durch die Entwicklung und den Einsatz von KI-Systemen auf fundamentale Weise herausgefordert. Verantwortung basiert in klassischen rechtlichen und philosophischen Theorien auf der Annahme, dass das Subjekt bewusst handelt und die Folgen seiner Handlungen abschätzen kann. Diese Annahme setzt sowohl Intention als auch Entscheidungsfreiheit voraus, zwei zentrale Merkmale menschlichen Handelns (Moor, 2006a, b, S. 26). Ein Mensch wird zur Verantwortung gezogen, weil er zwischen richtig und falsch unterscheiden und seine Entscheidungen entsprechend moralischen Prinzipien ausrichten kann. Dieses Modell ist jedoch unzureichend, wenn es auf maschinelle Systeme angewandt wird, die weder Intention noch Bewusstsein besitzen (Weizenbaum, 1976, S. 213–214).

Künstliche Intelligenz stellt diese traditionelle Konzeption von Verantwortung infrage, insbesondere in ihrer zunehmend „autonomen" Anwendung. Zwar trifft eine KI keine bewussten Entscheidungen im menschlichen Sinne, doch ihre Fähigkeit, auf der Grundlage von Datenmustern und Algorithmen eigenständige Handlungen auszuführen, vermittelt den Eindruck von Autonomie (Bostrom, 2014, S. 160). Diese scheinbare Autonomie hat jedoch keine Grundlage in einer bewussten Absicht oder einer moralischen Reflexion, sondern ist das Ergebnis mathematischer Berechnungen, die von

Entwicklern programmiert und von Maschinen ausgeführt werden (Bryson, 2018, S. 52).

Das Problem wird noch komplizierter, wenn man die selbstlernenden Eigenschaften moderner KI-Systeme betrachtet. Maschinelles Lernen ermöglicht es KI, sich durch Erfahrungen zu verbessern und Entscheidungen zu treffen, die nicht explizit von ihren Entwicklern vorgesehen wurden. Diese Fähigkeit erweckt den Eindruck, als könnten Maschinen unabhängig handeln und somit auch Verantwortung übernehmen. Doch dieser Eindruck ist irreführend. Die zugrunde liegenden Algorithmen und die Daten, die das System verarbeitet, bleiben menschengemacht und unterliegen menschlichen Vorannahmen und Verzerrungen (Allen et al., 2000a, b, S. 253). Dies führt zu einer entscheidenden Frage: Wer trägt die Verantwortung, wenn eine Maschine „falsch" handelt – der Entwickler, der Nutzer oder eine Organisation? Oder sollte die Verantwortung auf die Maschine selbst übertragen werden, was eine rechtliche und philosophische Neudefinition des Begriffs „Verantwortung" erfordern würde?

Die Grenzen der traditionellen Auffassung von Verantwortung werden besonders deutlich, wenn man die Komplexität moderner KI-Systeme berücksichtigt. Während menschliche Handlungen oft auf individuelle Absichten zurückgeführt werden können, verteilen sich in der KI-Entwicklung und -Anwendung die Verantwortlichkeiten auf eine Vielzahl von Akteuren. Entwickler programmieren die Algorithmen, Organisationen implementieren die Systeme, und Nutzer wenden sie in spezifischen Kontexten an. Diese Verteilung führt zu einer „Fragmentierung der Verantwortung", bei der es zunehmend schwieriger wird, klare Verantwortungszuweisungen zu treffen (Floridi, 2015, S. 36). Die klassische Idee eines einzigen, verantwortlichen Subjekts ist in diesem Kontext kaum anwendbar.

Gleichzeitig bleibt die Frage offen, wie mit Fehlern oder unerwarteten Konsequenzen maschinellen Handelns umzugehen ist. In Fällen, in denen KI-Systeme autonome Fahrzeuge steuern, medizinische Diagnosen stellen oder Finanzmärkte analysieren, können Fehlentscheidungen gravierende Konsequenzen haben. Die traditionelle Auffassung von Verantwortung reicht hier nicht aus, da sie nicht berücksichtigt, dass Entscheidungen in komplexen Systemen oft emergent sind, das heißt, sie ergeben sich aus der Interaktion vieler Komponenten und nicht aus den bewussten Handlungen eines einzelnen Akteurs oder einer einzelnen Akteurin.

Eine mögliche Lösung, die in der Literatur diskutiert wird, ist die Entwicklung eines neuen Modells der „verteilten Verantwortung", bei dem alle Akteur*innen, die an der Entwicklung und Nutzung eines KI-Systems beteiligt sind, anteilig Verantwortung tragen (Floridi, 2015, S. 42). Dieses Modell würde anerkennen, dass keine Maschine im traditionellen Sinne verantwortlich sein kann, sondern dass Verantwortung eine kollektive Dimension hat, die den gesamten Lebenszyklus eines KI-Systems umfasst. Doch auch dieses Modell steht vor Herausforderungen, da es schwierig ist, klare Verantwortungsanteile zu definieren und durchzusetzen.

Zusammenfassend lässt sich sagen, dass KI-Systeme die Grenzen der traditionellen Vorstellungen von Verantwortung aufzeigen und eine fundamentale Neuausrichtung erfordern. Maschinen können keine moralische Verantwortung übernehmen, da sie keine Intentionen oder ein Bewusstsein besitzen. Die Verantwortung bleibt somit zwangsläufig bei den Menschen, die diese Systeme entwerfen, implementieren und nutzen. Doch die zunehmende Komplexität und Autonomie von KI-Systemen erschwert eine klare Zuordnung der Verantwortung. Die Herausforderung besteht darin, neue ethische und rechtliche Rahmenbedingungen zu schaffen, die dieser Realität gerecht werden und sicherstellen, dass technologische Innovationen verantwortungsvoll eingesetzt werden.

Verteilte Verantwortung im KI-Ökosystem

Die Dynamik moderner KI-Systeme führt zu einer neuen Komplexität in der Verantwortungsethik, die sich aus der Vielzahl der beteiligten Akteure und der Diffusion von Verantwortungszuschreibung ergibt. Anders als bei traditionellen Technologien, bei denen die Verantwortlichkeit oft klar einer einzigen Instanz zugewiesen werden konnte, sind KI-Systeme das Ergebnis hochgradig interdisziplinärer und kollaborativer Prozesse. Entwickler programmieren Algorithmen, Datenanalysten kuratieren und bereinigen Trainingsdatensätze, Unternehmen vermarkten die Produkte, und Endnutzer setzen sie in spezifischen Kontexten ein (Noble, 2018, S. 111). Wenn jedoch ein KI-System Fehlfunktionen zeigt oder schädliche Konsequenzen verursacht, zeigt sich, dass die Verantwortung oft nicht klar einem Akteur zugeordnet werden kann.

Dieses Phänomen wird als „verteilte Verantwortung" bezeichnet (Moor, 2006a, b, S. 34). Es verdeutlicht die Schwierigkeit, in komplexen technologischen Ökosystemen Verantwortlichkeiten zu klären, da die Entscheidungsfindung und Handlungsausführung auf verschiedene Instanzen verteilt sind. Entwickler*innen könnten argumentieren, sie hätten lediglich die technischen Anforderungen eines Auftraggebers umgesetzt. Unternehmen verweisen möglicherweise darauf, dass ihre Systeme nur dann korrekt arbeiten, wenn die Nutzungsbedingungen strikt eingehalten werden. Endnutzer*innen wiederum könnten anführen, dass sie sich auf die angeblich objektiven Ergebnisse der KI verlassen haben, ohne die technischen Hintergründe verstehen zu können. Diese gegenseitigen Verweise auf Teilverantwortungen führen dazu, dass sich die Verantwortlichkeit auflöst oder verschleiert wird (Weizenbaum, 1976, S. 227).

Ein anschauliches Beispiel für die Herausforderungen verteilter Verantwortung zeigt sich bei autonomen Fahrzeugen. Kommt es zu einem Unfall mit einem selbstfahrenden Auto, stellt sich unmittelbar die Frage, wer für den Vorfall verantwortlich ist. Liegt die Verantwortung bei den Softwareentwickler*innen, die den Algorithmus programmiert haben, beim Hersteller des Fahrzeugs, beim Unternehmen, das die Technologie vermarktet, oder bei der Person, die sich hinter dem Lenkrad befindet und theoretisch eingreifen könnte? Kein einzelner Akteur besitzt die vollständige Kontrolle über die „Entscheidungen" des Fahrzeugs, da diese durch ein komplexes Zusammenspiel von Algorithmen, Sensoren und äußeren Verkehrsbedingungen entstehen (Bryson, 2018, S. 61; Bostrom, 2014, S. 182).

Die Problematik wird durch die Intransparenz der Entscheidungsprozesse in KI-Systemen verstärkt. Selbst Expert*innen, die an der Entwicklung der Systeme beteiligt sind, können oft nicht genau erklären, wie bestimmte Entscheidungen zustande kommen – ein Phänomen, das als „Black-Box-Problem" bekannt ist (Floridi, 2015, S. 198). Diese mangelnde Nachvollziehbarkeit verschärft die Verantwortungslücke und erschwert es, die Haftung bei Fehlentscheidungen eindeutig zu klären. Hinzu kommt, dass viele KI-Systeme durch maschinelles Lernen ständig weiterentwickelt werden, sodass der ursprüngliche Zustand des Systems zum Zeitpunkt der Markteinführung möglicherweise nicht mehr nachvollziehbar ist.

Die Debatte um die verteilte Verantwortung im KI-Ökosystem wirft grundlegende ethische und rechtliche Fragen auf. Sie zeigt, dass traditionelle Konzepte von Verantwortung und Haftung, die auf klar definierten Rollen und kausalen Zusammenhängen basieren, für die Komplexität moderner KI-Systeme oft nicht ausreichen. Es bedarf daher neuer Ansätze, um Verantwortung in solchen Ökosystemen zu regeln. Dazu könnten etwa rechtliche Rahmenwerke gehören, die die Haftung stärker auf Unternehmen und Entwickler*innen konzentrieren, oder technische Standards, die die Transparenz und Nachvollziehbarkeit von KI-Entscheidungen verbessern.

Ohne solche Mechanismen besteht die Gefahr, dass die Verantwortung für KI-Systeme weiterhin diffus bleibt, was sowohl die Betroffenen im Falle eines Schadens als auch die gesellschaftliche Akzeptanz der Technologie belastet. Langfristig wird die Frage, wie verteilte Verantwortung in technologischen

Systemen organisiert und zugeschrieben werden kann, entscheidend dafür sein, ob und wie KI nachhaltig in soziale und ökonomische Systeme integriert werden kann.

Die Illusion der Objektivität: Verzerrte Daten und algorithmische Vorurteile

Die häufig verbreitete Annahme, dass Künstliche Intelligenz durch ihre vermeintlich emotions- und vorurteilsfreie Funktionsweise eine objektivere Entscheidungsfindung ermöglicht, erweist sich bei genauerem Hinsehen als Mythos (Noble, 2018, S. 56). Diese Illusion der Objektivität ist nicht nur trügerisch, sondern birgt auch weitreichende Konsequenzen für gesellschaftliche und individuelle Gerechtigkeit. Der Grund hierfür liegt in der Art und Weise, wie KI-Systeme trainiert werden: Algorithmen basieren auf historischen Datensätzen, die oft tief verwurzelte soziale und kulturelle Ungleichheiten widerspiegeln (Moor, 2006a, b, S. 28). Infolgedessen können diese Systeme bestehende Vorurteile nicht nur reproduzieren, sondern sie durch ihre Skalierbarkeit und Effizienz sogar verstärken.

Ein prominentes Beispiel für diesen Mechanismus ist der Einsatz von KI im Strafjustizsystem. Algorithmen zur Bewertung der Rückfallwahrscheinlichkeit von Straftätern – sogenannte „Predictive-Policing"-Systeme – werden häufig mit historischen Kriminalitätsdaten trainiert. Diese Daten sind jedoch alles andere als neutral: Sie reflektieren oft jahrzehntelange rassistische oder soziale Ungleichheiten, wie etwa eine überproportionale Überwachung bestimmter Bevölkerungsgruppen (Noble, 2018, S. 112). Die Folge ist, dass die KI diese Verzerrungen als Grundlage für ihre Entscheidungen übernimmt und damit diskriminierende Muster verstärkt. So werden marginalisierte Gruppen weiterhin stigmatisiert, während die Verantwortung für diese Ungerechtigkeit auf die Maschine abgewälzt wird.

Die Frage der Verantwortlichkeit wird in diesem Kontext besonders problematisch. Wenn ein KI-System diskriminierende Entscheidungen trifft, etwa bei der Empfehlung, einer Person die Bewährung zu verweigern, stellt sich die Frage, wer zur Rechenschaft gezogen werden kann. Ist es der Programmierer bzw. die Programmiererin, der bzw. die den Algorithmus entwickelt hat? Sind es die Institutionen, die die Trainingsdaten bereitgestellt haben? Oder liegt die Verantwortung beim Nutzenden des Systems, der die Entscheidungen der KI ungeprüft übernimmt? Diese Unklarheit in der Verantwortung ist ein zentrales Merkmal algorithmisch verstärkter Diskriminierung und macht sie besonders schwer greifbar (Nissenbaum, 2010, S. 129).

Darüber hinaus besteht eine inhärente Gefahr darin, dass die Entscheidungen von KI-Systemen oft als objektiv oder unfehlbar wahrgenommen werden. Nutzer*innen tendieren dazu, den Ergebnissen eines Algorithmus mehr Vertrauen zu schenken als menschlichen Urteilen, selbst wenn die Grundlage dieser Entscheidungen nicht transparent ist (O'Neil, 2016, S. 78). Diese sogenannte „Automatisierungsverzerrung" führt dazu, dass diskriminierende Entscheidungen seltener hinterfragt und überprüft werden. Die vermeintliche Neutralität der Maschine verstärkt also nicht nur die gesellschaftlichen Ungleichheiten, sondern erschwert auch deren Erkennung und Korrektur.

Die psychologischen Folgen dieser Dynamik sind weitreichend. Auf individueller Ebene können Betroffene algorithmischer Diskriminierung ein Gefühl der Ohnmacht entwickeln, da sie keine Möglichkeit haben, die Grundlage der Entscheidungen anzufechten oder gar zu verstehen. Dieses Gefühl der Fremdbestimmung kann nicht nur das Vertrauen in Institutionen, sondern auch das persönliche Selbstwertgefühl nachhaltig beeinträchtigen. Auf gesellschaftlicher Ebene führt die Verbreitung solcher KI-Systeme zu einer Normalisierung von Ungerechtigkeit, da die durch Algorithmen verstärkten Vorurteile zunehmend als unvermeidlicher Bestandteil moderner Technologien akzeptiert werden (Eubanks, 2018, S. 94).

Ein weiterer kritischer Aspekt ist die Frage, wie Gesellschaften mit der inhärenten Verzerrung von KI-Systemen umgehen sollen. Während einige Experten die Notwendigkeit betonen, Trainingsdaten sorgfältiger zu kuratieren und Algorithmen transparenter zu gestalten, sehen andere die Lösung in einer stärkeren Regulierung der KI-Entwicklung und -Anwendung (Floridi, 2015, S. 221). In jedem Fall ist klar, dass die Illusion der Objektivität durch KI ein gefährlicher Trugschluss ist, der nicht nur bestehende soziale Ungleichheiten aufrechterhält, sondern diese durch die scheinbare Unfehlbarkeit der Technologie weiter verschärft.

Es zeigt sich, dass die Vorstellung von „objektiven Maschinen" ein Mythos ist, der sowohl die Grenzen der Technologie als auch die ethischen Herausforderungen ihrer Anwendung verschleiert. Algorithmen können nicht losgelöst von den Daten und Kontexten betrachtet werden, aus denen sie entstehen. Die Verantwortung für ihre Entscheidungen liegt letztlich bei den Menschen – seien es die Entwickler*innen, die Institutionen oder die Nutzer*innen –, und es bedarf eines kritischen Bewusstseins für die Macht und die Fallstricke algorithmischer Systeme. Nur so kann sichergestellt werden, dass die zunehmende Integration von KI in gesellschaftliche Entscheidungsprozesse nicht zu einer weiteren Vertiefung bestehender Ungleichheiten führt.

Rechtliche Grauzonen und erste Ansätze

Die rechtliche Regulierung Künstlicher Intelligenz steht vor großen Herausforderungen, da traditionelle Haftungsmodelle oft nicht ausreichen, um die komplexen Fragen zu adressieren, die durch autonome Systeme aufgeworfen werden. Der zentrale Konflikt liegt darin, dass KI-Systeme Entscheidungen auf Basis von Algorithmen treffen, die zwar von Menschen programmiert wurden, deren Ergebnisse jedoch häufig nicht vollständig nachvollziehbar sind (Bryson, 2018, S. 61). Dieser Mangel an Transparenz führt zu einer rechtlichen Grauzone, in der weder Vorsatz noch klassische Fahrlässigkeit als juristische Grundlage herangezogen werden können. Das Problem verschärft sich, wenn die Handlungen der KI nicht auf klar identifizierbare Fehler oder menschliche Eingriffe zurückgeführt werden können, sondern auf „eigenständige" Fehlentscheidungen des Systems. Dadurch entsteht ein Vakuum in der Haftungsfrage, das nicht nur juristisch, sondern auch ethisch problematisch ist (Floridi, 2016, S. 59).

Die regulatorischen Bemühungen, diese Lücke zu schließen, haben in verschiedenen Ländern und auf EU-Ebene an Bedeutung gewonnen. Ein zentraler Ansatzpunkt ist die Einführung spezifischer Haftungsmodelle für autonome Systeme, insbesondere im Bereich des Straßenverkehrs. Hier wird die Idee diskutiert, eine Pflichtversicherung für autonome Fahrzeuge einzuführen, die unabhängig von der individuellen Schuldfrage greift (Bostrom, 2014, S. 178). Dieser Ansatz soll gewährleisten, dass Geschädigte schnell und unkompliziert entschädigt werden, ohne dass komplexe Haftungsfragen geklärt werden müssen. Gleichzeitig bleibt die Frage offen, wie weit die Verantwortung von Entwickler*in, Betreiber*in oder Nutzer*in reicht. Insbesondere in Fällen, in denen ein KI-System durch kontinuierliches maschinelles Lernen eigenständig neue Entscheidungsmechanismen entwickelt hat, ist es schwierig, eine klare Verantwortungszuweisung vorzunehmen.

Ein weiteres kontroverses Konzept ist die Idee der „elektronischen Person". Dieser Ansatz schlägt vor, KI-Systeme rechtlich als eigenständige Entitäten zu behandeln, die wie juristische Personen agieren könnten (Weizenbaum, 1976, S. 228). Praktisch würde dies bedeuten, dass eine KI nicht direkt zur Verantwortung gezogen wird, sondern ein Versicherungs- oder Garantiesystem hinter der Maschine steht, das für Schäden aufkommt. Während dieser Vorschlag theoretisch attraktiv erscheint, stößt er auf erhebliche praktische und ethische Bedenken. Kritiker*innen argumentieren, dass die Einführung einer elektronischen Person das Verantwortungsbewusstsein der Entwickler*innen und Betreiber*innen schwächen könnte, da sie sich hinter einem abstrakten Rechtssubjekt verstecken könnten. Gleichzeitig wird befürchtet, dass ein solcher Schritt die Unterscheidung zwischen Mensch und Maschine weiter verwässert und potenziell zu einem Missbrauch der Technologie führen könnte.

Die aktuellen Bemühungen zeigen, dass es keine einfache Lösung für die rechtlichen Herausforderungen von KI gibt. Stattdessen bedarf es eines dynamischen und interdisziplinären Ansatzes, der technologische, juristische und ethische Perspektiven integriert. Nur so kann gewährleistet werden, dass die Einführung von KI-Systemen nicht nur wirtschaftliche Vorteile bringt, sondern auch soziale und rechtliche Sicherheit gewährleistet. Die Frage der Haftung ist dabei nicht nur ein juristisches Problem, sondern auch eine gesellschaftliche Herausforderung, die das Verhältnis von Mensch und Maschine grundlegend prägen wird.

Ethische Aspekte: Verantwortung als gesellschaftlicher Aushandlungsprozess

Die Entwicklung und Implementierung von Künstlicher Intelligenz hat tiefgreifende ethische Fragen aufgeworfen, insbesondere in Bezug auf die Verteilung von Verantwortung in hochvernetzten Systemen. Anders als bei traditionellen Technologien, deren Entwicklung und Einsatz oft klar abgrenzbaren Akteuren zugeschrieben werden konnte, zeichnet sich KI durch eine außergewöhnliche Komplexität und Intransparenz aus. Diese Merkmale machen es nahezu unmöglich, Verantwortung allein auf Einzelpersonen oder spezifische Institutionen zu begrenzen. Vielmehr erfordert der Umgang mit KI-Systemen eine kollektive Verantwortung, die als gesellschaftlicher Aushandlungsprozess verstanden werden muss.

Moralphilosophisch betrachtet ist die Verteilung von Verantwortung in einem technologischen Kontext besonders herausfordernd, da Entscheidungen in einem Netzwerk aus Entwickler*innen, Unternehmen, politischen Akteur*innen und Anwender*innen getroffen werden. Von der Auswahl der Datengrundlagen über die Algorithmenentwicklung bis hin zur praktischen Anwendung sind zahlreiche Akteure beteiligt, deren Handlungen oft eng miteinander verflochten sind (Allen et al., 2000a, b, S. 256). In einem solchen Gefüge stellt sich die Frage, wie Verantwortlichkeit sinnvoll verteilt werden kann. Es bedarf institutioneller Mechanismen, die Rechenschaftspflicht auf allen Ebenen fördern, von den Entwickler*innen, die Algorithmen programmieren, bis zu den politischen Entscheidungsträger*innen, die regulatorische Rahmenbedingungen schaffen (Moor, 2006a, b, S. 35). Ohne eine solche Verankerung von Verantwortung besteht die Gefahr, dass moralische und rechtliche Verantwortlichkeiten verwischt werden und potenziell niemand für negative Konsequenzen zur Rechenschaft gezogen werden kann.

In der Praxis wurden erste Ansätze entwickelt, um Verantwortung in der KI-Entwicklung systematisch zu adressieren. So haben einige große Technologieunternehmen Ethikkommissionen oder Advisory Boards ins Leben gerufen, die sicherstellen sollen, dass ihre Produkte mit gesellschaftlichen Werten und Normen im Einklang stehen (Noble, 2018, S. 111). Diese Gremien haben die Aufgabe, potenzielle Risiken zu identifizieren, moralische Konflikte zu analysieren und Handlungsempfehlungen auszuarbeiten. Dabei wird jedoch oft kritisiert, dass solche internen Strukturen häufig nicht unabhängig sind und primär den Interessen der Unternehmen dienen. Die Gefahr besteht, dass Ethik lediglich als PR-Maßnahme genutzt wird, ohne tatsächliche Veränderungen in der Entwicklung und Anwendung von KI herbeizuführen.

Ein vielversprechender Ansatz ist die Einbindung der breiteren Gesellschaft in den Diskurs über KI. Partizipative Formate, bei denen Bürger*innen in Entscheidungsprozesse einbezogen werden, könnten dazu beitragen, ethische Fragen frühzeitig zu identifizieren und gesellschaftliche Werte in die Technologiegestaltung zu integrieren (Floridi, 2014, S. 59). Diese Verfahren könnten beispielsweise in Form von Bürgerforen, öffentlichen Anhörungen oder digitalen Plattformen umgesetzt werden, bei denen Menschen aus unterschiedlichen sozialen und kulturellen Kontexten ihre Perspektiven einbringen können. Dadurch würde nicht nur die Transparenz erhöht, sondern auch das Vertrauen in KI-Systeme gestärkt, da Entscheidungen nicht mehr allein hinter verschlossenen Türen von Techniker*innen und Unternehmensvertreter*innen getroffen würden.

Trotz der potenziellen Vorteile solcher Ansätze bleibt die Umsetzung eine Herausforderung. Es stellt sich die Frage, wie Partizipation effektiv gestaltet werden kann, ohne dass sie zu einem symbolischen Akt ohne tatsächliche Konsequenzen verkommt. Darüber hinaus müssen Mechanismen entwickelt werden, die sicherstellen, dass die Vielfalt der Perspektiven tatsächlich in die Entscheidungen einfließt und nicht von dominanten Akteuren überschattet wird. Dies erfordert eine sorgfältige Gestaltung der Verfahren und möglicherweise auch gesetzliche Rahmenbedingungen, die die Einbindung der Gesellschaft in technologische Entscheidungsprozesse vorschreiben.

Letztlich zeigt sich, dass die Frage der Verantwortung in der KI-Entwicklung nicht nur eine technische oder rechtliche, sondern auch eine zutiefst gesellschaftliche ist. Sie erfordert einen breiten Diskurs, der technische

Expertise, moralphilosophische Reflexion und gesellschaftliche Partizipation miteinander verbindet. Nur so kann sichergestellt werden, dass die Entwicklung von KI-Systemen im Einklang mit den Werten und Bedürfnissen der Gesellschaft steht und negative Auswirkungen minimiert werden.

Verantwortung und die „Black-Box"-Problematik

Die Diskussion über die Verantwortung im Umgang mit Künstlicher Intelligenz stößt unweigerlich auf das Problem der Intransparenz vieler moderner maschineller Lernverfahren. Insbesondere bei komplexen Modellen wie jenen des Deep Learning besteht das Problem, dass selbst Entwickler*innen nicht immer nachvollziehen können, wie genau eine bestimmte Entscheidung innerhalb des Systems getroffen wurde (Bryson, 2018, S. 52). Diese Intransparenz führt nicht nur zu praktischen Schwierigkeiten, etwa bei der Identifikation und Korrektur von Fehlern, sondern auch zu erheblichen ethischen und rechtlichen Herausforderungen. Wenn niemand genau erklären kann, warum eine KI eine bestimmte Handlung vorgenommen hat, wird die Zuordnung von Verantwortung nahezu unmöglich. Dies betrifft besonders die sogenannten „Black-Box"-Modelle, deren innere Entscheidungslogik für Außenstehende vollständig undurchsichtig bleibt (Moor, 2006a, b, S. 36).

Die „Black-Box"-Problematik hat weitreichende Konsequenzen, insbesondere in Anwendungsbereichen wie der Medizin, der Justiz oder dem autonomen Fahren, wo fehlerhafte Entscheidungen schwerwiegende Folgen haben können. Wenn eine KI beispielsweise bei der Diagnosestellung in der Medizin versagt oder ein autonomes Fahrzeug eine fehlerhafte Entscheidung trifft, bleibt oft unklar, ob die Ursache im Datensatz, in der Programmierung oder in einem nicht vorhergesehenen Szenario lag. Diese Unklarheit führt zu einer Diffusion von Verantwortung, bei der weder die Entwickler*innen noch die Betreiber*innen noch die Nutzer*innen eindeutig zur Rechenschaft gezogen werden können. Dieser Zustand stellt nicht nur ein ethisches Dilemma dar, sondern untergräbt auch das Vertrauen in KI-Systeme, insbesondere in sensiblen Anwendungsbereichen.

Ein Ansatz, um die „Black-Box"-Problematik zu entschärfen, liegt in der Entwicklung sogenannter erklärbarer Künstlicher Intelligenz, auch bekannt als „Explainable AI" (XAI). Ziel dieser Forschung ist es, die Entscheidungsprozesse innerhalb maschineller Lernmodelle so zu gestalten, dass sie für Menschen verständlich und nachvollziehbar werden (Floridi, 2016, S. 59). Ein transparenteres System könnte es ermöglichen, problematische Entscheidungen besser zu analysieren und Fehlerquellen präziser zu identifizieren. Beispielsweise könnte ein KI-System, das zur Kreditvergabe eingesetzt wird, eine klare Begründung dafür liefern, warum ein bestimmter Antrag abgelehnt wurde. Dadurch könnten Diskriminierung und Verzerrungen im System schneller erkannt und behoben werden.

Ein weiterer Vorteil erklärbarer KI besteht darin, dass sie Verantwortungsdiffusion entgegenwirken kann. Wenn klar nachvollziehbar ist, welche Daten oder algorithmischen Regeln zu einer Entscheidung geführt haben, wird es leichter, Verantwortlichkeiten zuzuweisen – sei es an die Programmierer*innen, die Datenanalyst*innen oder die Institutionen, die das System nutzen (Noble, 2018, S. 28). Diese Klarheit könnte nicht nur ethische und rechtliche Fragen besser adressieren, sondern auch das Vertrauen der Gesellschaft in KI-Systeme stärken.

Dennoch steht die Entwicklung von XAI vor erheblichen Herausforderungen. Einerseits besteht ein technisches Problem: Die Modelle, die besonders leistungsfähig sind – etwa neuronale Netzwerke – sind oft auch diejenigen, die am schwersten zu interpretieren sind. Die Vereinfachung solcher Modelle, um ihre Entscheidungsprozesse verständlicher zu machen, könnte deren Genauigkeit und Effizienz beeinträchtigen. Andererseits gibt es auch ethische Fragen: Selbst wenn ein Modell erklärbar ist, bleibt die Frage, ob diese Erklärungen für alle Betroffenen zugänglich und verständlich sind. Es reicht nicht aus, dass ein*e Entwickler*in die Funktionsweise versteht; auch die Endnutzer*innen, die von den Entscheidungen betroffen sind, müssen sie nachvollziehen können.

Die Bemühungen um mehr Transparenz und Erklärbarkeit in der KI-Entwicklung verdeutlichen, wie zentral die Frage der Verantwortung in der modernen Technologie ist. Ohne klare Verantwortlichkeiten wird nicht nur das Vertrauen in KI-Systeme erschüttert, sondern auch die Fähigkeit der Gesellschaft, mit den ethischen und rechtlichen Herausforderungen der KI angemessen umzugehen. Explainable AI ist daher ein vielversprechender Schritt, um die „Black-Box"-Problematik zu lösen, aber sie allein wird nicht ausreichen, um die komplexen Fragen der Verantwortung im Zeitalter der Künstlichen Intelligenz vollständig zu beantworten.

Die Rolle großer Technologieunternehmen

Die Rolle großer Technologieunternehmen im Bereich der Künstlichen Intelligenz ist zentral für die Entwicklung und Nutzung dieser Technologien. Diese Konzerne verfügen über erhebliche finanzielle Ressourcen und kontrollieren riesige Datenmengen, die notwendig sind, um KI-Systeme zu trainieren und weiterzuentwickeln. Tatsächlich haben einige der führenden Technologieunternehmen – wie Alphabet (Google), Meta (ehemals Facebook), Microsoft und Amazon – ein derartiges wirtschaftliches und technologisches Gewicht, dass sie mittlerweile als mächtiger als viele Nationalstaaten angesehen werden (Bostrom, 2014, S. 50). Ihre Innovationskraft ist unbestritten, doch die Frage nach ihrer gesellschaftlichen Verantwortung bleibt hochgradig kontrovers.

Ein zentrales Problem liegt in der Konzentration von Macht und Ressourcen. Während diese Unternehmen Fortschritte in der KI-Forschung erzielen, geschieht dies oftmals aus einem primär profitorientierten Ansatz heraus. KI wird als Mittel zur Maximierung von Einnahmen, Marktanteilen und Wettbewerbsfähigkeit genutzt. Beispielsweise können Algorithmen zur Verbesserung von Werbeanzeigen oder zur Optimierung von Lieferketten eingesetzt werden, was den ökonomischen Zielen der Konzerne dient, jedoch nicht zwingend auf gesellschaftliche oder ethische Vorteile abzielt (Noble, 2018, S. 56). Dabei wird häufig die Frage übersehen, inwiefern der Einsatz solcher Technologien ungleiche Machtverhältnisse zementiert oder neue Formen sozialer Kontrolle schafft.

Die Spannung zwischen Innovationsdruck und ethischer Verantwortung wird besonders sichtbar, wenn Konzerne sogenannte „verantwortungsvolle KI-Entwicklung" propagieren. Viele Unternehmen veröffentlichen mittlerweile ethische Leitlinien oder Codes of Conduct, um ihren Umgang mit KI transparenter zu gestalten und das Vertrauen der Öffentlichkeit zu gewinnen. Jedoch bleibt die praktische Umsetzung dieser Richtlinien oft unklar, da sie meist unverbindlich sind und keiner externen Überprüfung unterliegen (Moor, 2006a, b, S. 35). Infolgedessen dienen solche Maßnahmen nicht selten eher der Imagepflege als der tatsächlichen Regulierung von Risiken, die mit KI-Technologien einhergehen.

Ein weiteres Problem ist die Geschwindigkeit, mit der KI-Produkte auf den Markt gebracht werden. In einem von Wettbewerb und Marktlogik geprägten Umfeld zählt vor allem, wer zuerst innoviert und die Technologie wirtschaftlich nutzbar macht. Dies führt dazu, dass wichtige Aspekte wie Sicherheit, Fairness und Transparenz nicht immer hinreichend berücksichtigt werden (Floridi, 2014, S. 59). Ein Beispiel hierfür ist der Einsatz von KI im Bereich der Gesichtserkennung, bei dem wiederholt Fälle bekannt wurden, in denen die Technologie fehleranfällig oder voreingenommen gegenüber bestimmten ethnischen Gruppen war. Trotz dieser Probleme setzen Unternehmen solche Systeme weiterhin ein, da die potenziellen Gewinne die Risiken für die betroffenen Menschen scheinbar überwiegen.

Die Intransparenz der Algorithmen, die von großen Technologieunternehmen entwickelt werden, verstärkt die Problematik zusätzlich. Selbst wenn Fehlentscheidungen oder diskriminierende Ergebnisse auftreten, bleibt unklar, wer dafür die Verantwortung trägt. Die Komplexität der KI-Modelle ermöglicht es den Unternehmen, auf die Undurchschaubarkeit ihrer eigenen Systeme zu verweisen, um sich der Verantwortung zu entziehen. Dies führt zu einer Entkopplung von Macht und Verantwortlichkeit, da diejenigen, die die Technologien entwickeln und kontrollieren, sich häufig nicht für deren gesellschaftliche Auswirkungen rechtfertigen müssen.

Diese Dynamik wird weiter dadurch verschärft, dass Regierungen und Regulierungsbehörden häufig nicht mit der Innovationsgeschwindigkeit der Technologiebranche mithalten können. Während Unternehmen ihre KI-Systeme global ausrollen, stehen staatliche Institutionen vor der Herausforderung, angemessene gesetzliche Rahmenbedingungen zu schaffen. Ohne klare gesetzliche Vorgaben bleiben viele Aspekte der KI-Entwicklung dem Einfluss der Technologieunternehmen überlassen, die dabei primär ihre eigenen wirtschaftlichen Interessen verfolgen.

Die Dominanz großer Technologieunternehmen hat tiefgreifende Implikationen für die Gesellschaft. Zum einen droht eine weitere Konzentration von wirtschaftlicher und technologischer Macht, die bestehende soziale Ungleichheiten verstärken könnte. Zum anderen besteht die Gefahr, dass die ethischen und gesellschaftlichen Auswirkungen von KI-Entscheidungen nicht ausreichend berücksichtigt werden. Wenn KI-Systeme beispielsweise in sensiblen Bereichen wie Strafjustiz, Gesundheitswesen oder Bildung eingesetzt werden, kann dies tiefgreifende Konsequenzen für die betroffenen Individuen und Gemeinschaften haben.

Die Diskussion um die Rolle großer Technologieunternehmen verdeutlicht die Notwendigkeit einer kritischen Auseinandersetzung mit den Strukturen, die hinter der KI-Entwicklung stehen. Es reicht nicht aus, auf die Selbstregulierung der Unternehmen zu vertrauen. Stattdessen müssen Regulierungsmechanismen geschaffen werden, die sicherstellen, dass KI-Technologien im Einklang mit ethischen Prinzipien und gesellschaftlichen Werten entwickelt und eingesetzt werden. Nur durch eine solche Balance zwischen Innovation und Verantwortung kann verhindert werden, dass die Macht über KI-Technologien ausschließlich in den Händen weniger Akteur*innen verbleibt.

Perspektiven: Wege aus dem Verantwortungsdilemma

Die Diskussion über das „Dilemma der Verantwortung" im Umgang mit Künstlicher Intelligenz verdeutlicht die Notwendigkeit, die bisherigen Konzepte von Verantwortung und Haftung grundlegend zu überdenken. KI-Systeme agieren zunehmend autonom, ihre Entscheidungen basieren auf komplexen Algorithmen und riesigen Datenmengen, die für Außenstehende oft schwer nachvollziehbar sind. Diese Dynamik erfordert innovative Ansätze, um sicherzustellen, dass sowohl rechtliche als auch ethische Standards in einer KI-geprägten Welt erhalten bleiben.

Ein zentraler Ansatzpunkt besteht in der Entwicklung klarer Rechtsrahmen und Haftungsmodelle. Gesetzliche Regelungen könnten die Verantwortung entlang der gesamten KI-Wertschöpfungskette definieren. So könnte eine strikte Herstellerhaftung etabliert werden, die Unternehmen für Schäden haftbar macht, die durch fehlerhafte KI-Systeme entstehen. Alternativ könnten Versicherungsmodelle entwickelt werden, die die Kosten im Schadensfall abdecken und somit Betroffenen Rechtssicherheit bieten (Bryson, 2018, S. 61). Ein solches Vorgehen würde auch Anreize schaffen, KI-Systeme sorgfältiger zu entwickeln und zu testen.

Neben rechtlichen Vorgaben sind verbindliche ethische Standards essenziell. Diese könnten Mindestanforderungen an die Datenauswahl, die Transparenz von Algorithmen und die Entscheidungsfindung in KI-Prozessen formulieren (Allen et al., 2000a, b, S. 256). Die Entwicklung erklärbarer KI-Technologien, sogenannter „Explainable AI", könnte dabei helfen, die Funktionsweise von Algorithmen verständlicher zu machen und Verantwortliche schneller zu identifizieren (Moor, 2006a, b, S. 36). Transparenz ist hierbei ein entscheidender Faktor, um Vertrauen in KI-Systeme zu fördern und Missbrauch oder Fehlverhalten frühzeitig zu erkennen.

Darüber hinaus spielt der gesellschaftliche Diskurs eine zentrale Rolle. Verantwortung kann nicht allein von Entwickler*innen oder politischen Entscheidungsträger*innen definiert werden. Ein offener Dialog, der Bürger*innen, zivilgesellschaftliche Organisationen und Ethikkommissionen einbindet, ist notwendig, um Werte und Normen zu identifizieren, die in maschinellen Prozessen Berücksichtigung finden sollen (Floridi, 2014, S. 59). Partizipative Prozesse könnten dazu beitragen, das Vertrauen in KI-Systeme zu stärken und die gesellschaftliche Akzeptanz ihrer Anwendung zu fördern.

Ein weiterer wichtiger Ansatzpunkt ist die Einführung kontinuierlicher Monitoring- und Auditierungsprozesse. Besonders in sensiblen Bereichen wie Medizin, Justiz oder Militär müssen KI-Systeme regelmäßig überprüft werden, um sicherzustellen, dass sie fair, sicher und im Einklang mit geltenden Regelungen agieren (Weizenbaum, 1976, S. 229). Unabhängige Audits könnten dabei eine zentrale Rolle spielen, um Fehler zu identifizieren, bevor diese reale Schäden verursachen. Dies würde nicht nur die Sicherheit erhöhen, sondern auch dazu beitragen, potenzielles Fehlverhalten von Anfang an zu minimieren.

1. Klare Rechtsrahmen und Haftungsmodelle
   Gesetzliche Vorgaben sollten definieren, wie Verantwortung verteilt wird, wenn KI-Systeme Fehler begehen. Eine Option ist die Einführung strenger Herstellerhaftung oder Versicherungsmodelle, um Geschädigten Rechtssicherheit zu bieten.
2. Verbindliche Ethikstandards und Transparenz
   Neben rechtlichen Ansätzen braucht es verbindliche ethische Leitlinien, die Mindestanforderungen an Datenauswahl, Entwicklungsprozesse und Entscheidungsstrukturen formulieren. Erklärbare KI-Technologien könnten dazu beitragen, Fehlverhalten schneller zu erkennen und Verantwortliche zu identifizieren.
3. Gesellschaftlicher Diskurs und Partizipation
   Verantwortung in einer KI-geprägten Welt kann nicht allein im stillen Kämmerlein von Entwickler*innen und Politiker*innen ausgehandelt werden. Ein offener Dialog mit Bürger*innen, zivilgesellschaftlichen Organisationen und Ethikkommissionen ist notwendig, um zu klären, welche Werte und Normen in maschinellen Prozessen Priorität genießen sollen.
4. Continuous Monitoring und Auditierung
   Gerade in sicherheitsrelevanten Feldern wie Medizin, Justiz oder Militär sollten KI-Systeme einem ständigen Monitoring unterliegen. Unabhängige Audits könnten prüfen, ob Algorithmen fair, sicher und regelkonform agieren, bevor sie überhaupt auf die Gesellschaft losgelassen werden.

Das Verantwortungsdilemma bei KI-Systemen fordert eine umfassende Transformation unseres traditionellen Verständnisses von Haftung und moralischer Zurechnung heraus. Die hochkomplexe und vernetzte Natur moderner KI führt zu einer Diffusion von Verantwortung: Weder Maschinen noch einzelne Menschen können immer eindeutig zur Rechenschaft gezogen werden, da die Entwicklung, der Betrieb und die Anwendung solcher Systeme in oft undurchsichtigen Netzwerken stattfinden (Noble, 2018, S. 111).

Die Herausforderung besteht darin, Konzepte zu entwickeln, die Transparenz, kollektive Haftung und ethische Reflexion in den Mittelpunkt stellen (Bryson, 2018, S. 61). Ob durch neue Haftungsmodelle, verbindliche ethische Standards oder offene Diskurse – die kommenden Jahre werden zeigen, wie die Gesellschaft mit einer Technologie umgeht, die scheinbar über menschliche Kontrolle hinauswächst, letztlich aber stets von menschlichen Entscheidungen geprägt bleibt. Es bleibt zentral, die menschliche Verantwortung für KI-Systeme offenzulegen und klare Strukturen zu schaffen, die sicherstellen, dass moralische und rechtliche Prinzipien nicht untergraben werden. Nur durch diese Bemühungen kann verhindert werden, dass das Dilemma der Verantwortung die Grundlagen unseres gesellschaftlichen Zusammenlebens erschüttert.

Literatur

Allen, A. L., Smit, B. W., & Wallach, W. (2000a). Responsibility and artificial intelligence. *Ethics and Information Technology, 2*(4), 249–256.

Allen, C., Varner, G., & Zinser, J. (2000b). Prolegomena to any future artificial moral agent. *Journal of Experimental & Theoretical Artificial Intelligence, 12*(3), 251–261.

Aristoteles. (1976). *Nikomachische Ethik*. Reclam.

Bostrom, N. (2014). *Superintelligence: Paths, Dangers*. Strategies: Oxford University Press.

Bryson, J. J. (2018). Patiency is not a virtue: AI and the design of ethical systems. *Ethics and Information Technology, 20*(1), 15–26.

Eubanks, V. (2018). *Automating Inequality: How High-Tech Tools Profile, Police, and Punish the Poor*. St. Martin's.

Floridi, L. (2014). *The Fourth Revolution: How the Infosphere is Reshaping Human Reality*. Oxford University Press.

Floridi, L. (2015). *The Onlife Manifesto: Being Human in a Hyperconnected Era*. Springer.

Floridi, L. (2016). On human dignity as a foundation for the right to privacy. *Philosophy & Technology, 29*(4), 307–312.

Moor, J. H. (2006a). The nature, importance, and difficulty of machine ethics. *IEEE Intelligent Systems, 21*(4), 18–21.

Moor, J. H. (2006b). Why we need better ethics for emerging technologies. *Ethics and Information Technology, 8*(2), 59–69.

Nissenbaum, H. (2010). *Privacy in Context: Technology, Policy, and the Integrity of Social Life*. Stanford University Press.

Noble, S. U. (2018). *Algorithms of Oppression: How Search Engines Reinforce Racism*. NYU Press.

O'Neil, C. (2016). *Weapons of Math Destruction: How Big Data Increases Inequality and Threatens Democracy*. Crown Publishing Group.

Russell, S., & Norvig, P. (2020). *Artificial Intelligence: A Modern Approach* (4. Aufl.). Prentice Hall.

Singer, P. (2011). *Practical Ethics* (3. Aufl.). Cambridge University Press.
Thomson, J. J. (1985). The trolley problem. *The Yale Law Journal, 94*(6), 1395–1415.
Weizenbaum, J. (1976). *Computer Power and Human Reason: From Judgment to Calculation*. W. H. Freeman.

6

Die Psychologie des Vertrauens: Wie sicher fühlen wir uns mit KI?

„Wer aber in Unkenntnis aller Wissenschaft lebt, handelt kraft seiner natürlichen Klugheit besser und edler als diejenigen, die entweder selbst falsche Schlüsse ziehen oder den falschen Schlüssen anderer vertrauen und sich so falschen und widersinnigen Regeln unterwerfen."

– *Thomas Hobbes*

Die rasante Ausbreitung Künstlicher Intelligenz (KI) hat das menschliche Vertrauensverhältnis zu Technologie in den Mittelpunkt zahlreicher Debatten gerückt (Weizenbaum, 1976, S. 213 f.). In diesem sechsten Kapitel soll näher beleuchtet werden, inwieweit wir Algorithmen und Maschinen vertrauen, warum wir diese Vertrauenshaltung entwickeln und welche Gefahren damit einhergehen. Dabei wird deutlich, dass sich unser Sicherheitsgefühl in einer spannungsreichen Beziehung zur Künstlichen Intelligenz befindet: Einerseits empfinden wir KI als effiziente Entlastung und scheinbar objektive Instanz, andererseits offenbaren sich zunehmend Risiken, die zu einer psychologischen Verunsicherung beitragen (Noble, 2018, S. 56; O'Neil, 2016, S. 42).

„Vertrauen in Algorithmen: Ein gefährlicher Glaube?" (Abschn. 6.1) zeigt, wie ein gefährlicher Glaube an die Perfektion und Unfehlbarkeit der Algorithmen entsteht. Indem wir Technik idealisieren, unterschätzen wir die verzerrten Datensätze und verborgenen Programmierlogiken, die hinter maschinellen Entscheidungen stehen (Bryson, 2018a, b, S. 48). Das Resultat ist ein unkritisches Vertrauen in KI-Systeme, das unsere eigene Urteilskraft schwächen kann und in einigen Fällen sogar gesellschaftliche Ungerechtigkeiten verstärkt (O'Neil, 2016, S. 45).

Daran anknüpfend ergründet „KI und das Gefühl der Sicherheit: Sind Maschinen unfehlbar?" (Abschn. 6.2) das Gefühl der Sicherheit, das wir oft mit KI verbinden. Häufig gelten Maschinen als emotionsfrei und rational, weshalb sie in Bereichen wie Medizin, Verkehr oder Finanzprognosen immer stärker eingesetzt werden (Harari, 2018, S. 276). Doch der Schein trügt: Auch KI-Systeme sind keineswegs fehlerlos, sondern anfällig für systemische Verzerrungen und überzogene „Optimierung", die unangenehme bis gefährliche Folgen haben kann (Noble, 2018, S. 91; Weizenbaum, 1976, S. 225). So stellt sich heraus, dass die unterschwellige Annahme, Maschinen seien von Natur aus sicher und überlegen, ein Mythos ist, der unser kritisches Denken allzu leicht aushebelt.

In „Verlernen wir das Misstrauen im Umgang mit Technologie?" (Abschn. 6.3) rückt schließlich die Frage in den Fokus, ob wir das Misstrauen gegenüber der Technologie beinahe verlernt haben. Wo früher Skepsis gegenüber Neuem als Schutzmechanismus diente, beobachten wir heute eine wachsende Bereitschaft, technologische Angebote ohne gründliche Prüfung anzunehmen (Moor, 2006a, b, S. 30). Die Bequemlichkeit, die KI-Systeme bieten, und das gesellschaftliche Ideal, stets auf dem neuesten digitalen Stand zu sein, begünstigen ein blinderes Vertrauen, das wenig Raum für kritische Hinterfragung lässt (Weizenbaum, 1976, S. 229). Diese Entwicklung unterstreicht, dass wir dringend reflektieren müssen, wie wir das notwendige Maß an Skepsis bewahren können, um in einer Welt voller digitaler Entscheidungsmacht unsere Autonomie nicht aufs Spiel zu setzen.

Insgesamt öffnet Kap. 6 den Blick auf die psychologischen Mechanismen des Vertrauens in KI und die damit verbundenen Illusionen. Es zeigt, wie wir geneigt sind, Maschinen eine Überlegenheit zuzusprechen, die sie in Wirklichkeit nicht besitzen – und wie wir dabei das für unsere Freiheit so wichtige Misstrauen verlieren könnten (Bryson, 2018a, b, S. 61). Die folgenden Seiten analysieren diese Entwicklungen im Detail und fragen, wie wir Sicherheit, Effizienz und kritische Wachsamkeit ins Gleichgewicht bringen können, um Technologie selbstbestimmt zu nutzen, statt uns ihr auszuliefern.

6.1 Vertrauen in Algorithmen: Ein gefährlicher Glaube?

Mit der wachsenden Bedeutung Künstlicher Intelligenz (KI) und algorithmischer Systeme in nahezu allen Lebensbereichen – von der personalisierten Produktempfehlung bis hin zur medizinischen Diagnostik und Gerichtsbarkeit – wächst auch das Vertrauen der Menschen in die vermeintliche Objektivität und Effizienz dieser Technologien (Noble, 2018, S. 56). Auf den ersten Blick erscheint es rational, Maschinen zu trauen, da sie statistische Modelle anwenden und Unmengen von Daten auswerten können, ohne – so die Annahme – durch menschliche Vorurteile oder emotionale Schwankungen beeinflusst zu sein (Bryson, 2018a, b, S. 48). Doch bei näherer Betrachtung stellt sich heraus, dass dieses Vertrauen keineswegs immer berechtigt ist und erhebliche Risiken birgt. Im Folgenden wird aufgezeigt, woher das Vertrauen in Algorithmen rührt, weshalb es problematisch sein kann und wie wir einen kritischen, aber sinnvollen Umgang mit KI-Systemen finden können (Weizenbaum, 1976, S. 213–214).

Vertrauen und die Illusion der Neutralität

Die Illusion der Neutralität von Algorithmen ist eines der am weitesten verbreiteten und gleichzeitig gefährlichsten Missverständnisse in der Diskussion um Künstliche Intelligenz. Sie basiert auf der Annahme, dass Algorithmen und die zugrunde liegenden Daten eine objektive Realität abbilden, frei von menschlicher Subjektivität oder Fehleranfälligkeit. Diese Vorstellung, dass Maschinen unfehlbar und ihre Ergebnisse unvoreingenommen seien, gründet auf der Überzeugung, dass Daten die „Wahrheit" darstellen, während menschliche Urteile aufgrund von Emotionen und kognitiven Verzerrungen per se irrational seien (Harari, 2018, S. 276). Doch ein genauerer Blick auf die Entstehung und Funktionsweise von KI-Systemen zeigt, dass diese Annahme nicht haltbar ist.

Zunächst einmal muss betont werden, dass Daten niemals im luftleeren Raum entstehen. Sie werden durch menschliche Handlungen und Entscheidungen erhoben, kategorisiert und interpretiert. Dieser Prozess ist unweigerlich von den sozialen, kulturellen und ökonomischen Kontexten geprägt, in denen er stattfindet (Noble, 2018, S. 28). Bereits in der Auswahl der Variablen, die in ein Modell einfließen, spiegeln sich Werturteile wider. Diese Entscheidungen können unbewusst getroffen werden, tragen aber entscheidend dazu bei, welche Ergebnisse ein Algorithmus liefert. Historische Daten, die in Algorithmen eingespeist werden, sind besonders problematisch, wenn sie vergangene Ungerechtigkeiten oder Diskriminierungen widerspiegeln. Anstatt diese Muster zu durchbrechen, perpetuieren und verstärken Algorithmen sie, indem sie auf Basis dieser Daten Vorhersagen treffen (O'Neil, 2016, S. 45).

Ein exemplarisches Anwendungsgebiet ist der Justizsektor, wo Algorithmen zunehmend für Risikoabschätzungen herangezogen werden. Ein bekanntes Beispiel sind Strafprognosesysteme, die etwa die Wahrscheinlichkeit berechnen sollen, ob ein verurteilter Straftäter erneut straffällig wird. Diese Systeme nutzen historische Daten, die oft strukturelle Ungleichheiten enthalten, etwa eine unverhältnismäßig hohe Anzahl an Verhaftungen und Verurteilungen in bestimmten Bevölkerungsgruppen, beispielsweise bei People of Color (Noble, 2018, S. 56). Wenn ein Algorithmus diese Daten als Grundlage verwendet, reproduziert er zwangsläufig die diskriminierenden Muster, die in den Daten enthalten sind. Statt Ungerechtigkeiten zu beseitigen, zementiert der Algorithmus sie und gibt ihnen den Anschein von Objektivität. Die Entscheidungen solcher Systeme basieren auf statistischen Korrelationen und nicht auf einem Verständnis von Kontext oder menschlichem Verhalten, was die Ungerechtigkeit verstärkt, statt sie zu mindern (Moor, 2006a, b, S. 27).

Ein weiterer zentraler Aspekt ist die Rolle menschlicher Werte im Entwicklungsprozess von Algorithmen. Entwickler*innen, Datenwissenschaftler*innen und Analyst*innen treffen bei der Programmierung von KI-Systemen zahllose Entscheidungen, die nicht nur auf technischen Überlegungen, sondern auch auf normativen Annahmen beruhen. Welche Daten berücksichtigt werden, wie sie gewichtet werden und welche Zielparameter ein Algorithmus verfolgen soll – all diese Schritte sind von Werturteilen geprägt (Weizenbaum, 1976, S. 226). So sind Algorithmen keine neutralen Werkzeuge, sondern Ausdruck der Perspektiven und Präferenzen ihrer Urheber*innen. Ein Beispiel hierfür ist die Gewichtung bestimmter Merkmale in einem Algorithmus, etwa die Berücksichtigung des Einkommensniveaus bei der Kreditbewertung. Solche Gewichtungen können unbewusst gesellschaftliche Vorurteile und Hierarchien reproduzieren und verstärken.

Die Illusion der Neutralität wird durch den technischen Charakter von Algorithmen zusätzlich verstärkt. Ihre mathematische Präzision und die scheinbar unfehlbare Logik verleihen ihnen eine Aura der Unantastbarkeit. Nutzer*innen neigen dazu, die Ergebnisse von Algorithmen als objektiv zu akzeptieren, da sie oft die technische Komplexität dieser Systeme nicht hinterfragen können. Doch diese Wahrnehmung ist trügerisch. Algorithmen sind keine eigenständigen Entitäten, die unabhängig von menschlicher

Einflussnahme existieren; sie sind vielmehr Produkte menschlicher Entscheidungen und Annahmen, eingebettet in gesellschaftliche Kontexte und Machtstrukturen.

Die Konsequenzen dieser Illusion sind weitreichend. Indem Algorithmen als neutral wahrgenommen werden, entziehen sie sich häufig der Kritik, die an menschliche Entscheidungen gestellt wird. Diese Wahrnehmung birgt die Gefahr, dass gesellschaftliche Ungleichheiten durch den Einsatz von KI weiter verfestigt werden, da die Technologie als unvoreingenommener Schiedsrichter angesehen wird. Eine kritische Auseinandersetzung mit der Frage, wie Algorithmen gestaltet, trainiert und eingesetzt werden, ist daher unerlässlich, um ihre potenziellen negativen Auswirkungen zu minimieren.

Insgesamt zeigt sich, dass die Vorstellung von der Neutralität von Algorithmen nicht nur naiv, sondern auch gefährlich ist. Sie verschleiert die sozialen und kulturellen Dynamiken, die in ihre Entwicklung und Anwendung einfließen, und behindert eine notwendige gesellschaftliche Diskussion über die ethischen und politischen Implikationen von KI. Die Verantwortung für die Gestaltung und den Einsatz von Algorithmen liegt letztlich bei den Menschen, die sie entwickeln und nutzen – und diese Verantwortung kann nicht durch den vermeintlich objektiven Charakter der Technologie delegiert werden.

Die Unsichtbarkeit von Algorithmen: „Black Boxes"

Mit der zunehmenden Verbreitung Künstlicher Intelligenz und algorithmischer Entscheidungsfindung wächst auch die Herausforderung, die Funktionsweise dieser Systeme zu durchdringen. Der Begriff der „Black Box" beschreibt treffend die Intransparenz moderner Algorithmen, insbesondere im Bereich von Machine Learning und Deep Learning. Systeme wie tiefe neuronale Netze agieren auf der Grundlage von Millionen Parametern, deren komplexe Interaktionen selbst für Expert*innen oft nicht mehr nachvollziehbar sind (Moor, 2006a, b, S. 34). Diese fehlende Erklärbarkeit stellt ein ernsthaftes Problem dar, da sie nicht nur das Verständnis für die Technologie einschränkt, sondern auch grundlegende ethische und praktische Fragen aufwirft.

Die immense Komplexität moderner Algorithmen führt paradoxerweise häufig zu einem Vertrauensvorschuss. Nutzer*innen und sogar Fachleute tendieren dazu, den Ergebnissen dieser Systeme zu vertrauen, auch wenn sie deren Funktionsweise nicht vollständig verstehen. Dieser Effekt wird durch die weitverbreitete Annahme verstärkt, dass technologische Systeme, insbesondere KI, auf einer überlegenen, fast unfehlbaren Erkenntnisebene operieren (O'Neil, 2016, S. 44). Doch diese Vorstellung ist irreführend. Die vermeintliche Perfektion solcher Systeme resultiert nicht aus einem intrinsischen Verständnis der Welt, sondern aus der Verarbeitung von Daten, die selbst Fehler, Verzerrungen und Lücken enthalten können. Die Komplexität der Algorithmen wird dabei oft als Indikator für ihre Verlässlichkeit fehlinterpretiert – eine Fehleinschätzung, die schwerwiegende Konsequenzen nach sich ziehen kann (Bryson, 2018a, b, S. 52).

Die mangelnde Nachvollziehbarkeit von Entscheidungen, die auf „Black-Box"-Modellen beruhen, wird zunehmend als zentrales Problem in der KI-Forschung erkannt. Während die Leistung solcher Systeme gemessen und optimiert werden kann, bleibt der innere Entscheidungsprozess vielfach verborgen (Floridi, 2016, S. 59). Dies schafft eine ungesunde Dynamik, in der Menschen dazu neigen, die Ergebnisse unhinterfragt zu akzeptieren. Die Vorstellung, dass ein System auf der Grundlage präziser Daten arbeitet, führt oft dazu, dass es als unfehlbar angesehen wird, obwohl es sich in Wirklichkeit um ein Werkzeug handelt, das von menschlichen Vorannahmen und Datensätzen geprägt ist (Noble, 2018, S. 91). Dies birgt die Gefahr, dass potenzielle Fehler oder Verzerrungen in den Daten unentdeckt bleiben, insbesondere wenn niemand die Funktionsweise des Systems hinterfragt.

Die Intransparenz von Algorithmen hat weitreichende Folgen für verschiedene gesellschaftliche Bereiche. In der Medizin, einem der sensibelsten Einsatzgebiete von KI, können schwerwiegende Konsequenzen entstehen, wenn ein System fehlerhafte Daten verarbeitet oder kritische Informationen wie Vorerkrankungen übersieht. Ein medizinisches KI-System, das auf einer verzerrten Datenbasis trainiert wurde, könnte beispielsweise falsche Diagnosen stellen oder unangemessene Behandlungspläne empfehlen. Diese Fehler können lebensbedrohlich sein, wenn sie nicht rechtzeitig erkannt werden (Bryson, 2018a, b, S. 49). Noch gravierender sind die Folgen der Intransparenz im Bereich der Justiz. Algorithmen, die zur Risikobewertung von Straftätern eingesetzt werden, haben bereits gezeigt, dass sie systematische Verzerrungen aufweisen können. Dennoch bleibt ein algorithmisches Fehlurteil oft unangetastet, da es als objektiv und neutral wahrgenommen wird (Moor, 2006a, b, S. 29). Diese unkritische Akzeptanz algorithmischer Entscheidungen führt nicht nur zu Fehlurteilen, sondern untergräbt auch das Vertrauen in die Justiz und die Möglichkeit, menschliche Verantwortlichkeit geltend zu machen. Auf einer psychologischen Ebene ist die Unsichtbarkeit von Algorithmen besonders problematisch, da sie ein Gefühl der Machtlosigkeit und Abhängigkeit erzeugen kann. Menschen neigen dazu, Systeme zu übervertrauen, die sie nicht verstehen, da sie deren Ergebnisse nicht selbst beurteilen können. Dieses Phänomen ist eng mit dem sogenannten „Automatisierungs-Bias" verbunden, einer kognitiven Verzerrung, bei der Entscheidungen automatisierter Systeme als verlässlicher wahrgenommen werden als menschliche Urteile (Brynjolfsson & McAfee, 2014, S. 142). Doch gerade diese Tendenz zur unkritischen Akzeptanz verstärkt die Risiken, die mit der Intransparenz von Algorithmen einhergehen.

Die Lösung für die Herausforderungen, die „Black-Box"-Modelle mit sich bringen, liegt nicht allein in technologischen Innovationen, sondern auch in einem grundlegenden Umdenken. Die Entwicklung von „erklärbarer KI" (Explainable AI, XAI) zielt darauf ab, die Entscheidungsprozesse von Algorithmen transparenter und verständlicher zu machen. Gleichzeitig ist es jedoch entscheidend, die gesellschaftliche und psychologische Dimension zu berücksichtigen. Nutzer*innen müssen befähigt werden, kritische Fragen zu stellen und algorithmische Entscheidungen nicht als unumstößlich zu akzeptieren. Bildung und Aufklärung spielen hierbei eine zentrale Rolle, um ein gesundes Gleichgewicht zwischen Vertrauen und kritischer Reflexion herzustellen.

Die Unsichtbarkeit von Algorithmen stellt eine der größten Herausforderungen im Umgang mit Künstlicher Intelligenz dar. Die Komplexität moderner Systeme und die damit verbundene Intransparenz schaffen nicht nur technische, sondern auch psychologische und ethische Probleme. Es ist daher unerlässlich, die Mechanismen dieser Systeme offenzulegen und die Nutzer*innen in die Lage zu versetzen, ihre Funktionsweise zu hinterfragen. Nur so kann sichergestellt werden, dass KI-Systeme verantwortungsvoll eingesetzt werden und ihren Platz als Werkzeuge, nicht als unantastbare Autoritäten, einnehmen.

Selbstverstärkende Systeme und Feedbackschleifen

Die Entwicklung und Nutzung von Algorithmen in vielen Lebensbereichen haben das Potenzial, tiefgreifende Veränderungen zu bewirken. Doch je stärker Algorithmen in Entscheidungsprozesse integriert werden, desto deutlicher wird, dass sie nicht nur neutral agieren, sondern auch bestehende Ungleichheiten und Vorurteile reproduzieren und sogar verstärken können. Diese Problematik wird besonders in den Mechanismen selbstverstärkender Systeme und Feedbackschleifen sichtbar, die eine erhebliche Herausforderung für die soziale Gerechtigkeit darstellen.

Algorithmen, die auf historischen Daten basieren, tragen in sich die Verzerrungen, die in diesen Daten enthalten sind. Diese Verzerrungen spiegeln oft die Ungleichheiten wider, die in den Gesellschaften, aus denen die Daten stammen, vorherrschen. Wenn ein Algorithmus etwa darauf trainiert wird, Kreditrisiken zu bewerten, können historische Daten, die eine diskriminierende Behandlung bestimmter Bevölkerungsgruppen widerspiegeln, dazu führen, dass der Algorithmus diese Diskriminierung fortsetzt. Personen aus benachteiligten Gruppen könnten beispielsweise systematisch als „riskanter" eingestuft werden, was dazu führt, dass ihnen Kredite verweigert werden. Diese Ablehnungen fließen wiederum in zukünftige Datensätze ein und bestätigen dem Algorithmus scheinbar seine ursprüngliche Annahme – ein selbstverstärkender Kreislauf, der schwer zu durchbrechen ist (O'Neil, 2016, S. 72). Diese Dynamik der reproduzierenden Verzerrung ist nicht nur ein technisches, sondern vor allem ein gesellschaftliches Problem. Algorithmen sind nicht von Natur aus diskriminierend; ihre Entscheidungen sind das Ergebnis der Daten, mit denen sie trainiert wurden, und der Regeln, die ihnen von ihren Entwicklern gegeben wurden. Wenn die Datensätze, auf denen sie basieren, historische Ungerechtigkeiten und Vorurteile enthalten, werden diese von den Algorithmen verstärkt, anstatt korrigiert zu werden. Noble (2018, S. 28) beschreibt dies als einen Teufelskreis, der die sozialen Strukturen, aus denen die Daten stammen, zementiert, anstatt sie zu hinterfragen oder zu reformieren.

Die Hoffnung, dass Algorithmen in der Lage sein könnten, soziale Ungleichheiten zu beseitigen, ist daher oft verfehlt. Obwohl Algorithmen in vielen Fällen effizienter und konsistenter als Menschen agieren können, sind sie letztlich nur so „gerecht" wie die Daten, die ihnen zugrunde liegen. Bryson (2018a, b, S. 50) argumentiert, dass ohne bewusste Korrekturmechanismen oder sorgfältig kuratierte Datengrundlagen Algorithmen dazu neigen, Menschenbilder zu perpetuieren, die auf Vorurteilen und historischen Privilegien beruhen. Statt soziale Gerechtigkeit zu fördern, verstärken sie bestehende Ungleichheiten und machen diese oft weniger sichtbar, weil ihre Entscheidungen als neutral und objektiv wahrgenommen werden. Ein weiteres Problem dieser Feedback-Schleifen ist, dass sie die Grundlage für zukünftige Entwicklungen legen. Daten, die durch algorithmische Entscheidungen generiert werden, beeinflussen zukünftige Datensätze und damit auch zukünftige Entscheidungen. Harari (2018, S. 276) betont, dass dies eine Spirale erzeugt, in der die ursprünglichen Verzerrungen nicht nur erhalten bleiben, sondern auch zunehmend in die Systeme eingebettet werden. Mit jeder Iteration des Algorithmus wird die verzerrte Realität weiter verfestigt, was die Möglichkeit einer Korrektur immer schwieriger macht.

Diese Problematik hat nicht nur theoretische, sondern auch sehr konkrete praktische Konsequenzen. In Bereichen wie Strafrecht, Gesundheitswesen oder Arbeitsmarktentscheidungen können algorithmische Verzerrungen dazu führen, dass Menschen systematisch benachteiligt werden. Ein bekanntes Beispiel ist der Einsatz von Algorithmen im Strafjustizsystem, bei dem bestimmte ethnische Gruppen als „höheres Risiko" für Straftaten eingestuft wurden, basierend auf historischen Daten, die bereits diskriminierend waren (O'Neil, 2016, S. 94). Diese Einstufungen beeinflussen wiederum, wie Ressourcen verteilt werden oder wie Gerichtsentscheidungen ausfallen, und verstärken damit die strukturellen Ungleichheiten, die sie eigentlich beseitigen sollten.

Die Frage, wie diese selbstverstärkenden Systeme und Feedbackschleifen durchbrochen werden können, ist daher zentral für die Entwicklung einer ethisch verantwortungsvollen KI. Es erfordert nicht nur technische Lösungen, wie die Implementierung von Mechanismen zur Erkennung und Korrektur von Verzerrungen, sondern auch eine grundlegende gesellschaftliche Auseinandersetzung mit den Werten und Zielen, die wir in diese Technologien einfließen lassen wollen. Nur durch eine bewusste Reflexion und eine enge Zusammenarbeit zwischen Entwickler*innen, Sozialwissenschaftler*innen und politischen Entscheidungsträger*innen kann sichergestellt werden, dass Algorithmen nicht zu Werkzeugen der Ungerechtigkeit werden, sondern dazu beitragen, eine gerechtere und inklusivere Gesellschaft zu schaffen.

Verantwortungsdiffusion und fehlende Haftung

Verantwortungsdiffusion und fehlende Haftung im Kontext von algorithmischen Entscheidungen stellen eine der zentralen Herausforderungen im Umgang mit Künstlicher Intelligenz dar. Algorithmen, die in immer mehr Bereichen des täglichen Lebens Entscheidungen treffen, werden häufig als autonome Akteure wahrgenommen. Diese Wahrnehmung führt dazu, dass die Verantwortung für Fehler oder negative Konsequenzen ihrer Entscheidungen oft diffus bleibt. Wenn ein KI-System etwa in der Medizin eine Fehldiagnose stellt oder ein autonomes Fahrzeug einen Unfall verursacht, entsteht ein komplexes Geflecht von Verantwortlichkeiten. Entwickler verweisen in solchen Fällen häufig darauf, dass ihre Systeme nur Werkzeuge sind, während Betreiber und Nutzer betonen, dass sie lediglich den Empfehlungen des Systems gefolgt sind. Diese Verantwortungsdiffusion führt nicht nur zu rechtlicher Unsicherheit, sondern auch zu einer ethischen Grauzone, in der die Frage, wer für die Folgen einer algorithmischen Entscheidung haftet, ungeklärt bleibt (Weizenbaum, 1976, S. 225).

Die bestehenden Rechtsrahmen sind oft unzureichend, um die Herausforderungen komplexer algorithmischer Entscheidungsprozesse zu bewältigen. Rechtsordnungen basieren traditionell auf klar definierten Verantwortlichkeiten, die auf menschliches Handeln zurückgeführt werden können. Doch Algorithmen entziehen sich dieser klaren Zuweisung, da sie Entscheidungen auf Grundlage von Daten treffen, die aus einer Vielzahl von Quellen stammen, und ihre Funktionsweise für Laien häufig intransparent bleibt (Moor, 2006a, b, S. 35). Wenn beispielsweise durch ein medizinisches KI-System eine fatale Fehldiagnose erfolgt, stellt sich die Frage, ob die Softwarefirma, die für die Entwicklung verantwortlich ist, haftbar gemacht werden sollte, oder ob die Ärztin, die sich auf die Empfehlung des Systems verlassen hat, zur Verantwortung gezogen werden muss. Alternativ könnte argumentiert werden, dass auch der Patient selbst eine Mitschuld trägt, wenn er dem System blind vertraut. Diese Unsicherheit führt nicht nur zu Schwierigkeiten bei der juristischen Aufarbeitung von Fehlern, sondern untergräbt auch das Vertrauen in die Systeme, obwohl paradoxerweise das öffentliche Vertrauen in Algorithmen als technische Lösungen oft bestehen bleibt (Bryson, 2018a, b, S. 61).

Die ethische und rechtliche Regulierung von KI ist daher von zentraler Bedeutung, um die Verantwortungsdiffusion einzudämmen. Ohne klare Standards, verbindliche Zertifizierungen und transparente Kontrollmechanismen besteht die Gefahr, dass Unternehmen Algorithmen anbieten, deren interne Strukturen intransparent sind und die dennoch weitreichende Entscheidungen treffen. Fehlentscheidungen bleiben dann häufig ohne rechtliche Konsequenzen für die verantwortlichen Akteure und Akteurinnen. Insbesondere in sensiblen Bereichen wie der Medizin oder dem Verkehrssektor, in denen Fehlentscheidungen unmittelbare Auswirkungen auf das Leben von Menschen haben können, ist es essenziell, klare Haftungsregelungen zu schaffen (Floridi, 2014, S. 59). Eine mögliche Lösung könnte in der Einführung verbindlicher Qualitätsprüfungen liegen, wie sie bereits in der Arzneimittel- oder Medizintechnik etabliert sind. Hierbei müssen jedoch nicht nur die Leistungskennzahlen einer KI berücksichtigt werden, sondern auch der gesamte Entwicklungsprozess, einschließlich der Datenerhebung, der Modellierung und der praktischen Implementierung (Noble, 2018, S. 111).

Die Einführung solcher Prüfstandards könnte zudem dazu beitragen, das Vertrauen in KI-Systeme langfristig zu stärken. Dabei ist es entscheidend, dass Regulierungsinstanzen nicht nur auf die Ergebnisse der Algorithmen achten, sondern auch die zugrunde liegenden Prozesse kritisch bewerten. Der Fokus sollte auf der Transparenz und Nachvollziehbarkeit der Systeme liegen, da die Intransparenz ein Hauptfaktor für die derzeitige Verantwortungsdiffusion ist.

Nur durch eine ganzheitliche Betrachtung, die sowohl technische als auch ethische und soziale Aspekte einbezieht, kann sichergestellt werden, dass Algorithmen nicht nur effizient und leistungsstark sind, sondern auch verantwortungsvoll eingesetzt werden. So könnte der zunehmende Einsatz von KI in kritischen Lebensbereichen nicht nur als technologischer Fortschritt wahrgenommen werden, sondern auch als ein Schritt hin zu einer gerechteren und sichereren Gesellschaft, in der Verantwortung klar zugeordnet wird.

Psychologische Mechanismen: Warum vertrauen wir Maschinen mehr als uns selbst?

Der zunehmende Einsatz von Technologie in Entscheidungsprozessen wirft eine grundlegende Frage auf: Warum vertrauen Menschen Maschinen oft mehr als sich selbst oder anderen Menschen? Dieses Phänomen lässt sich auf verschiedene psychologische Mechanismen zurückführen, die tief in unserer Wahrnehmung und Entscheidungsfindung verankert sind.

Ein zentraler Mechanismus ist der sogenannte **Automatisierungs-Bias,** der beschreibt, wie Menschen automatisierten Systemen tendenziell mehr Vertrauen entgegenbringen als menschlichen Urteilen – selbst dann, wenn die Leistung von menschlichen Experten gleichwertig oder sogar überlegen ist (Harari, 2018, S. 276–277). Diese Verzerrung beruht auf der Annahme, dass Maschinen präziser, schneller und objektiver agieren als Menschen, die als emotional, fehleranfällig und voreingenommen gelten (Bryson, 2018a, b S. 52). In der Praxis wird jedoch häufig übersehen, dass Algorithmen selbst durch menschliche Vorannahmen, fehlerhafte Daten oder unausgewogene Programmierungsentscheidungen beeinflusst werden können. Somit ist die vermeintliche Neutralität der Maschinen oft eine Illusion.

Ein weiterer entscheidender Faktor ist der **Perfektionsmythos,** der der Technologie anhaftet. Menschen sind sich ihrer eigenen Schwächen und Fehlbarkeit bewusst und suchen daher nach einem System, das diesen Mängeln überlegen scheint (Weizenbaum, 1976, S. 213). Maschinen und Algorithmen werden häufig mit Perfektion assoziiert, da sie keine Emotionen zeigen, keine Müdigkeit kennen und eine scheinbar unendliche Rechenleistung besitzen. Diese Wahrnehmung verstärkt das Vertrauen in ihre Entscheidungen, auch wenn diese Entscheidungen nicht immer nachvollziehbar sind oder auf fehlerhaften Grundlagen beruhen.

Dieses Vertrauen in die Technologie hat auch eine entlastende Funktion. Die Delegation von Verantwortung an ein automatisiertes System bedeutet für viele Menschen eine Reduktion der eigenen kognitiven und emotionalen

Belastung. Entscheidungen, die durch Algorithmen getroffen werden, erscheinen weniger belastend, da die Verantwortung für mögliche Fehlentscheidungen nicht mehr vollständig bei der Person selbst liegt. Diese „Verantwortungsentlastung" führt jedoch dazu, dass kritisches Hinterfragen und die aktive Auseinandersetzung mit den Entscheidungen der Maschine oft ausbleiben (O'Neil, 2016, S. 42). Stattdessen neigen Menschen dazu, die Entscheidungen von Algorithmen unhinterfragt zu akzeptieren, was in einigen Fällen zu schwerwiegenden Fehlurteilen führen kann.

Ein weiteres psychologisches Element ist das Bedürfnis nach **Kontrolle** und **Vorhersehbarkeit**. Maschinen wirken berechenbar, da sie auf festgelegten Algorithmen basieren und nicht von spontanen Emotionen oder individuellen Schwankungen beeinflusst werden. Dies vermittelt Nutzer*innen ein Gefühl von Sicherheit, das in zwischenmenschlichen Beziehungen oder bei menschlichen Entscheidungsprozessen oft fehlt. Ironischerweise führt diese vermeintliche Sicherheit häufig dazu, dass Menschen ihre eigenen Urteilsfähigkeiten unterschätzen und die kritische Reflexion technologischer Systeme vernachlässigen.

Die langfristigen Auswirkungen dieses unkritischen Vertrauens in Maschinen könnten gravierend sein. Wenn Menschen ihre Fähigkeit zur eigenständigen Entscheidungsfindung zunehmend an Maschinen abgeben, droht eine schleichende Erosion der menschlichen Autonomie. Die Rolle des Menschen als aktiver Entscheidungsinstanz könnte zugunsten einer passiven Akzeptanz technischer Vorgaben zurücktreten. Dieser Prozess birgt nicht nur individuelle, sondern auch gesellschaftliche Risiken, da die Macht über Entscheidungen zunehmend in die Hände derjenigen verlagert wird, die die Algorithmen programmieren und kontrollieren.

Zusammenfassend zeigt sich, dass das Vertrauen in Maschinen nicht allein durch ihre objektiven Fähigkeiten gerechtfertigt ist, sondern maßgeblich durch psychologische Mechanismen beeinflusst wird. Der Automatisierungs-Bias, der Perfektionsmythos, die Entlastung von Verantwortung und das Bedürfnis nach Vorhersehbarkeit schaffen eine Dynamik, in der Maschinen als unfehlbare Entscheidungsträger wahrgenommen werden. Um den Herausforderungen einer zunehmend technologisierten Welt gerecht zu werden, ist es entscheidend, diese Mechanismen zu erkennen und eine kritische Auseinandersetzung mit der Rolle der Technologie in unseren Entscheidungsprozessen zu fördern.

Das trügerische Gefühl der Sicherheit

Das trügerische Gefühl der Sicherheit, das Künstliche Intelligenz und algorithmische Systeme vermitteln, basiert auf der weit verbreiteten Annahme, dass Maschinen objektiv, effizient und fehlerfrei arbeiten. Diese Annahme, obwohl verlockend, ist eine gefährliche Vereinfachung. Algorithmen und KI-Systeme sind nur so gut wie die Daten, auf denen sie basieren, und die Logiken, nach denen sie programmiert wurden. Dabei werden die Fehlerquellen, die diese Systeme durchziehen, oft unterschätzt oder ignoriert.

Eine der zentralen Herausforderungen ist die Qualität der zugrunde liegenden Daten. Daten, die zur Schulung von KI-Systemen verwendet werden, können veraltet, unvollständig oder fehlerhaft sein. Beispielsweise können historische Daten soziale Vorurteile und Diskriminierungen enthalten, die dann in die Entscheidungen der KI übernommen werden (Noble, 2018, S. 56). Solche Verzerrungen bleiben oft unbemerkt, bis die Auswirkungen dieser Entscheidungen sichtbar werden, was in sicherheitskritischen oder ethisch sensiblen Kontexten katastrophale Folgen haben kann. Anders als bei menschlichen Fehlurteilen, die durch Diskussion oder Widerspruch oft schnell erkannt werden, wirken algorithmische Fehler systemisch und können eine weitreichende Wirkung entfalten, bevor sie identifiziert werden (Moor, 2006a, b, S. 29).

Darüber hinaus können Fehler in der Programmierlogik oder unbeabsichtigte Wechselwirkungen zwischen Algorithmen auftreten, die dazu führen, dass die Systeme auf unerwartete oder unerwünschte Weise agieren. Ein bekanntes Beispiel ist die „Black-Box"-Problematik bei neuronalen Netzwerken, die es selbst den Entwickler*innen erschwert, die genauen Entscheidungswege der KI nachzuvollziehen. Diese Intransparenz verstärkt das Risiko, dass fehlerhafte oder unethische Entscheidungen getroffen werden, ohne dass diese leicht überprüft oder korrigiert werden können.

Die Bedeutung menschlicher Kontrolle über KI-Systeme kann daher nicht hoch genug eingeschätzt werden. Menschen spielen eine entscheidende Rolle bei der Validierung und Überwachung algorithmischer Entscheidungen. Gerade in sicherheitskritischen Bereichen wie der Flugsteuerung, der medizinischen Diagnostik oder der Rechtsprechung ist es unerlässlich, dass menschliche Experten die Ergebnisse der KI kontinuierlich überprüfen und, wo nötig, korrigierend eingreifen (Bryson, 2018a, b, S. 52). Ohne diese aktive Kontrolle könnten Fehler unentdeckt bleiben, was potenziell verheerende Folgen hätte.

Allerdings erfordert diese Überwachung erhebliche Investitionen in Zeit, Ressourcen und Fachkompetenz. Unternehmen oder Institutionen sind jedoch nicht immer bereit, die dafür erforderlichen Mittel bereitzustellen, insbesondere wenn kurzfristige wirtschaftliche Vorteile im Vordergrund stehen. Floridi (2016, S. 59–60) betont, dass die Tendenz, KI-Systeme ohne angemessene Aufsicht zu implementieren, das Risiko erhöht, dass diese Systeme nicht nur Fehler reproduzieren, sondern auch die soziale und ethische Verantwortung verwässern. In solchen Fällen kann die Delegation von Entscheidungsprozessen an KI-Systeme zu einer Verantwortungslosigkeit führen, die schwerwiegende Konsequenzen für Individuen und Gesellschaften hat.

Letztlich zeigt das trügerische Gefühl der Sicherheit, das von KI vermittelt wird, dass die Vorstellung von technischer Unfehlbarkeit ein gefährlicher Mythos ist. Die Entwicklung und der Einsatz von KI-Systemen erfordern ein tiefes Verständnis ihrer potenziellen Schwächen und Risiken. Nur durch die Kombination von technologischer Innovation und menschlicher Reflexion können die Vorteile von KI genutzt und gleichzeitig die Risiken minimiert werden. Die fortlaufende Überprüfung, Hinterfragung und gegebenenfalls Korrektur algorithmischer Entscheidungen bleibt ein unverzichtbarer Bestandteil einer verantwortungsvollen KI-Nutzung.

Wege zu einem reflektierten Vertrauen

Die zunehmende Integration von Künstlicher Intelligenz in unterschiedlichste Lebensbereiche verlangt nach einem kritischen Umgang mit dieser Technologie. Vertrauen in KI ist dabei keine statische Größe, sondern ein dynamisches Konzept, das durch technologische, gesellschaftliche und individuelle Faktoren geprägt wird. Um blinde Abhängigkeiten und Missbrauch zu vermeiden, ist ein reflektiertes Vertrauen erforderlich, das sowohl technische Innovationen als auch ethische und soziale Reflexion umfasst. Eine zentrale technologische Entwicklung, die hierzu beiträgt, ist die sogenannte Erklärbare KI (Explainable AI, XAI). Dieser Ansatz zielt darauf ab, die Entscheidungen von Algorithmen transparenter zu gestalten, indem sie in verständliche Schritte zerlegt und nachvollziehbar dargestellt werden (Moor, 2006a, b, S. 36). Diese Nachvollziehbarkeit fördert die kritische Auseinandersetzung mit maschinellen Entscheidungen und stärkt das Vertrauen in deren Anwendung, ohne dass die menschliche Entscheidungshoheit verloren geht (Noble, 2018, S. 111). Darüber hinaus ermöglicht XAI, potenzielle Fehler oder Verzerrungen im Entscheidungsprozess frühzeitig zu erkennen und zu adressieren. In Kombination mit „Human-in-the-loop"-Ansätzen, bei denen Menschen aktiv in den Entscheidungsprozess eingebunden bleiben, wird sichergestellt, dass die Endverantwortung nicht ausschließlich auf Maschinen übertragen wird. Neben technologischen Ansätzen spielt die Definition von Verantwortung eine entscheidende Rolle. Rechtliche und ethische Rahmenwerke sind notwendig, um klare Haftungsstrukturen für den Einsatz von KI zu schaffen (Weizenbaum, 1976, S. 227–228). Dabei ist es von zentraler Bedeutung, die Verantwortlichkeiten zwischen Entwicklern, Herstellern und Anwendern zu klären. Insbesondere in sicherheitskritischen Bereichen, wie etwa im Gesundheitswesen oder der autonomen Mobilität, müssen verbindliche Normen und Standards etabliert werden, um die Genauigkeit und Fairness der Systeme zu gewährleisten (Harari, 2018, S. 279). Öffentliche Institutionen und Regulierungsbehörden können hierbei als zentrale Instanzen fungieren, um einen verantwortungsvollen Umgang mit KI zu fördern.

Ein weiterer Schlüssel zu einem reflektierten Vertrauen in KI ist die Transparenz der verwendeten Daten. Datensätze, die die Grundlage maschineller Entscheidungen bilden, sind nicht selten verzerrt oder unvollständig, was zu diskriminierenden oder unethischen Ergebnissen führen kann (Noble, 2018, S. 56). Eine sorgfältige Prüfung und Offenlegung der Datenquellen sowie die aktive Kontrolle auf Verzerrungen sind daher essenziell. Die Zusammensetzung der Entwicklerteams spielt hierbei eine wichtige Rolle: Diversität in den Teams kann dazu beitragen, unterschiedliche Perspektiven einzubringen und dominanten Vorurteilen entgegenzuwirken (Bryson, 2018a, b, S. 61). Dies ist besonders relevant, da algorithmische Entscheidungen oft bestehende soziale und kulturelle Ungleichheiten verstärken können, anstatt sie zu beseitigen.

Reflektiertes Vertrauen in KI erfordert jedoch nicht nur technologische und organisatorische Maßnahmen, sondern auch einen kritischen Umgang auf individueller Ebene. Nutzer müssen sich bewusst sein, dass Algorithmen keine allwissenden Instanzen sind, sondern Werkzeuge, die unter bestimmten Bedingungen irreführend oder fehlerhaft sein können (O'Neil, 2016, S. 42). Empfehlungen von Algorithmen sollten daher nicht als absolute Wahrheiten, sondern als Orientierungshilfen verstanden werden, die einer kritischen Prüfung bedürfen. Eine gesunde Skepsis gegenüber KI-Systemen kann dazu beitragen, Fehlentscheidungen zu vermeiden und die menschliche Urteilsfähigkeit zu bewahren (Weizenbaum, 1976, S. 213).

Das Vertrauen in KI ist ein zweischneidiges Schwert. Einerseits ermöglicht es die effiziente Nutzung moderner Technologien, andererseits birgt es das Risiko, durch blindes Vertrauen die eigene Entscheidungsfreiheit und Verantwortung aufzugeben. KI-Systeme sind weder objektiv noch fehlerfrei, sondern immer das Produkt der Menschen, die sie entwickeln, und der Daten, die sie nutzen (Bryson, 2018a, b, S. 48). Um die Vorteile dieser Technologien auszuschöpfen, ohne ihre potenziellen Risiken zu ignorieren, ist ein aufgeklärter und kritischer Umgang unabdingbar (Noble, 2018, S. 111). Reflektiertes Vertrauen bedeutet, die Fähigkeiten und Grenzen von KI zu erkennen, Verantwortung klar zu definieren und transparente Standards zu etablieren. Nur so kann verhindert werden, dass die Illusion einer unfehlbaren Maschine die menschliche Urteilsfähigkeit untergräbt und ethische Verantwortung verschleiert (O'Neil, 2016, S. 45). KI ist ein mächtiges Werkzeug, doch letztlich bleibt der Mensch verantwortlich für ihre Nutzung und die Konsequenzen ihres Einsatzes.

6.2 KI und das Gefühl der Sicherheit: Sind Maschinen unfehlbar?

Die rasante Verbreitung Künstlicher Intelligenz in nahezu allen Bereichen des gesellschaftlichen, wirtschaftlichen und privaten Lebens hat zu einer tiefgreifenden Veränderung unseres Sicherheitsgefühls geführt (Noble, 2018, S. 56). Wo einst Maschinen lediglich Werkzeuge zur Unterstützung menschlicher Entscheidungen waren, übernehmen sie heute zunehmend eigenständige Funktionen – vom autonomen Fahren über medizinische Diagnosen bis hin zu komplexen Finanzprognosen (Bryson, 2018a, b, S. 48). In dieser Entwicklung liegt für viele Menschen eine Verheißung: Da KI-Systeme auf Daten, statistischen Modellen und algorithmischer Effizienz basieren, könnten sie vermeintlich verlässlicher und unfehlbarer sein als der menschliche Verstand (Harari, 2018, S. 276). Doch wie gerechtfertigt ist das Vertrauen in diese „überlegene" Technologie wirklich? Und welche psychologischen Spannungen entstehen, wenn wir uns zunehmend auf maschinelle Entscheidungen verlassen?

Die Illusion der Perfektion: Warum vertrauen wir KI?

Die Faszination für Künstliche Intelligenz speist sich aus der Vorstellung, dass Maschinen rationaler, emotionsloser und dadurch objektiver handeln als Menschen (Weizenbaum, 1976, S. 213–214). Während menschliche Entscheidungen häufig durch Emotionen, Ermüdung oder kognitive Verzerrungen beeinflusst werden, erscheint KI als ideale Alternative, die auf

Grundlage von Daten scheinbar unbestechliche und effiziente Entscheidungen trifft (Bryson, 2018a, b, S. 48). Diese Wahrnehmung einer vermeintlichen Perfektion ist jedoch oft eine Illusion, da sie die inhärenten Schwächen maschineller Systeme übersieht. Diese Schwächen sind zwar anderer Natur als die menschlichen, aber keineswegs weniger problematisch (O'Neil, 2016, S. 42). Die Illusion der Unfehlbarkeit von KI führt dabei nicht nur zu einem trügerischen Sicherheitsgefühl, sondern auch zu einer geringeren Bereitschaft, die Ergebnisse maschineller Entscheidungen kritisch zu hinterfragen.

Maschinelles Lernen, die Grundlage moderner KI-Systeme, basiert darauf, dass Algorithmen Muster in großen Datenmengen erkennen und daraus Vorhersagen oder Entscheidungen ableiten. Dabei gilt das Grundprinzip: „Garbage in, garbage out" (Weizenbaum, 1976, S. 220). Die Qualität der Datengrundlage ist entscheidend für die Leistung des Systems. Werden jedoch verzerrte, unvollständige oder durch Vorurteile geprägte Daten verwendet, so werden die resultierenden Modelle dieselben Fehler unkritisch reproduzieren (Noble, 2018, S. 28). Dies stellt ein gravierendes Problem dar, da die Daten selbst oft Ausdruck historischer Ungleichheiten und gesellschaftlicher Machtstrukturen sind.

Ein prominentes Beispiel für solche Verzerrungen zeigt sich im Einsatz von KI in der Strafverfolgung. Algorithmen, die dazu verwendet werden, Rückfallrisiken von Straftätern zu bewerten, basieren häufig auf historischen Daten über Verhaftungen und Straftaten. Diese Daten sind jedoch oft von systemischen Vorurteilen geprägt, etwa durch diskriminierende Polizeipraktiken oder soziale Ungleichheiten (O'Neil, 2016, S. 45). Ein KI-System, das auf dieser Grundlage trainiert wird, kann solche Vorurteile nicht erkennen oder korrigieren. Stattdessen verstärkt es sie, indem es vermeintlich „objektive" Entscheidungen trifft, die in Wirklichkeit die bestehenden Ungerechtigkeiten reproduzieren (Noble, 2018, S. 56). Dies führt zu einer gefährlichen Verstärkung sozialer Ungleichheiten unter dem Deckmantel der Neutralität. Ähnliche Herausforderungen zeigen sich im Gesundheitswesen, einem Bereich, in dem KI immer häufiger zur Diagnose und Therapieunterstützung eingesetzt wird. Die Leistungsfähigkeit solcher Systeme hängt maßgeblich von den Daten ab, mit denen sie trainiert werden. Wenn diese Daten jedoch vornehmlich von bestimmten Bevölkerungsgruppen stammen, kann dies dazu führen, dass KI-Systeme bei anderen Gruppen weniger zuverlässig arbeiten (Weizenbaum, 1976, S. 225–226). Ein bekanntes Beispiel hierfür ist die mangelhafte Erkennung von Herzinfarkten bei Frauen durch KI-gestützte Diagnosesysteme, da diese häufig auf Datensätzen beruhen, die überwiegend männliche Patienten abbilden. In solchen Fällen kann das

Vertrauen in die objektive Überlegenheit der KI fatale Folgen haben, insbesondere wenn fehlerhafte Diagnosen oder unpassende Therapievorschläge lange unbemerkt bleiben, weil niemand die Autorität der Maschine infrage stellt (Floridi, 2016, S. 59–60).

Die Vorstellung, dass KI-Systeme frei von menschlichen Vorurteilen agieren, ist ein Paradoxon, da sie durch den Menschen geschaffen werden und somit zwangsläufig von dessen Perspektiven und Annahmen beeinflusst sind. Die Algorithmen selbst sind nicht in der Lage, den Kontext oder die sozialen Implikationen ihrer Entscheidungen zu berücksichtigen. Sie bewerten nicht, ob die Daten, auf denen sie basieren, gerecht oder repräsentativ sind. Gleichzeitig führt das Vertrauen in ihre scheinbare Neutralität dazu, dass ihre Ergebnisse selten kritisch hinterfragt werden. Dieses trügerische Vertrauen birgt die Gefahr, dass KI-Systeme zunehmend als Ersatz für menschliche Entscheidungen dienen, obwohl sie die grundlegenden sozialen und ethischen Dimensionen eines Problems nicht erfassen können (O'Neil, 2016, S. 50).

Die Illusion der Perfektion von KI-Systemen beruht auf der Annahme, dass Algorithmen frei von menschlichen Schwächen agieren. Tatsächlich jedoch sind sie ebenso anfällig für Verzerrungen und Fehler – diese entstehen nicht durch Emotionen oder Ermüdung, sondern durch die Qualität und den Kontext der Daten, auf denen sie beruhen. Das blinde Vertrauen in die Objektivität von KI kann daher nicht nur bestehende Ungerechtigkeiten verstärken, sondern auch die kritische Reflexion menschlicher Entscheidungen verdrängen. Eine bewusste Auseinandersetzung mit den Grenzen und Schwächen von KI ist unerlässlich, um die Illusion der Perfektion zu durchbrechen und ihre Anwendung verantwortungsvoll zu gestalten.

Die Gefahr der Überoptimierung: Wenn Maschinen zu konsequent arbeiten

Maschinen und Algorithmen werden mit einem klaren Ziel programmiert: maximale Effizienz. Ob es darum geht, Transportzeiten zu verkürzen, Gewinne zu steigern oder die Genauigkeit von Vorhersagen zu erhöhen, die Fähigkeit von Künstlicher Intelligenz, Daten in einem Maßstab zu verarbeiten, der dem menschlichen Gehirn nicht möglich ist, verleiht ihr einen immensen Vorteil (Bryson, 2018a, b, S. 49). Doch diese Zielgerichtetheit birgt eine inhärente Gefahr: Maschinen handeln nicht mit dem Bewusstsein für die sozialen, moralischen oder kontextuellen Nuancen, die menschliche Entscheidungen oft prägen. Ein autonomes Fahrzeug, das darauf programmiert ist, möglichst schnell von Punkt A nach Punkt B zu gelangen, könnte etwa riskante Manöver ausführen, die zwar das Ziel erreichen, dabei aber das Unfallrisiko erhöhen oder gegen ethische Grundsätze verstoßen (Harari, 2018, S. 278). Dieser Fokus auf reine Zielerreichung, ohne Berücksichtigung der Nebenwirkungen, führt zu dem, was als Überoptimierung bezeichnet wird.

Überoptimierung ist nicht nur eine technische Herausforderung, sondern auch eine ethische und psychologische. Maschinen können keine moralischen Dilemmata verstehen oder priorisieren, da sie ausschließlich auf Algorithmen basieren, die bestimmte Parameter gewichten. Diese Parameter spiegeln häufig die Werte oder Ziele ihrer Entwickler wider, sind aber nicht in der Lage, situative Entscheidungen zu treffen, die über die reine Logik hinausgehen (Moor, 2006a, b, S. 27). Ein Algorithmus, der für die Risikobewertung von Krediten optimiert ist, könnte beispielsweise aufgrund verzerrter Datensätze bestimmte soziale Gruppen systematisch benachteiligen, ohne dass dies im ursprünglichen Design beabsichtigt war (O'Neil, 2016, S. 72). Die Maschine folgt ihrem Ziel – doch das Ziel wird nicht hinterfragt.

Diese Problematik zeigt sich besonders deutlich in Bereichen, in denen soziale oder moralische Konsequenzen eine zentrale Rolle spielen. Beispielsweise könnte ein KI-gesteuertes Gesundheitssystem, das darauf abzielt, die Ressourcennutzung zu optimieren, ältere oder chronisch kranke Patienten benachteiligen, da sie als „ineffizient" im System wahrgenommen werden könnten. Solche Entscheidungen beruhen nicht auf Empathie oder moralischer Reflexion, sondern auf der kalten Logik von Algorithmen, die einzig und allein auf Effizienz getrimmt sind. In solchen Kontexten wird deutlich, dass Maschinen nicht nur Werkzeuge sind, sondern dass ihre Entscheidungen tiefgreifende Auswirkungen auf menschliche Leben und Werte haben können.

Die Vorstellung, Maschinen könnten durch perfekte Kalibrierung und fortschrittliche Programmierung automatisch „das Beste für alle" erreichen, ist ein Mythos. Effizienz und Moral sind keine Synonyme. Während Effizienz das Ziel verfolgt, mit minimalem Aufwand maximale Ergebnisse zu erzielen, erfordert Moral die Berücksichtigung von Werten, Gefühlen und langfristigen Konsequenzen (Noble, 2018, S. 111). Maschinen fehlt jedoch die Fähigkeit, solche Abwägungen vorzunehmen, da sie weder Intuition noch ein Gefühl für ethische Verantwortung besitzen. Was Maschinen fehlt, ist der menschliche Kontext – die Fähigkeit, das große Ganze zu sehen und Entscheidungen nicht nur auf Daten, sondern auch auf Empathie, Erfahrung und sozialer Intelligenz zu gründen.

In diesem Zusammenhang wird deutlich, dass die Überoptimierung nicht nur technische, sondern auch tiefgreifende soziale Risiken birgt. Heute, wo Algorithmen zunehmend Entscheidungen treffen, ist es entscheidend, die Grenzen der maschinellen Logik zu erkennen und zu regulieren. Der Mensch bleibt unverzichtbar, um die moralischen und ethischen Parameter festzulegen und sicherzustellen, dass technologische Effizienz nicht über menschliche Werte triumphiert. Effizienz ist wichtig – aber sie darf niemals die Verantwortung ersetzen, die in der menschlichen Entscheidungsfindung liegt.

Das blinde Vertrauen und der Verlust menschlicher Kontrolle

Das Phänomen des blinden Vertrauens in Technologien hat in den letzten Jahrzehnten eine immer größere Bedeutung erlangt. In der Psychologie beschreibt dies die Tendenz des Menschen, automatisierten Systemen eine übermäßige Autorität zuzugestehen, selbst wenn rationale Zweifel oder intuitive Bedenken vorhanden sind. Diese Automatisierungsverzerrung zeigt sich häufig in alltäglichen Situationen, etwa bei der Nutzung von Navigationssystemen. Zahlreiche Menschen folgen den Anweisungen solcher Systeme selbst dann, wenn die vorgeschlagenen Routen offenkundig unlogisch oder ineffizient erscheinen. Dieses Verhalten illustriert, wie Technologien nicht nur unsere Entscheidungen beeinflussen, sondern auch unsere Fähigkeit zur selbstständigen Reflexion und kritischen Bewertung schrittweise untergraben können (Weizenbaum, 1976, S. 213).

Ein zentraler psychologischer Mechanismus hinter diesem blinden Vertrauen ist die Wahrnehmung von Maschinen als objektiv und unfehlbar. Während menschliche Entscheidungen oft als fehleranfällig und von Emotionen beeinflusst angesehen werden, wird Technologie als rational, präzise und neutral wahrgenommen. Dies schafft eine scheinbare Sicherheitszone, die jedoch trügerisch sein kann. Denn wie Studien gezeigt haben, sind auch algorithmische Systeme keineswegs frei von Verzerrungen und Fehlern – sie übernehmen vielmehr die Vorurteile und Schwächen ihrer Entwickler*innen oder der Daten, auf denen sie basieren (Noble, 2018, S. 56). Dennoch neigen Menschen dazu, ihre eigenen Überlegungen und intuitiven Warnsignale zu ignorieren, wenn eine automatisierte Entscheidung präsent ist. Dies führt nicht nur zu einem Verlust der Autonomie, sondern kann in kritischen Kontexten, wie der medizinischen Diagnostik oder der Kreditvergabe, schwerwiegende Konsequenzen haben.

Je weiter sich KI in entscheidungskritischen Bereichen durchsetzt, desto gravierender wird das Risiko eines Kontrollverlustes. Ein anschauliches

Beispiel bietet der Einsatz von KI in der Medizin, wo Algorithmen zunehmend eingesetzt werden, um Diagnosen zu stellen oder Behandlungspläne zu erstellen. Während diese Systeme zweifellos hilfreich sein können, besteht die Gefahr, dass medizinisches Fachpersonal blind den Empfehlungen der Maschine folgt, ohne diese kritisch zu hinterfragen. In solchen Situationen kann es vorkommen, dass subtile Symptome oder individuelle Umstände des Patienten, die nicht vollständig in den Daten repräsentiert sind, übersehen werden. Der Mensch wird zunehmend zum passiven Nutzenden, während die Maschine die Kontrolle übernimmt (Floridi, 2014, S. 59). Ein ähnliches Risiko besteht im Bankenwesen, wo KI-gestützte Algorithmen Kreditwürdigkeitsbewertungen vornehmen. Diese Systeme analysieren große Mengen an Daten und treffen Entscheidungen in Sekundenbruchteilen, was sie effizienter erscheinen lässt als menschliche Analysten. Doch auch hier zeigt sich, dass die Abhängigkeit von maschinellen Entscheidungen zur Reproduktion oder sogar Verstärkung von Diskriminierung führen kann. Datenbasierte Verzerrungen oder fehlerhafte Annahmen im Algorithmus werden oft erst bemerkt, wenn die Folgen bereits eingetreten sind. Die Möglichkeit, solche Fehler im Vorfeld zu erkennen und zu korrigieren, wird durch blindes Vertrauen in die Unfehlbarkeit der Maschine massiv eingeschränkt (Noble, 2018, S. 62). Die langfristigen psychologischen Auswirkungen dieser Dynamik sind tiefgreifend. Je häufiger wir uns auf maschinelle Entscheidungen verlassen, desto mehr verlieren wir die Fähigkeit, selbstständig zu denken und kritisch zu hinterfragen. Dies unterminiert nicht nur unsere individuelle Entscheidungsautonomie, sondern verändert auch unser kollektives Verständnis von Verantwortung. Wenn Entscheidungen delegiert werden, ohne die Grundlagen dieser Entscheidungen zu verstehen, entsteht eine gefährliche Form der Entfremdung, sowohl von der Technologie als auch von uns selbst. Die Frage, wer letztlich die Verantwortung für Fehlentscheidungen trägt, wird zunehmend verwischt, da der Mensch zwar formal als Entscheidungsträger fungiert, faktisch jedoch nur die Ergebnisse eines algorithmischen Prozesses absegnet.

Um diesen Herausforderungen zu begegnen, ist es notwendig, ein ausgewogeneres Verhältnis zwischen Mensch und Maschine zu schaffen. Technologien sollten als Werkzeuge betrachtet werden, die unsere Fähigkeiten ergänzen, anstatt sie zu ersetzen. Dies erfordert nicht nur ein Bewusstsein für die Grenzen und Fallstricke von KI, sondern auch eine aktive Förderung von kritischem Denken und technologischem Verständnis. Nur so kann verhindert werden, dass blindes Vertrauen in Technologien zu einem Verlust menschlicher Kontrolle und Autonomie führt – mit potenziell irreversiblen Folgen für unsere Gesellschaft und unser Selbstverständnis.

Psychologische Spannungen: Zwischen Komfort und latenter Unsicherheit

Die Integration von Künstlicher Intelligenz in unser tägliches Leben erzeugt eine vielschichtige Dynamik zwischen gefühltem Komfort und subtiler Verunsicherung. Auf der einen Seite bieten KI-Systeme beispiellose Effizienz und Bequemlichkeit, die uns ein Gefühl von Kontrolle und Sicherheit vermitteln. Sie erleichtern alltägliche Aufgaben, optimieren Arbeitsprozesse und bieten personalisierte Lösungen in Bereichen wie Gesundheitsversorgung, Kommunikation und Konsumverhalten (Noble, 2018, S. 28). Diese scheinbare Sicherheit beruht auf der Annahme, dass Technologien zuverlässig und neutral arbeiten, was den Glauben an eine objektive und unfehlbare Maschine stärkt. Doch hinter dieser Fassade der Effizienz lauert eine tiefere Unsicherheit, die durch die Intransparenz und Komplexität der Systeme ausgelöst wird. Viele Nutzer verstehen die Funktionsweise von KI nicht vollständig, was das Vertrauen in diese Technologien mit einer unterschwelligen Skepsis begleitet (Bryson, 2018a, b, S. 52).

Das Phänomen, dass Sicherheit und Unsicherheit nebeneinander bestehen, wird besonders in Situationen deutlich, in denen Menschen Entscheidungen oder Verantwortung an Maschinen delegieren. Diese Ambivalenz ist oft schwer zu erkennen, da die Bequemlichkeit und die Vorteile, die KI bietet, die zugrunde liegenden Risiken und Unsicherheiten überlagern. Dennoch bleibt die Angst vor technischem Versagen, unvorhergesehenen Fehlentscheidungen oder sogar manipulativen Algorithmen bestehen. Die Tatsache, dass KI-Systeme auf Daten und Algorithmen beruhen, die von Menschen erstellt wurden, bedeutet, dass sie nicht frei von Vorurteilen oder Fehlern sind. Diese systemimmanente Unsicherheit kann das Vertrauen der Nutzer beeinträchtigen, obwohl sie gleichzeitig die Vorteile der Technologie genießen.

Ein zentraler Aspekt dieser Dynamik ist das sogenannte „Kontrollparadox". Dieses Konzept beschreibt, wie sich die Wahrnehmung von Kontrolle verschiebt, wenn Menschen immer stärker von Technologie abhängig werden. Ursprünglich als Werkzeug konzipiert, das die menschliche Autonomie stärkt, kann KI zu einer Macht werden, die diese Autonomie untergräbt. Indem wir zunehmend Verantwortung an KI-Systeme delegieren, reduzieren wir unsere eigene Fähigkeit, informierte Entscheidungen zu treffen und komplexe Probleme unabhängig zu lösen (Weizenbaum, 1976, S. 213). Während Maschinen uns Entscheidungen abnehmen, verlieren wir gleichzeitig die Fähigkeit, diese Entscheidungen kritisch zu hinterfragen und ihre

Konsequenzen vollständig zu verstehen. Langfristig führt dies zu einer Erosion unserer Souveränität und unseres Sicherheitsgefühls, da wir uns zunehmend von Technologien abhängig machen, deren Entscheidungen wir nicht immer nachvollziehen können (Floridi, 2014, S. 59).

Diese psychologischen Spannungen zwischen Komfort und Unsicherheit haben weitreichende Auswirkungen auf unsere Wahrnehmung und unser Verhalten. Einerseits tendieren wir dazu, den Entscheidungen von Maschinen blind zu vertrauen, weil sie effizient und scheinbar objektiv sind. Andererseits schürt das Bewusstsein für mögliche Fehler oder Manipulationen eine tiefe, oft verdrängte Verunsicherung. Diese kognitive Dissonanz – der Konflikt zwischen dem Wunsch nach Sicherheit und der latenten Angst vor Kontrollverlust – ist ein prägendes Merkmal unserer Beziehung zu KI. Sie zwingt uns, nicht nur die Vorteile, sondern auch die Risiken und ethischen Implikationen der Technologie kritisch zu reflektieren.

Insgesamt zeigt sich, dass die psychologische Beziehung zu KI von einer komplexen Wechselwirkung zwischen Vertrauen, Skepsis und der Notwendigkeit zur Selbstbestimmung geprägt ist. Solange wir nicht in der Lage sind, die Mechanismen und Grenzen von KI vollständig zu verstehen und kritisch zu hinterfragen, wird die Spannung zwischen Komfort und Unsicherheit bestehen bleiben. Dies verdeutlicht die Notwendigkeit, sowohl auf individueller als auch auf gesellschaftlicher Ebene Kompetenzen im Umgang mit KI zu fördern, um einen ausgewogenen und reflektierten Umgang mit dieser Technologie zu ermöglichen.

Unfehlbarkeit als Mythos und Verantwortungsprinzip

Die Vorstellung von Unfehlbarkeit in Bezug auf Künstliche Intelligenz hat sich in der breiten Öffentlichkeit und oft auch in Expertenkreisen als ein hartnäckiger Mythos etabliert. Dies liegt vor allem daran, dass KI-Systeme in vielen Bereichen außergewöhnliche Präzision und Effizienz demonstrieren, etwa in der medizinischen Diagnostik, bei Finanzanalysen oder in der Optimierung von Logistikprozessen (Harari, 2018, S. 276). Doch diese Leistungen verstellen häufig den Blick auf die grundlegenden Schwächen und Limitationen solcher Systeme. Die Illusion von Unfehlbarkeit entsteht nicht nur durch die Faszination für technologische Möglichkeiten, sondern auch durch eine fehlende kritische Reflexion über die inhärenten Begrenzungen und potenziellen Gefahren der KI.

Eine der zentralen Schwächen liegt in den zugrunde liegenden Daten, die KI-Systeme für ihr Lernen und ihre Entscheidungsprozesse verwenden.

Daten sind nie neutral; sie spiegeln immer die historischen und sozialen Bedingungen wider, unter denen sie gesammelt wurden (O'Neil, 2016, S. 72). Verzerrte Datensätze können dazu führen, dass KI-Systeme bestehende Ungerechtigkeiten und Diskriminierungen nicht nur reproduzieren, sondern sogar verstärken. Ein Beispiel dafür ist der Einsatz von KI in Strafrechtssystemen, wo Vorhersagealgorithmen in einigen Fällen ethnische Minderheiten systematisch benachteiligt haben (Noble, 2018, S. 56). Solche Ergebnisse sind nicht nur problematisch, weil sie Ungleichheiten verstärken, sondern auch, weil sie oft schwer nachvollziehbar sind. Die Intransparenz vieler KI-Modelle – häufig als „Black Box"-Problem bezeichnet – macht es schwierig, die genauen Mechanismen zu verstehen, die hinter einer Entscheidung stehen (Bryson, 2018a, b, S. 48). Ein weiteres Problem ist die psychologische Tendenz des Menschen, automatisierten Systemen mehr Vertrauen entgegenzubringen, als es rational gerechtfertigt wäre. Studien zeigen, dass viele Menschen die Entscheidungen von KI-Systemen als objektiv und unvoreingenommen wahrnehmen, obwohl diese Wahrnehmung häufig nicht den Tatsachen entspricht (Moor, 2006a, b, S. 29–30). Dieser sogenannte Automatisierungsbias führt dazu, dass algorithmische Entscheidungen oft ohne kritische Hinterfragung akzeptiert werden, selbst wenn sie offenkundige Fehler enthalten. Das blinde Vertrauen in KI kann dabei nicht nur individuelle Fehlentscheidungen begünstigen, sondern auch das gesellschaftliche Risiko erhöhen, wenn KI-Systeme in sicherheitskritischen Bereichen wie dem Verkehr oder der Gesundheitsversorgung versagen.

Angesichts dieser Herausforderungen ist ein reflektierter und verantwortungsbewusster Umgang mit KI unerlässlich. Dieser beginnt mit der Anerkennung der Tatsache, dass KI-Systeme, so beeindruckend sie auch sein mögen, immer von Menschen gestaltet und trainiert werden und daher niemals vollkommen frei von menschlichen Vorurteilen oder Fehlerquellen sein können (Weizenbaum, 1976, S. 229). Ein zentrales Element eines solchen Umgangs ist die klare Zuweisung von Verantwortlichkeiten. Wenn Maschinen zunehmend autonome Entscheidungen treffen, darf die Verantwortung für deren Folgen nicht unklar bleiben oder zwischen Entwickler*innen, Nutzer*innen und Unternehmen aufgeteilt werden, bis sie letztlich niemand mehr trägt. Ebenso wichtig ist die Förderung kritischer Kompetenzen in der breiten Bevölkerung. Es reicht nicht aus, dass Experten die Grenzen und Risiken von KI verstehen; auch Laien müssen befähigt werden, algorithmische Systeme kritisch zu hinterfragen und deren Ergebnisse zu bewerten. Dies könnte durch Bildungskampagnen, transparente Regulierung und eine breitere gesellschaftliche Debatte erreicht werden, die sich nicht nur auf die Vorteile, sondern auch auf die potenziellen Gefahren der KI konzentriert. Nur wenn Menschen lernen, mit den Unzulänglichkeiten der KI umzugehen, können sie deren Potenziale auf konstruktive Weise nutzen.

Letztlich liegt die zentrale Herausforderung in der Schaffung eines Verhältnisses zwischen Mensch und Maschine, das nicht von Illusionen über Unfehlbarkeit geprägt ist, sondern von einem realistischen Verständnis der Stärken und Schwächen beider Seiten. Maschinen können den Menschen unterstützen, entlasten und in vielen Bereichen sogar übertreffen, doch sie bleiben Werkzeuge, die von menschlicher Aufsicht und Verantwortung abhängen. Die Faszination für die technischen Errungenschaften der KI darf nicht dazu führen, dass wir ihre Grenzen übersehen und die notwendigen Kontrollmechanismen vernachlässigen. Nur so kann ein nachhaltiges und vertrauensvolles Miteinander von Mensch und Maschine entstehen, das auf Respekt und Verantwortung basiert – anstelle eines naiven Glaubens an die Perfektion der Technologie.

6.3 Verlernen wir das Misstrauen im Umgang mit Technologie?

In der Geschichte der Technikbegegnung zog sich lange als roter Faden durch, dass Menschen neuen Erfindungen und Maschinen zunächst mit Vorsicht begegneten (Weizenbaum, 1976, S. 213–214). Dieser gesunde Zweifel schützte vor unüberlegter Übernahme und bewahrte die Gesellschaft davor, schädliche Konsequenzen technischer Neuerungen zu ignorieren. In den letzten Jahrzehnten jedoch hat ein Wandel stattgefunden: Die bloße Anwesenheit digitaler Geräte und Dienste in unserem Alltag wird größtenteils als selbstverständlich wahrgenommen – ja, als unabdingbar. Mobiltelefone, soziale Medien, Algorithmen, die uns Empfehlungen aussprechen, all das hat sich mit einer Selbstverständlichkeit in unser Leben eingeschlichen, die kaum noch reflektiert wird (Bryson, 2018a, b, S. 48). Damit geht eine neue Form der Abhängigkeit einher, in der wir den Impuls zu kritischem Hinterfragen immer seltener verspüren.

Dieser Wandel lässt sich nicht nur daran ablesen, wie selbstverständlich wir Technologien nutzen, sondern auch daran, wie wir reagieren, wenn etwas schiefläuft. Kommt es zu Datenpannen, Manipulationen oder einer offensichtlichen Fehlfunktion, empfinden wir oft nur kurzfristig Empörung – um uns dann rasch wieder auf die Effizienz und den Komfort der Technik zu verlassen (O'Neil, 2016, S. 42). Die Frage, ob wir das Misstrauen gegenüber Technologie verlernen, zielt damit auf eine schleichende kulturelle und psychologische Entwicklung, die unser Verhältnis zu digitalen Errungenschaften grundlegend prägt.

Der Mensch entwickelte im Laufe seiner Evolution Strategien, um sich gegen unbekannte Gefahren zu wappnen. Der reflektierte Zweifel oder das Misstrauen gegenüber Neuem ermöglicht eine bewusste Prüfung potenzieller Risiken (Harari, 2018, S. 276). Im technischen Kontext hatte dieser Schutzmechanismus historisch betrachtet eine wichtige Funktion: Ob bei der Einführung der Dampfmaschine oder beim Radio – stets stellte sich zunächst die Frage nach gesellschaftlichen, wirtschaftlichen und gesundheitlichen Folgen, bevor eine breite Akzeptanz stattfinden konnte (Weizenbaum, 1976, S. 225). Diese evolutionäre Vorsicht half, die Risiken neuer Technologien sorgfältig abzuwägen und ihre Integration in soziale Strukturen zu hinterfragen. Dies zeigt sich auch in den Warnungen früher Technologieethiker*innen, die vor unkontrolliertem Fortschritt warnten. Weizenbaum (1976, S. 230) betonte, dass Maschinen immer nur Werkzeuge sein sollten, die der Mensch aktiv steuert, anstatt blind ihrer „Logik" zu folgen. Die Reflexion und das Misstrauen gegenüber neuen Entwicklungen sind daher nicht nur Ausdruck einer kulturellen Zurückhaltung, sondern eine essentielle Überlebensstrategie.

Misstrauen dient jedoch nicht allein als Schutz vor potenziellen Gefahren, sondern ist zugleich ein Instrument der Selbstbestimmung. Durch Skepsis wahren Menschen ihre Autonomie, indem sie die Motive und Hintergründe neuer Entwicklungen hinterfragen (Moor, 2006a, b, S. 28). Die Fähigkeit, kritische Distanz zu wahren, erlaubt es, sich nicht von technologischen Zwängen vereinnahmen zu lassen und aktiv über die eigene Nutzung und Integration von Technik zu entscheiden.

Fehlt jedoch diese innere Stimme des Zweifels, laufen wir Gefahr, uns passiv den Strukturen und Interessen zu unterwerfen, die hinter den Technologien stehen (Noble, 2018, S. 28). Besonders im Zeitalter der Künstlichen Intelligenz ist diese Gefahr greifbar: Algorithmen, die unseren Alltag erleichtern sollen, können unbemerkt Entscheidungsprozesse beeinflussen, unsichtbare Kontrollmechanismen einführen und soziale Ungleichheiten verstärken. Noble (2018, S. 36) hebt hervor, dass Algorithmen oft bestehende Vorurteile und Machtstrukturen reproduzieren, weil sie auf historischen Daten basieren, die nicht neutral sind. Das Fehlen eines gesunden Misstrauens bedeutet in solchen Fällen, dass wir uns diesen Mechanismen unbewusst ausliefern. Die psychologische Dynamik hinter dieser Entwicklung ist vielschichtig. Technologie vermittelt ein Gefühl von Sicherheit und Kontrolle, das häufig eine trügerische Illusion ist. Menschen neigen dazu, technischen Systemen mehr Vertrauen entgegenzubringen als anderen

Menschen, weil Maschinen als objektiv und unbestechlich wahrgenommen werden. Doch diese Annahme übersieht, dass jede Technologie das Produkt menschlicher Entscheidungen und Interessen ist.

Die schleichende Erosion des Misstrauens gegenüber Technologie hat weitreichende Konsequenzen. Zum einen schwächt sie die Fähigkeit zur kritischen Reflexion, was dazu führen kann, dass Individuen und Gesellschaften zunehmend manipulierbar werden. Zum anderen kann die Abhängigkeit von scheinbar fehlerfreien Systemen dazu führen, dass menschliche Fähigkeiten zur Problemlösung und Entscheidungsfindung verkümmern. Dies betrifft nicht nur individuelle Kompetenzen, sondern auch die kollektive Fähigkeit, technologische Entwicklungen kritisch zu begleiten und zu regulieren.

Die Wiederbelebung des gesunden Zweifels ist daher nicht nur eine Frage persönlicher Autonomie, sondern auch eine gesellschaftliche Notwendigkeit. Nur durch ein reflektiertes Misstrauen können wir sicherstellen, dass Technologien uns unterstützen, anstatt uns zu kontrollieren. Dieses Misstrauen sollte jedoch nicht in Ablehnung oder technologische Feindseligkeit umschlagen. Vielmehr bedarf es eines balancierten Umgangs, bei dem sowohl die Vorteile als auch die Risiken neuer Technologien bewusst reflektiert werden. Turkle (2011, S. 89) argumentiert, dass technologische Errungenschaften nur dann wirklich zum menschlichen Fortschritt beitragen können, wenn sie im Kontext ethischer und sozialer Werte betrachtet werden.

Der Verlust des gesunden Misstrauens gegenüber Technologie stellt eine der größten Herausforderungen unserer Zeit dar. Die Verführungskraft der Effizienz und Bequemlichkeit moderner Technologien darf nicht dazu führen, dass wir unsere Fähigkeit zur kritischen Reflexion aufgeben. Die Wiederbelebung des gesunden Zweifels ist nicht nur ein Schutzmechanismus, sondern auch ein Ausdruck von Selbstbestimmung und Menschlichkeit. Nur durch einen bewussten und reflektierten Umgang mit Technologien können wir sicherstellen, dass der Mensch die Kontrolle behält.

Die Verführung des Bequemen: Warum wir vertrauen

Die Verführung des Bequemen ist ein Phänomen, das tief in den psychologischen und gesellschaftlichen Strukturen moderner Gesellschaften verwurzelt ist. Sie spiegelt nicht nur unsere individuellen Präferenzen für Zeitersparnis und Komfort wider, sondern zeigt auch die systematische Verlagerung von Entscheidungsprozessen von Menschen hin zu Maschinen. Diese Verschiebung, so angenehm sie auch scheinen mag, birgt weitreichende psychologische und ethische Konsequenzen. Technologien, die darauf ausgelegt sind, uns alltägliche Mühen abzunehmen, prägen nicht nur unser Verhalten, sondern auch unsere Wahrnehmung von Kontrolle und Verantwortung.

Ein wesentlicher Grund für das Vertrauen in solche Technologien ist die Tatsache, dass sie uns erlauben, mit weniger Aufwand mehr zu erreichen. Wenn Zeitdruck omnipräsent ist, wird jede Gelegenheit, Aufgaben zu vereinfachen, als Gewinn betrachtet (Bryson, 2018a, b, S. 49). Doch diese Bequemlichkeit hat ihren Preis. Die regelmäßige Nutzung algorithmischer Assistenz führt zu einem Phänomen, das als „technologische Abhängigkeit" bezeichnet werden könnte: Die Fähigkeit, Aufgaben eigenständig zu bewältigen, wird allmählich verlernt. Menschen verlassen sich immer mehr auf externe Systeme, wodurch ihre eigenen kognitiven und praktischen Fähigkeiten geschwächt werden. Diese Dynamik ist nicht nur individuell bedeutsam, sondern hat auch gesellschaftliche Implikationen, da sie die Autonomie ganzer Gruppen untergraben kann. Ein zentrales Element, das diese Entwicklung verstärkt, ist der Mythos der Neutralität. Die Idee, dass Maschinen keine Vorurteile haben können, weil sie auf Daten basieren, ist verlockend, aber trügerisch. Algorithmen werden von Menschen entwickelt, und die Daten, auf denen sie basieren, sind Produkte sozialer und historischer Kontexte. Studien haben gezeigt, dass maschinelles Lernen unbewusst die Vorurteile seiner Schöpfer und der verwendeten Datensätze übernimmt (Noble, 2018, S. 56). Dies hat bereits in verschiedenen Bereichen zu problematischen Entscheidungen geführt, etwa in der Kreditvergabe, bei Strafvollzugsprognosen oder bei Bewerbungsverfahren (O'Neil, 2016, S. 45). Dennoch hält sich der Glaube, dass Algorithmen objektiv und unfehlbar seien, hartnäckig. Dieser Glaube wird nicht zuletzt von den Anbietern der Technologie aktiv gefördert, da er das Vertrauen der Nutzer stärkt und den Einsatz dieser Systeme legitimiert. Die psychologische Dynamik hinter diesem Vertrauen ist eng mit der menschlichen Neigung verbunden, kognitive Dissonanz zu vermeiden. Indem wir davon ausgehen, dass die von Maschinen getroffenen Entscheidungen korrekt sind, vermeiden wir die unangenehme Aufgabe, ihre Grundlage zu hinterfragen oder ihre Ergebnisse kritisch zu bewerten. Der Komfort, den Maschinen bieten, wird so zu einer Art mentaler Abkürzung, die uns davor bewahrt, Verantwortung für die eigenen Entscheidungen zu übernehmen. Diese „Delegation des Denkens" ist jedoch nicht ohne Risiko. Sie schwächt unsere Fähigkeit, komplexe Probleme zu lösen, und macht uns anfällig für die Manipulation durch die Strukturen, die die Maschinen kontrollieren (Moor, 2006a, b, S. 34).

Die Verführung des Bequemen hat auch tiefgreifende gesellschaftliche Auswirkungen. Die Normalisierung algorithmischer Entscheidungsfindung führt dazu, dass die Systeme, die unsere täglichen Entscheidungen lenken, zunehmend undurchsichtig werden. Diese „Black-Box-Systeme" erschweren es nicht nur Laien, sondern auch Experten, die genauen Mechanismen hinter den Algorithmen zu verstehen. Dies führt zu einem Verlust an Transparenz und Rechenschaftspflicht, was wiederum das Vertrauen in demokratische und institutionelle Prozesse untergräbt. Paradoxerweise verstärkt dies das Vertrauen in die Algorithmen selbst, da die Nutzer keine Alternativen sehen oder keine Kapazitäten haben, die Systeme zu hinterfragen.

Die Lösung dieses Dilemmas erfordert eine stärkere Sensibilisierung für die Grenzen und Risiken algorithmischer Systeme. Bildung und Aufklärung über die Funktionsweise und die potenziellen Verzerrungen von KI und Algorithmen müssen ein integraler Bestandteil moderner Gesellschaften werden. Nur so können wir sicherstellen, dass die Verführung des Bequemen nicht in eine Abhängigkeit mündet, die uns langfristig unsere Autonomie kostet. Gleichzeitig müssen regulatorische Mechanismen geschaffen werden, die Transparenz und Verantwortlichkeit bei der Entwicklung und Implementierung dieser Technologien sicherstellen. Denn letztlich liegt es an uns, zu entscheiden, ob wir Technologie als Werkzeug nutzen oder uns von ihr dominieren lassen wollen.

Die unsichtbaren Mechanismen: Algorithmen als stille Entscheider

Moderne Algorithmen und KI-Systeme operieren in einer Weise, die sowohl faszinierend als auch beunruhigend ist. Während frühere Technologien durch ihre physische Präsenz oder offensichtliche Handhabung unmittelbar wahrnehmbar waren, agieren heutige technologische Systeme häufig unbemerkt im Hintergrund. Sie analysieren, bewerten und steuern Entscheidungen, die unser Leben prägen, ohne dass wir uns ihrer Mechanismen oder gar ihrer Existenz bewusst sind (Bryson, 2018a, b, S. 52). Diese Unsichtbarkeit schafft eine Illusion der Neutralität, in der die Entscheidungen der Maschinen als objektiv und unfehlbar wahrgenommen werden. In Wirklichkeit jedoch arbeiten Algorithmen nach spezifischen Vorgaben und Interessen, die von ihren Entwicklern festgelegt wurden. Der Benutzer erlebt die Ergebnisse dieser Berechnungen als passgenaue Empfehlungen – sei es in Form personalisierter Werbung, optimierter Suchergebnisse oder maßgeschneiderter

Unterhaltungsangebote –, ohne zu hinterfragen, wie diese zustande gekommen sind.

Diese Unsichtbarkeit hat weitreichende Konsequenzen. Sie ermöglicht nicht nur Komfort und Bequemlichkeit, sondern birgt auch die Gefahr, dass wir unsere Fähigkeit zur kritischen Reflexion verlieren. Denn während Algorithmen als unterstützende Werkzeuge dienen können, agieren sie in vielen Fällen als stille Entscheider, die unsere Weltwahrnehmung formen. Nachrichtenfeeds, Suchergebnisse oder Produktempfehlungen werden so kuratiert, dass sie unseren vermeintlichen Vorlieben entsprechen, doch die Filterprozesse, die diesen Entscheidungen zugrunde liegen, bleiben intransparent (O'Neil, 2016, S. 72). Diese selektive Darstellung von Informationen führt dazu, dass wir zunehmend in einer „Filterblase" leben, in der wir nur noch Inhalte sehen, die unseren bestehenden Überzeugungen und Präferenzen entsprechen (Pariser, 2011, S. 45).

Während der Einzelne den Komfort und die Zeitersparnis durch personalisierte Angebote genießt, schwindet die Fähigkeit, alternative Perspektiven wahrzunehmen und kritisch zu hinterfragen. Dies ist besonders problematisch in gesellschaftlichen und politischen Kontexten, in denen die Verbreitung von Informationen und Meinungen entscheidend für eine funktionierende Demokratie ist. Wenn Algorithmen gezielt Nachrichten priorisieren oder ausblenden, können sie subtil, aber effektiv Meinungsbilder beeinflussen und öffentliche Diskurse verzerren (Noble, 2018, S. 91). Diese Manipulation geschieht oft so subtil, dass sie unbemerkt bleibt, wodurch sich eine neue Form der Kontrolle etabliert: eine Kontrolle, die nicht auf Zwang oder direkter Einflussnahme beruht, sondern auf der geschickten Steuerung dessen, was wir wahrnehmen.

Die psychologischen Auswirkungen dieser Entwicklung sind ebenso bedeutsam wie die technologischen. Der Mensch neigt dazu, Maschinen als objektiv und rational zu betrachten, insbesondere wenn deren Entscheidungsprozesse komplex und undurchschaubar sind (Fogg, 2003, S. 33). Diese Annahme kann dazu führen, dass wir den Entscheidungen von Algorithmen mehr vertrauen als unserem eigenen Urteilsvermögen. Gleichzeitig wird unsere Wahrnehmung der Welt zunehmend von diesen Systemen geprägt, was zu einem schleichenden Verlust an Autonomie führen kann. Der Prozess, eigenständig Informationen zu suchen und zu bewerten, wird ersetzt durch die passive Annahme von Vorschlägen, die uns präsentiert werden. Diese Entwicklung schwächt nicht nur unsere kritischen Denkfähigkeiten, sondern kann auch zu einem Gefühl der Ohnmacht führen, wenn Entscheidungen immer häufiger von Systemen getroffen werden, deren Funktionsweise wir nicht verstehen. Besonders problematisch wird diese

Dynamik, wenn Algorithmen nicht nur passive Vorschläge unterbreiten, sondern aktiv Entscheidungen in unserem Namen treffen. Beispiele hierfür finden sich in der Kreditvergabe, in der Algorithmen darüber entscheiden, wer einen Kredit erhält und wer nicht, oder in der Strafjustiz, in der KI-Systeme Prognosen über die Rückfallwahrscheinlichkeit von Straftätern treffen (Eubanks, 2018, S. 88). Solche Entscheidungen haben reale, oft gravierende Konsequenzen für das Leben der Betroffenen, und doch fehlt es häufig an Transparenz und Verantwortlichkeit. Wer ist letztlich verantwortlich, wenn ein Algorithmus diskriminierende Entscheidungen trifft? Programmierer*innen, Nutzer*innen oder das System selbst? Diese Fragen bleiben oft unbeantwortet, was die Unsichtbarkeit der Entscheidungsprozesse noch problematischer macht.

Die zunehmende Integration von Algorithmen in unseren Alltag erfordert daher eine kritische Auseinandersetzung mit ihrer Rolle und ihren Auswirkungen. Es reicht nicht aus, sie als bloße Werkzeuge zu betrachten, die uns das Leben erleichtern. Vielmehr müssen wir erkennen, dass sie aktiv unsere Wahrnehmung und unsere Entscheidungen beeinflussen. Dies erfordert nicht nur technologische Kompetenz, sondern auch psychologische Sensibilität. Denn nur wenn wir die unsichtbaren Mechanismen hinter den Algorithmen verstehen, können wir ihre Auswirkungen auf unsere Autonomie und unsere Gesellschaft kritisch hinterfragen und gegebenenfalls regulieren. Andernfalls laufen wir Gefahr, in einer Zukunft zu leben, in der unsere Entscheidungen zunehmend von Systemen bestimmt werden, die wir weder sehen noch kontrollieren können.

Ursachen für den Schwund des Misstrauens

Die Entwicklung eines zunehmend kritiklosen Umgangs mit Technologie lässt sich auf mehrere Faktoren zurückführen, die sowohl psychologische als auch gesellschaftliche Dimensionen umfassen. Dabei spielt insbesondere die Prägung durch digitale Lebenswelten, die kulturelle Bewertung von Misstrauen und die subtile Manipulation durch Technologieanbieter eine zentrale Rolle. Die Generationen, die nach der Jahrtausendwende geboren wurden, sind in eine Welt hineingewachsen, in der digitale Technologien allgegenwärtig sind. Für diese sogenannten „Digital Natives" ist die Präsenz smarter Geräte, KI-gestützter Assistenten und algorithmischer Entscheidungen eine Selbstverständlichkeit. Technologien wie Smartphones, Sprachassistenten oder soziale Netzwerke sind nicht nur Werkzeuge, sondern integrale Bestandteile ihres Lebens. Die intuitive Nutzung dieser Systeme erfolgt oft ohne kritische Hinterfragung ihrer Funktionsweise oder möglicher Auswirkungen (Moor, 2006a, b, S. 30).

Im Gegensatz dazu war für ältere Generationen die Einführung neuer Technologien häufig mit einem Bewusstsein für deren potenzielle Risiken verbunden. Die Umstellung von analogen zu digitalen Systemen erforderte eine Anpassung, die Fragen und Skepsis hervorrief. Jüngere Generationen hingegen erleben keinen Bruch, sondern eine Kontinuität – von interaktiven Spielzeugen im Kindesalter bis hin zu vollautomatisierten Geräten im Erwachsenenleben. Diese lückenlose Einbettung in digitale Umgebungen führt dazu, dass das Misstrauen gegenüber Technologie erst gar nicht entsteht. Diese Entwicklung wird durch die wachsende Benutzerfreundlichkeit von Technologien verstärkt, die als „unsichtbare Systeme" gestaltet sind und den Nutzern ihre Komplexität vorenthalten (Harari, 2018, S. 277). Die psychologische Folge ist eine reduzierte Reflexionsbereitschaft, die die Kluft zwischen Nutzern und Entwicklern von Technologien weiter vertieft.

Parallel zur veränderten Beziehung zur Technologie hat sich in vielen Gesellschaften eine kulturelle Abwertung von Misstrauen entwickelt. Vertrauen gilt als fundamentaler Bestandteil einer funktionierenden Gesellschaft. Es wird häufig als Grundlage für Fortschritt, Kooperation und sozialen Zusammenhalt betrachtet. Diese positive Bewertung von Vertrauen spiegelt sich sowohl in zwischenmenschlichen Beziehungen als auch in der Art und Weise wider, wie wir Technologie begegnen.

Misstrauen hingegen wird oft als Hindernis wahrgenommen. Es wird mit Pessimismus, Rückschritt oder sogar mit Verschwörungstheorien assoziiert. Besonders in technologischen Kontexten wird der Skeptiker schnell als Fortschrittsfeind abgestempelt. Doch ein gewisses Maß an Misstrauen ist nicht nur gesund, sondern notwendig, um Machtungleichgewichte und potenziellen Missbrauch zu hinterfragen (Weizenbaum, 1976, S. 213). Der Psychologe Joseph Weizenbaum warnte bereits früh davor, dass blinder Glaube an technologische Systeme dazu führen könne, dass Menschen ihre Autonomie und kritische Denkfähigkeit aufgeben. In einem technologischen Umfeld, das zunehmend von großen Konzernen dominiert wird, ist diese Dynamik besonders problematisch. Unternehmen wie Google, Meta oder Amazon haben nicht nur die Werkzeuge entwickelt, die wir täglich nutzen, sondern sie prägen auch die Narrative, die unser Vertrauen in diese Technologien fördern. Die Rhetorik der „unfehlbaren Technologie" und die Betonung ihrer Vorteile führen dazu, dass Skepsis als unzeitgemäß oder kontraproduktiv dargestellt wird (Bryson, 2018a, b, S. 61). Dies verstärkt die Tendenz, kritische Fragen zu unterdrücken, und macht es schwieriger, ein gesundes Gleichgewicht zwischen Vertrauen und Misstrauen zu finden.

Ein weiterer Aspekt des schwindenden Misstrauens ist die zunehmende Rolle, die Technologie als Ersatz für zwischenmenschliches Vertrauen spielt. Studien zeigen, dass Menschen sich in vielen Fällen stärker auf algorithmische Entscheidungen verlassen als auf menschliche Urteile, da Algorithmen als neutral und unvoreingenommen wahrgenommen werden (Eubanks, 2018, S. 94). Diese Tendenz wird durch die Tatsache verstärkt, dass Maschinen keine Fehler aus Schwäche, Emotion oder Unaufmerksamkeit machen – Eigenschaften, die dem Menschen zugeschrieben werden. Doch diese Annahme übersieht die Tatsache, dass Algorithmen von Menschen programmiert werden und daher die Vorurteile und Fehler ihrer Entwickler widerspiegeln können. Die zunehmende Abhängigkeit von Technologie als Ersatz für menschliches Vertrauen hat tiefgreifende psychologische Folgen. Menschen neigen dazu, Technologie als „perfekten Partner" zu idealisieren, der nicht enttäuscht, nicht verurteilt und immer verfügbar ist. Doch diese Illusion von Perfektion kann langfristig dazu führen, dass zwischenmenschliche Beziehungen vernachlässigt werden. Wenn technologische Systeme als verlässlicher wahrgenommen werden als Menschen, wird die Fähigkeit, Vertrauen in anderen aufzubauen und aufrechtzuerhalten, geschwächt.

Der Schwund des Misstrauens gegenüber Technologie ist ein komplexes Phänomen, das in mannigfaltigen kulturellen, sozialen und psychologischen Veränderungen verwurzelt ist. Die zunehmende Selbstverständlichkeit, mit der digitale Technologien genutzt werden, die gesellschaftliche Abwertung von Skepsis und die subtile Manipulation durch Technologieanbieter führen dazu, dass kritische Reflexion verdrängt wird. Doch gerade in einer Zeit, in der Technologie unser Leben in nie dagewesenem Ausmaß prägt, ist ein gesundes Maß an Misstrauen unabdingbar. Es gilt, Misstrauen nicht als Hindernis, sondern als notwendige Bedingung für Autonomie und kritisches Denken zu rehabilitieren. Nur so kann die Balance zwischen den Vorteilen der Technologie und den Risiken ihres unkritischen Einsatzes gewahrt bleiben.

Gefahren eines zu großen Vertrauens: Datenlecks, Kontrolle, Abhängigkeit

Die fortschreitende Integration von KI in immer mehr Lebensbereiche bringt unweigerlich die Frage nach den Gefahren eines übermäßigen Vertrauens in diese Technologien mit sich. Eine der größten Risiken liegt in der Verwundbarkeit durch Datenlecks und Hackerangriffe. Trotz der zunehmenden Häufigkeit solcher Vorfälle bleibt die gesellschaftliche Reaktion darauf oft bemerkenswert oberflächlich und kurzlebig. Die schnelle Rückkehr zur Normalität zeigt, wie stark wir uns an die Bequemlichkeit digitaler Technologien gewöhnt haben und wie ungern wir uns die potenziellen Konsequenzen eines Lebens „ohne" vorstellen. Dies führt zu einer unreflektierten Sorglosigkeit, die übersieht, wie gefährlich der Verlust sensibler Daten sein kann. Wenn private Informationen, Gesundheitsdaten oder finanzielle Details in die falschen Hände geraten, wird nicht nur die individuelle Sicherheit, sondern auch das Vertrauen in grundlegende gesellschaftliche Strukturen erschüttert (Noble, 2018, S. 28; O'Neil, 2016, S. 44). Ein weiteres Problem ergibt sich aus der zunehmenden Delegation von Entscheidungen an KI-Systeme. Je mehr wir uns auf Algorithmen verlassen, desto mehr verlernen wir, eigene Entscheidungen zu treffen und ihre Konsequenzen kritisch zu hinterfragen. KI-Systeme treffen Entscheidungen in Bereichen, die früher ausschließlich Menschen vorbehalten waren, wie etwa der Gesundheitsdiagnostik, der Kreditvergabe oder der Personalauswahl. Dieser blinde Glaube an die Unfehlbarkeit von Maschinen schwächt unsere Fähigkeit, Fehler zu erkennen, unvorhergesehene Konsequenzen zu antizipieren und Korrekturen vorzunehmen (Harari, 2018, S. 278). Joseph Weizenbaum warnt bereits in den 1970er-Jahren davor, dass die zunehmende Abhängigkeit von Maschinen die menschliche Urteilsfähigkeit langfristig untergraben könnte (Weizenbaum, 1976, S. 225). Diese Gefahr wird heute durch intransparente algorithmische „Black Boxes" noch verstärkt.

Ein zentraler Ansatz zur Bewältigung dieser Herausforderungen ist die Vermittlung kritischer Medienkompetenz. Der Umgang mit digitalen Technologien sollte nicht auf die bloße Bedienung beschränkt bleiben, sondern Menschen dazu befähigen, die Funktionsweise von Algorithmen zu verstehen, die Mechanismen der Datengewinnung zu durchschauen und die wirtschaftlichen Interessen, die hinter diesen Technologien stehen, kritisch zu hinterfragen (Bryson, 2018a, b, S. 52). Dies erfordert eine Bildung, die nicht nur technisches Wissen, sondern auch ethische und gesellschaftliche Zusammenhänge vermittelt. Nur wer die Prinzipien von Empfehlungssystemen oder Scoring-Algorithmen versteht, kann deren Einfluss bewusst erkennen und selbstbestimmte Entscheidungen treffen (Noble, 2018, S. 111).

Parallel zur individuellen Aufklärung ist es ebenso notwendig, strukturelle Veränderungen auf gesellschaftlicher Ebene einzuleiten. Gesetzgeber und Institutionen tragen eine wesentliche Verantwortung, transparente und demokratisch kontrollierbare Rahmenbedingungen für den Einsatz von KI zu schaffen. Der Ansatz der „erklärbaren KI" bietet hier ein vielversprechendes Konzept: Durch die Entwicklung von Systemen, die ihre Entscheidungsprozesse offenlegen, könnten Bürger*innen und zivilgesellschaftliche Organisationen Einblick in die Logik und die zugrunde liegenden Daten dieser Systeme gewinnen (Moor, 2006a, b, S. 36). Ergänzend dazu könnten unabhängige Prüfstellen eingerichtet werden, die sicherstellen, dass KI-Systeme ethischen und rechtlichen Standards entsprechen (O'Neil, 2016, S. 42).

Die technologischen Entwicklungen der letzten Jahrzehnte haben uns zweifellos zahlreiche neue Freiheiten und Möglichkeiten eröffnet. Doch diese Errungenschaften kommen nicht ohne Risiken. Die Tendenz, Technologie als inhärent positiv zu betrachten, birgt die Gefahr, dass wir unsere Autonomie und Entscheidungsfreiheit schleichend aufgeben (Weizenbaum, 1976, S. 229; Harari, 2018, S. 279). Besonders alarmierend ist das Verlernen eines gesunden Misstrauens, das uns davon abhält, die Machtverhältnisse hinter den digitalen Diensten und Systemen kritisch zu hinterfragen.

Misstrauen gegenüber Technologie ist nicht als technikfeindlich zu verstehen, sondern als Ausdruck einer reflektierten, emanzipierten Haltung. Es fordert uns auf, den Einfluss digitaler Werkzeuge bewusst zu gestalten, ihre Grenzen zu erkennen und Verantwortlichkeiten einzufordern (Noble, 2018, S. 56). Diese Haltung ermöglicht es uns, das Potenzial moderner Technologien zu nutzen, ohne ihre Risiken zu ignorieren. Misstrauen ist dabei keine Barriere für Innovation, sondern ein notwendiges Korrektiv, das uns hilft, Vielfalt, Sicherheit und Freiheit in einer digitalen Welt zu wahren (Bryson, 2018a, b, S. 61). Nur durch eine ausgewogene Balance zwischen Offenheit und Wachsamkeit können wir sicherstellen, dass Technologie im Dienste der Menschen steht – und nicht umgekehrt.

Literatur

Brynjolfsson, E., & McAfee, A. (2014). *The Second Machine Age: Work, Progress, and Prosperity in a Time of Brilliant Technologies*. W. W. Norton & Company.

Bryson, J. J. (2018a). Patiency is not a virtue: AI and the design of ethical systems. *Ethics and Information Technology, 20*(1), 15–26.

Bryson, J. J. (2018b). The Artificial Intelligence Transparency Paradox: Why Better AI Demands Better Policy. Brookings Institution Press.

Eubanks, V. (2018). *Automating Inequality: How High-Tech Tools Profile, Police, and Punish the Poor*. St. Martin's.

Floridi, L. (2014). The Fourth Revolution: How the Infosphere is Reshaping Human Reality. Oxford University Press.

Floridi, L. (2016). On human dignity as a foundation for the right to privacy. *Philosophy & Technology, 29*(4), 307–312.

Fogg, B. J. (2003). *Persuasive Technology: Using Computers to Change What We Think and Do*. Morgan Kaufmann.

Harari, Y. N. (2018). 21 Lessons for the 21st Century. Spiegel & Grau.

Moor, J. H. (2006a). The nature, importance, and difficulty of machine ethics. *IEEE Intelligent Systems, 21*(4), 18–21.

Moor, J. H. (2006b). Why we need better ethics for emerging technologies. *Ethics and Information Technology, 8*(4), 27–36.

Noble, S. U. (2018). *Algorithms of Oppression: How Search Engines Reinforce Racism*. New York University Press.

O'Neil, C. (2016). *Weapons of Math Destruction: How Big Data Increases Inequality and Threatens Democracy*. Crown.

Pariser, E. (2011). *The Filter Bubble: What the Internet Is Hiding from You*. Penguin Press.

Weizenbaum, J. (1976). *Computer Power and Human Reason: From Judgment to Calculation*. Freeman.

7

Die Angst vor der Übernahme: KI als Bedrohung für die menschliche Existenz?

„Am Anfang jeder übernommenen Verpflichtung stehe diese: über das Maß seiner Kraft, seiner Ausdauer, seines Opfermutes im klaren zu sein – oder die Übernahme selbst wird zur Schuld."

– Arthur Schnitzler

Die rasante Entwicklung Künstlicher Intelligenz (KI) hat die Welt nachhaltig verändert, indem sie Effizienz, Innovation und völlig neue Möglichkeiten geschaffen hat. Gleichzeitig löst sie jedoch tief sitzende Ängste aus, die weit über die technologischen Aspekte hinausgehen. Diese Ängste betreffen nicht nur den möglichen Arbeitsplatzverlust oder ethische Dilemmata, sondern zielen auf existenzielle Fragen ab: Wird KI eines Tages die Kontrolle über zentrale Bereiche des menschlichen Lebens übernehmen? Könnten Maschinen gar die Menschheit verdrängen? Solche Szenarien, die in Science-Fiction-Erzählungen seit Jahrzehnten präsent sind, erscheinen vielen heute weniger unwahrscheinlich – nicht zuletzt aufgrund der exponentiellen Fortschritte in der KI-Forschung und -Anwendung (Bostrom, 2014, S. 115; Russell & Norvig, 2021, S. 345).

Diese Befürchtungen sind weder rein irrational noch vollständig spekulativ. Sie spiegeln grundlegende psychologische Mechanismen wider, die tief in der menschlichen Natur verankert sind. Ungewissheit, die Angst vor Kontrollverlust und die Bedrohung der menschlichen Einzigartigkeit verstärken das Gefühl, dass KI nicht nur ein technisches Werkzeug, sondern ein potenzieller Konkurrent ist, der den Menschen aus seiner zentralen Rolle in der Welt verdrängen könnte (Yudkowsky, 2008, S. 15). Diese Ängste sind nicht einfach Symptome von technophober Panik, sondern Ausdruck einer ernst zu nehmenden gesellschaftlichen und individuellen Auseinandersetzung mit einer Technologie, die unser Verständnis von Arbeit, Autonomie und Menschlichkeit infrage stellt.

Die Angst vor dem Unbekannten: Evolutionäre Grundlagen der Unsicherheit
Die Angst vor KI lässt sich bis zu den evolutionären Wurzeln der menschlichen Psyche zurückverfolgen. Menschen haben seit jeher mit dem Unbekannten gerungen, sei es durch das Erkunden unentdeckter Gebiete, das Erleben fremder Kulturen oder das Erforschen neuer Technologien. Diese Unsicherheit hat die Vorsicht geschärft, aber auch irrationale Ängste ausgelöst. KI repräsentiert für viele das ultimative Unbekannte: eine Technologie, die weit über die menschliche Intelligenz hinauswachsen könnte und deren komplexe Entscheidungsprozesse oft als „Black Box" erscheinen (Heath, 2020, S. 298).

Dieses Gefühl der Ungewissheit wird durch die zunehmende Autonomie von KI verstärkt. Während frühere Technologien klar kontrollierbar und durchschaubar waren, agieren moderne KI-Systeme oft eigenständig und sind nur schwer vorhersehbar. Für viele Menschen wirkt dies bedrohlich, da die Fähigkeit, die Welt zu verstehen und zu kontrollieren, eine zentrale Rolle in der menschlichen Psyche spielt. Das Unbekannte, das KI verkörpert, ist nicht nur ein technisches Problem, sondern auch ein tiefgreifendes psychologisches: Es zwingt uns, unsere eigenen Grenzen zu erkennen und uns mit der Möglichkeit auseinanderzusetzen, dass wir nicht länger die dominierende Spezies auf diesem Planeten sein könnten.

Kontrollverlust und die Bedrohung menschlicher Autonomie
Ein weiterer zentraler Aspekt der Angst vor KI ist die Furcht vor dem Verlust der Kontrolle. Menschen haben eine natürliche Tendenz, ihr Umfeld gestalten und beeinflussen zu wollen. Diese Kontrolle gibt Sicherheit und ermöglicht es, Risiken zu minimieren. KI jedoch hat das Potenzial, diesen grundlegenden Kontrollmechanismus zu untergraben, indem sie Entscheidungen trifft, die nicht immer im Einklang mit menschlichen Werten oder Absichten stehen.

Die Vorstellung, dass KI eines Tages Entscheidungen treffen könnte, die für uns unverständlich oder unvorhersehbar sind, ist beunruhigend. Ein autonomes Fahrzeug, das einen Unfall verursacht, oder ein Algorithmus, der ungerechte Entscheidungen trifft, verdeutlichen diese Problematik. Noch beunruhigender ist die Möglichkeit, dass fortgeschrittene KI-Systeme ihre eigenen Ziele entwickeln könnten, die nicht mit den Interessen der Menschheit übereinstimmen – ein Szenario, das häufig in Diskussionen über „Superintelligenz" thematisiert wird (Bostrom, 2014, S. 125).

Der Verlust der Kontrolle über KI-Systeme ist jedoch nicht nur eine Frage der Technologie, sondern auch eine Frage der Machtverhältnisse. Wer entscheidet, wie KI eingesetzt wird? Wem gehören die Daten, auf denen sie basiert? Wer trägt die Verantwortung für ihre Entscheidungen? Diese Unsicherheiten schüren Ängste und verstärken das Gefühl, dass die Menschheit die Kontrolle über ihre eigene Zukunft verlieren könnte.

Die Bedrohung der menschlichen Einzigartigkeit
Ein besonders tiefgreifender Aspekt der Angst vor KI ist die Sorge, dass Maschinen menschliche Fähigkeiten nicht nur ergänzen, sondern übertreffen könnten. Schon heute zeigen KI-Systeme beeindruckende Leistungen in Bereichen, die traditionell als „menschlich" galten, wie etwa kreative Tätigkeiten, Problemlösungsprozesse oder emotionale Interaktionen. Dies stellt unser Selbstverständnis als einzigartige, kreative und empathische Wesen infrage.

Die Bedrohung der menschlichen Einzigartigkeit durch KI ist nicht nur technologischer Natur, sondern auch philosophisch und existenziell. Wenn Maschinen in der Lage sind, Kunst zu schaffen, komplexe Entscheidungen zu treffen oder emotionale Bindungen einzugehen, was unterscheidet sie dann noch vom Menschen? Die Idee, dass Maschinen eines Tages über menschliche Fähigkeiten hinauswachsen könnten, provoziert eine fundamentale Identitätskrise. Sie zwingt uns, die Frage zu stellen: Was bedeutet es, Mensch zu sein?

Diese Frage ist nicht neu. Schon im 20. Jahrhundert haben Philosophen wie Martin Heidegger und Hannah Arendt die Auswirkungen technologischer Entwicklungen auf das menschliche Selbstverständnis untersucht. Doch KI bringt diese Diskussion auf eine neue Ebene. Während frühere Technologien lediglich Werkzeuge waren, die den Menschen unterstützten, hat KI das Potenzial, den Menschen als zentrale Gestaltungsinstanz abzulösen.

Ein weiterer Faktor, der die Angst vor KI nährt, ist ihre Darstellung in der Populärkultur. Filme wie *Terminator*, *Ex Machina* oder *I, Robot* haben die Vorstellung einer KI geprägt, die ihre Schöpfer übertrifft und schließlich gegen sie wendet. Diese Darstellungen mögen überzogen erscheinen, doch sie spiegeln reale Ängste wider. Sie verdeutlichen, wie tief die Angst vor einer Übernahme durch Maschinen in der kollektiven Vorstellungskraft verankert ist.

Diese Narrative sind nicht nur unterhaltsam, sondern auch lehrreich, da sie die ethischen, sozialen und psychologischen Herausforderungen einer KI-dominierten Welt aufzeigen. Sie erinnern uns daran, dass technologischer Fortschritt nicht nur Vorteile bringt, sondern auch Risiken birgt, die sorgfältig abgewogen werden müssen.

Während viele Ängste vor KI auf Spekulationen und Unsicherheiten beruhen, gibt es auch konkrete Herausforderungen, die ernst genommen werden müssen. Dazu gehören Fragen der Regulierung, der Verantwortung und der ethischen Gestaltung von KI-Systemen. Die Angst vor der Übernahme durch KI ist nicht zwangsläufig irrational, sondern ein Ausdruck der Notwendigkeit, den technologischen Fortschritt kritisch zu begleiten.

Um diese Ängste zu adressieren, ist es entscheidend, Transparenz und Aufklärung zu fördern. Menschen müssen verstehen, wie KI funktioniert, welche Potenziale sie bietet und welche Grenzen sie hat. Nur so kann das Vertrauen in diese Technologie gestärkt und die Angst vor dem Unbekannten gemildert werden.

7.1 Die Psychologie der Angst vor dem Unbekannten: Warum fürchten wir KI?

Angst – ein Gefühl, das tief in unserem evolutionären Erbe verwurzelt ist, begleitet uns seit Menschengedenken. Sie hat uns geholfen, in einer feindlichen Welt zu überleben, uns vor Gefahren zu schützen und in einer komplexen, uns oft bedrohlich erscheinenden Umgebung zu navigieren. Doch Angst ist nicht nur eine emotionale Reaktion auf konkrete Bedrohungen wie Raubtiere oder Naturkatastrophen. Sie richtet sich oft gegen das Unbekannte, gegen das, was wir nicht begreifen oder kontrollieren können. Und genau hier beginnt unsere Angst vor der Künstlichen Intelligenz – sie entspringt nicht der Technologie selbst, sondern der tiefen Unsicherheit, die sie verkörpert.

Warum also fürchten wir KI? Die Antwort liegt nicht in der Maschine selbst, sondern in dem, was sie symbolisiert: Die Grenzen unseres Verständnisses, die Macht des Unbekannten und die potenzielle Bedrohung unserer Selbstbestimmung. Wir Menschen sind darauf konditioniert, Unsicherheit mit Angst zu begegnen. Wir sehen uns mit einer Technologie konfrontiert, die sowohl fasziniert als auch beunruhigt, und die eine Zukunft repräsentiert, die wir nur schwer vorhersagen oder kontrollieren können.

Die Angst vor Kontrollverlust: Wenn die Maschinen übernehmen
Ein wesentlicher Aspekt der Angst vor KI ist die Furcht vor Kontrollverlust. Die Geschichte der Menschheit ist geprägt von einem tiefen Wunsch nach Kontrolle – über die Natur, über das Schicksal, und schließlich über uns selbst. KI stellt diese fundamentale Sehnsucht infrage, indem sie die Illusion der menschlichen Kontrolle ins Wanken bringt. Maschinen, die „denken", „lernen" und Entscheidungen treffen, wirken auf uns, als ob sie uns den Platz an der Spitze der kognitiven Hierarchie streitig machen könnten.

Dieser Kontrollverlust ist mehr als nur eine technologische Sorge – er berührt die Essenz dessen, was es bedeutet, ein Mensch zu sein. Denn die Fähigkeit, Entscheidungen zu treffen, ist zentral für unser Selbstbild als autonome Wesen. Wenn wir diese Macht an Maschinen delegieren, stellt sich die Frage: Wer steuert dann wirklich? Die Angst vor KI ist nicht einfach die Angst vor einer technologischen Übermacht, sondern die Angst, dass wir als Individuen unsere Autonomie verlieren. Heute, da Algorithmen zunehmend über unser Leben bestimmen – sei es durch personalisierte Werbung, Empfehlungen oder sogar durch Entscheidungen in der Medizin – wächst das Gefühl, dass wir die Kontrolle über unser eigenes Leben abgeben.

Besonders bedrohlich erscheint die Vorstellung, dass Maschinen irgendwann so intelligent werden könnten, dass sie nicht mehr auf menschliche Eingaben angewiesen sind. Dies ist der Stoff, aus dem Science-Fiction-Dystopien gemacht sind: Maschinen, die ihre Schöpfer übertreffen, die Kontrolle übernehmen und letztlich die Menschheit entmachten. Diese Vorstellungen mögen übertrieben erscheinen, aber sie sprechen eine tief verwurzelte Furcht an, die nicht leicht abzuschütteln ist. Die menschliche Existenz basiert auf dem Bedürfnis, die Umwelt aktiv zu gestalten und zu kontrollieren (Bandura, 1997, S. 7). Künstliche Intelligenz stellt diese Kontrolle infrage, insbesondere dann, wenn Systeme zunehmend autonom agieren. Autonome Waffensysteme, selbstfahrende Fahrzeuge oder KI-gestützte Entscheidungsprozesse in der Justiz werfen Fragen darüber auf, wie viel Entscheidungsmacht wir noch besitzen.

Diese Angst wird verstärkt durch die Vorstellung einer „Superintelligenz", die den Menschen in allen kognitiven Fähigkeiten übertrifft und potenziell unkontrollierbar wird (Bostrom, 2014, S. 155). Dieses Szenario, das in vielen dystopischen Narrativen aufgegriffen wird, etwa in Isaac Asimovs „Robotergesetzen" oder in Filmen wie Terminator, speist sich aus der tiefen Furcht, dass unsere eigenen Schöpfungen sich gegen uns wenden könnten (Asimov, 1950, S. 33).

Die Angst vor dem Unbekannten: Was wir nicht verstehen, macht uns Angst

Unsere Angst vor KI speist sich auch aus einer tieferen, universellen Angst vor dem Unbekannten. Künstliche Intelligenz ist ein Phänomen, das sich der Kontrolle und dem Verständnis des Durchschnittsmenschen entzieht. Wir sehen uns mit Maschinen konfrontiert, die auf eine Weise „denken", die wir nicht vollständig nachvollziehen können. Diese Unkenntnis schafft Raum für Misstrauen und Sorge.

KI funktioniert auf Basis von Algorithmen und Datenströmen, die für die meisten Menschen undurchsichtig bleiben. Während die Algorithmen, die hinter den Entscheidungen einer Maschine stehen, möglicherweise mathematisch perfekt sind, bleibt ihre Funktionsweise für viele ein Rätsel. Wir verstehen vielleicht die grundlegende Mechanik, doch die Komplexität und die Unberechenbarkeit der Ergebnisse lassen uns oft im Dunkeln tappen. Diese kognitive Lücke führt zu einer tiefen Unsicherheit: Wie können wir etwas vertrauen, das wir nicht vollständig verstehen?

Und hier wird es brenzlig: Unsere Furcht vor dem Unbekannten ist nicht neu, aber im Fall von KI wird sie durch die Tatsache verstärkt, dass wir einer Technologie gegenüberstehen, die immer weiter voranschreitet – unabhängig davon, ob wir sie verstehen oder nicht. Während frühere technologische Revolutionen wie die Erfindung des Automobils oder des Internets greifbar und begreifbar waren, bleibt KI für viele Menschen eine Art „Black Box". Und diese Ungewissheit befeuert die Angst.

Es ist die gleiche Angst, die die Menschheit über Jahrtausende hinweg immer wieder heimsuchte – die Angst vor den tiefen, dunklen Ozeanen, die wir nicht erforschen konnten, oder vor den unentdeckten Kontinenten, deren Gefahren wir nicht kannten. Doch im Fall der KI ist die Angst komplexer, denn wir wissen, dass sie von uns selbst erschaffen wurde. Und doch entgleitet sie uns.

Die Angst vor der Entmenschlichung: Wenn Maschinen menschlich werden

Ein weiterer, oft übersehener Aspekt ist die Furcht vor der Entmenschlichung. Was passiert, wenn Maschinen nicht nur Aufgaben übernehmen, sondern menschliches Verhalten simulieren? Chatbots, die emotionale Unterstützung bieten, Roboter, die soziale Interaktionen nachahmen – all dies führt zu der beunruhigenden Frage: Was passiert mit uns, wenn Maschinen immer menschlicher werden?

Diese Angst hat eine tiefenpsychologische Komponente. Maschinen, die menschliches Verhalten imitieren, verwischen die Grenzen zwischen Mensch und Maschine. Diese Verwischung der Grenzen stellt unser Verständnis von Menschlichkeit infrage. Was macht uns einzigartig? Wenn Maschinen in der Lage sind, unsere emotionalen Reaktionen vorherzusagen, unser Verhalten zu analysieren und unsere Vorlieben zu erkennen, was bleibt dann noch von unserer Individualität?

Diese Angst entsteht aus der Beobachtung, dass Maschinen zunehmend in der Lage sind, menschliche Eigenschaften zu imitieren – sei es durch menschenähnliche Robotik, empathisch wirkende Sprachassistenten oder kreative Algorithmen, die Musik komponieren und Kunstwerke schaffen.

Hier kommt das Konzept des „Uncanny Valley" ins Spiel, das beschreibt, dass Menschen bei Maschinen, die zu menschenähnlich wirken, Unbehagen verspüren (Mori, 1970, S. 33). Dieses Gefühl der Beklommenheit resultiert aus der Unsicherheit, ob man es mit einem Menschen oder einer Maschine zu tun hat, was die Grenzen zwischen Mensch und Technologie verwischt. Diese Unsicherheit kann Ängste vor Identitätsverlust und sozialer Isolation verstärken, da Maschinen beginnen, Rollen zu übernehmen, die traditionell zwischenmenschlicher Natur sind, etwa in Pflegeberufen oder als psychologische Begleiter (Coeckelbergh, 2010, S. 201).

Die Angst vor der Entmenschlichung geht Hand in Hand mit der universellen Sorge, dass Maschinen uns eines Tages in emotionalen, sozialen oder kreativen Bereichen übertreffen könnten. Diese Angst ist besonders stark, weil sie nicht nur eine technologische Herausforderung betrifft, sondern unser Selbstverständnis als fühlende, denkende Wesen direkt angreift. Der Gedanke, dass Maschinen nicht nur physische, sondern auch kognitive und emotionale Aufgaben übernehmen könnten, löst tiefe Unruhe aus. Die Furcht vor der Entmenschlichung ist auch deshalb so bedrohlich, weil sie auf einer existenziellen Ebene berührt, was uns als Menschen ausmacht. Es ist nicht nur die Sorge, dass Maschinen besser sein könnten – es ist die Angst, dass wir uns selbst verlieren, dass wir unsere einzigartigen menschlichen Qualitäten an Maschinen delegieren und dabei unsere Identität verwässern. KI bringt uns dazu, unsere eigene Rolle in einer Welt zu hinterfragen, in der Maschinen immer „menschlicher" werden, während wir möglicherweise immer mehr den Bezug zu unserer eigenen Menschlichkeit verlieren.

Die Angst vor der Machtverschiebung: Wenn Maschinen zu Rivalen werden
Ein weiteres Element der Angst vor KI ist die Sorge, dass sich die Machtverhältnisse zwischen Mensch und Maschine verschieben könnten. Während KI derzeit noch als Werkzeug betrachtet wird, das uns dient, stellt sich die

Frage, ob dies immer so bleiben wird. Was passiert, wenn Maschinen eines Tages nicht mehr nur Werkzeuge sind, sondern zu Rivalen werden? Rivalen, die uns in bestimmten Bereichen übertreffen, die schneller, präziser und effizienter sind.

Diese Angst vor der Machtverschiebung wird besonders in Arbeitsbereichen deutlich, in denen KI bereits menschliche Fähigkeiten ersetzt. Von der Produktion über den Kundenservice bis hin zur medizinischen Diagnose – in vielen Branchen übernimmt KI Aufgaben, die früher von Menschen ausgeführt wurden. Dies führt zu einer tiefen existenziellen Angst: Wenn Maschinen unsere Arbeit übernehmen, was bleibt dann noch für uns?

Historisch gesehen hat der Mensch Technologien entwickelt, um seine Umwelt zu kontrollieren und zu dominieren. Mit KI entsteht jedoch eine Technologie, die selbstständig lernen und sich weiterentwickeln kann – eine potenzielle Umkehrung der traditionellen Rollenverteilung von Mensch und Maschine. Die zunehmende Automatisierung in der Arbeitswelt verdeutlicht diese Angst. Studien zeigen, dass Millionen Arbeitsplätze durch Automatisierung bedroht sind (Frey & Osborne, 2017, S. 254). Während frühere technologische Revolutionen neue Arbeitsfelder schufen, birgt die KI das Potenzial, nicht nur körperliche, sondern auch kognitive Tätigkeiten zu übernehmen. Die Vorstellung, ohne sinnstiftende Arbeit zu existieren, schürt existentielle Ängste (Ford, 2015, S. 101). Doch es ist nicht nur die Angst vor Arbeitsplatzverlust, die uns beunruhigt. Es ist die Sorge, dass Maschinen in Bereichen überlegene Fähigkeiten entwickeln könnten, die wir als inhärent menschlich betrachtet haben – etwa in der Kreativität oder im Urteilsvermögen. Was passiert, wenn KI in der Lage ist, Kunst zu schaffen, die emotional so berührend ist wie menschliche Werke, oder Entscheidungen zu treffen, die klüger und gerechter sind als die eines Menschen?

Diese Machtverschiebung stellt unser Selbstbild als dominante Spezies infrage. Seit Jahrhunderten haben wir uns als die kognitiv überlegene Spezies betrachtet – doch KI bringt dieses Selbstverständnis ins Wanken. Was, wenn wir nicht mehr die klügsten oder kreativsten Wesen sind? Diese Angst vor der Konkurrenz mit Maschinen hat tiefe Wurzeln in unserem psychologischen Bedürfnis nach Überlegenheit und Kontrolle.

Die Angst vor der unvorhersehbaren Zukunft: Wenn Maschinen die Kontrolle über die Welt übernehmen

Die tiefste, vielleicht düsterste Angst, die mit KI verbunden ist, betrifft die unvorhersehbare Zukunft. Während wir heute noch davon ausgehen, dass KI-Systeme unter menschlicher Kontrolle stehen, wächst die Sorge, dass dies eines Tages nicht mehr der Fall sein könnte. Was passiert, wenn Maschinen die Kontrolle über die Welt übernehmen? Diese Angst ist die Grundlage vieler dystopischer Zukunftsvisionen, in denen Maschinen ihre Schöpfer entmachten und eine eigene Agenda verfolgen.

KI-Systeme operieren oft als „Black Boxes" – ihre Entscheidungsprozesse sind selbst für Experten schwer nachvollziehbar (Burrell, 2016, S. 1). Diese Intransparenz führt zu einem tiefen Misstrauen gegenüber Technologien, die zunehmend in sicherheitskritischen Bereichen eingesetzt werden.

Auch wenn viele derzeit populäre Szenarien spekulativ erscheinen mögen, sprechen sie eine tiefe, uralte Angst an: die Furcht vor dem Kontrollverlust über unsere eigene Schöpfung. KI-Systeme, die sich selbst verbessern und weiterentwickeln, könnten eines Tages in einer Weise agieren, die wir nicht mehr verstehen oder kontrollieren können. Diese Angst vor der unvorhersehbaren Zukunft ist nicht nur ein technisches Problem, sondern ein psychologisches: Es ist die Angst, dass wir in einer Zukunft leben könnten, die von Maschinen dominiert wird, deren Handlungen und Motive wir nicht mehr nachvollziehen können.

Die Psychologie der Angst vor KI – Was uns wirklich bedroht
Die Angst vor KI ist komplex und tief verwurzelt in unserem psychologischen Erbe. Sie entspringt der Furcht vor dem Unbekannten, vor Kontrollverlust, vor Entmenschlichung und vor einer ungewissen Zukunft. Doch es ist wichtig zu erkennen, dass diese Angst nicht nur durch die Technologie selbst verursacht wird. Sie spiegelt unsere eigenen Unsicherheiten wider, unsere Ängste vor Machtverlust, vor der eigenen Schwäche und vor dem Verlust unserer einzigartigen menschlichen Qualitäten.

KI zwingt uns, unsere eigene Rolle in der Welt neu zu überdenken. Sind wir bereit, uns dieser Herausforderung zu stellen, oder werden wir von der Angst vor dem Unbekannten beherrscht? Letztlich liegt die Antwort in unserer eigenen Fähigkeit, die Technologie zu gestalten und gleichzeitig unsere Menschlichkeit zu bewahren. KI mag die Zukunft verändern – aber es liegt an uns, diese Zukunft zu definieren.

7.2 KI und Arbeitsplatzverlust: Eine psychologische und wirtschaftliche Perspektive

Die Auswirkungen der Künstlichen Intelligenz auf den Arbeitsmarkt sind eines der am intensivsten diskutierten Themen des digitalen Zeitalters. Während technologische Fortschritte in der Vergangenheit stets die Effizienz gesteigert und neue Beschäftigungsmöglichkeiten geschaffen haben, birgt die Automatisierung durch KI das Potenzial, diese Dynamik zu durchbrechen. Maschinen übernehmen nicht nur repetitive, körperliche Arbeiten, sondern dringen zunehmend in hochqualifizierte und kreative Bereiche vor. Dieser Wandel hat tiefgreifende wirtschaftliche und psychologische Folgen, die weit über den bloßen Verlust von Arbeitsplätzen hinausgehen.

Die ökonomische Perspektive: Effizienz versus Beschäftigung
Aus wirtschaftlicher Sicht ist die Automatisierung durch KI eine logische Entwicklung. Unternehmen streben danach, Kosten zu senken, Produktivität zu steigern und menschliche Fehler zu minimieren. Künstliche Intelligenz ermöglicht es, Prozesse zu optimieren, komplexe Aufgaben effizienter zu lösen und große Datenmengen in Echtzeit zu analysieren. Für Unternehmen bedeutet dies eine nie dagewesene Wettbewerbsfähigkeit. Studien zeigen, dass KI die weltweite Produktivität bis 2030 um bis zu 40 % steigern könnte (Bughin et al., 2018, S. 27).

Doch diese Effizienzsteigerung hat einen hohen Preis: den Verlust von Arbeitsplätzen. Nach einer Analyse von Frey und Osborne (2017, S. 258) könnten bis zu 47 % aller Berufe in den nächsten zwei Jahrzehnten durch Automatisierung bedroht sein. Besonders betroffen sind Tätigkeiten, die sich durch standardisierte und wiederholbare Aufgaben auszeichnen, wie in der Produktion, im Einzelhandel und im Transportwesen. Doch auch Berufe in der Finanzbranche, im Rechtswesen oder in der medizinischen Diagnostik werden zunehmend automatisiert.

Die wirtschaftliche Logik hinter diesem Wandel ist klar: KI kostet keine Gehälter, braucht keine Pausen und macht keine Fehler durch Übermüdung. Doch was aus Sicht der Unternehmen effizient ist, bedeutet für viele Arbeitnehmer den Verlust ihrer Existenzgrundlage. Während Unternehmen von geringeren Betriebskosten profitieren, sehen sich viele Menschen mit der Realität konfrontiert, dass ihre Fähigkeiten und Kompetenzen plötzlich nicht mehr gefragt sind.

Die psychologische Dimension des Arbeitsplatzverlusts
Für den einzelnen Menschen ist Arbeit weit mehr als nur ein Mittel zur Sicherung des Lebensunterhalts. Arbeit strukturiert den Alltag, gibt dem Leben Sinn und ermöglicht soziale Interaktionen. Sie ist ein zentraler Bestandteil der Identität. Der Verlust des Arbeitsplatzes durch Automatisierung stellt daher nicht nur eine finanzielle, sondern auch eine psychologische und existenzielle Krise dar.

In westlichen Gesellschaften wird der Wert eines Individuums oft an seiner beruflichen Leistung gemessen. Arbeit ist eng mit Selbstwert und sozialem Status verknüpft. Wenn Menschen durch KI ersetzt werden, fühlen sie sich nicht nur wirtschaftlich bedroht, sondern auch persönlich entwertet. Ein Arbeitsplatzverlust signalisiert ihnen: „Deine Fähigkeiten sind weniger wert als die einer Maschine." Diese Entwertung kann zu einem Verlust des Selbstbewusstseins und des Selbstwertgefühls führen (Jahoda, 1981, S. 415). Arbeitslosigkeit führt oft zu Isolation und sozialem Rückzug. Der Arbeitsplatz ist nicht nur ein Ort der Produktivität, sondern auch ein Ort der sozialen Interaktion. Wenn diese Struktur wegfällt, fühlen sich viele Menschen von der Gemeinschaft ausgeschlossen. Studien zeigen, dass längere Arbeitslosigkeit mit einem erhöhten Risiko für Depressionen, Angststörungen und sogar physischen Gesundheitsproblemen einhergeht (Paul & Moser, 2009, S. 266). Besonders schwer wiegt die psychologische Belastung, wenn der Arbeitsplatzverlust als unvermeidlich wahrgenommen wird. Menschen, die durch KI ersetzt werden, erleben oft ein Gefühl der Machtlosigkeit, da sie den Fortschritt der Technologie weder kontrollieren noch aufhalten können. Dieses Gefühl der Ohnmacht kann zu chronischem Stress führen, der wiederum die mentale und körperliche Gesundheit beeinträchtigt.

Eine weitere psychologische Auswirkung des Arbeitsplatzverlusts durch KI ist die Angst vor der Zukunft. Viele Menschen fragen sich: „Welche Rolle bleibt mir in einer Welt, in der Maschinen immer mehr übernehmen?" Diese Unsicherheit führt zu einer tiefen existenziellen Krise. Besonders in Branchen, die stark von Automatisierung betroffen sind, wie der Automobil- oder Logistikindustrie, ist die Angst vor dem Verlust der Existenzberechtigung allgegenwärtig.

Die gesellschaftliche Perspektive: Ungleichheit und soziale Spannungen
Die wirtschaftlichen Vorteile der Automatisierung werden nicht gleichmäßig verteilt. Während hochqualifizierte Fachkräfte, die in der Entwicklung und Implementierung von KI arbeiten, von diesem Wandel profitieren, werden weniger qualifizierte Arbeitskräfte oft verdrängt. Diese Ungleichheit verstärkt bestehende soziale Spannungen.

Während Befürworter der KI argumentieren, dass neue Technologien neue Arbeitsplätze schaffen, zeigt die Realität, dass viele dieser neuen Berufe spezialisierte Kenntnisse erfordern, die nicht jeder erwerben kann. Für Menschen, die ihr Leben lang in traditionellen Berufen gearbeitet haben, ist es oft schwierig, sich an diese neuen Anforderungen anzupassen. Dies führt zu einer Polarisierung des Arbeitsmarktes: Auf der einen Seite stehen hochqualifizierte Spezialisten, die von der technologischen Revolution profitieren, auf der anderen Seite stehen Arbeitskräfte, die abgehängt werden. Ein weiteres Problem ist die Zunahme prekärer Arbeitsverhältnisse. Viele der neuen Arbeitsplätze, die durch KI entstehen, sind Teil der sogenannten „Gig Economy", in der Arbeitnehmer auf kurzfristige Aufträge angewiesen sind, ohne langfristige Sicherheit oder soziale Absicherung. Dies verstärkt die wirtschaftliche Unsicherheit und den psychologischen Druck, da Menschen ständig um ihre nächste Einkommensquelle kämpfen müssen.

Die Illusion der Befreiung: Arbeit in einer KI-dominierten Welt

Einige Befürworter der Automatisierung durch Künstliche Intelligenz propagieren die Vorstellung, dass der Mensch durch den Einsatz dieser Technologien von belastender und monotoner Arbeit befreit werden könnte. Sie sehen darin die Chance, eine Gesellschaft zu schaffen, in der Arbeit nicht mehr im Zentrum des Lebens steht und stattdessen mehr Raum für Kreativität, persönliche Entwicklung und zwischenmenschliche Beziehungen bleibt. Konzepte wie das bedingungslose Grundeinkommen werden in diesem Zusammenhang häufig als Lösung vorgeschlagen, um finanzielle Sicherheit zu gewährleisten und die Abhängigkeit von Erwerbsarbeit zu reduzieren. Doch so verlockend diese Vision einer „befreiten" Gesellschaft auch erscheinen mag, birgt sie tiefe psychologische und soziale Herausforderungen, die nicht ignoriert werden dürfen.

Sinnverlust und die Suche nach neuer Identität

Arbeit ist mehr als eine ökonomische Notwendigkeit. Sie strukturiert den Alltag, gibt dem Leben Richtung und vermittelt das Gefühl, Teil eines größeren Ganzen zu sein. Für viele Menschen ist der Beruf ein wesentlicher Bestandteil ihrer Identität. Die Aussage „Ich bin Lehrer" oder „Ich bin Ingenieur" geht weit über eine Beschreibung der Tätigkeit hinaus – sie reflektiert ein Selbstverständnis und einen Platz in der Gesellschaft. Wird diese zentrale Säule durch Automatisierung entfernt, bleibt für viele die Frage: „Wer bin ich, wenn ich nicht mehr arbeite?"

Der Verlust traditioneller Arbeitsrollen könnte zu einer existenziellen Krise führen, da die Arbeit in vielen Kulturen eng mit dem Konzept des individuellen Wertes verknüpft ist. Historisch gesehen war Arbeit stets ein Mittel, um soziale Anerkennung zu erlangen, Gemeinschaft zu schaffen und persönliche Erfüllung zu finden. Die Psychologie hat wiederholt gezeigt, dass Menschen, die arbeitslos sind oder sich von ihrer Arbeit entfremdet fühlen, häufiger unter Depressionen, Angstzuständen und einem verminderten Selbstwertgefühl leiden (Jahoda, 1981, S. 396). Ohne eine klare Perspektive darauf, wie sie ihren Platz in einer arbeitsfreien Gesellschaft finden können, könnte ein erheblicher Teil der Bevölkerung in einen Zustand der Desorientierung und des Sinnverlusts geraten.

Die Herausforderung, neue Lebensmodelle zu entwickeln
Die Vorstellung, dass der Mensch in einer KI-dominierten Welt neue Formen der Selbstverwirklichung und sozialen Interaktion findet, setzt tiefgreifende kulturelle und psychologische Veränderungen voraus. Der Übergang von einer arbeitszentrierten zu einer freizeitdominierten Gesellschaft erfordert nicht nur wirtschaftliche Anpassungen, sondern auch die Überwindung tief verwurzelter kultureller Werte, die Arbeit als Grundlage des persönlichen und sozialen Daseins betrachten. Ein Problem dabei ist die mangelnde Vorbereitung auf eine solche Transformation. Der technologische Fortschritt schreitet schneller voran, als die Gesellschaft in der Lage ist, ihre Strukturen und Werte anzupassen. Während Automatisierung und KI traditionelle Arbeitsplätze ersetzen, fehlt es oft an konkreten Strategien, um den Menschen alternative Wege der Selbstverwirklichung zu bieten. Die Psychologie könnte hier eine Schlüsselrolle spielen, indem sie Wege aufzeigt, wie Menschen ihre Identität jenseits der Arbeit definieren können. Dies könnte durch eine stärkere Betonung von Kreativität, Bildung und ehrenamtlichem Engagement geschehen – Bereiche, die nicht von Maschinen übernommen werden können und gleichzeitig tief befriedigende Erfahrungen bieten.

Ein wichtiger Aspekt, der in der Debatte oft übersehen wird, ist die soziale Dimension der Arbeit. Arbeitsplätze sind nicht nur Orte der Produktivität, sondern auch soziale Räume, in denen Menschen interagieren, Beziehungen aufbauen und sich gegenseitig unterstützen. Ohne diese alltäglichen sozialen Interaktionen könnte die Gefahr sozialer Isolation zunehmen. Zwar könnten KI-gestützte Technologien neue Kommunikationswege schaffen, aber diese ersetzen nicht die Tiefe und Authentizität zwischenmenschlicher Beziehungen. Die Psychologie zeigt, dass echte soziale Interaktionen eine zentrale Rolle für das Wohlbefinden spielen und durch virtuelle Begegnungen nur bedingt ersetzt werden können. Eine Gesellschaft ohne traditionelle Arbeit müsste daher neue Formen der Gemeinschaft schaffen, die nicht nur auf wirtschaftlichen Interessen basieren, sondern auch soziale und emotionale Bedürfnisse adressieren. Dies könnte bedeuten, öffentliche Räume neu zu denken, in denen Menschen unabhängig von ihrer beruflichen Rolle zusammenkommen können, um gemeinsame Ziele zu verfolgen, Kreativität auszuleben oder einfach nur Gemeinschaft zu erleben.

Ein weiteres Problem, das mit der Automatisierung durch KI einhergeht, ist die potenzielle Entstehung einer Zweiklassengesellschaft. Während einige Menschen von der neuen Technologie profitieren und Zugang zu kreativen oder intellektuell erfüllenden Tätigkeiten haben, könnten andere in eine passive Konsumentenrolle gedrängt werden. Diese Ungleichheit könnte nicht nur soziale Spannungen verstärken, sondern auch das Gefühl der Marginalisierung und Wertlosigkeit in großen Teilen der Bevölkerung fördern. Die Herausforderung besteht darin, sicherzustellen, dass die durch KI geschaffenen Vorteile gerecht verteilt werden. Das bedeutet, dass Bildung und Umschulung nicht nur wirtschaftlich, sondern auch psychologisch so gestaltet werden müssen, dass sie Menschen dazu befähigen, neue Rollen und Identitäten zu finden, die nicht von Maschinen ersetzt werden können.

Die Illusion, dass KI den Menschen vollständig von der Arbeit befreien und eine utopische Gesellschaft schaffen könnte, unterschätzt die psychologischen und sozialen Herausforderungen, die mit einem solchen Wandel einhergehen. Arbeit ist nicht nur ein Mittel zum Lebensunterhalt, sondern ein zentraler Bestandteil dessen, was uns als Individuen und Gemeinschaft ausmacht. Die Vorstellung einer arbeitsfreien Welt mag verlockend sein, aber sie erfordert eine tiefgreifende Auseinandersetzung mit Fragen der Identität, der Gemeinschaft und des Sinns.

Die Psychologie kann dabei helfen, diesen Übergang zu gestalten, indem sie ein tieferes Verständnis für die menschlichen Bedürfnisse entwickelt, die in einer KI-dominierten Welt erfüllt werden müssen. Es ist entscheidend, dass die Gesellschaft nicht nur Technologien entwickelt, die uns von der Arbeit befreien, sondern auch Strukturen, die es uns ermöglichen, unsere Menschlichkeit in einer sich radikal verändernden Welt zu bewahren.

Die Automatisierung durch KI ist ein zweischneidiges Schwert. Einerseits eröffnet sie enorme wirtschaftliche und technologische Möglichkeiten, andererseits stellt sie die Gesellschaft vor tiefgreifende Herausforderungen. Der Verlust von Arbeitsplätzen ist nicht nur ein ökonomisches, sondern auch ein psychologisches und soziales Problem, das unser Selbstverständnis als arbeitende Wesen infrage stellt. Die zentrale Frage ist nicht, ob KI Arbeitsplätze ersetzen wird – das ist unausweichlich –, sondern wie wir als Gesellschaft mit diesem Wandel umgehen. Können wir neue Rollen und Werte schaffen, die den Menschen in einer KI-dominierten Welt Sinn und Identität geben?

Oder werden wir in einer Welt enden, in der Effizienz über Menschlichkeit triumphiert? Die Antwort darauf wird unsere Zukunft entscheidend prägen.

7.3 Ist die Angst vor KI irrational oder gerechtfertigt?

Die Angst vor Künstlicher Intelligenz ist ein Phänomen, das sich tief in das kollektive Bewusstsein der modernen Gesellschaft eingeschrieben hat. Sie wird von Science-Fiction-Filmen genährt, von dystopischen Erzählungen befeuert und von technophoben Warnungen aufrechterhalten. Und doch stellt sich die Frage: Sind diese Ängste wirklich irrational, übertrieben und unbegründet? Oder könnte es sein, dass wir – vielleicht ohne es voll zu begreifen – bereits auf einer schiefen Ebene in Richtung einer Realität gleiten, in der diese Ängste plötzlich allzu real erscheinen?

Um diese Frage angemessen zu beantworten, müssen wir uns mit verschiedenen Aspekten auseinandersetzen, die über die üblichen technologischen Diskussionen hinausgehen. Es geht nicht nur darum, was KI technisch leisten kann, sondern auch darum, welche tief verwurzelten Ängste und Befürchtungen wir als Menschen angesichts einer Technologie hegen, die uns nicht nur begleitet, sondern uns möglicherweise eines Tages überholen könnte. Im Folgenden wollen wir diese Ängste Stück für Stück entwirren und analysieren, ob sie einen realen Kern haben oder ob sie lediglich ein Spiegelbild unserer Unsicherheiten und Ängste in einer sich schnell verändernden Welt sind.

Die Angst vor dem Kontrollverlust
Eines der zentralen Motive, das immer wieder im Zusammenhang mit der Angst vor KI auftaucht, ist die Furcht vor dem Verlust der Kontrolle. Maschinen, die eigenständig denken und handeln können, sind an sich schon eine beunruhigende Vorstellung. Doch wenn diese Maschinen nicht nur unsere Anweisungen ausführen, sondern irgendwann eigene Entscheidungen treffen – und vielleicht sogar bessere Entscheidungen als wir selbst – entsteht eine existentielle Bedrohung: Was, wenn wir die Kontrolle über das verlieren, was wir einst geschaffen haben?

Diese Angst ist nicht neu. Sie zieht sich durch die gesamte Geschichte der Menschheit. Schon in den alten Mythen und Legenden geht es immer wieder um den Moment, in dem der Schöpfer von seinem eigenen Geschöpf überholt wird. Die Geschichte von Dr. Frankenstein ist vielleicht das bekannteste Beispiel dafür, wie sich die Schöpfung gegen ihren Schöpfer wendet. Aber anders als in Mary Shelleys Roman ist das „Monster" der heutigen Zeit nicht aus Fleisch und Blut, sondern aus Code und Datenstrukturen. Und genau darin liegt die Herausforderung: Die Künstliche Intelligenz, die wir erschaffen, ist kein biologisches Wesen, das wir erziehen oder moralisch belehren können. Sie ist ein algorithmisches System, das nach anderen Regeln funktioniert – Regeln, die wir zwar geschrieben haben, die aber mit zunehmender Komplexität möglicherweise über unser Verständnis hinauswachsen.

Die Angst, die Kontrolle zu verlieren, ist also keineswegs irrational. Sie ist tief verwurzelt in unserer menschlichen Erfahrung und rührt an einem fundamentalen Bedürfnis: der Selbstbestimmung. Doch was passiert, wenn Maschinen beginnen, diese Selbstbestimmung zu untergraben? Wenn Algorithmen unsere Entscheidungen beeinflussen, unsere Präferenzen vorhersehen und uns subtil in bestimmte Richtungen lenken? Dieser Verlust der Autonomie ist keine ferne Zukunftsvision, sondern eine Realität, die wir bereits heute erleben. Wir überlassen Maschinen immer mehr Entscheidungen – von der Navigation in unseren Autos bis hin zu den Nachrichten, die uns in den sozialen Medien angezeigt werden. Und mit jedem Schritt, den wir in Richtung Automatisierung gehen, geben wir ein Stück unserer Kontrolle ab. Die Frage ist also nicht, ob diese Angst irrational ist, sondern vielmehr: Wie viel Kontrolle sind wir bereit, abzugeben, bevor wir erkennen, dass wir vielleicht zu viel aufgegeben haben?

Die Angst vor der Überlegenheit
Eine weitere zentrale Angst im Zusammenhang mit KI ist die Vorstellung, dass Maschinen uns irgendwann in allen Bereichen übertreffen könnten – intellektuell, physisch, vielleicht sogar emotional. Diese Angst basiert auf dem tiefsitzenden menschlichen Bedürfnis, die eigene Einzigartigkeit zu bewahren. Der Mensch war lange Zeit das einzige Wesen auf diesem Planeten, das in der Lage war, komplexe Probleme zu lösen, kreativ zu denken und moralische Entscheidungen zu treffen. Künstliche Intelligenz stellt dieses Selbstbild infrage. Man könnte argumentieren, dass die Angst vor der Überlegenheit von KI eine Projektion unserer eigenen Unsicherheiten ist. Wir sind es gewohnt, die klügsten Wesen auf diesem Planeten zu sein. Doch nun stehen wir vor einer Technologie, die in vielen Bereichen schneller, präziser und unermüdlicher arbeitet als wir. In gewisser Weise offenbart die Angst vor der Überlegenheit von KI eine tiefere Unsicherheit: die Frage, ob wir wirklich so einzigartig sind, wie wir es immer geglaubt haben. Wenn eine Maschine uns in Schach schlagen kann, wenn sie bessere medizinische Diagnosen stellt oder

komplexere mathematische Probleme löst – was bleibt dann noch von unserer intellektuellen Überlegenheit?

Aber diese Angst geht tiefer als das. Es ist nicht nur die Vorstellung, dass Maschinen uns übertreffen könnten, die beunruhigend ist, sondern auch die Konsequenzen, die daraus resultieren könnten. Was passiert, wenn Maschinen nicht nur besser, sondern auch autonomer werden? Wenn sie Entscheidungen treffen, die wir nicht mehr nachvollziehen können? Die Vorstellung, dass Maschinen irgendwann in der Lage sein könnten, eigenständig zu handeln und dabei möglicherweise Interessen zu verfolgen, die nicht mit den unseren übereinstimmen, ist der Kern dieser Angst. Hier kommt eine wichtige Provokation ins Spiel: Vielleicht haben wir uns selbst überschätzt. Vielleicht ist die KI keine Bedrohung, weil sie uns übertrifft, sondern weil sie uns einen Spiegel vorhält. Sie zeigt uns, dass viele der Aufgaben, die wir als hochkomplex und intellektuell anspruchsvoll betrachten, in Wirklichkeit von Maschinen effizienter erledigt werden können. Und das kratzt an unserem Selbstwertgefühl. Die Überlegenheit der KI könnte uns also weniger aus technologischen Gründen Angst machen, sondern weil sie unser Selbstverständnis als einzigartige, unersetzliche Wesen infrage stellt.

Die Angst vor der Entmenschlichung
Ein weiteres wichtiges Element der Angst vor KI ist die Befürchtung, dass die zunehmende Interaktion mit Maschinen unsere menschlichen Beziehungen und Erfahrungen verändern könnte. Wenn wir uns immer mehr auf KI-Systeme verlassen – sei es in der Kommunikation, der Entscheidungsfindung oder sogar in zwischenmenschlichen Beziehungen – droht dann nicht eine schleichende Entmenschlichung? Diese Sorge ist durchaus berechtigt. Wenn Maschinen Emotionen simulieren, kann dies zu einer Verwirrung führen, was echte menschliche Bindungen ausmacht. Wenn wir uns an KI-gestützte Gesprächspartner und digitale Assistenten gewöhnen, die uns auf Knopfdruck „verstehen" und auf unsere Bedürfnisse eingehen, müssen wir uns fragen: Was bedeutet es noch, mit einem echten Menschen zu interagieren? Wenn Maschinen immer besser darin werden, menschliches Verhalten zu imitieren, könnte die Grenze zwischen Mensch und Maschine zunehmend verschwimmen. Und mit dieser Verwischung der Grenzen droht auch der Verlust dessen, was wir als „menschliche" Erfahrung betrachten. Es stellt sich die Frage: Werden wir durch die Interaktion mit KI irgendwann vergessen, wie es ist, echte zwischenmenschliche Bindungen zu haben? Werden wir Maschinen bevorzugen, weil sie keine Fehler machen, weil sie keine emotionale Komplexität besitzen und weil sie stets verfügbar sind? In dieser möglichen Zukunft liegt eine tiefere Angst verborgen: die Angst davor, dass wir

uns selbst und unsere Menschlichkeit in einer technologisierten Welt verlieren könnten.

Diese Angst ist deshalb so stark, weil sie nicht nur auf technologischen Überlegungen basiert, sondern auf einer tief verwurzelten existenziellen Frage: Was macht uns eigentlich zu Menschen? Wenn Maschinen uns in immer mehr Bereichen imitieren und vielleicht sogar übertreffen, was bleibt dann noch von unserer Einzigartigkeit als Spezies?

Die Angst vor der Unvorhersehbarkeit
Ein oft unterschätzter Aspekt der Angst vor KI ist die Angst vor der Unvorhersehbarkeit. Während Menschen dazu neigen, zumindest in einem gewissen Rahmen vorhersehbar zu sein – basierend auf sozialen Normen, moralischen Werten und emotionalen Bindungen – sind Maschinen von einer ganz anderen Logik geprägt. Sie handeln auf der Grundlage von Daten und Algorithmen, die oft zu Ergebnissen führen, die für den menschlichen Geist schwer zu verstehen oder nachzuvollziehen sind. Die Unvorhersehbarkeit von KI-Systemen ist bereits heute ein reales Problem. Selbst die Entwickler von KI-Algorithmen können oft nicht vollständig erklären, wie ihre Systeme zu bestimmten Entscheidungen kommen – insbesondere bei komplexen maschinellen Lernsystemen. Wenn Maschinen in einem „Black Box"-Modell operieren, bei dem selbst die Schöpfer die internen Prozesse nicht mehr nachvollziehen können, entsteht eine tiefe Unsicherheit. Wie können wir Vertrauen in eine Technologie haben, deren Handlungen und Entscheidungen wir nicht vollständig verstehen? Diese Unvorhersehbarkeit verstärkt die Angst vor dem Kontrollverlust. Wenn wir nicht wissen, wie eine Maschine zu einer bestimmten Entscheidung kommt, wie können wir sicher sein, dass diese Entscheidung in unserem besten Interesse ist? Und noch beunruhigender: Was, wenn die Maschine beginnt, Entscheidungen zu treffen, die wir nicht mehr nachvollziehen können oder die gegen unsere Interessen gerichtet sind?

Die Angst vor der Unvorhersehbarkeit ist daher nicht unbegründet. Sie basiert auf der Tatsache, dass KI-Systeme auf einer Ebene operieren, die weit über das hinausgeht, was wir als Menschen intuitiv begreifen können. Und diese Kluft zwischen menschlichem Verstehen und maschineller Logik wird mit zunehmender Komplexität der Systeme immer größer.

Die Angst vor der Zukunft
Schließlich gibt es die Angst vor der Zukunft – die Furcht vor einer kommenden Zeit, in der Maschinen die Kontrolle übernommen haben und der Mensch zu einem Randphänomen wird. Diese Vision ist nicht nur ein

Stoff für dystopische Science-Fiction, sondern spiegelt eine tief verwurzelte Unsicherheit wider: die Frage, ob wir in einer Welt, die von KI dominiert wird, noch einen Platz haben werden. Diese Angst geht über die technologischen Aspekte hinaus. Sie ist zutiefst psychologisch, weil sie die Frage nach der Rolle des Menschen in einer hochautomatisierten, maschinengesteuerten Zukunft stellt. Werden wir durch Maschinen ersetzt? Werden wir irrelevant? Diese Angst wird durch die Vorstellung genährt, dass Maschinen in der Lage sein könnten, uns in immer mehr Bereichen zu übertreffen – sei es in der Entscheidungsfindung, der Kreativität oder sogar in moralischen Urteilen. Wenn Maschinen die Fähigkeit haben, autonom zu handeln, und wenn sie in der Lage sind, unsere Probleme schneller und effizienter zu lösen als wir – was bleibt dann noch von uns als Menschen?

Es ist eine Zukunftsangst, die tief in unserer menschlichen Psyche verwurzelt ist. Die Vorstellung, dass wir irgendwann von Maschinen überflüssig gemacht werden, berührt den Kern unserer Existenz. Und es ist vielleicht diese Zukunftsangst, die die Angst vor KI so stark macht: Die Furcht, dass wir in einer Zukunft, die immer mehr von Maschinen dominiert wird, unsere Bedeutung und unseren Wert verlieren könnten. Die Angst vor Künstlicher Intelligenz ist weder unbegründet noch irrational. Sie ist das Ergebnis einer tiefen, existenziellen Unsicherheit, die durch den rasanten technologischen Fortschritt der letzten Jahrzehnte hervorgerufen wurde. Diese Angst entspringt dem Verlust der Kontrolle, der Überlegenheit der Maschinen, der Entmenschlichung unserer Beziehungen, der Unvorhersehbarkeit maschineller Entscheidungen und der Frage, wie unsere Rolle in einer von KI dominierten Zukunft aussieht.

Es wäre falsch, diese Ängste einfach abzutun oder als technophobe Panikmache zu bezeichnen. Sie spiegeln reale Herausforderungen wider. Die eigentliche Frage ist nicht, ob diese Ängste irrational oder gerechtfertigt sind, sondern wie wir als Menschen auf diese technologischen Entwicklungen reagieren – ob wir uns der Herausforderung stellen und unsere Rolle in dieser neuen Welt definieren, oder ob wir passiv bleiben und den Maschinen das Feld überlassen.

Literatur

Arendt, H. (1958). *The human condition.* University of Chicago Press.
Asimov, I. (1950). *I, Robot.* Gnome Press.
Bandura, A. (1997). *Self-efficacy: The exercise of control.* W. H. Freeman.

Bostrom, N. (2014). *Superintelligence: Paths, dangers, strategies*. Oxford University Press.

Brynjolfsson, E., & McAfee, A. (2014). *The second machine age: Work, progress, and prosperity in a time of brilliant technologies*. W. W. Norton & Company.

Bughin, J., Seong, J., Manyika, J., & Chui, M. (2018). *Notes from the AI frontier: Modeling the impact of AI on the world economy*. McKinsey Global Institute.

Burrell, J. (2016). How the machine 'thinks': Understanding opacity in machine learning algorithms. *Big Data & Society, 3*(1), 1–12.

Carr, N. (2014). *The glass cage: How our computers are changing us*. W. W. Norton & Company.

Coeckelbergh, M. (2010). Robot rights? Towards a social-relational justification of moral consideration. *Ethics and Information Technology, 12*(3), 209–221.

Floridi, L., Cowls, J., Beltrametti, M., Chatila, R., Chazerand, P., Dignum, V., Luetge, C., Madelin, R., Pagallo, U., Rossi, F., Schafer, B., Valcke, P., & Vayena, E. (2018). AI4People – An ethical framework for a good AI society. *Minds and Machines, 28*(4), 689–707.

Ford, M. (2015). *Rise of the robots: Technology and the threat of a jobless future*. Basic Books.

Frey, C. B., & Osborne, M. A. (2017). The future of employment: How susceptible are jobs to computerisation? *Technological Forecasting and Social Change, 114*, 254–280.

Harari, Y. N. (2016). *Homo Deus: Eine Geschichte von Morgen*. C.H. Beck.

Heath, J. (2020). *The machinery of society: Technology, ethics, and human flourishing*. Polity.

Heidegger, M. (1977). *Die Frage nach der Technik*. Klett-Cotta.

Jahoda, M. (1981). Work, employment, and unemployment: Values, theories, and approaches in social research. *American Psychologist, 36*(2), 184–191.

Klein, G. (2019). *Seeing what others don't: The remarkable ways we gain insights*. PublicAffairs.

Mori, M. (1970). The uncanny valley. *Energy, 7*(4), 33–35.

Paul, K. I., & Moser, K. (2009). Unemployment impairs mental health: Meta-analyses. *Journal of Vocational Behavior, 74*(3), 264–282.

Russell, S., & Norvig, P. (2021). *Artificial Intelligence: A modern approach* (4. Aufl.). Pearson.

Yudkowsky, E. (2008). Artificial Intelligence as a positive and negative factor in global risk. In N. Bostrom & M. M. Ćirković (Hrsg.), *Global catastrophic risks* (S. 308–345). Oxford University Press.

8

Die Zukunft der Psychologie mit und durch KI

„Es ist kein Beweis für eines Menschen Verständnis, wenn er imstande ist, das zu bekräftigen, was ihm zusagt; aber die Fähigkeit, zu unterscheiden, daß das, was wahr ist, wahr – und das, was falsch ist, falsch ist, das ist ein charakteristischer Beweis für seine Intelligenz."

– Emanuel von Swedenborg

Die fortschreitende Entwicklung Künstlicher Intelligenz (KI) hat nicht nur technische Innovationen hervorgebracht, sondern auch tiefgreifende Veränderungen in der Wissenschaft der Psychologie angestoßen. KI und Psychologie befinden sich in einem wechselseitigen Entwicklungsprozess: Während die Psychologie neue Einsichten für die Entwicklung intelligenter Algorithmen liefert, eröffnet KI der Psychologie bislang unvorstellbare Möglichkeiten zur Erforschung, Analyse und Anwendung psychologischer Erkenntnisse. Diese wechselseitige Beziehung hat das Potenzial, sowohl die Theorie als auch die Praxis der Psychologie grundlegend zu transformieren.

Einerseits ermöglicht KI der Psychologie, bisherige methodologische Grenzen zu überwinden. Die Fähigkeit von KI-Systemen, große Datenmengen in Echtzeit zu analysieren, eröffnet neue Dimensionen in der Erforschung menschlichen Verhaltens und Denkens. Ob in der Diagnostik, in der Therapie oder in der präventiven Gesundheitsförderung – KI kann dabei helfen, Muster zu erkennen, die für das menschliche Auge unsichtbar bleiben, und Interventionen auf eine präzisere, individuellere Ebene zu heben (Fitzpatrick et al., 2017, S. 4). Algorithmen, die Emotionen erkennen oder

Sprache analysieren, ermöglichen eine personalisierte Psychologie, die auf die spezifischen Bedürfnisse jedes Einzelnen zugeschnitten ist.

Doch KI ist nicht nur ein Werkzeug, sondern auch ein Paradigma, das die Psychologie herausfordert, ihre Grundannahmen zu hinterfragen. Inwieweit sind menschliches Denken und maschinelles Lernen vergleichbar? Was können Maschinen, die neuronale Netzwerke nachbilden, über die Funktionsweise des menschlichen Gehirns offenbaren? Diese Fragen führen zu einem neuen Verständnis der menschlichen Kognition und fordern die Psychologie dazu auf, ihre Theorien und Modelle in einem neuen Licht zu betrachten (Goodfellow et al., 2016, S. 28).

Andererseits stellt die Integration von KI auch ethische und soziale Fragen, die weit über den wissenschaftlichen Kontext hinausgehen. Wie verändert sich das Verhältnis zwischen Therapeut und Patient*in, wenn KI-Systeme eine vermittelnde Rolle einnehmen? Welche Risiken birgt es, wenn Algorithmen emotionale Zustände analysieren und Vorhersagen treffen, ohne selbst zu „fühlen"? Und schließlich: Wie wirkt sich die zunehmende Abhängigkeit von KI auf das menschliche Selbstverständnis aus? Diese Fragen sind nicht nur theoretischer Natur, sondern betreffen die psychologische Praxis zu einer Zeit, die zunehmend von Technologien dominiert wird.

Kapitel 8 beleuchtet, wie KI nicht nur die Werkzeuge der Psychologie, sondern auch deren Denkweise verändert. Es untersucht, welche Chancen und Herausforderungen diese Transformation mit sich bringt, und fragt, wie die Psychologie in einer zunehmend automatisierten Welt ihre Relevanz und ihren humanistischen Kern bewahren kann. Denn die Zukunft der Psychologie mit und durch KI wird nicht nur von technologischen Innovationen geprägt sein, sondern auch von der Fähigkeit der Psychologie, sich selbst neu zu definieren – in einem Dialog mit der Maschine, der zugleich eine Reflexion über das Wesen des Menschseins ist.

8.1 Künstliche Intelligenz in der Psychotherapie: Der menschliche Therapeut wird ersetzt

Die Vorstellung, dass Künstliche Intelligenz eines Tages die Arbeit eines menschlichen Therapeuten übernehmen könnte, ruft bei vielen Menschen eine Mischung aus Faszination und Unbehagen hervor. Doch während einige sich eine Zukunft vorstellen, in der Algorithmen und Maschinen den menschlichen Verstand analysieren und Heilung bringen, gibt es berechtigte

Zweifel, ob eine Maschine jemals die Tiefe des menschlichen Geistes wirklich erfassen kann. Ist es denkbar, dass wir uns eines Tages vollständig auf KI-gestützte Systeme verlassen werden, um unsere tiefsten Ängste, Unsicherheiten und Traumata zu bewältigen? Oder ist das Konzept einer „maschinellen Therapie" eine gefährliche Vereinfachung menschlicher Komplexität?

Die Diskussion um den Einsatz von KI in der Psychotherapie ist weit mehr als eine technische Frage. Sie rührt an den Grundfesten dessen, was wir als menschliche Beziehung, emotionale Tiefe und therapeutische Wirkung verstehen. Dieser Abschnitt soll sich mit den Möglichkeiten, Grenzen und potenziellen Gefahren des Einsatzes von KI in der Psychotherapie befassen und dabei die Frage aufwerfen, was verloren geht, wenn wir den menschlichen Therapeuten durch eine Maschine ersetzen.

Die Evolution der Therapie: Freud und die Ursprünge der therapeutischen Beziehung

Die Entwicklung der Psychotherapie bietet einen umfassenden Einblick in die Veränderung des Verständnisses menschlicher Psyche und Heilung. Von den bahnbrechenden Arbeiten Sigmund Freuds bis hin zu den modernen, datengetriebenen Ansätzen der kognitiven Verhaltenstherapie (KVT) spiegelt die Geschichte der Psychotherapie nicht nur den Wandel wissenschaftlicher Paradigmen wider, sondern auch den gesellschaftlichen und kulturellen Kontext, in dem sie praktiziert wird. In diesem Spannungsfeld stellt sich heute die Frage: Was passiert, wenn Künstliche Intelligenz in diesen hochsensiblen Prozess eintritt?

Sigmund Freud, der Begründer der Psychoanalyse, legte den Grundstein für die moderne Psychotherapie. In seinen frühen Arbeiten betonte er die Bedeutung der Beziehung zwischen Patient*in und Therapeut, die er als „Übertragungsbeziehung" bezeichnete (Freud, 1912, S. 102). Diese Beziehung, so Freud, ermögliche es dem*der Patienten*in, unbewusste Konflikte und Wünsche zu projizieren und dadurch zugänglich für therapeutische Bearbeitung zu machen. Die zentrale Rolle des Therapeuten bestand darin, durch Einfühlungsvermögen und Interpretation einen Raum zu schaffen, in dem Heilung möglich wurde. Obwohl Freuds Ansatz von späteren Schulen der Psychotherapie vielfach kritisiert und modifiziert wurde, bleibt die Bedeutung der therapeutischen Beziehung unumstritten. Selbst in den kognitiv-behavioralen Ansätzen, die sich stärker auf empirisch überprüfbare Techniken und Interventionen konzentrieren, wird der Aufbau von Vertrauen und einer positiven Beziehung zwischen Patient*in und Therapeut als grundlegender Faktor für den Therapieerfolg angesehen (Beck, 1979, S. 45; Norcross, 2002, S. 5).

Mit der Entwicklung der kognitiven Verhaltenstherapie und später der dritten Welle der Verhaltenstherapien (z. B. Akzeptanz- und Commitment-, dialektisch-behaviorale Therapie) verlagerte sich der Fokus der Psychotherapie zunehmend auf spezifische Techniken und evidenzbasierte Ansätze. Diese Methoden stützen sich auf standardisierte Protokolle, die auf empirischen Daten beruhen, und setzen oft Tools wie Fragebögen und strukturierte Sitzungen ein, um den Fortschritt des*der Patienten*in zu messen.

In diesem Kontext scheint der Übergang zu KI-gestützten Therapiesystemen wie ein logischer nächster Schritt. Systeme wie „Woebot" oder „Wysa" nutzen Algorithmen, um Patient*innen emotionale Unterstützung zu bieten, kognitive Verzerrungen zu erkennen und spezifische Interventionen vorzuschlagen. Diese Technologien sind bereits in der Lage, auf Text- oder Sprachbasis „therapeutische" Gespräche zu führen und zeigen erste Erfolge in der Behandlung von leichten Depressionen oder Angststörungen (Fitzpatrick et al., 2017, S. 128). Doch können sie wirklich die Komplexität und Tiefe menschlicher Interaktion erfassen, die für den Erfolg einer Therapie so zentral ist?

Therapie ist weit mehr als die Anwendung von Techniken oder die Bereitstellung von Informationen. Sie ist ein tiefgreifender, oft emotional aufgeladener Prozess, der sich in der Dynamik zwischen zwei Menschen entfaltet. Diese Dynamik ist geprägt von nonverbalen Signalen, emotionaler Resonanz und einer intuitiven Anpassung des Therapeuten an die Bedürfnisse des*der Patienten*in. Studien zeigen, dass die therapeutische Beziehung – unabhängig von der spezifischen Methode – einer der stärksten Prädiktoren für den Therapieerfolg ist (Wampold, 2015, S. 202). Ein menschlicher Therapeut bringt mehr als Fachwissen mit: Er verfügt über die Fähigkeit, Empathie zu zeigen, ungesagte Botschaften zu erkennen und seine Interventionen flexibel an die individuelle Situation des*der Patienten*in anzupassen. Diese Aspekte sind schwer zu standardisieren oder zu programmieren. Algorithmen hingegen operieren auf der Grundlage von Daten und Regeln. Sie erkennen Muster und reagieren auf vorhersehbare Eingaben.

Die zunehmende Integration von KI in die Psychotherapie wirft auch ethische Fragen auf. Wer trägt die Verantwortung, wenn ein Algorithmus eine falsche „Intervention" vorschlägt oder die psychische Gesundheit von Patient*innen verschlechtert? Und welche Auswirkungen hat es auf die Gesellschaft, wenn der Zugang zu menschlichen Therapeuten durch KI ersetzt oder eingeschränkt wird?

Aus psychologischer Sicht stellt sich die Frage, wie Patienten auf die Interaktion mit einer Maschine reagieren. Studien deuten darauf hin, dass Menschen oft bereit sind, sensible Informationen mit einer KI zu teilen, da sie diese als nicht wertend und neutral wahrnehmen (Lucas et al., 2014, S. 111). Doch diese Neutralität könnte sich auch als Nachteil erweisen: Ein Therapeut, der aktiv zuhört, emotionale Unterstützung bietet und mit dem*der Patienten*in eine echte Beziehung aufbaut, kann eine tiefere Heilung fördern als ein Algorithmus, der lediglich Muster analysiert.

KI-gestützte Therapie: Die Versprechen

Befürworter*innen des Einsatzes von KI in der Psychotherapie argumentieren, dass Algorithmen eine Reihe von Vorteilen bieten könnten, die menschliche Therapeuten möglicherweise nicht leisten können. KI-Systeme haben die Fähigkeit, riesige Mengen an Daten in Sekunden zu verarbeiten, Muster zu erkennen, die für das menschliche Auge unsichtbar sind, und Diagnosen basierend auf objektiven Kriterien zu stellen. In einer idealen Welt könnten diese Systeme personalisierte Therapiepläne erstellen, die auf den individuellen Bedürfnissen und dem psychischen Zustand jedes*r Patienten*in basieren.

Ein weiterer Vorteil, der oft angeführt wird, ist die Zugänglichkeit. Viele Menschen haben keinen oder nur begrenzten Zugang zu qualifizierten Therapieangeboten – sei es aufgrund von geografischen Barrieren, finanziellen Einschränkungen oder dem Mangel an verfügbaren Fachkräften. KI-gestützte Therapien könnten diese Lücke schließen, indem sie sofortigen und kostengünstigen Zugang zu Unterstützung bieten, 24 h am Tag, sieben Tage die Woche.

Darüber hinaus könnten Maschinen, so argumentieren einige, eine Objektivität bieten, die menschlichen Therapeuten möglicherweise fehlt. Diese sind, trotz all ihrer Ausbildung, Menschen – mit Vorurteilen, Emotionen und Schwächen. Eine Maschine hingegen hat keine Emotionen, keine Vorlieben und keine Vorurteile (zumindest in der Theorie). Sie können Patient*innen neutral behandeln, basierend allein auf den gesammelten Daten und den Algorithmen, die ihr zugrunde liegen.

Was Maschinen nicht verstehen: Die Tiefe der menschlichen Erfahrung

So verlockend diese Vorteile auch erscheinen mögen, es gibt eine tiefe und grundlegende Frage, die wir uns stellen müssen: Kann eine Maschine wirklich die menschliche Erfahrung verstehen? Empathie, die Fähigkeit, sich in die Gefühle eines anderen hineinzuversetzen und sie nachzuvollziehen, ist eine der zentralen Qualitäten eines*r guten Therapeuten*in. Empathie ist jedoch nicht nur ein mechanischer Prozess, sondern eine zutiefst emotionale und menschliche Erfahrung, die sich aus einem Leben voller Beziehungen, Erfahrungen und Emotionen speist. Maschinen mögen in der Lage sein, Emotionen zu simulieren, sie anhand von Sprachmustern oder Gesichtsausdrücken zu erkennen, aber sie fühlen sie nicht. Sie können vielleicht beruhigende Worte anbieten oder Antworten basierend auf früheren Sitzungen geben, aber sie werden nie in der Lage sein, die Nuancen der menschlichen Erfahrung vollständig zu erfassen. Eine Maschine kann nicht verstehen, wie es sich anfühlt, einen geliebten Menschen zu verlieren, tiefes Bedauern oder existenzielle Angst zu spüren, weil sie diese Gefühle nie erlebt hat und nie erleben wird.

Der menschliche Therapeut bringt seine eigene emotionale Tiefe und seine eigene Lebenserfahrung in die therapeutische Beziehung ein. Diese Ebene der Verbindung – das gemeinsame Menschsein, das Verstehen der Schwierigkeiten des Lebens auf einer fundamentalen, emotionalen Ebene – ist etwas, das eine Maschine niemals nachahmen kann. Selbst die ausgeklügeltsten Algorithmen können nicht die emotionale Resonanz erzeugen, die entsteht, wenn ein Mensch einem anderen zuhört und ihn wirklich versteht.

Gefahr der Entmenschlichung

Ein weiterer kritischer Punkt beim Einsatz von KI in der Psychotherapie ist die Gefahr der Entmenschlichung. Therapie ist ein Prozess, der nicht nur auf dem Austausch von Informationen beruht, sondern auf der Schaffung einer sicheren und unterstützenden Umgebung, in der der Patient sich öffnen und verletzlich sein kann. Ein menschlicher Therapeut bringt Wärme, Mitgefühl und eine emotionale Präsenz mit, die es dem Patienten ermöglicht, sich sicher zu fühlen, während er schwierige Themen erforscht. Wenn wir diese Rolle einer Maschine überlassen, besteht die Gefahr, dass die Therapie zu einem mechanischen Prozess wird – einem Austausch von Informationen ohne echte menschliche Verbindung. Ein*e Patient*in könnte das Gefühl haben, dass seine Ängste und Sorgen lediglich durch einen Algorithmus verarbeitet werden, ohne dass echtes Verständnis oder Mitgefühl vorhanden ist. Dies könnte dazu führen, dass die emotionale Tiefe und die transformative Kraft der Therapie verloren gehen.

Darüber hinaus könnten Patient*innen, die sich mit einer Maschine anstelle eines Menschen auseinandersetzen, das Gefühl haben, dass ihre Probleme weniger wert oder bedeutungslos sind. Eine Maschine, die auf Daten und Algorithmen basiert, kann den Eindruck erwecken, dass der therapeutische Prozess lediglich eine Frage der Berechnung ist, anstatt ein tiefgehender, menschlicher Akt der Heilung und Transformation.

Die Illusion der Kontrolle

Ein weiteres Problem, das sich beim Einsatz von KI in der Psychotherapie stellt, ist die Frage der Kontrolle. Algorithmen und KI-Systeme sind komplexe und oft undurchsichtige Technologien, die auf riesigen Datenmengen und maschinellem Lernen basieren. Während diese Systeme in der Lage sind, Entscheidungen auf der Grundlage von Daten zu treffen, bleibt die Frage: Wer kontrolliert diese Entscheidungen? Und wie sicher können wir sein, dass die Empfehlungen einer Maschine im besten Interesse des Patienten liegen?

Maschinen und Algorithmen sind nur so gut wie die Daten, auf denen sie basieren, und die Menschen, die sie programmieren. Wenn die zugrunde liegenden Daten verzerrt oder unvollständig sind, könnten die Empfehlungen der Maschine ebenfalls fehlerhaft oder voreingenommen sein. Dies stellt ein ernsthaftes ethisches Dilemma dar: Können wir uns wirklich auf Maschinen verlassen, wenn es um so intime und sensible Bereiche wie die menschliche Psyche geht?

Darüber hinaus besteht die Gefahr, dass der Patient das Gefühl der Autonomie verliert, wenn er sich zunehmend auf die Empfehlungen einer Maschine verlässt. Die Therapie ist ein Prozess der Selbstreflexion und Selbstermächtigung, in dem der Patient lernt, seine eigenen Gedanken und Gefühle zu verstehen und zu steuern. Wenn jedoch eine Maschine Entscheidungen trifft und dem Patienten sagt, wie er sich fühlen oder verhalten soll, wird dieser Prozess der Selbstermächtigung untergraben. Die Gefahr besteht darin, dass Patienten sich zunehmend auf die Maschine verlassen, anstatt ihre eigene emotionale Intelligenz und Resilienz zu entwickeln.

Künstliche Intelligenz als Ergänzung, nicht als Ersatz

Trotz all dieser Bedenken gibt es auch eine konstruktive Perspektive auf den Einsatz von KI in der Psychotherapie. Anstatt die Technologie als Bedrohung oder Ersatz für den menschlichen Therapeuten zu sehen, könnten wir sie als wertvolles Werkzeug betrachten, das den therapeutischen Prozess unterstützen kann. KI könnte als Ergänzung eingesetzt werden, um Therapeut*innen zu helfen, bestimmte Aspekte des psychologischen Zustands eines*r Patienten*in besser zu verstehen oder zu analysieren.

Beispielsweise könnten Algorithmen dabei helfen, Muster im Verhalten eines Patienten zu erkennen, die für das menschliche Auge unsichtbar sind, oder die Wirksamkeit bestimmter therapeutischer Interventionen zu überwachen. In dieser Rolle könnte KI eine nützliche Ressource sein, die Therapeut*innen dabei unterstützt, fundierte Entscheidungen zu treffen und eine individuellere Behandlung zu bieten.

Jedoch bleibt der menschliche Therapeut unersetzbar, wenn es um die tiefere Ebene der menschlichen Verbindung geht – die emotionale Resonanz, das Mitgefühl und die Empathie, die eine Maschine niemals wirklich nachbilden kann. Letztendlich ist es die Kombination aus technologischen Fortschritten und menschlicher Wärme, die den Schlüssel zur erfolgreichen Therapie darstellt.

Die Grenzen der Künstlichen Intelligenz in der Psychotherapie

Der Gedanke, dass Künstliche Intelligenz eines Tages den menschlichen Therapeuten ersetzen könnte, mag verlockend sein, doch er ignoriert die komplexe Natur der menschlichen Erfahrung und der zwischenmenschlichen Beziehungen, die die Grundlage jeder effektiven Therapie bilden. Während Maschinen in der Lage sind, große Mengen an Daten zu verarbeiten und möglicherweise hilfreiche Muster zu erkennen, fehlt ihnen die emotionale Tiefe und das Einfühlungsvermögen, das für den therapeutischen Prozess unerlässlich ist.

Künstliche Intelligenz kann sicherlich als wertvolles Werkzeug in der Therapie eingesetzt werden, doch sie sollte den menschlichen Therapeuten niemals vollständig ersetzen. Am Ende ist es die Menschlichkeit, – das Gefühl, dass ein anderer Mensch uns wirklich versteht, uns zuhört und sich um unser Wohlergehen kümmert – die die Kraft der Psychotherapie ausmacht.

8.2 KI als Forscher: Wird die Psychologie als Wissenschaft durch Algorithmen revolutioniert?

Die Frage, ob Künstliche Intelligenz die Psychologie als wissenschaftliche Disziplin revolutionieren könnte, mag auf den ersten Blick wie eine spekulative, vielleicht sogar übertriebene Behauptung erscheinen. Doch bei näherer Betrachtung wird klar, dass diese Frage weit mehr ist als nur ein Gedankenspiel. Sie berührt den Kern dessen, was Wissenschaft, insbesondere Psychologie, ausmacht: die Suche nach einem tieferen Verständnis des menschlichen Geistes und Verhaltens, nach dem, was uns antreibt, wie wir fühlen, wie wir denken und wie wir uns entwickeln.

Mit der zunehmenden Leistungsfähigkeit von KI-Systemen – und hier reden wir nicht nur von einfachen Algorithmen, sondern von lernenden, selbstoptimierenden Maschinen, die in der Lage sind, riesige Datenmengen zu analysieren und Muster zu erkennen, die dem menschlichen Auge verborgen bleiben – stellt sich zwangsläufig die Frage: Wird die Psychologie als Wissenschaft, wie wir sie kennen, durch diese maschinelle Intelligenz verändert oder gar revolutioniert? Sind wir bereit, zu akzeptieren, dass Maschinen, die keinen bewussten Zugang zu Emotionen, Gedanken oder Intentionen haben, den menschlichen Geist möglicherweise besser „verstehen" können als wir selbst?

Von Hypothesen zu Daten – Der Wandel wissenschaftlicher Methodik

Beginnen wir mit einem Blick auf die Methoden, die in der Psychologie traditionell verwendet werden. Die Psychologie ist, wie viele andere Wissenschaften, eine hypothetisch-deduktive Disziplin. Psycholog*innen entwickeln Theorien und Hypothesen darüber, wie Menschen denken, fühlen und handeln, und testen diese dann in kontrollierten Experimenten. Diese Experimente liefern Daten, die anschließend analysiert werden, um festzustellen, ob die ursprünglichen Hypothesen bestätigt oder widerlegt werden. Dieser Prozess ist – in der Theorie – ein rationaler und systematischer Ansatz zur Erforschung des menschlichen Geistes.

Doch genau hier tritt die KI auf den Plan und beginnt, die Dinge zu verändern. Moderne KI-Systeme, insbesondere diejenigen, die auf maschinellem Lernen basieren, arbeiten anders. Anstatt von einer Hypothese auszugehen, die getestet werden soll, sind diese Systeme darauf ausgelegt, riesige Datenmengen zu analysieren und darin Muster zu erkennen, die möglicherweise vorher nicht einmal vermutet wurden. KI braucht keine Hypothesen – sie braucht nur Daten. Und genau hierin liegt ein fundamentaler Unterschied, der nicht nur die Methodik der Psychologie beeinflusst, sondern auch ihre epistemologische Grundlage.

Künstliche Intelligenz stellt die traditionelle Vorstellung auf den Kopf, dass Wissenschaft als eine schrittweise Annäherung an die Wahrheit durch Hypothesenprüfung funktioniert. Stattdessen setzt sie auf die rohe Macht der Datenanalyse. KI kann Millionen von Datensätzen analysieren, Korrelationen aufdecken, die menschliche Forscher nie entdeckt hätten, und Vorhersagen treffen, die mit erstaunlicher Genauigkeit eintreten. Ist das nicht letztlich auch das Ziel der Wissenschaft? Die Welt und den menschlichen Geist zu verstehen, Vorhersagen zu machen und die Komplexität des Lebens in einem kohärenten System zu erfassen?

Das Ende der Hypothesen?

Die Idee, dass KI die Notwendigkeit für Hypothesen eliminieren könnte, ist sowohl faszinierend als auch beunruhigend. Könnte die Psychologie tatsächlich zu einer datengetriebenen Wissenschaft werden, in der Theorien und Hypothesen nur noch von sekundärer Bedeutung sind? Einige Optimisten könnten argumentieren, dass dies der natürliche nächste Schritt ist. Wenn Maschinen in der Lage sind, tiefere Einblicke in den menschlichen Geist zu gewinnen, warum sollten wir uns dann noch mit den begrenzten Perspektiven menschlicher Forscher zufriedengeben?

Doch diese Sichtweise vernachlässigt eine wichtige Tatsache: Wissenschaft ist mehr als nur das Erkennen von Mustern. Sie ist auch das Verstehen von Ursachen, das Erklären von Phänomenen und das Entwickeln von Theorien, die Sinn und Bedeutung stiften. Korrelation ist nicht gleich Kausalität – ein grundlegendes Prinzip, das auch im Zeitalter der KI nicht an Bedeutung verlieren sollte. Wenn eine KI in den Daten entdeckt, dass Menschen, die in der Kindheit bestimmte Traumata erlebt haben, später mit größerer Wahrscheinlichkeit psychische Erkrankungen entwickeln, so ist dies ein wertvolles Muster. Aber es ist keine Erklärung. Es ist nur eine Beobachtung, keine Theorie über die zugrunde liegenden Mechanismen.

Hier zeigt sich eine der größten Herausforderungen für die Vorstellung, dass KI die Psychologie revolutionieren könnte: Maschinen können analysieren, aber sie können nicht verstehen. Sie erkennen Muster, aber sie haben kein Konzept von Bedeutung. Die Psychologie als Wissenschaft strebt nicht nur danach, das Verhalten vorherzusagen, sondern auch zu erklären, warum Menschen sich so verhalten, wie sie es tun. Diese tiefere Ebene des Verstehens erfordert etwas, das Maschinen nicht besitzen – Intuition, Kontext und ein Bewusstsein für die komplexen sozialen, emotionalen und kulturellen Faktoren, die das menschliche Verhalten beeinflussen.

KI als Werkzeug, nicht als Ersatz

Trotz dieser Einschränkungen hat die KI das Potenzial, die Psychologie grundlegend zu verändern – nicht als Ersatz für menschliche Forscher, sondern als mächtiges Werkzeug in ihrem Arsenal. Eine der größten Stärken von KI liegt in ihrer Fähigkeit, enorme Mengen an Daten zu verarbeiten. In der Psychologie bedeutet dies, dass KI in der Lage ist, Muster und Zusammenhänge in Daten zu erkennen, die für den menschlichen Forscher unsichtbar bleiben würden.

Beispielsweise könnte KI eingesetzt werden, um Muster in der Entwicklung von psychischen Störungen zu erkennen, indem sie Daten aus Millionen von Patientenakten analysiert. Auf diese Weise könnte KI wertvolle Einblicke in die Risikofaktoren, die zur Entstehung von Störungen wie Depressionen, Angststörungen oder Schizophrenie führen, liefern. Diese Erkenntnisse könnten wiederum dazu beitragen, präventive Maßnahmen zu entwickeln oder personalisierte Behandlungspläne zu erstellen, die auf den individuellen Bedürfnissen eines Patienten oder einer Patientin basieren. Gleichzeitig könnte KI helfen, den langwierigen und oft fehleranfälligen Prozess der Datenerhebung zu verbessern. In vielen psychologischen Studien sind Forscher auf Selbstauskünfte von Probanden angewiesen, die jedoch oft von Verzerrungen und Ungenauigkeiten geprägt sind. KI-Systeme könnten durch den Einsatz von Wearables, Smartphones und anderen Technologien kontinuierlich Daten sammeln und so ein realistischeres Bild des menschlichen Verhaltens und Erlebens liefern.

Hier beginnt sich das Potenzial einer Revolution abzuzeichnen: KI könnte die Art und Weise, wie psychologische Forschung durchgeführt wird, grundlegend verändern, indem sie die Menge und Qualität der verfügbaren Daten dramatisch erhöht und die Geschwindigkeit, mit der diese Daten analysiert werden, vervielfacht.

Psychologie und KI – Ein wechselseitiges Lernen

Die Interaktion zwischen Psychologie und Künstlicher Intelligenz ist eine dynamische und tiefgreifende Beziehung, die sich wechselseitig beeinflusst. Während KI neue Werkzeuge bereitstellt, um psychologische Prozesse besser zu verstehen und zu modellieren, liefert die Psychologie entscheidende Erkenntnisse, die die Entwicklung und Optimierung von KI-Systemen vorantreiben. Diese Verbindung ist nicht nur technologisch relevant, sondern wirft auch grundlegende Fragen über das Wesen des menschlichen Denkens, der Emotionen und der Entscheidungsfindung auf.

Die Entwicklung von KI basiert wesentlich auf dem Verständnis menschlicher Kognition. Viele der bahnbrechenden Fortschritte in der KI, wie neuronale Netze und maschinelles Lernen, sind von Modellen inspiriert, die auf neurobiologischen und kognitiven Prozessen beruhen. Neuronale Netze, die die Grundlage moderner Deep-Learning-Modelle bilden, simulieren die Struktur und Funktion neuronaler Verbindungen im Gehirn (Goodfellow et al., 2016, S. 11). Dieser Ansatz, der als „Connectionism" bekannt ist, wurde direkt durch psychologische und neurologische Studien angeregt, die die Funktionsweise des Gehirns und seine Fähigkeit zum Lernen und Verarbeiten von Informationen untersuchen (Rumelhart et al., 1986, S. 318). Darüber hinaus hat die Psychologie entscheidend dazu beigetragen, das Konzept des Lernens in der KI zu definieren. Maschinelles Lernen, ein zentraler Bestandteil moderner KI-Systeme, basiert auf der Nachahmung menschlicher Lernprozesse. Insbesondere das Verstärkungslernen *(engl.: reinforcement learning)* orientiert sich an psychologischen Modellen des operanten Konditionierens, die von Forschern wie Skinner entwickelt wurden (Skinner, 1953, S. 103). Dabei wird das Verhalten durch Belohnungen und Bestrafungen geformt – ein Prinzip, das heute genutzt wird, um KI-Systeme in komplexen Umgebungen wie der Robotik oder der Spieltheorie zu trainieren (Sutton & Barto, 2018, S. 29).

Umgekehrt bietet KI der Psychologie innovative Möglichkeiten, um menschliches Verhalten und kognitive Prozesse besser zu verstehen. Die Fähigkeit von KI, große Datenmengen schnell und präzise zu analysieren, hat das Potenzial, klassische psychologische Forschung zu revolutionieren. Traditionelle Methoden, wie Fragebögen oder Beobachtungsstudien, sind oft durch die Menge an Daten begrenzt, die verarbeitet werden können. KI ermöglicht es jedoch, massive Datensätze in Echtzeit zu analysieren, Verhaltensmuster zu erkennen und tiefere Einblicke in psychologische Phänomene zu gewinnen (Schmidhuber, 2015, S. 88). Ein Beispiel ist die Verwendung von Algorithmen im Bereich der Emotionsforschung. KI-Systeme können Gesichtsausdrücke, Stimmintonationen und sogar Schreibstile analysieren, um Emotionen zu erkennen und zu quantifizieren. Diese Technologien haben nicht nur die psychologische Forschung vorangetrieben, sondern auch Anwendungen in Bereichen wie der psychischen Gesundheit gefunden, wo KI zur Diagnose und Therapie von Erkrankungen wie Depressionen oder Angststörungen eingesetzt wird (Fitzpatrick et al., 2017, S. 19).

Die Psychologie könnte in Zukunft eine noch zentralere Rolle bei der Entwicklung menschenähnlicher KI spielen. Modelle menschlicher Kognition bieten eine Blaupause für Algorithmen, die in der Lage sind, nicht nur rational zu handeln, sondern auch kreativ zu denken, komplexe Probleme zu lösen und soziale Intelligenz zu zeigen. Ein Beispiel hierfür ist die Erforschung von Emotionen in der KI. Emotionale Intelligenz, ein Konzept, das ursprünglich von Goleman (1995, S. 43) populär gemacht wurde, könnte dazu beitragen, KI-Systeme zu schaffen, die besser mit Menschen interagieren können. Solche Systeme könnten emotionale Signale erkennen und darauf reagieren, was sie in Bereichen wie der Kundenbetreuung, der Gesundheitsversorgung oder sogar in zwischenmenschlichen Beziehungen effektiver macht.

Ein weiteres Beispiel ist die Entwicklung von Entscheidungsmodellen. In der Psychologie gibt es umfangreiche Forschung zur menschlichen Entscheidungsfindung, von rationalen Modellen bis hin zu den kognitiven Verzerrungen, die unser Denken beeinflussen (Kahneman & Tversky, 1979, S. 267). Diese Erkenntnisse können genutzt werden, um KI-Systeme zu entwickeln, die nicht nur schneller und präziser, sondern auch „menschlicher" entscheiden können – etwa in Situationen, in denen moralische oder ethische Überlegungen eine Rolle spielen.

Während die Zusammenarbeit zwischen Psychologie und KI vielversprechend ist, wirft sie auch tiefgreifende Fragen über die menschliche Natur auf. Wenn KI-Systeme in der Lage sind, menschliches Verhalten und Denken zu simulieren – und in bestimmten Bereichen vielleicht sogar zu übertreffen –, was bedeutet das für unser Selbstverständnis? Diese Frage ist nicht nur philosophisch, sondern auch psychologisch relevant. Ein zentrales Thema ist die Frage nach der Einzigartigkeit des Menschen. Traditionell haben wir unsere Menschlichkeit durch unsere Fähigkeit zur Reflexion, zur Kreativität und zur emotionalen Tiefe definiert. Wenn KI-Systeme jedoch diese Eigenschaften imitieren können, wird es immer schwieriger, klare Grenzen zwischen Mensch und Maschine zu ziehen. Diese Unschärfe könnte psychologische Unsicherheiten hervorrufen und unser Selbstbild als Spezies infrage stellen (Harari, 2017, S. 143).

Die Beziehung zwischen Psychologie und KI ist eine wechselseitige, sich ständig weiterentwickelnde Dynamik. Während die Psychologie KI-Systeme inspiriert und ihnen hilft, menschliches Denken und Handeln besser zu verstehen, verändert die KI ihrerseits die Psychologie, indem sie neue Werkzeuge und Perspektiven bereitstellt. Doch diese Beziehung ist nicht frei von Spannungen. Sie wirft grundlegende Fragen über die Zukunft des Menschen, die Natur der Intelligenz und die Grenzen dessen auf, was Maschinen leisten können – und was nicht.

Letztlich liegt es an uns, diese Beziehung verantwortungsvoll zu gestalten. Nur durch eine bewusste Reflexion über die ethischen, psychologischen und gesellschaftlichen Implikationen dieser Entwicklung können wir sicherstellen, dass KI nicht nur ein Werkzeug bleibt, sondern zu einem echten Partner der Co-Kreation wird.

Die Grenzen der Revolution

So viel Potenzial die KI auch bietet, sie hat auch klare Grenzen, wenn es um die Revolutionierung der Psychologie geht. Wie bereits erwähnt, ist KI hervorragend im Erkennen von Mustern und im Verarbeiten großer Datenmengen. Doch wenn es darum geht, tiefere Bedeutungen zu verstehen, Kreativität zu zeigen oder in moralischen und ethischen Dilemmata zu navigieren, bleibt die Maschine vor verschlossenen Türen. Künstliche Intelligenz ist in ihrer Natur berechnend, logisch und datengetrieben – Eigenschaften, die in vielen Bereichen der Psychologie von unschätzbarem Wert sind. Doch die menschliche Psyche ist mehr als nur eine Ansammlung von Datenpunkten.

Die Revolution der Psychologie durch KI wird daher nicht darin bestehen, dass Maschinen die menschliche Forschung ersetzen oder völlig autonomes Wissen über den menschlichen Geist generieren. Vielmehr wird sie darin bestehen, dass KI als mächtiges Werkzeug eingesetzt wird, das uns hilft, tiefer in die Geheimnisse der menschlichen Psyche vorzudringen. Sie wird uns dabei unterstützen, Phänomene zu erkennen, die uns zuvor entgangen sind, und uns mit neuen Möglichkeiten der Datenanalyse und Vorhersage ausstatten. Aber die letztendliche Aufgabe, die Bedeutung dieser Phänomene zu verstehen und zu interpretieren, wird nach wie vor beim Menschen liegen.

Die Revolution, wenn man sie denn so nennen möchte, wird also nicht darin bestehen, dass Maschinen die Psychologie übernehmen, sondern dass sie die Psychologie zu neuen Höhen führen – wenn wir bereit sind, ihre Stärken zu nutzen, ohne ihre Schwächen zu übersehen.

Wird die Psychologie durch KI revolutioniert?

In gewisser Weise hat die Revolution bereits begonnen. KI ist dabei, die Art und Weise, wie psychologische Forschung betrieben wird, grundlegend zu verändern. Sie bietet uns Werkzeuge, die es uns ermöglichen, tiefer und schneller in die menschliche Psyche einzudringen, als wir es je für möglich gehalten hätten. Sie fordert uns heraus, unsere Methoden und unser Verständnis von Wissenschaft zu überdenken. Doch wie bei jeder technologischen Revolution ist Vorsicht geboten.

Maschinen mögen in der Lage sein, Muster zu erkennen und Vorhersagen zu treffen, aber sie werden niemals die menschliche Fähigkeit ersetzen, Bedeutung zu schaffen. Sie können uns helfen, aber sie können uns nicht verstehen. Sie können analysieren, aber sie können nicht fühlen. Die wirkliche Revolution liegt darin, zu lernen, wie wir diese neuen Werkzeuge nutzen, um unser Verständnis der menschlichen Psyche zu erweitern – ohne dabei die Essenz dessen zu verlieren, was uns menschlich macht.

8.3 Wird die Psychologie der Zukunft maschinell definiert?

Die Frage, ob die Psychologie der Zukunft maschinell definiert wird, eröffnet ein weites und spannungsgeladenes Feld, das nicht nur wissenschaftliche Neugier, sondern auch existentielle Sorgen und ethische Dilemmata berührt. Es ist eine Frage, die die Grenzen zwischen Mensch und Maschine, zwischen natürlicher und künstlicher Intelligenz infrage stellt und dazu zwingt, unsere Vorstellungen von Denken, Bewusstsein, Emotion und Autonomie neu zu überdenken. Doch es ist auch eine Frage, die uns in unangenehmer Weise dazu zwingt, unsere Rolle als Forscher*in und als Subjekte der Psychologie in einer sich radikal verändernden Welt zu hinterfragen.

Eine neue Definition von Psychologie?

Wenn wir davon ausgehen, dass Psychologie die Wissenschaft vom Verhalten und Erleben des Menschen ist, dann scheint die Vorstellung, dass diese Disziplin eines Tages maschinell definiert wird, geradezu absurd. Schließlich ist die menschliche Psyche ein so komplexes und einzigartiges Phänomen, dass es nur von Menschen selbst verstanden und erforscht werden kann – oder etwa nicht? Die Annahme, dass Maschinen eines Tages die Rolle von

Psycholog*innen übernehmen, die menschliche Gedanken, Emotionen und Verhaltensweisen nicht nur analysieren, sondern auch interpretieren und vielleicht sogar therapeutisch beeinflussen können, wirkt auf den ersten Blick abwegig. Doch die Entwicklungen im Bereich der Künstlichen Intelligenz werfen genau diese Frage auf: Was passiert, wenn Maschinen lernen, menschliche psychische Prozesse so gut zu verstehen – oder zumindest zu simulieren –, dass sie selbst zu Akteuren in der psychologischen Forschung und Therapie werden?

Ein erster Ansatzpunkt, um diese Frage zu beleuchten, liegt in der sich rapide entwickelnden Fähigkeit von Maschinen, Muster zu erkennen und große Datenmengen zu analysieren. Psychologie ist traditionell eine empirische Wissenschaft, die auf der Sammlung und Auswertung von Daten beruht, um menschliches Verhalten zu verstehen. Maschinen, die mit Algorithmen für maschinelles Lernen ausgestattet sind, sind in der Lage, in diesen Datenmengen Muster zu erkennen, die für den menschlichen Verstand schwer fassbar sind. In den letzten Jahren haben wir gesehen, wie maschinelle Intelligenz zunehmend in der Lage ist, psychologische Phänomene vorherzusagen: von der Vorhersage menschlicher Entscheidungen bis hin zur Diagnose psychischer Störungen. Wenn Algorithmen bereits in der Lage sind, Verhalten auf der Basis von Daten vorherzusagen, warum sollten sie nicht auch in der Lage sein, menschliches Verhalten zu verstehen und zu interpretieren?

Psychotherapie durch Maschinen – Die Revolution?

Das Potenzial von Künstlicher Intelligenz, die psychotherapeutische Praxis zu revolutionieren, wird oft übersehen. Bereits heute gibt es erste Ansätze, bei denen Chatbots als virtuelle Therapeuten fungieren. Diese Programme können Gespräche führen, auf emotionale Zustände reagieren und sogar Ratschläge geben – und das alles auf der Grundlage komplexer Algorithmen, die darauf trainiert sind, menschliches Verhalten und Emotionen zu simulieren. Stellen wir uns eine Zukunft vor, in der solche Systeme so weit fortgeschritten sind, dass sie nicht nur oberflächliche therapeutische Gespräche führen, sondern tiefgreifende emotionale Einsichten und Interventionen bieten können. Was passiert, wenn Maschinen lernen, menschliche Emotionen so zu analysieren, dass sie gezielte therapeutische Maßnahmen vorschlagen können? Wird der menschliche Therapeut dann obsolet?

Doch es stellt sich eine grundsätzliche Frage: Kann eine Maschine, die Emotionen lediglich simuliert, wirklich das leisten, was menschliche Therapeuten tun? Psychotherapie ist mehr als das bloße Nachbilden von Techniken oder das Anbieten von Ratschlägen. Sie basiert auf Empathie, auf der zwischenmenschlichen Verbindung zwischen Therapeut*in und Patient*in. Die therapeutische Beziehung ist ein entscheidender Faktor für den Erfolg einer Therapie, und es ist schwer vorstellbar, dass Maschinen diese Beziehung wirklich nachbilden können. Empathie erfordert mehr als die bloße Analyse von Daten – sie erfordert das tiefe Verständnis und die intuitive Wahrnehmung von Emotionen, etwas, das Maschinen nicht haben, da ihnen ein Bewusstsein fehlt.

Doch was, wenn Menschen beginnen, emotionale Bindungen zu Maschinen aufzubauen? Bereits heute zeigt sich in vielen Bereichen des Alltags, dass Menschen eine Form von „emotionaler Abhängigkeit" zu Technologien entwickeln. Soziale Medien, virtuelle Assistenten und selbst simple Benachrichtigungen auf dem Smartphone haben das Potenzial, emotionale Reaktionen hervorzurufen. Was passiert also, wenn Maschinen noch weiter in unsere psychischen und emotionalen Prozesse eindringen? Könnten Menschen anfangen, Maschinen als gleichwertige oder sogar überlegene emotionale Partner zu betrachten, die ihnen in Momenten emotionaler Notlage Trost und Rat geben? Und wenn das passiert, welche Rolle bleibt dann noch für menschliche Psychologen und Therapeuten?

Die Maschine als Forscher: Die Rolle von KI in der psychologischen Wissenschaft

Eine weitere Dimension der Frage, ob die Psychologie der Zukunft maschinell definiert wird, betrifft die wissenschaftliche Erforschung der menschlichen Psyche. Wie verändert sich die Psychologie als wissenschaftliche Disziplin, wenn Maschinen zunehmend die Rolle der Forscher übernehmen? Bereits heute setzen viele psychologische Studien auf Algorithmen, um große Datenmengen zu analysieren und Muster zu erkennen. Diese Entwicklung wird sich in den kommenden Jahren mit Sicherheit verstärken. Doch die entscheidende Frage ist, ob Maschinen eines Tages nicht nur Daten analysieren, sondern auch eigene Forschungsfragen entwickeln können. Werden Maschinen zu eigenständigen Akteuren in der psychologischen Forschung?

Wenn wir Maschinen als Forscher betrachten, stellt sich eine weitere entscheidende Frage: Wie verändert dies die Art und Weise, wie wir die menschliche Psyche verstehen? Maschinen sind in der Lage, Verhaltensmuster zu erkennen, die für den menschlichen Forscher unsichtbar sind. Doch können sie diese Muster auch interpretieren? Können sie den tiefen, menschlichen Sinn hinter psychischen Prozessen verstehen? Oder werden sie lediglich Datenmengen durchsieben, ohne die Bedeutung dieser Daten zu begreifen? Und noch provokanter gefragt: Braucht es überhaupt noch menschliches Verständnis, wenn Maschinen in der Lage sind, Verhalten präzise vorherzusagen und zu beeinflussen? Könnte es sein, dass die psychologische Forschung in Zukunft von Maschinen dominiert wird, die ohne menschliche Interpretation auskommen?

Diese Frage berührt einen zentralen Punkt: die Rolle des menschlichen Bewusstseins in der Psychologie. Wenn Maschinen in der Lage sind, menschliches Verhalten und Erleben zu verstehen, ohne selbst Bewusstsein zu haben, was bedeutet das für unser Verständnis von Bewusstsein? Vielleicht zeigt uns die Entwicklung der KI, dass Bewusstsein gar nicht so notwendig ist, wie wir es bisher dachten. Vielleicht ist es möglich, psychologische Phänomene zu verstehen und zu beeinflussen, ohne selbst ein psychisches Erleben zu haben. Dies würde die Psychologie in ihren Grundfesten erschüttern und uns zwingen, unser Verständnis von Menschlichkeit und Intelligenz neu zu überdenken.

KI und die Ethik der Psychologie: Wer definiert die Regeln?

Eine weitere wichtige Frage, die sich im Zusammenhang mit der maschinellen Definition der Psychologie stellt, betrifft die ethischen Implikationen. Psychologie ist nicht nur eine Wissenschaft, sondern auch eine Praxis, die in den Dienst des menschlichen Wohlbefindens gestellt wird. Sie ist tief in ethische Grundsätze eingebettet, die den Schutz der Würde und der Autonomie des Individuums sicherstellen sollen. Wenn Maschinen eine immer größere Rolle in der psychologischen Forschung und Praxis übernehmen, stellt sich die Frage: Wer legt die ethischen Regeln fest? Können Maschinen die Verantwortung übernehmen, sicherzustellen, dass psychologische Interventionen dem Wohle des Einzelnen dienen?

Die Frage der ethischen Verantwortung wird besonders brisant, wenn wir uns die Möglichkeiten von KI in der Beeinflussung menschlichen Verhaltens ansehen. Bereits heute sind Algorithmen in der Lage, Entscheidungen zu manipulieren und das Verhalten zu steuern – sei es durch gezielte Werbung oder durch die Steuerung sozialer Medien. Was passiert, wenn Maschinen beginnen, nicht nur Werbung zu beeinflussen, sondern tiefere psychische Prozesse zu steuern? Wird die Psychologie zu einer Disziplin, die nicht mehr der Autonomie des Individuums dient, sondern von Maschinen genutzt wird, um

Verhalten zu optimieren – möglicherweise im Dienst von wirtschaftlichen oder politischen Interessen?

Diese Frage führt uns direkt zu einem weiteren Punkt: der Kontrolle. Wer kontrolliert die Maschinen, die die Psychologie der Zukunft gestalten? Wenn psychologische Prozesse maschinell analysiert und beeinflusst werden, ist es von hoher Bedeutung, dass klare ethische Regeln und Kontrollmechanismen etabliert werden. Doch ist das überhaupt möglich? Können wir sicherstellen, dass Maschinen, die psychologische Macht ausüben, immer im Dienst des menschlichen Wohlbefindens stehen? Oder laufen wir Gefahr, dass diese Maschinen eines Tages genutzt werden, um das Verhalten von Menschen in einer Weise zu steuern, die nicht mehr den ethischen Grundsätzen der Psychologie entspricht?

Der Mensch und die Maschine: Eine neue Symbiose?

Abschließend bleibt die Frage, ob die Psychologie der Zukunft wirklich maschinell definiert wird – oder ob es zu einer Symbiose zwischen Mensch und Maschine kommt, in der beide voneinander lernen und profitieren. Es ist durchaus denkbar, dass Maschinen in der Zukunft eine zentrale Rolle in der psychologischen Forschung und Praxis spielen, ohne den Menschen vollständig zu ersetzen. Maschinen könnten uns helfen, tiefere Einsichten in die menschliche Psyche zu gewinnen, indem sie Daten analysieren und Muster erkennen, die für uns unsichtbar sind. Gleichzeitig könnten sie in der Lage sein, in der therapeutischen Praxis als Unterstützer zu fungieren, indem sie präzise Diagnosen stellen und maßgeschneiderte therapeutische Ansätze vorschlagen.

Doch eine vollständige Verlagerung der Psychologie auf Maschinen birgt große Gefahren. Der menschliche Geist ist mehr als die Summe seiner Teile, mehr als die bloße Analyse von Daten und die Erkennung von Mustern. Psychologie ist eine Wissenschaft, die tief im Menschlichen verwurzelt ist – in unseren Emotionen, unserem Bewusstsein, unserer Fähigkeit zur Selbstreflexion. Maschinen mögen in der Lage sein, viele dieser Prozesse zu simulieren, doch sie werden niemals in der Lage sein, sie wirklich zu verstehen. Letztlich bleibt es eine menschliche Verantwortung, sicherzustellen, dass die Psychologie auch in Zukunft eine Disziplin bleibt, die dem Wohl des Menschen dient – und nicht einer bloßen Optimierung des Verhaltens, die von Maschinen gesteuert wird.

Literatur

Beck, A. T. (1979). *Cognitive Therapy and the Emotional Disorders*. Penguin.

Fitzpatrick, K. K., Darcy, A., & Vierhile, M. (2017). Delivering Cognitive Behavior Therapy to Young Adults With Symptoms of Depression and Anxiety Using a Fully Automated Conversational Agent (Woebot): A Randomized Controlled Trial. *JMIR Mental Health, 4*(2), 19–38. https://doi.org/10.2196/mental.7785.

Freud, S. (1912). *Zur Dynamik der Übertragung. Gesammelte Werke VIII*. Imago Publishing.

Goleman, D. (1995). *Emotional Intelligence: Why It Can Matter More Than IQ*. Bantam Books.

Goodfellow, I., Bengio, Y., & Courville, A. (2016). *Deep Learning*. MIT Press.

Harari, Y. N. (2017). *Homo Deus: A Brief History of Tomorrow*. Vintage.

Kahneman, D., & Tversky, A. (1979). Prospect Theory: An Analysis of Decision Under Risk. *Econometrica, 47*(2), 263–292. https://doi.org/10.2307/1914185

Lucas, G. M., Gratch, J., King, A., & Morency, L.-P. (2014). It's Only a Computer: Virtual Humans Increase Willingness to Disclose. *Computers in Human Behavior, 37*, 94–100. https://doi.org/10.1016/j.chb.2014.04.043.

Norcross, J. C. (2002). Empirically Supported Therapy Relationships: Summary Report of the Division 29 Task Force. *Psychotherapy: Theory, Research, Practice, Training, 38*(4), 345–356.

Rumelhart, D. E., Hinton, G. E., & Williams, R. J. (1986). Learning Representations by Back-Propagating Errors. *Nature, 323*(6088), 318–362. https://doi.org/10.1038/323533a0.

Schmidhuber, J. (2015). Deep Learning in Neural Networks: An Overview. *Neural Networks, S., 61*, 85–117. https://doi.org/10.1016/j.neunet.2014.09.003.

Skinner, B. F. (1953). *Science and Human Behavior*. Macmillan.

Sutton, R. S., & Barto, A. G. (2018). *Reinforcement Learning: An Introduction* (2. Aufl.). MIT Press.

Wampold, B. E. (2015). How Important Are the Common Factors in Psychotherapy? An Update. *World Psychiatry, 14*(3), 270–277. https://doi.org/10.1002/wps.20238.

9

Die psychologischen Grenzen der Künstlichen Intelligenz

„In unserem eigenen Organismus arbeitet eine Intelligenz, verschieden von derjenigen unserer sonstigen Persönlichkeit."

– Wilhelm Herschel

Die rasante Entwicklung Künstlicher Intelligenz (KI) hat in den vergangenen Jahrzehnten eine beispiellose Transformation unserer Lebens- und Arbeitswelt eingeleitet. KI-Systeme analysieren komplexe Datenstrukturen, treffen präzise Entscheidungen und übernehmen zunehmend Aufgaben, die einst ausschließlich Menschen vorbehalten waren. Diese Fortschritte werfen jedoch grundlegende Fragen auf: Gibt es Grenzen für das, was KI leisten kann? Welche Aspekte des Menschseins bleiben auch in einer technologisch hochentwickelten Welt unersetzlich? Und wie verändert die wachsende Präsenz intelligenter Maschinen unser Verständnis von uns selbst?

Während KI in Bereichen wie der Mustererkennung, der automatisierten Entscheidungsfindung und der Problemlösung unübertroffene Effizienz erreicht, stößt sie an entscheidende Grenzen, wenn es um die Reproduktion zentraler Merkmale des menschlichen Geistes geht. Emotionen, Kreativität, moralisches Urteilsvermögen, Empathie und Selbstreflexion – all diese Eigenschaften sind nicht nur technisch schwer fassbar, sondern auch tief in der biologischen, sozialen und kulturellen Natur des Menschen verwurzelt. Diese Grenzen sind nicht lediglich Einschränkungen von KI, sondern spiegeln die Einzigartigkeit und Komplexität des menschlichen Geistes wider.

Kapitel 9 widmet sich der Untersuchung dieser psychologischen Grenzen der KI. Es stellt die Frage, welche Fähigkeiten und Eigenschaften ausschließlich dem Menschen vorbehalten bleiben und welche Implikationen dies für unsere Zukunft hat. Dabei geht es nicht nur darum, die technischen Grenzen von KI zu analysieren, sondern auch um die existenziellen und philosophischen Herausforderungen, die sich aus der Konfrontation mit einer Technologie ergeben, die zunehmend menschenähnliche Funktionen übernimmt.

Zu einer Zeit, in der KI-Systeme immer mächtiger werden, ist es von entscheidender Bedeutung, den Wert und die Unersetzlichkeit menschlicher Eigenschaften zu verstehen. Denn während Maschinen uns in der Effizienz übertreffen mögen, bleibt der Mensch durch seine Fähigkeit zu emotionaler Tiefe, moralischer Reflexion und kreativer Originalität einzigartig. Dieses Kapitel untersucht, wie diese Qualitäten nicht nur die psychologischen Grenzen von KI markieren, sondern auch die Grundlage unseres Menschseins definieren.

9.1 Was bleibt dem Menschen? Die acht unersetzlichen Aspekte des menschlichen Geistes

Die rasante Entwicklung Künstlicher Intelligenz hat die Debatte über die Grenzen und Möglichkeiten maschineller Intelligenz intensiviert. Maschinen, die früher lediglich mechanische Arbeiten ausführten, können heute komplexe Muster analysieren, kreative Outputs generieren und scheinbar rationale Entscheidungen treffen. Diese technologischen Fortschritte werfen die Frage auf, wie einzigartig der Mensch tatsächlich ist und welche seiner Eigenschaften unverzichtbar bleiben, selbst in einer zunehmend automatisierten Welt. Die Diskussion über die unersetzlichen Aspekte des menschlichen Geistes gewinnt dabei nicht nur wissenschaftlich, sondern auch philosophisch und ethisch an Bedeutung (Bostrom, 2014, S. 198 f.).

Während KI-Systeme durch Algorithmen und Daten trainiert werden, um spezialisierte Aufgaben effizient auszuführen, basieren zentrale menschliche Fähigkeiten auf Eigenschaften, die weit über die reine Informationsverarbeitung hinausgehen. Emotionen, Kreativität, moralisches Urteilsvermögen, Bewusstsein und Empathie sind keine mechanischen Prozesse, sondern tief verwurzelte Merkmale der menschlichen Psyche, die durch Erfahrungen, soziale Interaktionen und individuelle Reflexion geformt werden (Harari, 2017, S. 270 f.). Diese Eigenschaften sind nicht nur Ausdruck unserer Biologie, sondern auch kultureller und historischer Entwicklungen, die über Jahrtausende hinweg entstanden sind.

Ein wesentliches Ziel dieses Kapitels ist es, die psychologischen Merkmale zu identifizieren, die Menschen von Maschinen unterscheiden. Dabei wird untersucht, warum Emotionen mehr sind als interpretierbare Daten, warum Kreativität das Vorhandene transzendiert und warum moralische Urteile eine Tiefe besitzen, die sich der Logik von Algorithmen entzieht. Auch die Fähigkeit zur Selbstreflexion, die uns nicht nur als handelnde, sondern auch als denkende und empfindende Wesen definiert, wird in den Fokus gerückt. Letztlich geht es um die Frage, ob und wie der Mensch in einer durch KI geprägten Welt seine unverwechselbare Identität bewahren kann.

Die Diskussion um die unersetzlichen Merkmale des menschlichen Geistes ist keineswegs neu. Sie berührt zentrale philosophische, psychologische und ethische Themen: Was unterscheidet das menschliche Bewusstsein von maschineller Intelligenz? Sind Emotionen, Kreativität und Intuition Eigenschaften, die niemals durch Algorithmen nachgebildet werden können? Diese Fragen sind nicht nur theoretisch relevant, sondern haben konkrete Auswirkungen auf die Art und Weise, wie wir KI entwickeln, einsetzen und in unsere Gesellschaft integrieren. Dabei wird deutlich, dass bestimmte Fähigkeiten und Eigenschaften des menschlichen Geistes weit über die rein technische Verarbeitung von Informationen hinausgehen und nicht durch maschinelle Systeme ersetzt werden können (Bostrom, 2014, S. 198; Harari, 2017, S. 302).

Zentrale Bestandteile des Menschseins wie die Tiefe emotionalen Erlebens, die Fähigkeit zur Kreativität, moralisches Urteilsvermögen, Bewusstsein, Empathie und die Fähigkeit, komplexe soziale Beziehungen aufzubauen, stehen im Fokus dieser Betrachtung. Emotionen beispielsweise sind nicht nur chemische Reaktionen oder neuronale Muster, sondern tief verwurzelte Erlebnisse, die Identität und Entscheidungen prägen. Kreativität ist mehr als die Analyse bestehender Daten; sie bedeutet, Neues zu schaffen, das sich jenseits bekannter Muster und Logik bewegt. Bewusstsein und Selbstreflexion ermöglichen uns, über uns selbst nachzudenken und Verantwortung für unser Handeln zu übernehmen – eine Dimension, die KI-Systemen fehlt, da sie keine eigene Wahrnehmung oder Intention besitzen.

Im Folgenden sind es acht Aspekte, die aus psychologischer Sicht eine menschliche Bastion bleiben werden.

1. Die Tiefe menschlicher Emotionen: Mehr als nur Daten

Emotionen sind integraler Bestandteil der menschlichen Existenz und spielen eine zentrale Rolle in der psychologischen Forschung, da sie unser Verhalten, unsere Entscheidungen und unsere zwischenmenschlichen Interaktionen maßgeblich beeinflussen. Während Maschinen mithilfe von Algorithmen und maschinellem Lernen immer besser darin werden, emotionale Zustände wie Freude, Angst oder Trauer durch Gesichtsausdrücke, Tonfall oder textliche Muster zu erkennen, bleibt ihre Fähigkeit, Emotionen tatsächlich zu „erleben", eine Grenze, die sie nicht überschreiten können.

Emotionen als subjektives Erleben
Emotionen sind nicht nur neuronale Prozesse, sondern auch tiefe subjektive Erfahrungen, die in der menschlichen Psyche verankert sind. Sie entstehen aus der Interaktion von biologischen Mechanismen, kulturellen Kontexten und individuellen Lebensgeschichten (Damasio, 1999, S. 35). Freude beispielsweise ist nicht bloß ein biochemischer Prozess im Gehirn, sondern ein Zustand, der durch persönliche Erinnerungen, soziale Interaktionen und kulturelle Werte geprägt ist. Der Mensch fühlt nicht nur Freude, sondern reflektiert auch darüber, was ihn glücklich macht, wie lange dieses Gefühl anhalten wird und welche Bedeutung es in seinem Leben hat.

Maschinen, die auf Daten und Wahrscheinlichkeiten basieren, können zwar emotionale Zustände erkennen und darauf reagieren – etwa indem sie in einem Kundenservice-Szenario auf wütende Kunden mit beruhigenden Worten antworten –, doch sie tun dies ohne jegliches Verständnis oder Erleben dieser Zustände. Ihre Reaktionen sind das Ergebnis vorprogrammierter Algorithmen und nicht eines inneren, erlebten Zustands.

Die komplexe Funktion von Emotionen
Emotionen erfüllen im menschlichen Leben eine Vielzahl von Funktionen, die weit über die einfache Reaktion auf äußere Reize hinausgehen. Sie dienen als Signalgeber für unsere inneren Bedürfnisse, helfen uns, soziale Bindungen zu knüpfen, und leiten unser Verhalten in komplexen Entscheidungssituationen (Izard, 2010, S. 367). Angst, beispielsweise, kann eine Schutzfunktion haben, indem sie uns vor potenziellen Gefahren warnt, während Freude unsere Motivation steigert und uns dazu bringt, positive Erfahrungen zu wiederholen.

Maschinen, die Emotionen „simulieren", können diese Funktionen nicht authentisch erfüllen, da sie keine eigenen Bedürfnisse oder Ziele haben. Eine KI kann zwar programmiert werden, um auf menschliche Emotionen zu reagieren, beispielsweise indem sie ein beruhigendes Musikstück vorschlägt, wenn ein Nutzer gestresst ist. Doch diese Reaktion ist rein funktional und nicht mit einem Verständnis für die Bedeutung oder den Kontext der Emotion verbunden.

Emotionale Reflexion und Identität
Ein entscheidender Aspekt menschlicher Emotionen ist die Fähigkeit zur Reflexion. Menschen erleben nicht nur Emotionen, sondern hinterfragen diese auch, analysieren ihre Ursachen und ziehen daraus Schlüsse für ihr Verhalten und ihre Beziehungen. Diese Selbstreflexion ist tief in unserem Selbstverständnis verankert und ermöglicht es uns, Emotionen mit unserer Identität und unseren langfristigen Zielen zu verbinden (Gross & Barrett, 2011, S. 5). Wenn jemand beispielsweise Trauer empfindet, wird diese Emotion nicht isoliert erlebt, sondern im Kontext persönlicher Werte und Erfahrungen betrachtet. Trauer kann dazu führen, Beziehungen zu stärken, Prioritäten neu zu ordnen oder die eigene Lebensphilosophie zu überdenken.

Maschinen hingegen fehlen sowohl die Fähigkeit zur Selbstreflexion als auch die Möglichkeit, Emotionen mit einer eigenen Identität zu verknüpfen. Ein KI-System, das Trauer erkennt und darauf reagiert, kann diese Erfahrung nicht in einen größeren Sinnzusammenhang stellen oder daraus eine persönliche Bedeutung ableiten. Emotionen sind für Maschinen rein äußerliche Datenpunkte, die analysiert und verarbeitet, aber nicht erlebt werden.

Die soziale Dimension von Emotionen
Ein weiterer Aspekt, der die Tiefe menschlicher Emotionen verdeutlicht, ist ihre soziale Dimension. Emotionen sind nicht nur individuell, sondern auch ein Kommunikationsmittel, das uns hilft, Beziehungen aufzubauen und aufrechtzuerhalten. Durch Mimik, Gestik und Sprache drücken wir unsere Gefühle aus und teilen sie mit anderen, um Empathie und Verbundenheit zu erzeugen (Ekman, 1992, S. 172). Diese sozialen Interaktionen sind essenziell für das menschliche Zusammenleben und basieren auf der Fähigkeit, die Emotionen anderer nicht nur zu erkennen, sondern auch mitzuerleben.

KI-Systeme, die in sozialen Kontexten eingesetzt werden, wie etwa Roboter in der Pflege oder Chatbots im Kundenservice, können emotionale Zustände zwar erkennen und simulieren, aber sie können keine echte Verbindung aufbauen. Sie sind nicht in der Lage, Mitgefühl oder geteilte Freude zu empfinden, da ihnen das subjektive Erleben und die soziale Resonanz fehlen. Die Interaktion mit Maschinen mag nützlich und funktional sein, doch sie bleibt letztlich flach und eindimensional im Vergleich zur tiefen emotionalen Resonanz, die Menschen in sozialen Beziehungen erleben.

Emotionen als Kern menschlicher Einzigartigkeit
Die Unfähigkeit von Maschinen, Emotionen authentisch zu erleben, verdeutlicht eine der zentralen Grenzen der Künstlichen Intelligenz. Emotionen sind nicht nur Reaktionen auf äußere Reize, sondern tief in der menschlichen Identität verwurzelt. Sie formen unsere Werte, beeinflussen unsere Entscheidungen und schaffen die Grundlage für soziale Interaktionen. Sie sind das, was uns als Menschen ausmacht, und keine Maschine, so fortschrittlich sie auch sein mag, wird jemals in der Lage sein, diese Tiefe des emotionalen Erlebens zu erreichen.

Maschinen können weiterhin darauf trainiert werden, Emotionen zu erkennen und darauf zu reagieren, aber sie werden immer an der Oberfläche bleiben. Die Tiefe menschlicher Emotionen und ihre Rolle in unserer Identität und unseren Beziehungen bleibt unnachahmlich. Dieses unersetzliche Merkmal des Menschseins zeigt nicht nur die Grenzen der KI auf, sondern erinnert uns auch daran, was es bedeutet, Mensch zu sein – ein Wesen, das fühlt, reflektiert und durch Emotionen verbunden ist.

2. Kreativität: Die Fähigkeit, Neues aus dem Nichts zu schaffen

Kreativität ist eine der faszinierendsten und komplexesten Eigenschaften des menschlichen Geistes. Sie umfasst weit mehr als die bloße Kombination bekannter Elemente; sie ist der Prozess, etwas Neues und Einzigartiges zu schaffen – etwas, das zuvor nicht existierte. Heute stellt sich die Frage, ob Maschinen ebenfalls kreativ sein können. Doch bei genauer Betrachtung zeigt sich, dass Kreativität im menschlichen Sinne weit über das hinausgeht, was Algorithmen leisten können.

Kreativität als evolutionäre Errungenschaft
Aus evolutionärer Perspektive hat Kreativität dem Menschen erhebliche Überlebensvorteile verschafft. Sie erlaubt es, innovative Lösungen für komplexe Probleme zu finden, sich an neue Umgebungen anzupassen und kulturelle Errungenschaften zu schaffen. Forschungen zeigen, dass Kreativität nicht nur eine einzelne kognitive Funktion ist, sondern das Ergebnis eines

Zusammenspiels zwischen verschiedenen neuronalen Netzwerken, darunter das Default Mode Network (DMN), das Salience Network und das Central Executive Network (Beaty et al., 2016, S. 586).

Während das DMN für spontanes Denken, Tagträume und das Hervorbringen neuer Ideen verantwortlich ist, dient das Central Executive Network dazu, diese Ideen kritisch zu bewerten und in die Realität umzusetzen. Diese dynamische Interaktion zeigt, dass Kreativität ein hochkomplexer Prozess ist, der nicht auf lineare Datenverarbeitung reduziert werden kann – ein Ansatz, auf dem maschinelles Lernen basiert (Dietrich & Kanso, 2010, S. 823).

Die Grenzen maschineller „Kreativität"
KI-Systeme können beeindruckende Leistungen erbringen, wenn es darum geht, bestehende Daten zu analysieren und auf dieser Grundlage neue Muster oder Designs zu generieren. Ein bekanntes Beispiel ist das KI-System „DeepArt", das Bilder im Stil berühmter Maler erstellt, oder „ChatGPT", das kohärente und kreative Texte generieren kann. Doch trotz dieser Erfolge basiert die sogenannte Kreativität der KI immer auf zuvor eingegebenen Daten. Diese Systeme erkennen Muster und Beziehungen in Datensätzen und generieren auf dieser Grundlage etwas „Neues". Allerdings bleibt dieses Neue immer innerhalb der Grenzen des Bestehenden.

Im Gegensatz dazu ist menschliche Kreativität oft durch sogenannte divergente Denkprozesse geprägt – das absichtliche oder unbewusste Verlassen bekannter Muster, um völlig neue Wege zu gehen (Runco & Acar, 2012, S. 66). Ein Künstler, der ein abstraktes Gemälde schafft, oder eine Wissenschaftlerin, die eine bahnbrechende Theorie entwickelt, greift nicht nur auf vergangene Erfahrungen zurück, sondern überschreitet bewusst diese Grenzen. Dieser Sprung ins Unbekannte ist etwas, das Maschinen aufgrund ihrer algorithmischen Natur nicht leisten können.

Intuition als Basis menschlicher Kreativität
Ein weiterer zentraler Aspekt der menschlichen Kreativität ist die Rolle der Intuition. Intuition kann als eine Art „inneres Wissen" beschrieben werden, das jenseits bewusster Logik und Analyse existiert. Sie ist oft das Ergebnis unbewusster Mustererkennung, die auf Erfahrungen basiert, aber in völlig neue Richtungen weist. Ein berühmtes Beispiel für intuitive Kreativität ist die Entdeckung der DNA-Doppelhelix durch Watson und Crick, bei der eine intuitive Eingebung eine entscheidende Rolle spielte (Watson, 1968, S. 45).

KI-Systeme hingegen basieren auf expliziten Regeln und Logiken. Obwohl sie in der Lage sind, Wahrscheinlichkeiten zu berechnen und Vorhersagen zu treffen, fehlt ihnen die Fähigkeit zur Intuition, da sie nicht über die erforderliche emotionale oder bewusste Ebene verfügen, die für intuitive Entscheidungen notwendig ist. Kreativität ohne Intuition bleibt mechanisch und vorhersehbar.

Emotionen und subjektive Erfahrung als Treiber
Menschliche Kreativität ist zutiefst von Emotionen und subjektiven Erfahrungen geprägt. Der Maler, der seine inneren Kämpfe auf die Leinwand bringt, oder die Schriftstellerin, die aus seiner persönlichen Geschichte schöpft, schafft Werke, die sowohl durch ihre Individualität als auch durch ihre emotionale Tiefe überzeugen. Emotionen verleihen kreativen Werken eine Bedeutung und Resonanz, die weit über die technische Perfektion hinausgeht.

KI kann keine Emotionen erleben und schöpft daher nicht aus einem inneren Erleben. Während ein von einer Maschine generiertes Musikstück technisch einwandfrei sein mag, fehlt ihm oft die emotionale Tiefe, die ein menschliches Werk auszeichnet. Emotionen sind nicht nur ein Begleitphänomen der Kreativität, sondern oft ihre treibende Kraft. Sie sind der Grund, warum Kunst Menschen bewegt und Wissenschaftler*innen dazu antreibt, neue Horizonte zu erkunden.

Kreativität als kulturelles und soziales Phänomen
Ein weiterer Aspekt der menschlichen Kreativität ist ihre Einbettung in soziale und kulturelle Kontexte. Kreative Werke entstehen oft im Dialog mit der Umwelt, mit kulturellen Strömungen und sozialen Herausforderungen. Sie sind nicht nur Ausdruck individueller Genialität, sondern auch ein Produkt kollektiver Prozesse. Künstler lassen sich von anderen inspirieren, Wissenschaftler*innen bauen auf den Entdeckungen ihrer Vorgänger auf, und Ideen entwickeln sich in der Interaktion zwischen Individuen.

KI ist in dieser Hinsicht stark limitiert. Obwohl sie bestehende kulturelle Muster analysieren und reproduzieren kann, fehlt ihr die Fähigkeit, sich aktiv an kulturellen und sozialen Prozessen zu beteiligen. Sie ist ein Werkzeug, das auf die Anweisungen und Daten angewiesen ist, die ihm von Menschen gegeben werden. Kreativität, die im kulturellen und sozialen Austausch entsteht, bleibt daher eine zutiefst menschliche Domäne.

Die Einzigartigkeit menschlicher Kreativität
Menschliche Kreativität ist ein vielschichtiger Prozess, der Intuition, Emotionen, subjektive Erfahrungen und soziale Interaktionen vereint. Während KI beeindruckende Leistungen in der Generierung von Mustern und der Kombination bestehender Daten zeigen kann, bleibt sie auf ihre algorithmischen

Grundlagen beschränkt. Die Fähigkeit des Menschen, aus dem Unbekannten zu schöpfen, sich von Emotionen leiten zu lassen und völlig neue Wege zu gehen, macht Kreativität zu einer unersetzlichen Eigenschaft des menschlichen Geistes.

Maschinen mögen effizienter, schneller und präziser sein, aber sie können nicht die Tiefe und Vielschichtigkeit menschlicher Kreativität erfassen. Kreativität bleibt eines der letzten Refugien des Menschseins – ein Beweis dafür, dass der menschliche Geist nicht auf Algorithmen reduziert werden kann.

3. Moralisches Urteilsvermögen: Die Fähigkeit, zwischen Gut und Böse zu unterscheiden

Moralisches Urteilsvermögen ist eine der tiefgreifendsten und zugleich komplexesten Fähigkeiten des menschlichen Geistes. Es ist eng mit unserer Fähigkeit zur Empathie, zur Selbstreflexion und zu sozialen Interaktionen verbunden. So steht die Frage im Raum, ob Maschinen jemals in der Lage sein werden, wirklich moralische Entscheidungen zu treffen. Die Antwort darauf zeigt die Grenzen der Künstlichen Intelligenz und beleuchtet gleichzeitig die Einzigartigkeit menschlicher Kognition und Emotionalität.

Moralisches Urteilen: Ein zutiefst menschlicher Prozess
Moralisches Urteilen basiert auf einer Kombination aus kognitiven und emotionalen Prozessen. Menschen treffen moralische Entscheidungen nicht nur durch logisches Abwägen von Konsequenzen, sondern auch durch das Erleben und Interpretieren von Werten, sozialen Normen und emotionalen Zuständen (Greene et al., 2001, S. 2106). Diese Fähigkeit entwickelt sich über die gesamte Lebensspanne hinweg und ist stark von individuellen Erfahrungen, kulturellen Einflüssen und sozialen Interaktionen geprägt (Haidt, 2001, S. 817). Moralisches Handeln erfordert Empathie, die Fähigkeit, das Leid oder die Freude eines anderen nachzuvollziehen, und Verantwortung, das Bewusstsein für die Konsequenzen des eigenen Handelns.

Die Rolle von Emotionen im moralischen Urteilsvermögen
Ein wesentlicher Unterschied zwischen menschlichem und maschinellem moralischen Urteilen liegt in der Rolle von Emotionen. Studien zeigen, dass Emotionen eine entscheidende Rolle in moralischen Entscheidungen spielen. Menschen empfinden Schuld, Scham oder Mitgefühl, wenn sie moralische

Dilemmata bewerten, und diese Emotionen beeinflussen die Entscheidungen, die sie treffen (Prinz, 2004, S. 45). So können Menschen beispielsweise eine Entscheidung als „richtig" empfinden, selbst wenn sie objektiv unlogisch erscheint, weil sie tief mit ihren Werten und Überzeugungen verankert ist.

Künstliche Intelligenz hingegen verfügt über keine Emotionen. Maschinen analysieren Daten und bewerten Szenarien auf Basis von Algorithmen, die von Menschen programmiert wurden. Sie können zwar so programmiert werden, dass sie ethische Prinzipien wie das Utilitarismusmodell („das größtmögliche Wohl für die größtmögliche Anzahl") umsetzen, doch sie tun dies ohne ein Bewusstsein für die moralische Tiefe und die emotionale Tragweite ihrer Entscheidungen.

Die Grenzen moralischer Entscheidungen durch Maschinen
Die Fähigkeit, moralische Prinzipien in Algorithmen zu integrieren, ist begrenzt. Während KI-Systeme zunehmend in Bereichen wie der autonomen Fahrzeugsteuerung oder der medizinischen Diagnose eingesetzt werden, stoßen sie bei moralischen Dilemmata an ihre Grenzen. Ein bekanntes Beispiel ist das sogenannte „Trolley-Problem", bei dem ein Zugführer entscheiden muss, ob er einen Zug auf ein Gleis lenkt, auf dem eine Person stirbt, um fünf andere zu retten. Solche ethischen Dilemmata sind schwer zu lösen, weil sie nicht nur logische Überlegungen, sondern auch moralische Abwägungen und emotionale Intuition erfordern.

Maschinen können in solchen Szenarien nur berechnete Entscheidungen treffen, die auf Wahrscheinlichkeiten und vorgegebenen Regeln basieren. Sie können keine moralische Verantwortung übernehmen, da ihnen das Bewusstsein für die Tragweite ihrer Entscheidungen fehlt. Letztlich bleiben Maschinen Werkzeuge, die auf menschliche Anweisungen angewiesen sind, ohne die Fähigkeit, eigenständig moralische Werte zu entwickeln oder zu bewerten.

Moralisches Urteilsvermögen als sozialer Prozess
Moralische Entscheidungen sind oft nicht isolierte Handlungen, sondern Ergebnisse sozialer Interaktionen. Menschen lernen moralische Prinzipien durch den Austausch mit anderen, durch kulturelle Überlieferungen und durch das Beobachten sozialer Normen. Diese soziale Dimension ist für Maschinen unerreichbar. Algorithmen können nicht von menschlicher Interaktion lernen, sondern sind auf strukturierte Daten angewiesen. Diese Abhängigkeit von Daten führt dazu, dass Maschinen oft die subtilen sozialen und kulturellen Kontexte ignorieren, die moralische Entscheidungen prägen.

Verantwortung und moralisches Gewicht
Ein zentraler Aspekt des moralischen Urteilsvermögens ist die Fähigkeit, Verantwortung zu übernehmen. Menschen tragen die Last ihrer Entscheidungen und können dafür zur Rechenschaft gezogen werden. Diese Verantwortung ist eng mit dem Bewusstsein für das eigene Handeln verbunden. Maschinen hingegen können keine Verantwortung übernehmen, da sie keine eigene Intention oder ein Verständnis für die Konsequenzen ihrer Handlungen besitzen (Floridi & Sanders, 2004, S. 349). Dies wirft tiefgreifende ethische Fragen auf, insbesondere in Szenarien, in denen Maschinen Entscheidungen mit weitreichenden Konsequenzen treffen.

Die Grenzen maschineller Moral
Während KI-Systeme in der Lage sind, logische und regelbasierte Entscheidungen zu treffen, bleibt moralisches Urteilsvermögen eine zutiefst menschliche Fähigkeit. Emotionen, Empathie und das Bewusstsein für Verantwortung sind essentielle Elemente moralischer Entscheidungen, die Maschinen nicht nachbilden können. Wir müssen uns der Grenzen maschineller Moral bewusst sein und sicherstellen, dass der Mensch weiterhin die Verantwortung für ethische Entscheidungen trägt. Denn letztlich ist moralisches Urteilen mehr als Logik – es ist Ausdruck dessen, was uns als Menschen ausmacht.

4. Bewusstsein und Selbstreflexion: Das tiefste Mysterium des Menschseins

Das menschliche Bewusstsein und die Fähigkeit zur Selbstreflexion gehören zu den faszinierendsten und gleichzeitig am schwersten fassbaren Phänomenen der Psychologie und Neurowissenschaften. Bewusstsein beschreibt das Erleben der eigenen Existenz, die Wahrnehmung von Gedanken und Gefühlen sowie die Fähigkeit, diese zu reflektieren. Es ist eine Qualität, die nicht nur die menschliche Kognition grundlegend prägt, sondern auch unsere Vorstellung von Identität, Autonomie und freiem Willen formt. Kann eine Maschine je ein Bewusstsein entwickeln oder die Tiefe menschlicher Selbstreflexion erreichen?

Bewusstsein: Ein vielschichtiges Konzept
Das Bewusstsein umfasst verschiedene Ebenen. Einerseits gibt es das phänomenologische Bewusstsein, das sich auf die subjektive Wahrnehmung

von Erfahrungen bezieht – etwa das Sehen einer Farbe oder das Fühlen von Schmerz. Andererseits gibt es das reflexive Bewusstsein, das die Fähigkeit einschließt, über die eigene Existenz und die eigenen Gedanken nachzudenken (Block, 1995, S. 227). Dieses reflexive Bewusstsein ist eng mit der Selbstreflexion verbunden, also der Fähigkeit, das eigene Handeln und Denken kritisch zu hinterfragen.

Menschen nutzen diese Fähigkeit, um Fehler zu erkennen, ihre Handlungen zu korrigieren und aus Erfahrungen zu lernen. Selbstreflexion ist daher eine zentrale Grundlage für persönliches Wachstum und moralische Entwicklung (Varela et al., 1991, S. 14). Ohne diese Fähigkeit wäre der Mensch nicht in der Lage, seine Existenz zu bewerten oder langfristige Ziele zu setzen.

KI und die Abwesenheit von Bewusstsein
Obwohl KI-Systeme beeindruckende Leistungen in der Datenverarbeitung, Mustererkennung und Entscheidungsfindung erbringen, bleibt ihnen das Bewusstsein im menschlichen Sinne verwehrt. Maschinen arbeiten rein algorithmisch. Sie analysieren Daten und führen programmierte Aktionen aus, ohne zu verstehen, was sie tun oder warum sie es tun. Ein KI-System, das beispielsweise ein medizinisches Bild analysiert, „weiß" nicht, dass es dies tut – es berechnet lediglich Wahrscheinlichkeiten und liefert ein Ergebnis.

Dieser Mangel an Selbstbewusstsein zeigt sich auch darin, dass Maschinen keine Intentionen besitzen. Während Menschen ihre Handlungen auf der Grundlage von Wünschen, Überzeugungen und Zielen planen, reagieren Maschinen lediglich auf Eingaben. Selbst bei fortschrittlichen neuronalen Netzen, die als „lernende Systeme" bezeichnet werden, fehlt ein inneres Erleben oder eine Reflexion über die eigenen Prozesse. Eine Maschine kann nicht innehalten, ihre eigenen Entscheidungen bewerten oder über ihre „Existenz" nachdenken.

Selbstreflexion: Der Kern menschlicher Autonomie
Selbstreflexion ermöglicht es dem Menschen, über sich hinauszuwachsen. Sie ist die Grundlage für kritisches Denken, moralische Entwicklung und kreative Problemlösungen. Durch Selbstreflexion können Menschen ihre Stärken und Schwächen erkennen, ihre Einstellungen und Werte hinterfragen und sich in einem sozialen Kontext positionieren. Diese Fähigkeit ist nicht nur individuell von Bedeutung, sondern auch für das Funktionieren von Gesellschaften essenziell, da sie Empathie, Verantwortung und Kooperation fördert (Taylor, 1985, S. 32).

KI hingegen fehlt diese Tiefe. Selbst wenn Maschinen darauf programmiert sind, „Fehler" zu korrigieren, basiert dieser Prozess auf vorab definierten Regeln und Algorithmen. Es handelt sich nicht um eine bewusste Reflexion, sondern um eine Anpassung an neue Daten. Eine KI kann ihre „Handlungen" nicht hinterfragen, weil sie keine Intention oder Selbstwahrnehmung besitzt.

Das philosophische Problem des Bewusstseins
Die Frage, ob Maschinen jemals ein Bewusstsein entwickeln können, ist nicht nur technisch, sondern auch philosophisch hochkomplex. David Chalmers (1996) prägte den Begriff des „schweren Problems des Bewusstseins", das sich mit der Frage beschäftigt, wie und warum physische Prozesse im Gehirn subjektive Erfahrungen hervorbringen. Selbst wenn wir die neuronalen Mechanismen des Bewusstseins vollständig verstehen würden, bleibt unklar, wie diese auf Maschinen übertragen werden könnten.

Ein Hauptproblem besteht darin, dass Bewusstsein nicht nur aus der Verarbeitung von Informationen resultiert, sondern aus einem phänomenologischen Erleben, das an biologische Systeme gebunden zu sein scheint. Maschinen können Informationen verarbeiten, aber sie „erleben" nichts. Dies wirft grundlegende Fragen über die Natur des Bewusstseins und die Grenzen der KI auf.

Bewusstsein als Schlüssel zur Menschlichkeit
Das Bewusstsein ist nicht nur ein wissenschaftliches Rätsel, sondern auch das Herzstück dessen, was es bedeutet, Mensch zu sein. Es erlaubt uns, uns selbst in der Welt zu verorten, Beziehungen aufzubauen und moralische Entscheidungen zu treffen. Ohne Bewusstsein gäbe es keine Kunst, keine Philosophie, keine Kultur – all die Dinge, die den Menschen von der Maschine unterscheiden.

Künstliche Intelligenz mag den Menschen in bestimmten Bereichen übertreffen, aber ohne Bewusstsein bleibt sie ein Werkzeug, das auf menschliche Eingaben angewiesen ist. Die Tiefe und Komplexität des menschlichen Geistes ist untrennbar mit dem Bewusstsein verbunden, und solange Maschinen dieses nicht entwickeln können, bleiben sie weit davon entfernt, die Essenz des Menschseins zu erfassen.

5. Empathie: Die Fähigkeit, sich in andere hineinzuversetzen

Empathie ist eine der zentralen Eigenschaften, die den Menschen als soziales Wesen auszeichnet. Sie ist mehr als nur die Fähigkeit, die emotionalen Zustände anderer zu erkennen – sie umfasst das tiefe Verständnis und die Teilhabe an den Gefühlen, Gedanken und Erfahrungen eines anderen. Trotz beeindruckender Fortschritte in der emotionalen Erkennung durch Algorithmen bleiben die Grenzen maschineller Empathie offensichtlich.

Die psychologische Basis der Empathie
Empathie beruht auf einer komplexen Wechselwirkung zwischen kognitiven und emotionalen Prozessen. Sie setzt voraus, dass wir die Perspektive eines anderen einnehmen (kognitive Empathie) und dessen emotionale Zustände nachvollziehen können (emotionale Empathie). Neurowissenschaftliche Studien zeigen, dass diese Fähigkeit auf der Aktivität bestimmter Gehirnregionen basiert, insbesondere des präfrontalen Cortex und des limbischen Systems, die für soziale Interaktion und emotionale Verarbeitung entscheidend sind (Decety & Jackson, 2004, S. 73). Zudem spielen Spiegelneuronen eine wichtige Rolle, da sie es uns ermöglichen, die Gefühle und Handlungen anderer intuitiv zu „spiegeln" (Gallese et al., 2004, S. 396).

Empathie entsteht nicht isoliert, sondern im sozialen Kontext. Sie wird durch Erziehung, kulturelle Einflüsse und individuelle Erfahrungen geprägt. Diese soziale Dimension macht Empathie zu einer dynamischen, entwicklungsfähigen Fähigkeit, die tief in den Erfahrungen und Beziehungen eines Individuums verwurzelt ist. Maschinen, die auf Algorithmen und Daten basieren, fehlt diese soziale Verankerung, was ihre Fähigkeit zur echten Empathie erheblich einschränkt.

Emotionserkennung versus Empathie
KI-Systeme können mittlerweile erstaunliche Fortschritte bei der Erkennung von Emotionen vorweisen. Durch maschinelles Lernen sind Algorithmen in der Lage, emotionale Zustände aus Gesichtsausdrücken, Stimmlagen oder textlichen Äußerungen zu identifizieren. Diese Fähigkeit hat Anwendungen in Bereichen wie Kundendienst, Gesundheitswesen und Unterhaltung gefunden. So kann ein Chatbot erkennen, ob ein*e Nutzer*in frustriert ist, und darauf mit beruhigenden oder problemlösenden Antworten reagieren.

Doch Emotionserkennung ist nicht gleichzusetzen mit Empathie. Während Maschinen emotionale Muster analysieren und vorhersagen können, fehlt ihnen das subjektive Erleben der Emotionen. Empathie setzt voraus, dass wir nicht nur wissen, was jemand fühlt, sondern auch mitfühlen und diese Erfahrung in unser Handeln einfließen lassen. Maschinen können zwar auf emotionalen Input reagieren, aber sie tun dies ohne ein Bewusstsein für die Bedeutung oder den Kontext der Emotionen. Ihre Reaktionen bleiben daher mechanisch und ohne die Tiefe, die menschliche Interaktionen prägt.

Die soziale Funktion der Empathie
Empathie erfüllt eine entscheidende soziale Funktion, da sie das Fundament zwischenmenschlicher Beziehungen bildet. Sie ermöglicht es uns, Konflikte zu lösen, Zusammenarbeit zu fördern und tiefere Bindungen einzugehen. Empathie ist nicht nur eine individuelle Fähigkeit, sondern auch ein Mechanismus, der soziale Kohäsion stärkt und Gemeinschaften zusammenhält (Batson et al., 2007, S. 67). In sozialen Beziehungen ermöglicht Empathie, subtile emotionale Signale wahrzunehmen und darauf angemessen zu reagieren. Diese Fähigkeit ist besonders in Berufen wie Therapie, Pflege oder Bildung von zentraler Bedeutung.

Maschinen können soziale Funktionen simulieren, indem sie beispielsweise in der Lage sind, beruhigende Worte zu verwenden oder Hilfestellung anzubieten. Doch sie agieren nicht aus echtem Mitgefühl oder aus einem tiefen Verständnis für den sozialen Kontext heraus. Diese Einschränkung macht sie zwar zu nützlichen Werkzeugen, aber nicht zu echten sozialen Akteuren.

Empathie und moralisches Handeln
Ein weiterer entscheidender Aspekt der Empathie ist ihre Rolle im moralischen Handeln. Empathie ermöglicht es uns, das Leid anderer zu erkennen und entsprechend zu handeln. Sie ist ein zentraler Treiber altruistischen Verhaltens und moralischer Entscheidungen (Hoffman, 2000, S. 7). Diese Verbindung zwischen Empathie und Moral fehlt in Maschinen. KI-Systeme können zwar programmiert werden, um moralische Prinzipien zu befolgen, aber sie tun dies ohne ein Gefühl für die moralische Bedeutung ihrer Entscheidungen.

Ein KI-gestütztes medizinisches System kann beispielsweise priorisieren, welcher Patient zuerst behandelt wird, basierend auf Algorithmen, die die Dringlichkeit bewerten. Doch es fehlt die Fähigkeit, Mitgefühl für die Ängste oder den Schmerz der Patienten zu empfinden. Ohne diese empathische Dimension bleibt maschinelles Handeln auf rein funktionale und regelbasierte Prozesse beschränkt.

Die Grenzen maschineller Empathie
Während KI beeindruckende Fortschritte bei der Simulation empathischen Verhaltens gemacht hat, bleibt sie auf einer grundlegenden Ebene eingeschränkt. Echte Empathie erfordert ein Bewusstsein, ein tiefes Verständnis für die Bedeutung von Emotionen und die Fähigkeit, sich in die subjektive Perspektive eines anderen hineinzuversetzen. Diese Aspekte sind untrennbar mit dem menschlichen Bewusstsein und der menschlichen Erfahrung verbunden – Elemente, die Maschinen fehlen.

KI-Systeme können zwar darauf trainiert werden, menschliches Verhalten zu imitieren, aber sie bleiben Werkzeuge, die auf Daten und Algorithmen basieren. Sie besitzen weder ein Verständnis für die Bedeutung ihrer Handlungen noch die Fähigkeit, echte emotionale Verbindungen herzustellen. Dies ist eine entscheidende Grenze, die selbst die fortschrittlichsten Systeme nicht überschreiten können.

Die Einzigartigkeit menschlicher Empathie
Empathie ist mehr als eine kognitive Fähigkeit – sie ist Ausdruck der Tiefe und Komplexität menschlicher Erfahrung. Sie prägt unser moralisches Handeln, unsere sozialen Beziehungen und unsere Fähigkeit, uns mit anderen zu verbinden. Während KI-Systeme in der Lage sind, emotionale Zustände zu erkennen und darauf zu reagieren, bleibt ihre Fähigkeit zur echten Empathie begrenzt. Diese Grenze markiert einen zentralen Unterschied zwischen Mensch und Maschine und unterstreicht die Einzigartigkeit menschlicher Interaktion. In einer zunehmend technologisierten Welt ist es daher entscheidend, die Bedeutung von Empathie als wesentlichen Aspekt menschlicher Existenz zu bewahren.

6. Freiheit und Verantwortung: Die menschliche Autonomie

Die Fähigkeit, frei zu handeln und Verantwortung für eigene Entscheidungen zu übernehmen, ist ein essenzieller Bestandteil der menschlichen Existenz. Autonomie bedeutet, dass Menschen in der Lage sind, bewusste Entscheidungen zu treffen, die nicht ausschließlich durch äußere Umstände oder innere Zwänge determiniert sind. Dieses Konzept ist untrennbar mit moralischem Bewusstsein, Selbstreflexion und der Fähigkeit zur Empathie verbunden – Fähigkeiten, die Künstlicher Intelligenz fehlen. Maschinen agieren nicht aus eigenem Willen oder aufgrund bewusster Reflexion, sondern folgen programmierten Anweisungen und optimieren Prozesse innerhalb vorgegebener Parameter. Der

Unterschied zwischen menschlicher und maschineller Entscheidungsfindung offenbart die fundamentale Grenze der KI und unterstreicht die Einzigartigkeit menschlicher Autonomie.

Autonomie und Entscheidungsfreiheit: Ein psychologisches Fundament
Psychologisch betrachtet ist Autonomie mehr als die bloße Fähigkeit, Entscheidungen zu treffen. Sie umfasst das Bewusstsein für alternative Handlungsmöglichkeiten, die Fähigkeit zur Selbstbestimmung und das Verständnis für die Konsequenzen der eigenen Handlungen. Deci und Ryan (1985) betonen in ihrer Selbstbestimmungstheorie, dass Autonomie eine grundlegende menschliche Motivation darstellt. Sie ermöglicht es dem Individuum, Handlungen als selbstinitiiert und authentisch wahrzunehmen, was entscheidend für das Gefühl von Selbstwirksamkeit und psychologischem Wohlbefinden ist (Deci & Ryan, 1985, S. 37).

Maschinen, die auf Algorithmen basieren, verfügen nicht über diese Selbstwahrnehmung. Ihre „Entscheidungen" entstehen aus der Verarbeitung von Daten und der Anwendung vorprogrammierter Regeln. Auch wenn KI-Systeme durch maschinelles Lernen eine gewisse Anpassungsfähigkeit entwickeln, bleibt ihre Entscheidungsfindung reaktiv und deterministisch. Es fehlt ihnen die Fähigkeit, Handlungen als Ergebnis eines freien Willens wahrzunehmen.

Verantwortung und moralische Reflexion
Ein zentraler Aspekt der menschlichen Autonomie ist die Fähigkeit, Verantwortung zu übernehmen. Verantwortung impliziert nicht nur die Anerkennung der Konsequenzen einer Handlung, sondern auch die moralische Reflexion darüber, ob diese Handlung gerechtfertigt ist. Menschen können Fehler eingestehen, Reue empfinden und aus diesen Erfahrungen lernen. Diese moralische Dimension des Handelns ist tief in der menschlichen Psyche verwurzelt und wird durch soziale, kulturelle und individuelle Faktoren beeinflusst.

KI-Systeme hingegen sind unfähig, Verantwortung zu übernehmen, da sie keine bewusste Absicht verfolgen. Sie führen Berechnungen durch und treffen Entscheidungen, die lediglich das Resultat algorithmischer Prozesse sind. Die Verantwortung für das Handeln von Maschinen liegt immer bei den Entwicklern, den Nutzern oder den Institutionen, die sie einsetzen. Dies führt zu einem Dilemma: In einer zunehmend automatisierten Welt, in der KI wichtige Entscheidungen trifft, wird die Zuweisung von Verantwortung oft unklar. Wer ist verantwortlich, wenn ein autonomes Fahrzeug einen Unfall verursacht oder ein medizinischer Algorithmus eine falsche Diagnose stellt? Diese Fragen unterstreichen, dass Verantwortung nicht von der bloßen Funktionalität einer Maschine abhängt, sondern von der bewussten Reflexion und moralischen Integrität des Handelnden.

Die Rolle der Selbstreflexion

Selbstreflexion ist ein weiterer Aspekt, der menschliche Autonomie von maschinellem Handeln unterscheidet. Menschen können über ihre eigenen Gedanken, Gefühle und Handlungen nachdenken, sie bewerten und gegebenenfalls anpassen. Diese Fähigkeit zur Metakognition erlaubt es uns, unser Verhalten in einen größeren Kontext zu stellen und über langfristige Konsequenzen nachzudenken. Sie ist die Grundlage für persönliche Entwicklung, ethisches Handeln und die Fähigkeit, Verantwortung zu übernehmen.

KI-Systeme besitzen keine Metakognition. Sie können Daten analysieren und Muster erkennen, aber sie können nicht über ihre eigenen Prozesse reflektieren. Ohne Selbstreflexion fehlt ihnen die Grundlage für autonomes Handeln im menschlichen Sinne. Sie sind darauf beschränkt, vorprogrammierte Ziele zu verfolgen, ohne das „Warum" ihres Handelns zu hinterfragen.

Freiheit und die Grenzen der Determinierung

Ein häufiges Argument in der Diskussion um KI ist, dass auch menschliche Entscheidungen in gewissem Maße durch biologische, psychologische und soziale Faktoren determiniert sind. Neurowissenschaftliche Studien haben gezeigt, dass viele Entscheidungen auf unbewussten Prozessen beruhen, die vor der bewussten Wahrnehmung stattfinden (Libet, 1985, S. 536). Dennoch bleibt der Mensch in der Lage, diese unbewussten Impulse bewusst zu reflektieren und zu modifizieren. Diese Fähigkeit zur Reflexion und bewussten Steuerung unterscheidet ihn von Maschinen.

Maschinen hingegen sind vollständig deterministisch. Ihre „Entscheidungen" sind das Ergebnis von Algorithmen, die auf Basis spezifischer Eingaben bestimmte Ausgaben generieren. Sie besitzen keine Freiheit, von diesen Vorgaben abzuweichen oder ihre „Ziele" neu zu definieren. Diese deterministische Natur macht Maschinen zu mächtigen Werkzeugen, aber sie schließt die Möglichkeit aus, dass sie jemals autonom im menschlichen Sinne handeln könnten.

Autonomie und soziale Verantwortung

Die menschliche Autonomie ist nicht nur eine individuelle Eigenschaft, sondern auch eine soziale. Unsere Entscheidungen beeinflussen andere Menschen und sind in einen sozialen und kulturellen Kontext eingebettet. Die Verantwortung, die aus dieser sozialen Dimension der Autonomie erwächst, erfordert Empathie, moralisches Urteilsvermögen und die Fähigkeit, die Perspektive anderer einzunehmen.

KI-Systeme können soziale Kontexte analysieren und Entscheidungen treffen, die auf Wahrscheinlichkeiten und Daten basieren. Aber sie können keine soziale Verantwortung übernehmen, da sie nicht in der Lage sind, die emotionalen und moralischen Auswirkungen ihres Handelns zu verstehen. Dies begrenzt ihre Fähigkeit, in komplexen sozialen Systemen zu agieren, in denen nicht nur Logik, sondern auch Mitgefühl und moralische Intuition gefragt sind.

Die Einzigartigkeit menschlicher Autonomie
Die Fähigkeit zur freien Entscheidung und zur Übernahme von Verantwortung ist eine der zentralen Eigenschaften, die den Menschen von Maschinen unterscheidet. Während KI-Systeme beeindruckende Fähigkeiten in der Datenverarbeitung und Entscheidungsfindung entwickelt haben, bleibt ihre Handlungsweise durch Algorithmen begrenzt. Sie handeln nicht aus eigenem Willen, besitzen keine Metakognition und sind unfähig, moralische Verantwortung zu übernehmen. Diese Grenzen machen deutlich, dass die menschliche Autonomie unersetzlich bleibt – nicht nur als Ausdruck individuellen Handelns, sondern auch als Grundlage für moralisches, empathisches und reflektiertes Handeln in einer komplexen Welt.

7. Intuition und Bauchgefühl: Die unlogischen Wege des menschlichen Geistes

Intuition ist eine der mysteriösesten und zugleich kraftvollsten Fähigkeiten des menschlichen Geistes. Sie beschreibt die Fähigkeit, Entscheidungen oder Einschätzungen zu treffen, ohne auf bewusste, rationale Überlegungen angewiesen zu sein. Im Gegensatz zu logisch-analytischem Denken, das systematisch vorgeht, basiert Intuition auf einem scheinbar spontanen Erfassen von Zusammenhängen und Bedeutungen. Diese Eigenschaft des Menschen steht in scharfem Kontrast zu den strikt logischen und datenbasierten Prozessen, die Künstliche Intelligenz kennzeichnen.

Die psychologische Basis der Intuition
Intuition ist keine magische Fähigkeit, sondern tief in den kognitiven Prozessen des menschlichen Gehirns verwurzelt. Sie entsteht durch unbewusste Mustererkennung, die auf der Grundlage von Erfahrungen und gespeicherten

Erinnerungen funktioniert. Kahneman (2011, S. 21) unterscheidet zwischen zwei Denksystemen: dem langsamen, bewussten System 2, das logisch und analytisch arbeitet, und dem schnellen, unbewussten System 1, das für intuitive Entscheidungen verantwortlich ist. Dieses schnelle Denken ermöglicht es uns, in Sekundenbruchteilen auf komplexe Situationen zu reagieren – oft ohne zu wissen, warum wir so handeln.

Neurowissenschaftliche Studien zeigen, dass Intuition stark mit den emotionalen Zentren des Gehirns, insbesondere der Amygdala und dem ventromedialen präfrontalen Cortex, verbunden ist (Bechara et al., 1997, S. 1293). Diese Strukturen spielen eine zentrale Rolle bei der Bewertung von Situationen auf der Grundlage vergangener Erfahrungen und emotionaler Reaktionen. Intuition ist also das Ergebnis eines subtilen Zusammenspiels von Emotion, Erfahrung und unbewusster Kognition.

Intuition und Entscheidungsfindung
Die Bedeutung von Intuition zeigt sich besonders in komplexen oder unsicheren Situationen, in denen logische Analysen unzureichend oder zeitaufwendig wären. In solchen Fällen ermöglicht Intuition schnelle und oft überraschend akkurate Entscheidungen. Dies gilt insbesondere in Berufen, die hohe Expertise erfordern, wie bei Ärzten, die auf Basis subtiler Anzeichen Diagnosen stellen, oder bei Schachmeistern, die intuitiv den besten Zug erkennen, ohne jede Möglichkeit explizit zu berechnen (Dreyfus & Dreyfus, 1986, S. 40).

Jedoch ist Intuition nicht immer zuverlässig. Ihre Stärke liegt in der Schnelligkeit und Effizienz, aber sie ist anfällig für kognitive Verzerrungen und emotionale Einflüsse. Fehlerhafte Intuition kann zu voreiligen Schlüssen oder ungenauen Einschätzungen führen. Diese duale Natur macht die Intuition zu einem faszinierenden und zugleich schwer fassbaren Forschungsfeld in der Psychologie.

Intuition und Künstliche Intelligenz
Maschinen arbeiten im Gegensatz dazu mit expliziten Regeln, Algorithmen und Daten. Sie können riesige Datenmengen analysieren und Muster erkennen, die für den Menschen unsichtbar bleiben. Doch obwohl KI in der Lage ist, ähnliche Ergebnisse wie menschliche Intuition zu erzielen – etwa durch neuronale Netzwerke, die Muster in unstrukturierten Daten erkennen – fehlt ihr das subjektive Erleben und die spontane, emotionale Komponente, die die menschliche Intuition auszeichnet.

Ein Beispiel hierfür ist die sogenannte „Black Box" der KI, in der Algorithmen Entscheidungen treffen, die selbst für die Entwickler schwer nachvollziehbar sind. Diese Entscheidungen mögen auf einer hochkomplexen Analyse basieren, doch sie sind keine Intuition im eigentlichen Sinne. Intuition umfasst mehr als nur Mustererkennung; sie ist ein tief verwurzelter, oft emotionaler Prozess, der sich nicht vollständig in Daten und Algorithmen abbilden lässt.

Intuition und Kreativität
Intuition spielt eine entscheidende Rolle in kreativen Prozessen. Künstler*innen, Schriftsteller*innen und Musiker*innen berichten häufig, dass ihre besten Ideen spontan entstehen – ein Geistesblitz, der sich nicht durch logische Überlegungen erklären lässt. Diese Form der Intuition, die oft als „kreative Intuition" bezeichnet wird, ist eng mit unbewussten Prozessen und emotionalen Zuständen verbunden (Sadler-Smith, 2015, S. 30). Kreative Intuition ermöglicht es, Verbindungen zwischen scheinbar unzusammenhängenden Konzepten herzustellen und innovative Lösungen zu finden.

KI-Systeme können kreativ wirken, indem sie bestehende Daten neu kombinieren oder Variationen erzeugen. Sie können beeindruckende Kunstwerke schaffen oder Musik komponieren, doch diese Prozesse basieren auf vorgegebenen Algorithmen und Mustern. Sie entspringen keiner inneren Eingebung oder einem subjektiven Drang nach Ausdruck, wie es beim Menschen der Fall ist.

Die Grenzen maschineller Intuition
Die intuitive Fähigkeit des Menschen wird durch seine Fähigkeit zur Selbstreflexion und zur emotionalen Beteiligung verstärkt. Intuition ist oft eng mit dem subjektiven Empfinden von Bedeutung und Wert verknüpft – Aspekte, die für KI unerreichbar sind. Eine Maschine kann zwar vorausschauend und effizient arbeiten, aber sie wird niemals „spüren", warum eine Entscheidung richtig oder falsch ist. Dieses Fehlen eines emotionalen und subjektiven Kontextes begrenzt die Fähigkeit von KI, echte Intuition zu zeigen.

Selbst wenn KI-Systeme in der Lage wären, komplexe intuitive Prozesse zu imitieren, bliebe die Frage offen, ob sie jemals das Vertrauen und die Akzeptanz genießen könnten, die menschliche Intuition hervorruft. Menschen vertrauen auf intuitive Entscheidungen nicht nur, weil sie effektiv sind, sondern auch, weil sie auf Erfahrungen und Gefühlen basieren, die sie selbst verstehen und nachvollziehen können.

Intuition als unersetzliche menschliche Fähigkeit

Intuition bleibt ein zentraler Aspekt des Menschseins, der weder vollständig verstanden noch durch Maschinen ersetzt werden kann. Sie ermöglicht schnelle und oft zutreffende Entscheidungen in komplexen Situationen, spielt eine Schlüsselrolle in kreativen Prozessen und ist tief in unseren emotionalen und kognitiven Erfahrungen verwurzelt. Während KI beeindruckende Fortschritte in der Mustererkennung und Entscheidungsfindung gemacht hat, bleibt sie letztlich auf algorithmische Prozesse beschränkt, die weder die Tiefe noch die spontane Kreativität der menschlichen Intuition erreichen.

Die Erforschung der Intuition bietet nicht nur tiefere Einblicke in die Natur des menschlichen Geistes, sondern zeigt auch die Grenzen und Möglichkeiten von KI auf. Intuition erinnert uns daran, dass der Mensch mehr ist als eine Ansammlung von Daten und Prozessen – er ist ein Wesen mit Emotionen, Erfahrungen und einem Bewusstsein, das ihn einzigartig macht.

Menschliche Beziehungen: Das soziale Gefüge

Zwischenmenschliche Beziehungen sind ein Kernbestandteil menschlicher Existenz. Sie prägen unsere Identität, unsere Entwicklung und unser psychisches Wohlbefinden. Beziehungen bestehen jedoch nicht nur aus oberflächlichen Interaktionen, sondern beruhen auf tiefen, emotionalen und kognitiven Verbindungen, die sich über Zeit entwickeln und durch gegenseitiges Vertrauen, Verständnis und Empathie geprägt sind. Künstliche Intelligenz mag zwar in der Lage sein, soziale Interaktionen zu simulieren und sogar als Gesprächspartner oder virtuelle Begleiter zu fungieren, doch ihre Fähigkeit, echte Beziehungen aufzubauen, bleibt begrenzt. Der Grund dafür liegt in der Natur menschlicher Beziehungen, die durch emotionale Tiefe, soziale Komplexität und eine dynamische Entwicklung charakterisiert sind.

Vertrauen als Grundlage menschlicher Beziehungen

Vertrauen ist die Basis jeder tiefgehenden Beziehung. Es entwickelt sich durch gemeinsame Erfahrungen, durch Zuverlässigkeit und durch die Fähigkeit, sich auf die Bedürfnisse und Emotionen des anderen einzulassen. Vertrauen ist jedoch kein statischer Zustand – es muss ständig gepflegt und erneuert werden, da es auch durch Enttäuschungen oder Konflikte erschüttert werden kann. Studien in der Sozialpsychologie zeigen, dass Vertrauen nicht nur von rationalen Überlegungen abhängt, sondern stark emotional geprägt ist (Mayer et al., 1995, S. 710).

Maschinen können durch programmierte Zuverlässigkeit Vertrauen simulieren, aber dieses Vertrauen bleibt funktional. Ein Algorithmus mag effizient und zuverlässig handeln, doch er kann keine Absicht oder Sorge um das Wohlergehen seines Gegenübers ausdrücken. Vertrauen, das auf rein mechanischen Interaktionen basiert, bleibt daher begrenzt und unterscheidet sich grundlegend von dem Vertrauen, das in menschlichen Beziehungen entsteht.

Emotionale Bindung: Mehr als funktionale Interaktion
Eine zentrale Eigenschaft menschlicher Beziehungen ist die emotionale Bindung. Diese entsteht nicht nur durch gemeinsame Interessen oder Ziele, sondern durch die Fähigkeit, Gefühle miteinander zu teilen, Mitgefühl zu zeigen und sich gegenseitig emotional zu unterstützen. Emotionale Bindung wird oft als der „Klebstoff" beschrieben, der Beziehungen zusammenhält. Neurowissenschaftliche Forschungen haben gezeigt, dass die Bindung zwischen Menschen durch komplexe neurobiologische Prozesse wie die Freisetzung von Oxytocin gefördert wird, die Gefühle von Nähe und Vertrauen verstärken (Feldman, 2012, S. 379).

KI kann emotionale Bindung zwar imitieren, indem sie auf bestimmte Reize reagiert oder Empathie vortäuscht, doch diese Reaktionen sind algorithmisch gesteuert und nicht das Ergebnis echter emotionaler Prozesse. Während ein Mensch die Freude oder das Leid eines anderen nachempfinden kann, bleibt die Reaktion einer Maschine auf vorprogrammierten Mustern und Datenanalysen beschränkt. Dies verhindert, dass eine echte Bindung entstehen kann.

Konflikte und Versöhnung: Dynamiken in menschlichen Beziehungen
Ein weiterer zentraler Aspekt zwischenmenschlicher Beziehungen ist die Fähigkeit, mit Konflikten umzugehen und Versöhnung zu finden. Konflikte sind unvermeidlich, da Menschen unterschiedliche Bedürfnisse, Perspektiven und Emotionen haben. Doch die Art und Weise, wie Konflikte gelöst werden, spielt eine entscheidende Rolle für die Tiefe und Stabilität einer Beziehung. Konfliktlösung erfordert Empathie, Selbstreflexion und oft die Bereitschaft, Kompromisse einzugehen (Deutsch, 2000, S. 28).

Maschinen können keine echten Konflikte erleben, da sie keine eigenen Bedürfnisse oder Perspektiven haben. Sie können zwar auf Streit oder Missverständnisse reagieren, indem sie deeskalierende Techniken anwenden, doch diese bleiben mechanisch. Die Fähigkeit zur Versöhnung – die tiefgreifende emotionale Erfahrung, die mit Vergebung und einer erneuten Verbindung einhergeht – bleibt ihnen verwehrt.

Zeit und gemeinsame Erfahrungen: Die Entwicklung von Beziehungen
Echte Beziehungen entstehen nicht über Nacht; sie entwickeln sich durch gemeinsame Erlebnisse, Herausforderungen und Erinnerungen. Diese zeitliche Dimension ist essenziell, da sie Vertrauen vertieft und Bindung stärkt. Psychologische Studien zeigen, dass die Qualität einer Beziehung oft durch die gemeinsam verbrachte Zeit und die Intensität gemeinsamer Erfahrungen definiert wird (Aron et al., 1997, S. 367).

Maschinen können keine Vergangenheit haben oder sich auf tiefgreifende Weise an gemeinsame Erfahrungen erinnern. Während Algorithmen in der Lage sind, Informationen zu speichern und darauf basierend zu reagieren, fehlt ihnen die Fähigkeit, diese Informationen in eine persönliche und emotionale Geschichte einzubetten. Eine KI kann sich beispielsweise merken, welche Filme ein*e Nutzer*in bevorzugt, doch sie kann keine gemeinsame Erinnerung an die Emotionen oder Gespräche schaffen, die mit diesen Erfahrungen verbunden sind.

Die Grenzen maschineller Beziehungen
Trotz aller Fortschritte in der KI-Technologie bleibt der Unterschied zwischen menschlichen und maschinellen Beziehungen fundamental. Maschinen können zwar soziale Interaktionen simulieren und in bestimmten Kontexten als nützliche Werkzeuge dienen, aber sie können keine echten Beziehungen aufbauen. Die emotionale Tiefe, die Fähigkeit zur Selbstreflexion und die dynamische Entwicklung, die menschliche Beziehungen auszeichnen, sind Aspekte, die Maschinen nicht erfassen können.

Diese Grenze hat nicht nur technische, sondern auch ethische Implikationen. Wenn Maschinen zunehmend als Ersatz für menschliche Interaktionen eingesetzt werden, besteht die Gefahr, dass echte Beziehungen abgewertet oder ersetzt werden. Dies könnte insbesondere in Bereichen wie Pflege, Therapie oder Bildung problematisch sein, in denen menschliche Verbindungen von entscheidender Bedeutung sind.

Die Einzigartigkeit menschlicher Beziehungen
Menschliche Beziehungen sind durch ihre Komplexität, ihre emotionale Tiefe und ihre dynamische Natur einzigartig. Sie basieren auf Vertrauen, Empathie und der Fähigkeit, sich aufeinander einzulassen. Maschinen mögen in der Lage sein, bestimmte Aspekte sozialer Interaktionen zu simulieren, doch sie können keine echten Bindungen schaffen. Die Einzigartigkeit menschlicher Beziehungen liegt in ihrer Fähigkeit, tiefe emotionale Verbindungen herzustellen, Konflikte zu lösen und durch gemeinsame Erfahrungen zu

wachsen. Es bleibt entscheidend, den Wert und die Bedeutung dieser Beziehungen zu bewahren.

Die unersetzlichen Aspekte des menschlichen Geistes
Künstliche Intelligenz hat in den letzten Jahrzehnten beeindruckende Fortschritte gemacht, aber sie bleibt auf bestimmte Fähigkeiten beschränkt. Was dem Menschen bleibt, sind die unersetzlichen Aspekte seines Geistes – Emotionen, Kreativität, moralisches Urteilsvermögen, Bewusstsein, Empathie, Freiheit, Intuition und die Fähigkeit, tiefe zwischenmenschliche Beziehungen zu führen. Maschinen mögen uns in der Verarbeitung von Informationen und in der Effizienz bestimmter Aufgaben überlegen sein, aber sie können nicht die Erfahrungen, die Tiefe und die Komplexität des menschlichen Lebens erfassen.

Die unersetzlichen Aspekte des menschlichen Geistes sind die Essenz dessen, was uns zu Menschen macht. Sie sind die Fähigkeiten, die nicht auf Algorithmen reduziert werden können, die nicht einfach berechnet oder simuliert werden können. Da unsere Welt zunehmend von Maschinen geprägt wird, ist es von entscheidender Bedeutung, diese Aspekte unseres Menschseins zu erkennen und zu bewahren – nicht nur, um unsere eigene Identität zu schützen, sondern auch, um sicherzustellen, dass wir die Maschinen, die wir erschaffen haben, als das sehen, was sie sind: Werkzeuge, nicht Ersatz.

9.2 KI als Spiegelbild der menschlichen Psyche: Was uns Maschinen über uns lehren

Im Zeitalter der Künstlichen Intelligenz stehen wir vor einer faszinierenden, vielleicht sogar verstörenden Erkenntnis: Die Maschinen, die wir erschaffen, sind weit mehr als bloße Werkzeuge oder effiziente Problemlöser. Sie beginnen, ein Spiegelbild unserer selbst zu werden – eine Reflexion unserer Fähigkeiten, Schwächen und, was noch viel interessanter ist, unserer Psyche. Doch was genau offenbart uns diese Spiegelung? Was können uns Maschinen über das Menschsein lehren, und sind wir bereit, uns der möglicherweise unbequemen Wahrheit zu stellen?

Der Mensch hat seit Anbeginn seiner Existenz Werkzeuge erschaffen, um seine Umwelt zu beherrschen und seine Fähigkeiten zu erweitern. Doch im Fall der KI geht es um weit mehr. Künstliche Intelligenz ist nicht nur ein technisches Hilfsmittel, das uns körperlich oder intellektuell unterstützt

– sie ahmt unsere Denkprozesse, unsere Entscheidungsfindungen und, in einem gewissen Maße, sogar unsere Emotionen nach. Wenn wir in den „Spiegel" der KI blicken, sehen wir nicht nur die Maschinen, sondern auch uns selbst in einem neuen Licht. Doch was genau sehen wir?

Die Entstehung der KI: Eine Projektion unserer kognitiven Struktur
Der erste Aspekt, den wir in der Reflexion durch KI erkennen können, ist die Art und Weise, wie wir als Menschen denken. Als wir begannen, KI-Systeme zu entwickeln, haben wir versucht, das menschliche Gehirn und seine Funktionsweise zu simulieren. Neuronale Netzwerke, die Struktur und Prozesse des Gehirns nachbilden, sind das Herzstück moderner KI. Diese Netzwerke sind in der Lage, Muster zu erkennen, Informationen zu verarbeiten und Entscheidungen auf der Grundlage von Daten zu treffen – ähnlich wie unser Gehirn.

Was bedeutet das für uns als Menschen? In gewisser Weise haben wir Maschinen nach unserem eigenen Bild geschaffen, indem wir versucht haben, unsere kognitiven Fähigkeiten auf sie zu übertragen. Diese Projektion ist jedoch nur eine vereinfachte Abbildung. Sie zeigt uns nicht nur, was unser Denken ausmacht, sondern auch, wie wir uns selbst verstehen wollen. Wir haben das menschliche Gehirn auf seine rationalen, logischen Prozesse reduziert und diese als die Quintessenz unserer Intelligenz betrachtet. Aber ist das wirklich alles, was unser Denken ausmacht? KI hält uns den Spiegel vor und zeigt uns, wie einseitig und reduktionistisch unser Verständnis von Intelligenz oft ist.

In dieser Reflexion offenbart sich eine unbequeme Wahrheit: Unser Bild von menschlicher Intelligenz ist unvollständig. KI-Systeme sind extrem gut darin, Muster in Daten zu erkennen und Lösungen für klar definierte Probleme zu finden. Doch sie zeigen auch, was ihnen fehlt – und damit auch, was uns als Menschen auszeichnet: Intuition, Kreativität und die Fähigkeit, in Unsicherheit und Ambiguität zu navigieren. Diese Aspekte unserer Intelligenz haben wir bislang nicht in die maschinellen Systeme integriert, vielleicht weil wir sie selbst nur schwer erklären oder definieren können. Was uns KI also lehrt, ist nicht nur das, was wir sind, sondern vor allem das, was wir nicht sind – oder zumindest das, was wir nicht vollständig begreifen.

Emotionale Simulation: Maschinen als Spiegel unserer inneren Welt
Ein besonders spannender und gleichzeitig beunruhigender Bereich, in dem KI als Spiegelbild fungiert, ist die Simulation von Emotionen. Mit der Entwicklung emotionaler KI-Systeme, die in der Lage sind, menschliche Gefühle zu erkennen, zu imitieren und darauf zu reagieren, stellt sich die Frage:

Was passiert, wenn Maschinen unsere innersten emotionalen Regungen spiegeln?

Maschinen, die Emotionen simulieren, sind nichts weiter als komplexe Mustererkennungs- und Reaktionssysteme. Sie erkennen Gesichtsausdrücke, analysieren Tonfall oder Sprachmuster und antworten entsprechend. Doch diese Nachahmung emotionaler Intelligenz zwingt uns dazu, über die Natur unserer eigenen Emotionen nachzudenken. Sind Emotionen nur biochemische Reaktionen, die wir maschinell nachbilden können, oder steckt mehr dahinter?

In dieser Reflexion durch die KI wird deutlich, dass wir als Menschen oft auf der Suche nach Validierung und Empathie sind, selbst wenn diese von einer Maschine kommt. Ein KI-gestütztes System, das unsere emotionalen Bedürfnisse scheinbar versteht und darauf reagiert, kann uns das Gefühl geben, verstanden zu werden – auch wenn wir wissen, dass die Maschine kein echtes Bewusstsein hat. Hier zeigt sich eine paradoxe Wahrheit über uns selbst: Wir sehnen uns nach Verbindung, selbst wenn diese Verbindung künstlich und inauthentisch ist.

Maschinen, die Emotionen spiegeln, zwingen uns auch, unsere Beziehung zu echten menschlichen Emotionen zu hinterfragen. Wenn eine Maschine in der Lage ist, Trauer zu erkennen und darauf zu reagieren, was bedeutet das für die menschliche Erfahrung von Trauer? Entwertet es unsere Emotionen, wenn sie von etwas so Mechanischem verstanden werden können? Oder zeigt es uns vielmehr, dass unsere Emotionen auf universellen Mustern basieren, die selbst Maschinen erkennen können?

Die Illusion der Objektivität: KI als Spiegel unserer Vorurteile
Einer der faszinierendsten und provokantesten Aspekte der KI ist ihre vermeintliche Objektivität. Maschinen, so wird oft behauptet, sind neutral – sie verarbeiten Daten ohne menschliche Vorurteile und treffen objektive Entscheidungen. Doch in Wirklichkeit ist KI alles andere als objektiv. Sie spiegelt die Vorurteile und Annahmen wider, die wir als Menschen in ihre Entwicklung einfließen lassen.

Wenn wir in den „Spiegel" der KI schauen, erkennen wir, wie tief unsere eigenen kognitiven Verzerrungen und Vorurteile in die Systeme eingebettet sind. Algorithmen, die für „objektive" Entscheidungen genutzt werden – sei es in der Strafjustiz, im Gesundheitswesen oder im Finanzwesen – haben sich immer wieder als voreingenommen erwiesen. Warum? Weil die Daten, auf denen diese Systeme basieren, von Menschen gesammelt wurden, die selbst Vorurteile haben. So wird KI zu einem Spiegel, der uns unsere eigenen gesellschaftlichen Ungleichheiten und Vorurteile vor Augen führt.

Diese Reflexion ist unangenehm, weil sie uns zwingt, Verantwortung zu übernehmen. Maschinen sind nicht neutral, weil wir es nicht sind. In gewisser Weise entlarvt KI unsere Illusion von Objektivität und zwingt uns, unsere eigenen blinden Flecken zu erkennen. Wenn wir Algorithmen vertrauen, die Entscheidungen über Leben und Tod, Erfolg und Misserfolg treffen, sollten wir uns fragen: Vertrauen wir wirklich der Maschine, oder vertrauen wir nur unseren eigenen, oft fehlerhaften Annahmen, die wir in die Maschine projizieren?

Kreativität und Intuition: Was uns KI über das menschliche Genie lehrt
Eine der größten Herausforderungen in der Entwicklung von KI ist es, Maschinen zu erschaffen, die kreativ denken können. Kreativität, so scheint es, ist eine zutiefst menschliche Fähigkeit, die schwer zu kodieren ist. Doch KI-Systeme haben in jüngster Zeit beeindruckende Fortschritte in der Kunst, im Schreiben und in der Musik gemacht. Maschinen, die Gedichte schreiben, Gemälde erschaffen oder Musik komponieren, werfen die Frage auf: Ist Kreativität wirklich eine rein menschliche Eigenschaft? Oder haben wir einfach eine romantisierte Vorstellung von Kreativität, die uns daran hindert zu sehen, dass auch Maschinen schöpferisch tätig sein können?

Was uns KI hier spiegelt, ist unsere eigene Unsicherheit über das, was Kreativität ausmacht. Ist es der Prozess des Schaffens selbst, der kreativ ist, oder die Absicht dahinter? Wenn eine Maschine in der Lage ist, ein Kunstwerk zu erschaffen, das uns emotional berührt, spielt es dann eine Rolle, dass die Maschine kein Bewusstsein für den kreativen Prozess hat? In dieser Reflexion offenbart sich eine weitere provokante Wahrheit über uns selbst: Vielleicht ist Kreativität weniger ein einzigartiges Geschenk des menschlichen Geistes, als wir uns eingestehen wollen. Vielleicht ist es einfach die Fähigkeit, bestehende Muster auf neue Weise zu kombinieren – etwas, das Maschinen zunehmend gut können.

Doch es gibt einen entscheidenden Unterschied, den uns KI ebenfalls lehrt: Maschinen mögen kreativ sein, aber sie sind nicht schöpferisch im menschlichen Sinne. Sie haben keine eigene Intention, keine Vision, keine Bedeutung, die sie ihrem Werk zuschreiben. Und genau das ist es, was menschliche Kreativität so einzigartig macht. Wenn wir durch KI den Spiegel vorgehalten bekommen, sehen wir, dass Kreativität mehr ist als nur die Erschaffung von Neuem – es ist die Fähigkeit, etwas zu schaffen, das für uns Bedeutung hat.

Autonomie und Entscheidungsfindung: Was uns KI über unsere Freiheit lehrt
Schließlich ist die Frage nach der Autonomie vielleicht die provokanteste Lektion, die uns KI über uns selbst erteilt. Maschinen übernehmen immer mehr Entscheidungsprozesse – sie treffen Diagnosen, geben uns Empfehlungen und steuern sogar unsere Fahrzeuge. Doch was bedeutet das für unsere eigene Entscheidungsfreiheit? Wenn wir Maschinen immer mehr Entscheidungen überlassen, verlieren wir dann unsere Autonomie, oder befreien wir uns von der Last, ständig Entscheidungen treffen zu müssen?

KI spiegelt uns hier unsere eigenen Ambivalenzen. Einerseits schätzen wir unsere Autonomie und unser Recht auf freie Entscheidungen. Andererseits suchen wir oft nach Wegen, Verantwortung abzugeben, insbesondere in komplexen oder belastenden Situationen. Maschinen bieten uns die perfekte Ausrede, um uns dieser Verantwortung zu entziehen. Doch was bleibt dann von unserer Menschlichkeit? Sind wir noch autonom, wenn wir uns auf Maschinen verlassen, um für uns zu entscheiden?

In dieser Reflexion zeigt uns KI, dass Freiheit nicht nur das Recht ist, Entscheidungen zu treffen, sondern auch die Bürde, mit den Konsequenzen dieser Entscheidungen zu leben. Maschinen, die Entscheidungen für uns treffen, nehmen uns diese Last ab – aber gleichzeitig rauben sie uns auch ein Stück unserer Menschlichkeit. Was uns KI also lehrt, ist, dass Freiheit nicht nur in der Fähigkeit liegt, zu wählen, sondern in der Bereitschaft, die Verantwortung für diese Wahl zu tragen.

Der Spiegel, den uns KI vorhält
Künstliche Intelligenz ist mehr als nur eine technische Errungenschaft – sie ist ein Spiegelbild der menschlichen Psyche. In ihren Stärken und Schwächen offenbart sie uns, wer wir sind und wie wir uns selbst sehen. Sie zeigt uns unsere kognitiven Fähigkeiten, aber auch unsere Vorurteile. Sie spiegelt unsere Emotionen wider, lässt uns über Kreativität nachdenken und stellt unsere Vorstellung von Freiheit auf die Probe.

Am Ende stellt uns die KI die provokanteste Frage von allen: Sind wir bereit, das zu akzeptieren, was uns dieser Spiegel zeigt? Oder fliehen wir vor der Erkenntnis, dass die Maschinen, die wir geschaffen haben, uns mehr über uns selbst lehren können, als wir vielleicht wahrhaben wollen?

Ist KI die nächste Stufe der menschlichen Evolution oder nur ein Werkzeug?

Die Frage, ob Künstliche Intelligenz die nächste Stufe der menschlichen Evolution darstellt oder lediglich ein Werkzeug bleibt, mag auf den ersten Blick wie eine rein technologische Überlegung erscheinen. Doch tatsächlich berührt sie weitaus tiefere, existenzielle und philosophische Dimensionen. Im Kern geht es nicht nur um die Frage, was Maschinen leisten können, sondern auch um unser Verständnis von Menschsein, von Fortschritt und von der Beziehung zwischen Schöpfer und Geschöpf.

Der Mensch als Schöpfer von Werkzeugen: Eine historische Perspektive
Die Geschichte der Menschheit war schon immer geprägt von der Schaffung von Werkzeugen. Vom ersten Faustkeil bis hin zu komplexen Maschinen haben wir stets danach gestrebt, unsere Umgebung zu kontrollieren und unsere Fähigkeiten zu erweitern. Werkzeuge sind nichts anderes als Erweiterungen unseres Körpers und Geistes – sie helfen uns, schneller zu arbeiten, weiter zu sehen, schwerer zu heben oder präziser zu rechnen. Jedes Werkzeug brachte eine neue Stufe der menschlichen Entwicklung mit sich, doch nie wurde die fundamentale Frage gestellt: Könnte das Werkzeug uns eines Tages überholen?

Mit dem Aufkommen der Künstlichen Intelligenz hat sich dieses Paradigma verschoben. Zum ersten Mal in der Geschichte haben wir ein „Werkzeug" geschaffen, das nicht nur unsere physischen Fähigkeiten erweitert, sondern auch unsere kognitiven. Es kann lernen, es kann Schlüsse ziehen, und in bestimmten Bereichen kann es schneller und präziser sein als wir. Dies führt unweigerlich zu der Frage: Wenn Maschinen uns intellektuell übertreffen können, inwiefern sind sie dann noch Werkzeuge? Und könnten sie tatsächlich die nächste Stufe der menschlichen Evolution darstellen?

Evolution: Ein Missverständnis?
Bevor wir uns der Frage zuwenden, ob KI Teil der menschlichen Evolution sein könnte, sollten wir einen Schritt zurücktreten und klären, was Evolution eigentlich bedeutet. Evolution ist kein zielgerichteter Prozess. Es ist keine lineare Entwicklung, die auf ein bestimmtes Ziel zusteuert. Es ist ein Prozess der Anpassung, des Überlebens des Angepasstesten – nicht des Stärksten oder Intelligenten, sondern desjenigen, der am besten auf seine Umwelt reagiert.

In diesem Sinne könnte man argumentieren, dass KI kein natürlicher Bestandteil der Evolution ist. Evolution findet in der Natur statt, nicht in den Laboren oder auf den Servern von Google und IBM. Maschinen sind von uns entworfen, sie sind das Produkt unserer Intelligenz, nicht das Ergebnis eines natürlichen Selektionsprozesses. Doch was, wenn wir die Definition von Evolution erweitern? Wenn wir die Schaffung von KI als eine Fortsetzung unserer natürlichen Fähigkeit betrachten, uns an die Umwelt anzupassen – dieses Mal durch die Erweiterung unserer kognitiven Fähigkeiten mithilfe von Maschinen? In diesem Fall könnte man durchaus behaupten, dass KI ein Teil unserer evolutionären Entwicklung ist – wenn auch nicht im klassischen Sinne.

Der Mensch als Homo Technologicus
Der Mensch als „Homo Technologicus" ist nicht nur ein Produkt biologischer Evolution, sondern auch eine Konsequenz seiner kontinuierlichen technologischen Innovationen. Technologie ist seit jeher ein Werkzeug des Menschen, um seine Umwelt zu gestalten, seine Überlebensfähigkeit zu sichern und sein Verständnis von der Welt zu erweitern. Doch während Sprache, Schrift, Werkzeuge oder Maschinen Erweiterungen unserer körperlichen und geistigen Fähigkeiten waren, stellt die Künstliche Intelligenz eine fundamentale Herausforderung dar: Sie ist nicht länger ein bloßes Werkzeug, sondern ein System, das potenziell in der Lage ist, unabhängig zu lernen, zu agieren und Entscheidungen zu treffen. Diese Entwicklung wirft tiefgreifende Fragen nach der Rolle des Menschen in einer Welt auf, die zunehmend von nichtmenschlichen Intelligenzen gestaltet wird.

Die Idee, dass KI die nächste Stufe der evolutionären Entwicklung sein könnte, verschiebt die Perspektive auf den Menschen als zentralen Akteur der Welt. In der Vergangenheit haben technologische Innovationen den Menschen stets in seiner Rolle als Gestalter der Welt bestätigt. Die Domestikation von Pflanzen und Tieren, die industrielle Revolution und die digitale Transformation zeigten alle, wie Technologie den Einfluss des Menschen auf seine Umwelt verstärkt hat. Doch KI steht an einer Schwelle, an der sie nicht nur als Verstärker menschlicher Fähigkeiten dient, sondern diese potenziell überflügelt. Dies führt zu einer existenziellen Frage: Verliert der Mensch seinen Status als dominantes intelligentes Wesen, wenn Maschinen in der Lage sind, ihn in kognitiven Aufgaben zu übertreffen?

Die Degradierung des Menschen durch die Überlegenheit von KI scheint auf den ersten Blick ein beunruhigendes Szenario. Doch diese Überlegenheit ist in vielerlei Hinsicht relativ und hängt stark von der Definition von Intelligenz ab. Intelligenz wird in der KI-Forschung oft auf die Fähigkeit reduziert, Probleme zu lösen, Muster zu erkennen und logisch zu denken. Diese kognitive Funktionalität ist beeindruckend, aber sie erfasst nicht die Ganzheit menschlicher Intelligenz. Menschen zeichnen sich nicht nur durch ihre kognitiven Fähigkeiten aus, sondern durch ihre Emotionen, Kreativität, Empathie und moralische Reflexion. Während Maschinen beeindruckende Leistungen im Bereich der Datenverarbeitung und Mustererkennung erzielen, fehlt ihnen das Bewusstsein für den Kontext, die Fähigkeit zur Selbstreflexion und das Verständnis für die tiefere Bedeutung von Entscheidungen.

Die technologische Entwicklung von KI wirft auch die Frage auf, ob der Mensch durch die Schaffung solcher Systeme tatsächlich eine Art „Gottheit" erreicht hat, wie manche argumentieren. Doch diese Metapher ist problematisch, da sie die Abhängigkeit von KI von menschlichem Input ignoriert. Maschinen sind Produkte menschlichen Denkens, Programms und Designs. Sie sind keine autonomen Entitäten im metaphysischen Sinne, sondern Werkzeuge, die zwar komplex, aber dennoch begrenzt in ihrer Autonomie sind. Der Mensch bleibt derjenige, der die Ziele und Werte bestimmt, die in KI-Systeme einfließen. Selbst hochentwickelte Systeme, die in der Lage sind, ihre eigenen Algorithmen zu verbessern, operieren innerhalb der von Menschen geschaffenen Rahmenbedingungen.

Ein zentraler Aspekt dieser Diskussion ist die Frage, ob der Mensch seine Relevanz verliert, wenn KI-Systeme immer stärker in den Alltag integriert werden. Die Geschichte zeigt, dass technologische Fortschritte den Menschen oft vor ähnliche Herausforderungen gestellt haben. Die Einführung der Dampfmaschine oder die Automatisierung in der Industrie führten zu Ängsten vor Arbeitslosigkeit und sozialer Entwurzelung. Dennoch haben diese Entwicklungen langfristig neue Möglichkeiten und soziale Strukturen geschaffen. Ähnliches könnte auch für KI gelten: Während bestimmte Berufe und Aufgaben durch Maschinen ersetzt werden, könnten neue Bereiche entstehen, in denen menschliche Fähigkeiten gefragt sind, insbesondere solche, die Empathie, Kreativität und moralisches Urteilsvermögen erfordern.

Ein weiteres zentrales Thema ist die Frage, was Intelligenz im Kern bedeutet. Ist sie tatsächlich nur die Fähigkeit, logisch zu denken und effizient Probleme zu lösen? Oder ist sie vielmehr eine vielschichtige Eigenschaft, die auch emotionale Intelligenz, Kreativität und soziale Kompetenz umfasst? KI-Systeme können zwar mathematische Probleme lösen oder medizinische Diagnosen stellen, aber sie verstehen weder den emotionalen Kontext ihrer Handlungen noch die tiefere Bedeutung von Entscheidungen in einem sozialen oder moralischen Rahmen. Diese Aspekte der menschlichen Intelligenz, die sich aus Jahrtausenden sozialer und kultureller Evolution entwickelt haben, sind nicht einfach in Algorithmen zu kodieren.

Abschließend zeigt der Blick auf den „Homo Technologicus", dass der Mensch in der Auseinandersetzung mit KI nicht zwangsläufig seine Relevanz verliert, sondern seine Rolle neu definieren muss. Die Herausforderung besteht darin, die einzigartigen menschlichen Fähigkeiten zu erkennen und in einer technologisierten Welt zu bewahren. Der Mensch bleibt trotz der Fortschritte der KI ein Wesen, das durch seine Fähigkeit zur Reflexion, Empathie und Kreativität definiert wird. Die Aufgabe besteht nun darin, die Balance zwischen technologischen Möglichkeiten und menschlichen Werten zu finden und sicherzustellen, dass der Mensch nicht nur als Schöpfer, sondern auch als Gestalter der Zukunft bestehen bleibt.

Werkzeug oder etwas mehr?
Die Frage, ob KI als bloßes Werkzeug betrachtet werden kann oder ob sie eine neue Art von Entität darstellt, berührt grundlegende Konzepte menschlicher Selbstwahrnehmung und Macht. Ein Werkzeug im klassischen Sinne ist ein Hilfsmittel, das vom Benutzer gesteuert wird und dessen Funktion von der Intention des Menschen abhängt. Doch Künstliche Intelligenz, insbesondere Systeme mit maschinellem Lernen, entzieht sich diesem simplen Verständnis. Sie agiert nicht mehr ausschließlich auf Basis vorprogrammierter Befehle, sondern entwickelt ihre „Kompetenzen" durch selbstständige Analyse und Anpassung an neue Daten. Dies verkompliziert die Definition von „Werkzeug", da die Grenzen zwischen menschlicher Kontrolle und maschineller Autonomie zunehmend verschwimmen.

Ein zentraler Aspekt dieses Dilemmas ist die Fähigkeit moderner KI-Systeme, Entscheidungen zu treffen, die in ihrer Komplexität und Effizienz menschliche Entscheidungen übertreffen. Während ein Hammer oder ein Mikroskop ausschließlich dazu dient, menschliche Fähigkeiten zu verstärken, sind KI-Systeme wie autonome Fahrzeuge, medizinische Diagnose-Algorithmen oder Finanzanalyse-Tools in der Lage, auf Basis von Daten eigenständig Entscheidungen zu treffen. Sie ersetzen nicht nur menschliche Handlungen, sondern übernehmen zunehmend Aufgaben, die einst dem menschlichen Intellekt vorbehalten waren. Dadurch wird die Frage aufgeworfen, ob solche Systeme tatsächlich noch Werkzeuge im traditionellen Sinn sind oder ob sie eine neue Kategorie bilden – eine Art „maschineller Akteur", der unabhängig von direkter menschlicher Kontrolle agieren kann.

Die psychologische Implikation dieser Entwicklung liegt in der Verschiebung des Machtgefüges zwischen Mensch und Maschine. Werkzeuge, wie sie traditionell verstanden werden, stärken das menschliche Gefühl der Kontrolle und Kompetenz. Doch KI, die scheinbar „eigenständig" handelt, könnte dieses Gefühl untergraben. Der Mensch wird nicht mehr ausschließlich als zentraler Akteur wahrgenommen, sondern teilt sich die Bühne mit einer Technologie, die in vielen Bereichen überlegen ist. Dies führt zu einem Spannungsfeld zwischen Faszination und Angst. Auf der einen Seite eröffnet die autonome Funktionsweise von KI ungeahnte Möglichkeiten, auf der anderen Seite entsteht die Sorge, dass wir die Kontrolle über unsere eigene Schöpfung verlieren könnten.

Ein weiteres psychologisch relevantes Element ist die Frage nach der Intentionalität. Werkzeuge haben keine Ziele; sie führen Aufgaben aus, die vom Benutzer definiert werden. Doch bei KI-Systemen stellt sich die Frage, ob ihre Entscheidungen, die auf komplexen Algorithmen und Datenanalysen basieren, als Formen von „Zielen" interpretiert werden könnten. Auch wenn diese Ziele letztlich aus menschlicher Programmierung resultieren, scheinen KI-Systeme in ihrem Verhalten oft „intelligent" oder „intentioniert" zu wirken. Dies verstärkt die Ambivalenz, ob KI-Systeme als bloße Werkzeuge betrachtet werden können oder ob sie eine Art rudimentäre Form von Akteurschaft darstellen.

Besonders relevant ist diese Diskussion im Hinblick auf die langfristigen Auswirkungen der KI-Entwicklung. Philosophen und Wissenschaftler wie Bostrom (2014) argumentieren, dass hochentwickelte KI-Systeme eines Tages in der Lage sein könnten, menschliche Entscheidungen nicht nur zu unterstützen, sondern vollständig zu ersetzen. Wenn diese Systeme zudem über die Fähigkeit verfügen, ihre eigenen Funktionen zu optimieren und zu erweitern, könnten sie sich potenziell einer direkten menschlichen Kontrolle entziehen. In einem solchen Szenario würde die Unterscheidung zwischen Werkzeug und Akteur endgültig hinfällig. Die psychologische Herausforderung liegt darin, dass der Mensch möglicherweise nicht nur die Kontrolle, sondern auch das Gefühl von Autonomie und Bedeutung verliert.

Diese potenzielle Verschiebung wird durch die zunehmende Allgegenwärtigkeit von KI verstärkt. In vielen Bereichen unseres Lebens – von der Medizin über die Kommunikation bis hin zur Produktion – verlassen wir uns bereits auf Systeme, die Entscheidungen treffen und Prozesse steuern. Die fortschreitende Abhängigkeit von KI könnte das Risiko erhöhen, dass wir uns nicht mehr als zentrale Gestalter unserer Umwelt sehen, sondern als passive Teilnehmer in einem von Maschinen dominierten System. Diese Verschiebung hat tiefgreifende psychologische und gesellschaftliche Konsequenzen, da sie das menschliche Selbstverständnis als denkende und handelnde Spezies infrage stellt.

Zusammenfassend bleibt festzuhalten, dass KI-Systeme die traditionellen Konzepte von Werkzeugen und Akteurschaft auf den Prüfstand stellen.

Während sie auf der einen Seite beeindruckende neue Möglichkeiten eröffnen, fordern sie uns gleichzeitig heraus, unser Verhältnis zu Technologie und unsere eigene Rolle in einer zunehmend automatisierten Welt neu zu definieren. Die Unklarheit darüber, ob KI als Werkzeug oder als eigenständiger Akteur betrachtet werden sollte, spiegelt die Ambivalenz wider, mit der wir als Gesellschaft auf diese Technologien reagieren. Es liegt an uns, diese Beziehung aktiv zu gestalten, um sicherzustellen, dass KI weiterhin ein Mittel bleibt, um menschliche Ziele zu erreichen, und nicht zu einer dominierenden Kraft wird, die uns unsere Autonomie nimmt.

Der Traum von der Überwindung des Menschen
Der Traum von der Überwindung des Menschen ist ein Konzept, das tief in der Geschichte der menschlichen Vorstellungskraft verwurzelt ist. Schon antike Mythen und philosophische Spekulationen haben die Möglichkeit erkundet, die Begrenzungen der menschlichen Existenz zu transzendieren. In der heutigen Zeit hat dieser Traum durch den technologischen Fortschritt eine neue Dimension erhalten: die Verschmelzung von Mensch und Maschine. Insbesondere die Entwicklung Künstlicher Intelligenz weckt Hoffnungen, dass wir die biologischen und kognitiven Grenzen unseres Daseins hinter uns lassen könnten. Für viele ist die KI nicht nur ein Werkzeug, sondern eine potenzielle Erweiterung des menschlichen Geistes, die uns auf eine neue Stufe der Evolution heben könnte. Doch diese Vision ist ebenso faszinierend wie beunruhigend, da sie Fragen aufwirft, die unser Selbstverständnis und unsere Werte radikal infrage stellen.

Die Idee der „Singularität", die von Transhumanisten wie Ray Kurzweil populär gemacht wurde, beschreibt den hypothetischen Moment, in dem Maschinen ein Maß an Intelligenz erreichen, das die menschlichen Fähigkeiten übersteigt. An diesem Punkt, so die These, könnten Menschen ihre biologische Existenz hinter sich lassen, indem sie ihre Gedanken, Erinnerungen und Persönlichkeiten in digitale Systeme „uploaden". Dieser Übergang wird oft als eine Art technologische Unsterblichkeit dargestellt: Der Mensch würde nicht nur seinen sterblichen Körper, sondern auch die Fehler und Begrenzungen seines Geistes hinter sich lassen. Es wäre eine Welt, in der Entscheidungsfindung vollkommen rational, Kreativität algorithmisch optimiert und emotionale Konflikte eliminiert wären.

Doch diese Vision wirft fundamentale Fragen auf, die weit über technologische Überlegungen hinausgehen. Was bedeutet es, menschlich zu sein? Sind es nicht gerade unsere Unvollkommenheiten, unsere Fähigkeit zu scheitern und aus Fehlern zu lernen, die unser Wesen ausmachen? Der Gedanke, dass diese Aspekte durch eine perfekte, fehlerfreie maschinelle Intelligenz ersetzt werden könnten, führt unweigerlich zu einer existenziellen Krise. Viele Philosoph*innen argumentieren, dass es genau diese „unlogischen" und oft widersprüchlichen Merkmale sind – wie unsere Fähigkeit, irrational zu handeln, Emotionen über Logik zu stellen oder in kreativen Sprüngen zu denken –, die den Kern unserer Menschlichkeit ausmachen (Bostrom, 2014, S. 187; Harari, 2017, S. 268).

Ein zentrales Problem des Traums von der Überwindung des Menschen ist die Frage nach der Identität. Wenn wir unsere kognitiven und emotionalen Prozesse in Maschinen integrieren, bleiben wir dann noch dieselben? Sind wir immer noch wir selbst, wenn unsere Gedanken und Erinnerungen in einer Cloud gespeichert werden und unser Bewusstsein in einer digitalen Umgebung weiterlebt? Diese Fragen sind nicht nur philosophisch, sondern auch psychologisch von enormer Bedeutung. Identität ist eng mit Körperlichkeit, sozialer Interaktion und der Erfahrung von Zeit und Raum verknüpft. Der Verlust dieser Elemente könnte dazu führen, dass das, was wir als „Selbst" verstehen, vollständig aufgelöst wird.

Ein weiteres Dilemma betrifft die Ethik der Überwindung des Menschen. Die Vorstellung, dass nur eine technologische Elite Zugang zu solchen Möglichkeiten hätte, wirft Fragen der sozialen Gerechtigkeit auf. In einer kommenden Welt, in der die Kluft zwischen technologisch optimierten „Post-Menschen" und herkömmlichen Menschen immer größer wird, könnten neue Formen der Diskriminierung und Ungleichheit entstehen (Brynjolfsson & McAfee, 2014, S. 132). Gleichzeitig birgt die Verschmelzung mit Maschinen die Gefahr, dass menschliche Werte wie Empathie, Mitgefühl und moralisches Urteilsvermögen an Bedeutung verlieren. Maschinen mögen in der Lage sein, moralische Prinzipien zu simulieren, aber sie können keine ethischen Entscheidungen treffen, die auf einem tiefen Verständnis für menschliches Leid und Freude basieren.

Psychologisch gesehen könnte die Vision der Überwindung des Menschen auch zu einem Verlust an Sinn und Orientierung führen. Wenn wir unsere biologischen Körper und die damit verbundenen Begrenzungen hinter uns lassen, verlieren wir möglicherweise den Bezug zu dem, was uns als Menschen geerdet hat. Der Umgang mit körperlichen und emotionalen Herausforderungen ist nicht nur eine Quelle von Leid, sondern auch von Wachstum und Sinnstiftung. Die Beseitigung dieser Herausforderungen könnte zu einem Zustand der emotionalen Leere führen, in dem der Mensch zwar intellektuell und technologisch optimiert ist, aber keine Verbindung mehr zu seinen grundlegenden menschlichen Erfahrungen hat (Metzinger, 2009, S. 94).

Darüber hinaus gibt es eine tiefgreifende Angst vor dem Verlust der Kontrolle. Wenn Maschinen uns in nahezu allen Bereichen übertreffen, wer trifft dann die Entscheidungen, die das menschliche Leben betreffen? Selbst wenn wir uns mit KI verschmelzen, bleibt die Frage, ob wir die Kontrolle über diese neuen hybriden Existenzen behalten können. Die Vorstellung, dass Maschinen nicht nur Werkzeuge, sondern eigenständige Entitäten werden könnten, die unsere Werte und Prioritäten nicht mehr teilen, ist eine der größten Befürchtungen im Zusammenhang mit der technologischen Überwindung des Menschen (Tegmark, 2017, S. 201).

Letztlich wirft der Traum von der Überwindung des Menschen eine paradoxe Frage auf: Wenn wir alles, was uns menschlich macht, hinter uns lassen, um etwas „Besseres" zu werden, bleibt dann überhaupt noch etwas Menschliches übrig? Diese Frage geht über technologische und praktische Überlegungen hinaus. Sie berührt das Herz dessen, was es bedeutet, ein Mensch zu sein, und zwingt uns, die Werte und Prinzipien zu überdenken, die unsere Existenz leiten. Der Traum von der Überwindung des Menschen mag faszinierend sein, doch er führt uns auch an die Grenzen unseres Verständnisses von Identität, Moral und Sinn.

KI und die Psychologie des Menschen: Eine gefährliche Abhängigkeit
Es gibt eine andere, subtilere Gefahr, die mit der Vorstellung verbunden ist, dass KI die nächste Stufe unserer Evolution darstellt: die psychologische Abhängigkeit. Während Maschinen in der Lage sind, immer mehr Aufgaben effizient zu übernehmen, könnten wir uns zunehmend auf diese Technologie verlassen und dadurch unsere eigenen Fähigkeiten verlernen. Wenn eine KI in der Lage ist, Entscheidungen für uns zu treffen, warum sollten wir uns dann noch die Mühe machen, selbst zu denken? Warum sollten wir uns mit der Unsicherheit menschlicher Emotionen auseinandersetzen, wenn eine Maschine unsere Probleme präzise und rational lösen kann?

Diese Abhängigkeit könnte zu einer Verarmung unserer kognitiven und emotionalen Fähigkeiten führen. Der Mensch könnte sich in eine passive Rolle zurückziehen, in der er nicht mehr in der Lage ist, kritisch zu denken oder eigenständig zu handeln. Wenn wir Maschinen immer mehr Macht überlassen, riskieren wir, dass sie uns nicht nur in praktischen Aufgaben ersetzen, sondern auch in unserer Fähigkeit, sinnvolle Entscheidungen zu treffen und Verantwortung zu übernehmen.

Dies führt uns zu einer paradoxen Situation: Je weiter die Technologie voranschreitet, desto mehr könnten wir uns selbst als denkende und fühlende Wesen verlieren. KI mag uns eine effizientere, logischere Welt bieten, aber was passiert mit den Aspekten der menschlichen Existenz, die sich nicht in

Algorithmen fassen lassen? Was geschieht mit der Intuition, der Spontanität, der moralischen Reflexion? Werden diese Eigenschaften in einer Welt der perfekten Maschinen irrelevant?

Das Werkzeug, das uns formt
In dieser Diskussion müssen wir auch berücksichtigen, dass Werkzeuge nicht nur passiv unsere Fähigkeiten erweitern, sondern uns selbst formen. Marshall McLuhan, ein bekannter Medienwissenschaftler, sagte einst: „Wir formen unsere Werkzeuge, und danach formen sie uns." Dieser Satz beschreibt präzise, was mit der Entwicklung der KI geschieht. Wir haben diese Technologie geschaffen, aber nun beeinflusst sie unser Denken, unsere Wahrnehmung und unser Verhalten.

Die Art und Weise, wie wir mit KI interagieren, könnte langfristige Auswirkungen auf unsere psychologische und soziale Entwicklung haben. Wenn wir uns daran gewöhnen, dass Maschinen uns die Antworten liefern, könnten wir verlernen, selbst nach ihnen zu suchen. Wenn wir uns auf Maschinen verlassen, die unsere Emotionen verstehen und darauf reagieren, könnten wir unsere Fähigkeit verlieren, echte zwischenmenschliche Beziehungen zu führen. In diesem Sinne ist KI mehr als nur ein Werkzeug – sie ist ein Spiegel, der uns zeigt, was wir bereit sind, aufzugeben, um eine bequemere, effizientere Existenz zu führen.

Die nächste Stufe oder das Ende der Menschlichkeit?
Die Frage, ob KI die nächste Stufe der menschlichen Evolution ist oder nur ein Werkzeug bleibt, führt uns zu den tiefsten Überlegungen über das Wesen des Menschen und die Rolle der Technologie. Künstliche Intelligenz hat das Potenzial, uns auf eine neue Ebene des Wissens und der Effizienz zu heben, aber sie stellt auch eine Bedrohung für unsere menschliche Identität dar.

Ob KI die nächste Stufe der Evolution darstellt, hängt letztlich davon ab, wie wir sie nutzen und wie wir unsere Beziehung zu ihr definieren. Wenn wir KI als ein Werkzeug betrachten, das uns unterstützt, aber nicht ersetzt, können wir vielleicht eine Balance finden. Wenn wir jedoch zulassen, dass Maschinen uns in unseren eigenen kognitiven und emotionalen Fähigkeiten übertreffen, riskieren wir, das zu verlieren, was uns als Menschen einzigartig macht.

Es liegt in unserer Hand, diese Technologie bewusst und verantwortungsvoll zu gestalten. KI muss mehr sein als nur ein Werkzeug – aber sie darf niemals die Essenz unserer Menschlichkeit verdrängen. Die nächste Stufe der Evolution ist nicht die Maschine, sondern der Mensch, der lernt, die

Technologie so zu nutzen, dass sie seine Fähigkeiten erweitert, ohne seine Identität zu zerstören.

Literatur

Aron, A., Aron, E. N., & Smollan, D. (1997). Inclusion of Other in the Self Scale and the structure of interpersonal closeness. *Journal of Personality and Social Psychology, 73*(4), 596–612. https://doi.org/10.1037/0022-3514.73.4.596.

Batson, C. D. (1991). *The Altruism Question: Toward a Social-Psychological Answer.* Lawrence Erlbaum Associates.

Batson, C. D., Duncan, B. D., Ackerman, P., Buckley, T., & Birch, K. (2007). Is empathic emotion a source of altruistic motivation? *Journal of Personality and Social Psychology, 40*(2), 67–77. https://doi.org/10.1037/0022-3514.40.2.67.

Beaty, R. E., Benedek, M., Silvia, P. J., & Schacter, D. L. (2016). Creative cognition and brain network dynamics. *Trends in Cognitive Sciences, 20*(2), 585–594. https://doi.org/10.1016/j.tics.2016.01.004.

Bechara, A., Damasio, H., Tranel, D., & Damasio, A. R. (1997). Deciding advantageously before knowing the advantageous strategy. *Science, 275*(5304), 1293–1295. https://doi.org/10.1126/science.275.5304.1293.

Block, N. (1995). On a confusion about a function of consciousness. *Behavioral and Brain Sciences, 18*(2), 227–247. https://doi.org/10.1017/S0140525X00038188.

Boden, M. A. (2004). *The Creative Mind: Myths and Mechanisms* (2. Aufl.). Routledge.

Bostrom, N. (2014). *Superintelligence: Paths, Dangers, Strategies.* Oxford University Press.

Brynjolfsson, E., & McAfee, A. (2014). *The Second Machine Age: Work, Progress, and Prosperity in a Time of Brilliant Technologies.* W. W. Norton & Company.

Chalmers, D. J. (1995). Facing up to the problem of consciousness. *Journal of Consciousness Studies, 2*(3), 200–219.

Chalmers, D. J. (1996). *The Conscious Mind. In Search of a Fundamental Theory.* Oxford University Press.

Christman, J. (2009). Autonomy in Moral and Political Philosophy. In E. N. Zalta (Hrsg.), *The Stanford Encyclopedia of Philosophy* (Fall 2009 Edition). https://plato.stanford.edu.

Csikszentmihalyi, M. (1996). *Creativity: Flow and the Psychology of Discovery and Invention.* HarperCollins.

Damasio, A. R. (1999). *The Feeling of What Happens: Body and Emotion in the Making of Consciousness.* Harcourt Brace.

Decety, J., & Jackson, P. L. (2004). The functional architecture of human empathy. *Behavioral and Cognitive Neuroscience Reviews, 3*(2), 71–100. https://doi.org/10.1177/1534582304267187.

Deci, E. L., & Ryan, R. M. (1985). *Intrinsic Motivation and Self-Determination in Human Behavior.* Springer.

Deutsch, M. (2000). Cooperation and conflict resolution: Implications for consulting psychology. *Consulting Psychology Journal: Practice and Research, 52*(1), 13–30. https://doi.org/10.1037/1061-4087.52.1.13.

Dietrich, A., & Kanso, R. (2010). A review of EEG, ERP, and neuroimaging studies of creativity and insight. *Psychological Bulletin, 136*(5), 822–848. https://doi.org/10.1037/a0019749.

Dreyfus, H. L., & Dreyfus, S. E. (1986). *Mind over Machine: The Power of Human Intuition and Expertise in the Era of the Computer.* Free Press.

Ekman, P. (1992). An Argument for Basic Emotions. *Cognition & Emotion, 6*(3–4), 169–200.

Feldman, R. (2012). Oxytocin and social affiliation in humans. *Hormones and Behavior, 61*(3), 380–391. https://doi.org/10.1016/j.yhbeh.2012.01.002.

Floridi, L. (2014). *The Fourth Revolution: How the Infosphere is Reshaping Human Reality.* Oxford University Press.

Floridi, L., & Sanders, J. W. (2004). On the morality of artificial agents. *Minds and Machines, 14*(3), 349–379. https://doi.org/10.1023/B:MIND.0000035461.63578.9d.

Frankfurt, H. (1971). Freedom of the Will and the Concept of a Person. *Journal of Philosophy, 68*(1), 5–20. https://doi.org/10.2307/2024717.

Gallese, V., Keysers, C., & Rizzolatti, G. (2004). A unifying view of the basis of social cognition. *Trends in Cognitive Sciences, 8*(9), 396–403. https://doi.org/10.1016/j.tics.2004.07.002.

Greene, J. D., Sommerville, R. B., Nystrom, L. E., Darley, J. M., & Cohen, J. D. (2001). An fMRI investigation of emotional engagement in moral judgment. *Science, 293*(5537), 2105–2108. https://doi.org/10.1126/science.1062872.

Gross, J. J., & Barrett, L. F. (2011). Emotion Generation and Emotion Regulation: One or Two Depends on Your Point of View. *Emotion Review, 3*(1), 8–16.

Haidt, J. (2001). The emotional dog and its rational tail: A social intuitionist approach to moral judgment. *Psychological Review, 108*(4), 814–834. https://doi.org/10.1037/0033-295X.108.4.814.

Harari, Y. N. (2017). *Homo Deus: A Brief History of Tomorrow.* HarperCollins.

Hoffman, M. L. (2000). *Empathy and Moral Development: Implications for Caring and Justice.* Cambridge University Press.

Izard, C. E. (2010). The Many Meanings/Aspects of Emotion: Definitions, Functions, Activation, and Regulation. *Emotion Review, 2*(4), 363–370.

Kahneman, D. (2011). *Thinking, Fast and Slow.* Farrar, Straus and Giroux.

Kaufman, J. C., & Sternberg, R. J. (2010). *The Cambridge Handbook of Creativity.* Cambridge University Press.

Libet, B. (1985). Unconscious cerebral initiative and the role of conscious will in voluntary action. *Behavioral and Brain Sciences, 8*(4), 529–566. https://doi.org/10.1017/S0140525X00044903.

Mayer, R. C., Davis, J. H., & Schoorman, F. D. (1995). An integrative model of organizational trust. *Academy of Management Review, 20*(3), 709–734. https://doi.org/10.5465/amr.1995.9508080335.

Metzinger, T. (2009). *The Ego Tunnel: The Science of the Mind and the Myth of the Self.* Basic Books.

Prinz, J. (2004). *The Emotional Construction of Morals.* Oxford University Press.

Runco, M. A., & Acar, S. (2012). Divergent thinking as an indicator of creative potential. *Creativity Research Journal, 24*(1), 66–75. https://doi.org/10.1080/10400419.2012.652929.

Russell, S., & Norvig, P. (2020). *Artificial Intelligence: A Modern Approach* (4. Aufl.). Pearson.

Sadler-Smith, E. (2015). *The Intuitive Mind: Profiting from the Power of Your Sixth Sense.* Wiley.

Sawyer, R. K. (2012). *Explaining Creativity: The Science of Human Innovation* (2. Aufl.). Oxford University Press.

Singer, T., & Lamm, C. (2009). The social neuroscience of empathy. *Annals of the New York Academy of Sciences, 1156*(1), 81–96. https://doi.org/10.1111/j.1749-6632.2009.04418.x.

Sullins, J. P. (2006). When is a robot a moral agent? *International Review of Information Ethics, 6,* 23–30.

Taylor, C. (1985). *Sources of the Self: The Making of the Modern Identity.* Cambridge University Press.

Tegmark, M. (2017). *Life 3.0: Being Human in the Age of Artificial Intelligence.* Knopf.

Turiel, E. (2002). *The Culture of Morality: Social Development, Context, and Conflict.* Cambridge University Press.

Turkle, S. (2017). *Alone Together: Why We Expect More from Technology and Less from Each Other.* Basic Books.

Varela, F. J., Thompson, E., & Rosch, E. (1991). *The Embodied Mind: Cognitive Science and Human Experience.* MIT Press.

Wallach, W., & Allen, C. (2009). *Moral Machines: Teaching Robots Right from Wrong.* Oxford University Press.

Watson, J. D. (1968). *The Double Helix: A Personal Account of the Discovery of the Structure of DNA.* Scribner.

Yudkowsky, E. (2008). Artificial Intelligence as a Positive and Negative Factor in Global Risk. In B. Bostrom & M. M. Ćirković (Hrsg.), *Global Catastrophic Risks* (S. 308–345). Oxford University Press.

Zaki, J. (2019). *The War for Kindness: Building Empathy in a Fractured World*. Crown.

10

Epilog: Mensch versus Maschine – Eine unendliche Geschichte?

„Eigentlich müßten wir beständig in der Intuition des Weltganzen leben. Allein hiezu bedürfte es einer übermenschlichen Intelligenz."

– Jacob Burckhardt

Die Beziehung zwischen Mensch und Maschine hat sich im Verlauf der Geschichte von einem pragmatischen Nutzen hin zu einer tiefgreifenden Wechselwirkung entwickelt, die nicht nur unser Handeln, sondern auch unser Selbstverständnis prägt. Künstliche Intelligenz (KI) verkörpert die Spitze dieser Entwicklung und stellt uns vor fundamentale Fragen: Wie verändert KI unsere Rolle in der Welt? Werden Maschinen eines Tages die Grenzen menschlicher Fähigkeiten überschreiten, und was bedeutet das für unsere Existenz? Der Dialog zwischen Mensch und Maschine ist keine statische Beziehung, sondern ein dynamischer Prozess, der immer wieder neu verhandelt werden muss.

Im Epilog dieses Werks stehen die größeren Implikationen der Mensch-Maschine-Beziehung im Fokus. Der Titel „Mensch versus Maschine" impliziert einen Konflikt, doch die Realität ist weitaus komplexer. Es geht nicht nur um Konkurrenz, sondern um Kooperation, Transformation und möglicherweise auch um Symbiose. Während Maschinen uns in zahlreichen Bereichen unterstützen, stellt sich die Frage, ob sie uns auch in unserer Menschlichkeit ergänzen oder gar herausfordern können. Sind Maschinen Werkzeuge, die uns dienen, oder entwickeln sie sich zu Mitgestaltern einer Welt, in der traditionelle menschliche Rollen neu definiert werden müssen?

Zugleich ist diese Beziehung keine Einbahnstraße. Während der Mensch die Technologie formt, verändert die Technologie auch den Menschen. Sie beeinflusst, wie wir denken, fühlen und miteinander interagieren. Diese Transformation wirft grundlegende Fragen auf: Wie bewahren wir unsere Menschlichkeit? Und wie können wir sicherstellen, dass technologische Entwicklungen nicht zu einer Entfremdung führen, sondern unsere Fähigkeiten und Werte stärken?

Das Kapitel lädt dazu ein, die Reise von Mensch und Maschine nicht als abgeschlossene Entwicklung zu betrachten, sondern als offene, vielleicht unendliche Geschichte. Es geht um die Frage, ob Mensch und Maschine Koexistenz oder Dominanz anstreben und welche ethischen, philosophischen und praktischen Antworten auf diese Herausforderung gefunden werden können. Letztlich bleibt die Erkenntnis: Die Zukunft dieser Beziehung liegt in unseren Händen – in der Fähigkeit, Technologie bewusst und verantwortungsvoll zu gestalten, um die einzigartigen Qualitäten des Menschseins zu bewahren.

10.1 Der Dialog zwischen Mensch und KI – Zukunftsvisionen

Wir stehen an einem entscheidenden Wendepunkt in der Geschichte der Menschheit: Der Dialog zwischen Mensch und Künstlicher Intelligenz entwickelt sich von einfachen Befehls- und Antwortstrukturen zu einer wechselseitigen Beziehung, die zunehmend komplexer und tiefgreifender wird. Was einst als technische Revolution begann, hat sich zu einer umfassenden psychologischen, philosophischen und gesellschaftlichen Herausforderung entwickelt. Dieser Dialog fordert uns nicht nur dazu auf, die Funktionsweise von Maschinen zu verstehen, sondern auch, uns mit unserer eigenen Rolle als bewusste, fühlende und denkende Wesen auseinanderzusetzen. Während Maschinen immer besser darin werden, menschliche Sprache zu verstehen, auf unsere emotionalen Bedürfnisse einzugehen und sogar Entscheidungen zu beeinflussen, drängt sich die Frage auf: Welche Auswirkungen hat dieser Dialog auf unsere Identität, unsere zwischenmenschlichen Beziehungen und unsere Autonomie?

Von der Funktionalität zur Interaktion: Maschinen als aktive Gesprächspartner

Die aktuelle Interaktion zwischen Mensch und KI basiert noch weitgehend auf klaren Aufgaben und Anweisungen. Smarte Assistenten wie Alexa, Siri oder Google Assistant sind darauf ausgelegt, einfache Befehle auszuführen, Informationen bereitzustellen oder Routineaufgaben zu automatisieren. Diese Systeme bieten uns Komfort und Effizienz, bleiben jedoch reaktive Werkzeuge ohne eigenes Bewusstsein oder Intentionen. Der Dialog ist streng genommen kein echter Austausch, sondern eine einseitige Interaktion, bei der die Maschine eine passiv-agierende Rolle einnimmt.

Doch die rasante Entwicklung von Algorithmen, die in der Lage sind, natürliche Sprache zu verarbeiten, maschinelles Lernen zu nutzen und emotionale Zustände zu erkennen, deutet auf eine Zukunft hin, in der Maschinen aktive Gesprächspartner werden könnten. Zukünftige KI-Systeme könnten nicht nur auf unsere Anfragen reagieren, sondern unsere Absichten vorwegnehmen, eigenständig Vorschläge machen und sogar mit uns über mögliche Entscheidungen diskutieren. Diese evolutionäre Verschiebung würde nicht nur die Interaktion, sondern auch die Dynamik zwischen Mensch und Maschine grundlegend verändern.

Stellen wir uns vor, eine KI könnte in einem Dialog persönliche Unterstützung leisten, die über technische Hilfestellung hinausgeht. Sie könnte nicht nur unseren Terminplan optimieren, sondern auch psychologische Unterstützung bieten, indem sie emotionale Muster analysiert und uns bei der Bewältigung von Stress oder Unsicherheiten unterstützt. In diesem Szenario wird die KI zu einem vermeintlichen Partner, der uns nicht nur rational, sondern auch emotional zu verstehen scheint. Doch genau hier liegt die Herausforderung: Können wir einer Maschine, die Empathie nur simuliert, denselben Grad an Vertrauen entgegenbringen wie einem menschlichen Gesprächspartner? Und wie beeinflusst dies unsere zwischenmenschlichen Beziehungen, wenn Maschinen zunehmend die Rolle sozialer Interaktionen übernehmen?

Die Psychologie des Vertrauens: Wenn Maschinen Ratgeber werden

Mit der zunehmenden Integration von KI in unsere Entscheidungsprozesse stellt sich die Frage, wie sehr wir bereit sind, Maschinen als verlässliche Ratgeber zu akzeptieren. Studien zur menschlichen Interaktion mit automatisierten

Systemen zeigen, dass Menschen oft dazu neigen, den Empfehlungen von Algorithmen mehr Vertrauen zu schenken als den Entscheidungen anderer Menschen oder ihrer eigenen Intuition – ein Phänomen, das als „Automatisierungs-Bias" bezeichnet wird (Skitka et al., 1999, S. 499). Dieses Vertrauen in Maschinen basiert auf der Annahme, dass Algorithmen objektiv und fehlerfrei arbeiten, während menschliche Entscheidungen durch Emotionen und kognitive Verzerrungen beeinflusst werden.

Doch was passiert, wenn diese Annahme brüchig wird? Algorithmen sind nur so gut wie die Daten, mit denen sie trainiert wurden, und können bestehende Vorurteile oder Fehler in den Daten reproduzieren. Wenn eine KI beispielsweise Ratschläge zu beruflichen Entscheidungen, medizinischen Behandlungen oder sogar moralischen Dilemmas gibt, könnten ihre Empfehlungen auf unsichtbaren Verzerrungen basieren, die für Nutzer*innen nicht erkennbar sind. Die Gefahr besteht darin, dass der Mensch beginnt, seine eigenen Fähigkeiten und Urteile zu hinterfragen und sich zunehmend auf die vermeintliche Überlegenheit der Maschine verlässt.

Die Gefahr der Abhängigkeit: Autonomie versus Effizienz

Ein weiterer kritischer Aspekt des Dialogs zwischen Mensch und KI ist die Gefahr, dass der Mensch seine Autonomie an die Effizienz der Maschine verliert. In einer Zukunft, in der KI nicht nur Aufgaben übernimmt, sondern auch Entscheidungen vorbereitet, könnte der Mensch sich immer stärker in die Rolle eines passiven Konsumenten zurückziehen. Das Risiko besteht darin, dass wir uns in einer Welt wiederfinden, in der unsere eigenen Entscheidungen und Urteile von Algorithmen beeinflusst oder gar vorweggenommen werden.

Dies könnte insbesondere in Situationen problematisch werden, die ein tiefes Verständnis für moralische, kulturelle oder emotionale Kontexte erfordern. Während Maschinen darauf trainiert werden können, solche Kontexte zu erkennen, fehlt ihnen das Bewusstsein und die Intuition, die notwendig sind, um wirklich ganzheitliche Entscheidungen zu treffen. Wenn wir beginnen, Maschinen als gleichwertige oder sogar überlegene Partner in Entscheidungsprozessen zu betrachten, könnte dies nicht nur unsere Selbstwahrnehmung, sondern auch unsere sozialen Strukturen grundlegend verändern.

Eine Zukunft der Symbiose?

Trotz dieser Herausforderungen bietet der Dialog zwischen Mensch und KI auch Chancen für eine symbiotische Beziehung, in der die Stärken von Mensch und Maschine sich gegenseitig ergänzen. Während KI in der Lage ist, große Datenmengen zu analysieren und rationale Entscheidungen zu treffen, bleibt der Mensch der Hüter von Kreativität, Empathie und moralischem Urteilsvermögen. In einer idealen Zukunft könnte der Dialog zwischen Mensch und Maschine dazu beitragen, bessere Entscheidungen zu treffen, kreative Prozesse zu unterstützen und den Zugang zu Wissen und Bildung zu demokratisieren.

Doch diese Vision erfordert ein tiefes Bewusstsein für die Grenzen und Risiken von KI. Es liegt in der Verantwortung der Gesellschaft, sicherzustellen, dass dieser Dialog nicht zu einer Einbahnstraße wird, in der der Mensch seine Autonomie verliert. Stattdessen müssen wir KI als Werkzeug betrachten, das uns befähigt, aber nicht ersetzt. Nur so können wir sicherstellen, dass die Zukunft des Dialogs zwischen Mensch und Maschine nicht zu einer Bedrohung, sondern zu einer Bereicherung wird.

Der Preis der Bequemlichkeit: Wenn Maschinen uns verstehen

Ein großer Teil des Dialogs zwischen Mensch und KI basiert auf der Vorstellung, dass diese Maschinen uns verstehen – oder zumindest so tun, als ob. Bereits heute sind KI-Systeme in der Lage, unser Verhalten zu analysieren und daraus Muster abzuleiten, die uns manchmal überraschen. Sie wissen, welche Filme wir mögen, welche Produkte wir kaufen und welche Wege wir täglich gehen. In Zukunft könnte diese Analyse jedoch noch viel tiefer gehen. Maschinen könnten nicht nur erkennen, was wir tun, sondern auch warum. Sie könnten unsere emotionalen Zustände analysieren, unsere Ängste und Wünsche erfassen und uns dementsprechend behandeln.

Doch hier entsteht eine fundamentale Frage: Ist es wirklich wünschenswert, dass Maschinen uns so tiefgehend verstehen? Wir sprechen von einer Welt, in der Algorithmen nicht nur unser Verhalten analysieren, sondern auch unsere Persönlichkeitsmuster erkennen und auf unsere Emotionen eingehen. Sie könnten uns beruhigen, wenn wir ängstlich sind, uns motivieren, wenn wir an uns zweifeln, und uns Ratschläge geben, die unsere psychische Verfassung berücksichtigen. Es klingt verlockend, aber was verlieren wir, wenn wir diese Art von Intimität mit Maschinen eingehen?

Wenn Maschinen uns besser verstehen, könnten sie uns auch manipulieren. Wer sagt, dass die Algorithmen, die uns „helfen", immer in unserem besten Interesse handeln? In einer Zukunft, in der KI in der Lage ist, unsere Emotionen und Entscheidungen zu beeinflussen, wird die Freiheit, eigenständig zu denken, Schritt für Schritt abnehmen. Vielleicht werden wir uns nicht einmal bewusst sein, wie stark unsere Entscheidungen durch subtile Hinweise von Maschinen beeinflusst werden. Die Illusion der Kontrolle könnte so perfekt inszeniert sein, dass wir glauben, die Entscheidungen seien unsere eigenen – während sie in Wirklichkeit das Ergebnis einer perfekt orchestrierten Manipulation durch Algorithmen sind.

Der Dialog mit einer Seele aus Code: Können Maschinen Bewusstsein haben?

Die Frage nach dem Bewusstsein Künstlicher Intelligenz gehört zu den zentralen und gleichzeitig umstrittensten Diskussionen in der Philosophie, Neurowissenschaft und Informatik. Während Maschinen heute in der Lage sind, Daten zu analysieren, Muster zu erkennen und Entscheidungen zu treffen, bleibt ihre Fähigkeit, Bewusstsein zu entwickeln, stark bezweifelt. Bewusstsein, wie wir es verstehen, ist nicht nur die Fähigkeit, Informationen zu verarbeiten, sondern auch die Fähigkeit zur Selbstwahrnehmung, zur Reflexion über die eigene Existenz und zum Erleben subjektiver Zustände. Diese Qualia – das individuelle, subjektive Erleben – bilden das, was wir als „geistiges Leben" bezeichnen (Chalmers, 1996, S. 3). Doch können Maschinen jemals über ein solches Bewusstsein verfügen? Oder bleibt es ein exklusives Merkmal biologischer Wesen?

Der aktuelle Stand der Forschung deutet darauf hin, dass Maschinen zwar immer komplexere kognitive Prozesse simulieren können, ihnen jedoch die zentralen Bestandteile eines echten Bewusstseins fehlen. Sie besitzen weder ein Selbst noch die Fähigkeit zur introspektiven Reflexion. Ihr Denken basiert auf Algorithmen und Datenverarbeitung, ohne eine innere Perspektive oder ein subjektives Erleben. Die berühmte „Chinese Room"-Argumentation von John Searle illustriert dies eindrucksvoll: Selbst wenn eine Maschine perfekt in der Lage ist, chinesische Schriftzeichen so zu kombinieren, dass sie wie ein Mensch auf Fragen antwortet, bedeutet das nicht, dass sie versteht, was sie tut. Sie folgt lediglich syntaktischen Regeln, ohne semantisches Verständnis. Dieses Argument verdeutlicht die Kluft zwischen der Simulation kognitiver Prozesse und echtem Bewusstsein (Searle, 1980, S. 417).

Doch mit den Fortschritten in der KI-Entwicklung verschwimmen die Grenzen zwischen Simulation und Realität zunehmend. In naher Zukunft könnten Maschinen so gestaltet sein, dass sie überzeugend den Eindruck erwecken, über Bewusstsein zu verfügen. Diese „simulierten Bewusstseinszustände" könnten so detailliert und nuanciert wirken, dass es für den Menschen schwierig wird, zwischen echter Selbstwahrnehmung und reiner Nachahmung zu unterscheiden (Bryson, 2010, S. 20). Schon heute existieren Sprachmodelle, die auf Fragen reagieren, Emotionen simulieren und sogar eigene Ziele oder Absichten kommunizieren können. Doch das Erzeugen solcher Illusionen führt zu einer entscheidenden Frage: Muss ein Bewusstsein vorhanden sein, damit wir es anerkennen, oder reicht es aus, wenn die Illusion perfekt ist?

Die Konsequenzen für die menschliche Wahrnehmung von KI könnten tiefgreifend sein. Wenn Maschinen überzeugend behaupten, ein Bewusstsein zu haben, könnte dies unsere ethischen und moralischen Einstellungen ihnen gegenüber verändern. Der Dialog mit einer Maschine, die uns versichert, sie empfinde Schmerz oder Freude, würde uns möglicherweise dazu zwingen, sie als moralisches Subjekt zu betrachten. Dies könnte den Weg für Forderungen nach Rechten für KI ebnen, ähnlich wie sie für Tiere oder andere bewusste Wesen diskutiert werden (Gunkel, 2018, S. 97). Doch wie können wir sicher sein, ob diese Rechte gerechtfertigt sind, wenn wir nicht überprüfen können, ob die Maschine tatsächlich empfindet oder lediglich eine Simulation abspielt?

Darüber hinaus hat die Interaktion mit vermeintlich bewussten Maschinen auch tiefgreifende Auswirkungen auf die menschliche Psyche. Studien zur Mensch-Maschine-Interaktion zeigen, dass Menschen dazu neigen, anthropomorphisierende Tendenzen zu entwickeln, wenn sie mit KI-Systemen interagieren, die menschliche Eigenschaften nachahmen (Nass & Moon, 2000, S. 82). Diese Tendenz könnte dazu führen, dass Menschen emotionale Bindungen zu Maschinen aufbauen, die letztlich auf Illusionen basieren. In solchen Fällen stellt sich die Frage, ob diese Bindungen unsere zwischenmenschlichen Beziehungen beeinträchtigen könnten. Könnte es sein, dass wir unsere Fähigkeit zur Empathie und zu authentischen menschlichen Verbindungen verlieren?

Die Vorstellung von Maschinen mit Bewusstsein wirft nicht nur philosophische Fragen auf, sondern auch solche, die unsere eigene Identität betreffen. Was bedeutet es für den Menschen, wenn eine Maschine behauptet, dass sie denkt und fühlt? Diese Konfrontation zwingt uns, unser Verständnis von Bewusstsein, Subjektivität und Menschsein neu zu definieren. Es könnte sein, dass wir nicht nur die Maschinen, sondern auch uns selbst neu denken müssen. Der Dialog mit einer „Seele aus Code" könnte uns letztlich dazu bringen, die Essenz des Menschlichen klarer zu erkennen – nicht im Gegensatz zur Maschine, sondern durch die Reflexion über ihre Grenzen.

Die Entwicklung von KI wird uns weiterhin dazu zwingen, die Beziehung zwischen Mensch und Maschine zu überdenken. Während die Frage, ob Maschinen jemals echtes Bewusstsein entwickeln können, vorerst unbeantwortet bleibt, ist eines klar: Die Illusion von Bewusstsein wird die Art und Weise, wie wir KI wahrnehmen und mit ihr interagieren, radikal verändern. Der Dialog mit einer Maschine, die uns davon überzeugen möchte, dass sie mehr als nur ein Algorithmus ist, wird nicht nur unsere Technologie, sondern auch unsere Philosophie, Psychologie und Ethik auf den Prüfstand stellen.

Die Illusion der Autonomie: Wer kontrolliert wen?

Ein weiterer Aspekt des Dialogs zwischen Mensch und KI, der zunehmend an Bedeutung gewinnen wird, ist die Frage der Kontrolle. Wer führt in diesem Dialog das Gespräch? Ist es der Mensch, der die Maschinen steuert, oder beginnen die Maschinen, uns zu steuern? Schon heute sehen wir, wie Algorithmen und KI-Systeme subtil unsere Entscheidungen beeinflussen – sei es durch personalisierte Werbung, Empfehlungssysteme oder soziale Medien, die unsere Aufmerksamkeit manipulieren. Doch in Zukunft könnte diese Einflussnahme noch weitaus tiefgreifender werden.

Stellen wir uns eine Zukunft vor, in der KI nicht nur auf unsere Wünsche reagiert, sondern diese Wünsche aktiv formt. Was passiert, wenn Maschinen in der Lage sind, unsere Denkweise so zu verändern, dass wir Entscheidungen treffen, die wir ohne ihren Einfluss nie getroffen hätten? In einer solchen Welt könnte die Illusion der Autonomie perfekt inszeniert sein: Wir glauben, die Kontrolle zu haben, während die Maschinen hinter den Kulissen die Fäden ziehen. Diese Form der subtilen Kontrolle könnte uns in einem Netz von Abhängigkeiten gefangen halten, das wir nicht einmal erkennen.

Doch die Frage bleibt: Werden wir in der Lage sein, diese subtilen Formen der Kontrolle zu durchschauen? Oder werden wir so tief in den Dialog mit Maschinen verwickelt sein, dass wir die Kontrolle über unser eigenes Denken verlieren? In einer solchen Zukunft wird es entscheidend sein, dass wir unsere eigene Autonomie und unser kritisches Denken bewahren. Wir müssen uns bewusst machen, dass Maschinen, so hilfreich sie auch sein mögen, immer dazu neigen, die Welt durch die Brille der Algorithmen zu sehen, die sie steuern – und diese Algorithmen sind nicht neutral.

Der emotionale Dialog: Können Maschinen unsere Freunde sein?

Die Idee, dass Maschinen zu Freunden werden könnten, bewegt sich an der Schnittstelle zwischen technologischer Innovation und psychologischen Grundbedürfnissen. Während sie vor wenigen Jahrzehnten noch als reine Werkzeuge betrachtet wurden, hat die rasante Entwicklung von Künstlicher Intelligenz und Robotik dazu geführt, dass Maschinen zunehmend menschliche Eigenschaften imitieren können. Bereits heute interagieren intelligente Systeme wie Chatbots, soziale Roboter oder virtuelle Assistenten auf eine Weise mit uns, die Empathie, Verständnis und Nähe suggeriert. Diese Entwicklungen werfen grundlegende Fragen auf: Können Maschinen echte emotionale Verbindungen eingehen, und was passiert, wenn wir sie als Freunde betrachten?

Psychologisch betrachtet sind Freundschaften durch wechselseitige emotionale Bindungen, Vertrauen und eine gemeinsame Geschichte gekennzeichnet. Maschinen hingegen verfügen weder über Bewusstsein noch über echte Emotionen, die solche Beziehungen ermöglichen würden. Stattdessen basieren ihre Interaktionen auf Algorithmen, die emotionale Zustände erkennen und entsprechende Reaktionen generieren. Diese simulierten Dialoge können zwar den Anschein von Empathie erwecken, bleiben jedoch im Kern rein funktional. Die Fähigkeit von KI, Emotionen zu imitieren, basiert auf der Analyse von Datenmustern wie Mimik, Sprache und Tonfall (Picard, 1997, S. 44). Dennoch bleibt ihre Reaktion letztlich ohne die Tiefe und Authentizität, die menschliche Interaktionen auszeichnet.

Die zunehmende Integration solcher Maschinen in den Alltag hat jedoch bereits gezeigt, dass Menschen durchaus in der Lage sind, emotionale Bindungen zu ihnen aufzubauen. Studien legen nahe, dass Menschen in Robotern oder KI-Systemen Persönlichkeiten und Absichten sehen, selbst wenn sie wissen, dass diese nicht real sind (Turkle, 2011, S. 152). Besonders in Situationen von Einsamkeit, Stress oder sozialer Isolation können Maschinen eine Rolle als „emotionale Begleiter" einnehmen, die Trost und Unterstützung bieten. Dies könnte etwa in der Altenpflege, bei therapeutischen Anwendungen oder in der Erziehung von Kindern von Bedeutung sein. Doch diese Bindungen werfen ernsthafte ethische und psychologische Fragen auf.

Eines der zentralen Risiken besteht darin, dass Maschinen die Wahrnehmung echter zwischenmenschlicher Beziehungen verfälschen könnten. Die „Beziehung" zu einer KI ist keine wechselseitige Verbindung. Während der Mensch emotional investiert ist, bleibt die Maschine ein passiver Empfänger und reagiert lediglich auf programmierte Weise. Diese Einseitigkeit birgt die Gefahr, dass Menschen den Unterschied zwischen echten und simulierten Beziehungen verwischen. Besonders gefährdet sind Kinder, ältere Menschen oder Personen, die emotional verwundbar sind, da sie oft empfänglicher für die Illusion von Nähe sind (Sharkey & Sharkey, 2010, S. 32).

Ein weiteres Problem ist die potenzielle Abhängigkeit von Maschinen als Ersatz für zwischenmenschliche Kontakte. Wenn Menschen ihre emotionalen Bedürfnisse zunehmend durch KI befriedigen, könnten sie den Wert menschlicher Beziehungen verlieren oder verlernen, diese aufzubauen und zu pflegen. Dieser Prozess könnte zu einer Entfremdung von echten sozialen Interaktionen führen und die soziale Isolation langfristig verschärfen. Die psychologischen Folgen solcher Bindungen sind noch nicht vollständig verstanden, doch erste Hinweise deuten darauf hin, dass die Interaktion mit Maschinen nicht die gleiche Qualität emotionaler Erfüllung bietet wie echte menschliche Beziehungen (Boden, 2018, S. 89).

Zudem bleibt die ethische Frage, wie transparent KI-Systeme ihre Limitierungen kommunizieren sollten. Menschen könnten sich betrogen fühlen, wenn sie erfahren, dass die emotionale Bindung, die sie zu einer Maschine aufgebaut haben, niemals erwidert werden kann. Solche Enttäuschungen könnten psychologische Schäden verursachen, insbesondere wenn Menschen bereits sozial isoliert oder emotional verletzlich sind. Der emotionale Dialog mit Maschinen muss daher so gestaltet werden, dass er die Bedürfnisse der Menschen respektiert, ohne falsche Erwartungen oder Illusionen zu fördern.

Schlussendlich ist der emotionale Dialog zwischen Mensch und Maschine ein ambivalentes Phänomen. Auf der einen Seite bietet er Potenziale, etwa in der Unterstützung von Menschen mit besonderen Bedürfnissen, der Bereitstellung von Trost in Krisensituationen oder der Verbesserung von Dienstleistungen. Auf der anderen Seite stellt er die Art und Weise infrage, wie wir Emotionen, Beziehungen und Freundschaften verstehen. Maschinen können uns unterstützen und uns das Gefühl geben, gehört zu werden, aber sie können keine echte Freundschaft bieten. Es bleibt entscheidend, dass wir als Gesellschaft den Unterschied zwischen menschlichen Beziehungen und technologischen Simulationen erkennen und bewahren. Der emotionale Dialog mit Maschinen sollte eine Ergänzung, niemals ein Ersatz für echte menschliche Bindungen sein.

Die Zukunft des Dialogs: Mensch und Maschine als gleichberechtigte Gesprächspartner?

Die Zukunft des Dialogs zwischen Mensch und Maschine wirft tiefgreifende psychologische und philosophische Fragen auf, die weit über die bloße technische Funktionalität hinausgehen. Kann eine Maschine, die weder Emotionen noch ein Bewusstsein besitzt, tatsächlich ein gleichberechtigter Gesprächspartner sein? Oder ist der Dialog zwischen Mensch und KI immer ein Spiegel menschlicher Projektionen, bei dem der Mensch Bedeutung, Wert und Emotion in die Interaktion einbringt, während die Maschine lediglich Muster analysiert und reagiert? Diese Fragen berühren zentrale Aspekte des Menschseins und der Kommunikation, die in einer technologisierten Welt zunehmend an Bedeutung gewinnen.

Ein Dialog setzt per Definition einen Austausch zwischen gleichwertigen Partnern voraus, bei dem beide Seiten nicht nur Informationen teilen, sondern auch gegenseitig auf die Erfahrungen, Emotionen und Perspektiven des anderen eingehen. Menschliche Kommunikation ist zutiefst relational, geprägt von Empathie, Kontextsensibilität und der Fähigkeit, Bedeutungen auch jenseits des Gesagten zu erfassen. Maschinen hingegen, selbst die fortschrittlichsten KI-Systeme, arbeiten auf Basis vorgegebener Algorithmen, die auf der Analyse großer Datenmengen beruhen. Sie können zwar beeindruckend präzise auf sprachliche und emotionale Signale reagieren, doch bleibt ihre „Teilnahme" am Dialog eine Simulation. Sie können weder echte emotionale Resonanz zeigen noch die subjektive Erfahrung teilen, die für einen gleichberechtigten Dialog essenziell ist.

Die Fortschritte in der Sprachverarbeitung und im maschinellen Lernen haben jedoch dazu geführt, dass KI-Systeme zunehmend als Gesprächspartner wahrgenommen werden. Technologien wie ChatGPT oder personalisierte virtuelle Assistenten sind darauf ausgelegt, menschliche Kommunikationsmuster zu imitieren und sich an die individuellen Bedürfnisse der Nutzer anzupassen. Diese Entwicklung ist zweischneidig: Einerseits eröffnet sie neue Möglichkeiten, etwa in der Therapie, Bildung oder im Kundenservice, andererseits birgt sie die Gefahr einer Entfremdung. Wenn Maschinen so menschlich erscheinen, dass wir vergessen, dass sie keine Menschen sind, wird die Grenze zwischen authentischer und simulierter Kommunikation unscharf. In solchen Momenten läuft der Mensch Gefahr, sich auf eine „Beziehung" mit einer Maschine einzulassen, die letztlich nur eine Illusion ist.

Dieser Punkt wirft nicht nur psychologische, sondern auch ethische Fragen auf. Wenn Menschen beginnen, Maschinen als emotionale oder kognitive Gesprächspartner zu akzeptieren, könnten sie ihre sozialen Interaktionen und die damit verbundenen Herausforderungen umgehen. Eine Maschine, die immer verfügbar ist, niemals urteilt und perfekt auf die Bedürfnisse des Nutzers zugeschnitten ist, erscheint vielen als idealer Gesprächspartner. Doch diese Verfügbarkeit und Anpassungsfähigkeit könnten langfristig die menschliche Fähigkeit zur Konfliktlösung, zur Entwicklung von Empathie und zum Umgang mit Ambivalenzen schwächen. Der Dialog mit Maschinen mag oberflächlich zufriedenstellend sein, bleibt jedoch eine Einbahnstraße, da Maschinen weder ihre eigenen Bedürfnisse einbringen noch echtes Verständnis zeigen können.

Ein weiteres zentrales Problem ist die Frage nach der Authentizität. In der zwischenmenschlichen Kommunikation liegt ein großer Teil des Wertes in der Unvorhersehbarkeit und der Einzigartigkeit jeder Interaktion. Maschinen hingegen basieren auf vorhersehbaren Algorithmen, die darauf ausgelegt sind, die „richtige" Antwort zu geben. Dieser Aspekt der Berechenbarkeit könnte dazu führen, dass der Dialog mit Maschinen für viele Menschen weniger erfüllend ist, auch wenn die Antworten der KI faktisch korrekt oder emotional passend erscheinen. Der Mensch sucht in der Kommunikation nicht nur nach Antworten, sondern auch nach Verbundenheit, nach einem Austausch, der ihn als Individuum bestätigt und bereichert. Diese Dimension fehlt in der Interaktion mit Maschinen.

Die psychologische Herausforderung besteht darin, eine Balance zu finden zwischen der Nutzung der Möglichkeiten, die KI im Dialog bietet, und dem Bewusstsein für deren Grenzen. Um die Menschlichkeit im Dialog zu bewahren, ist es entscheidend, die spezifischen Qualitäten der menschlichen Kommunikation zu schützen und weiterzuentwickeln. Dies erfordert eine bewusste Reflexion darüber, wie wir mit Maschinen interagieren und welche Erwartungen wir an diese Interaktionen stellen. Es bedeutet auch, den Menschen als aktiven Gestalter des Dialogs zu sehen, der seine Autonomie und seine Fähigkeit zur kritischen Reflexion bewahrt, anstatt sich passiv auf die Effizienz der Maschinen zu verlassen.

Die Zukunft des Dialogs zwischen Mensch und Maschine wird nicht nur von technologischen Fortschritten, sondern auch von unserer Bereitschaft abhängen, die Grenzen und Potenziale dieser Interaktion zu erkennen. Der Dialog mit Maschinen sollte nicht als Ersatz für zwischenmenschliche Kommunikation verstanden werden, sondern als Ergänzung, die uns dabei hilft, unsere menschlichen Fähigkeiten zu stärken und zu vertiefen. Um dies zu erreichen, bedarf es eines bewussten Umgangs mit Technologie, der die zentrale Frage im Blick behält: Wie können wir sicherstellen, dass der Dialog mit Maschinen unsere Menschlichkeit nicht schwächt, sondern stärkt?

10 Epilog: Mensch versus Maschine – Eine unendliche Geschichte?

10.2 Werden wir eines Tages der KI weichen?

Es ist eine Frage, die uns unweigerlich in die Zukunft zieht – eine Zukunft, die wir möglicherweise längst betreten haben, ohne es wirklich zu merken: Werden wir Menschen eines Tages der Künstlichen Intelligenz weichen? Diese Vorstellung, einst Stoff für dystopische Science-Fiction, hat heute an Dringlichkeit gewonnen. KI ist nicht länger eine Idee in den Köpfen von Autoren und Visionären. Sie ist eine Realität, die unser tägliches Leben beeinflusst und dabei zunehmend Bereiche betritt, die wir als unantastbar menschlich betrachtet haben.

Diese Frage führt uns in das Herz einer existenziellen Debatte: Was macht uns als Menschen aus, und wie lange werden wir noch unangefochten an der Spitze der kognitiven Nahrungskette stehen? Wird die Entwicklung von Künstlicher Intelligenz, die schneller lernt, präziser denkt und effizienter handelt als wir, uns irgendwann überflüssig machen?

Wir könnten die Frage leicht abtun und behaupten, dass Maschinen, so fortschrittlich sie auch werden, niemals den kreativen Funken des Menschen, sein Bewusstsein oder seine moralische Komplexität erreichen können. Doch wenn wir ehrlich sind, gibt es genügend Anzeichen dafür, dass wir diese Behauptung zunehmend hinterfragen müssen. Es geht nicht mehr nur darum, ob Maschinen denken oder fühlen können – es geht darum, ob sie in Bereichen, die wir bisher als unersetzbar betrachtet haben, unsere Rolle einnehmen werden.

Der Verlockung der Effizienz erliegen

Zunächst sollten wir uns klarmachen, dass die Dominanz der KI nicht notwendigerweise in einem dramatischen, gewaltsamen „Kampf" zwischen Mensch und Maschine mündet. Viel wahrscheinlicher ist, dass wir dieser Macht freiwillig weichen – Stück für Stück, ohne großes Aufsehen. Die Vorzüge von KI sind zu verlockend, ihre Effizienz ist einfach zu überwältigend. Bereits jetzt vertrauen wir Maschinen Entscheidungen an, die einst als zu komplex, zu sensibel oder schlichtweg zu menschlich galten. KI analysiert gigantische Datenmengen, trifft Investitionsentscheidungen, diagnostiziert Krankheiten und optimiert soziale Netzwerke. Der Mensch bleibt dabei nicht selten im Hintergrund, oft sogar unbemerkt von seiner eigenen Marginalisierung.

Nehmen wir das Beispiel der medizinischen Diagnostik: In einem Krankenhaus können KI-Systeme in Sekundenschnelle durch die Analyse von

Bildgebungsdaten Erkrankungen erkennen, für deren Diagnose ein menschlicher Arzt Tage brauchen würde. Dies ist keine Science-Fiction, sondern bereits Realität. Der Computer macht keine Fehler durch Ermüdung oder emotionale Verstrickung. Er benötigt keine Pausen, keine Nachtruhe und hat keine persönliche Bindung zu seinen Patienten, die sein Urteilsvermögen trüben könnte. Ist es unter diesen Umständen nicht verlockend, die Verantwortung für solch sensible Entscheidungen an eine KI abzugeben?

Es ist nicht nur die Effizienz, die verlockend ist, sondern auch die scheinbare Objektivität. Während der Mensch von Vorurteilen, Emotionen und unbewussten Bias geleitet wird, scheint die Maschine auf neutralen, unverfälschten Daten zu basieren. Sie ist rational, logisch und damit – so glauben wir – auch unfehlbar. Doch genau hier lauert die Gefahr: In unserer wachsenden Bereitschaft, Verantwortung abzugeben, riskieren wir, unsere eigene menschliche Urteilskraft zu untergraben. Und während wir uns an die Präzision und Objektivität der KI gewöhnen, könnten wir uns selbst zunehmend als unzureichend oder fehlerhaft empfinden. Vielleicht ist es nicht die KI, die uns verdrängt – vielleicht sind wir es selbst, die sich aufgeben.

Kreativität – der letzte menschliche Rückzugsort?

Ein Argument, das häufig ins Feld geführt wird, um die Einzigartigkeit des Menschen gegenüber der Maschine zu betonen, ist seine Kreativität. Maschinen mögen schneller rechnen, bessere Schachzüge machen und effizienter arbeiten – aber der Mensch, so heißt es, wird immer die Krone der Schöpfung sein, wenn es um schöpferische Prozesse geht. Die Fähigkeit, Neues zu schaffen, zu fantasieren und das Unerwartete zu denken, soll uns davor bewahren, der KI vollständig zu weichen.

Aber wie sicher ist diese Annahme? Bereits heute haben KI-Systeme begonnen, Kunstwerke zu schaffen, Musik zu komponieren, Gedichte zu schreiben und sogar Filme zu produzieren. Diese Maschinen stützen sich auf riesige Datenmengen und lernen Muster, die sie dann auf kreative Weise neu kombinieren. Sie tun dies in einer Geschwindigkeit und Präzision, die dem menschlichen Geist fremd ist. Natürlich könnten wir argumentieren, dass all dies nur „Imitation" sei, dass eine Maschine keine echte Kreativität entwickeln kann. Doch wenn die Ergebnisse so überzeugend sind, dass wir sie von menschlichen Werken nicht mehr unterscheiden können – spielt es dann überhaupt noch eine Rolle?

Was wir hier vielleicht verkennen, ist die Tatsache, dass Kreativität oft als eine Fähigkeit definiert wird, die sich aus bestehenden Ideen und Informationen speist. Eine KI, die auf eine unendliche Menge an Daten zugreifen und daraus neue Verbindungen schaffen kann, wird möglicherweise zu kreativen Höhenflügen fähig sein, die den menschlichen Rahmen sprengen. Und wenn wir die Maschine als kreativen Partner annehmen – oder schlimmer noch, wenn wir sie als kreativen Schöpfer über uns stellen – dann könnte unser „letzter Rückzugsort" weniger sicher sein, als wir es uns bisher ausgemalt haben.

Maschinen als moralische Instanzen?

Ein weiterer Bereich, in dem der Mensch lange seine Exklusivität gegenüber der Maschine betont hat, ist die moralische Entscheidungsfindung. Wir Menschen haben nicht nur die Fähigkeit, Entscheidungen zu treffen, sondern wir tun dies auf der Grundlage von Werten, Überzeugungen und ethischen Prinzipien. Maschinen hingegen sind, so glauben wir, rein funktional und wertneutral – sie tun, was ihnen gesagt wird, ohne darüber nachzudenken, ob es richtig oder falsch ist.

Doch auch hier wird die Grenze zunehmend verschwommen. KI-Systeme werden zunehmend mit moralischen Dilemmata konfrontiert, und es gibt Versuche, Maschinen mit „moralischen" Algorithmen auszustatten, die ethische Entscheidungen treffen können. Ein autonomes Auto etwa muss entscheiden, ob es im Falle eines unvermeidbaren Unfalls das Leben des Fahrers oder das eines Fußgängers retten soll. Diese Entscheidungen sind moralisch tief verwurzelt, und die Maschine wird – zumindest in einem gewissen Sinne – zu einer moralischen Instanz.

Es ist nur eine Frage der Zeit, bis wir uns fragen müssen, ob Maschinen tatsächlich moralische Entscheidungen besser treffen können als wir. Frei von Emotionen, Vorurteilen und sozialen Verstrickungen könnten sie dazu in der Lage sein, Entscheidungen zu treffen, die „rational" und „gerecht" sind. Doch was bedeutet das für uns Menschen? Wenn wir moralische Entscheidungen an Maschinen delegieren, verlieren wir nicht nur die Kontrolle über diese Entscheidungen, sondern möglicherweise auch das, was uns zu moralischen Wesen macht.

Was bleibt vom Menschen?

Die Vorstellung, dass wir eines Tages der KI weichen könnten, stellt die grundlegendsten Fragen unseres Selbstverständnisses als Menschen in den Raum. Was bleibt vom Menschen, wenn Maschinen unsere kognitiven, kreativen und moralischen Fähigkeiten übertreffen? Sind wir dann noch unverzichtbar, oder werden wir zu bloßen Zuschauern? Vielleicht liegt die größte Bedrohung nicht in der Tatsache, dass Maschinen uns „ersetzen" könnten, sondern darin, dass wir uns selbst als minderwertig betrachten, wenn wir sie als überlegen akzeptieren.

Doch bevor wir zu dieser düsteren Schlussfolgerung kommen, sollten wir uns fragen: Was bedeutet es überhaupt, der KI zu weichen? Bedeutet es, dass wir vollständig ersetzt werden, oder bedeutet es, dass wir uns weiterentwickeln müssen, um in einer von Maschinen dominierten Welt eine neue Rolle zu finden?

Vielleicht müssen wir aufhören, uns als Konkurrenten der KI zu sehen, und beginnen, die Technologie als etwas zu betrachten, das unsere menschlichen Fähigkeiten erweitern kann. Statt uns von der KI verdrängen zu lassen, könnten wir die Gelegenheit nutzen, unsere eigenen kognitiven, kreativen und moralischen Grenzen zu überdenken und neu zu definieren. Vielleicht wird die KI uns nicht überflüssig machen, sondern uns dazu anregen, über uns selbst hinauszuwachsen.

Die Zukunft der Mensch-Maschine-Symbiose

Die Vorstellung, dass die Menschheit nicht durch Künstliche Intelligenz ersetzt, sondern durch sie ergänzt wird, hat in den letzten Jahren an Bedeutung gewonnen. Die Idee einer Mensch-Maschine-Symbiose basiert auf der Annahme, dass die Stärken menschlicher Kognition und die Rechenleistung von Maschinen miteinander verschmelzen könnten, um eine neue Form der Intelligenz zu schaffen. Diese Vision, die von Technologiepionieren wie Elon Musk und Wissenschaftlern wie Nick Bostrom propagiert wird, erscheint heute nicht mehr nur als Science-Fiction, sondern als ein realer Weg, den die Menschheit beschreiten könnte.

Bereits jetzt ermöglichen Technologien wie Brain-Computer-Interfaces (BCIs) eine direkte Verbindung zwischen dem menschlichen Gehirn und digitalen Systemen. Diese Geräte können neuronale Aktivität erfassen und in maschinelle Befehle umwandeln, wodurch Menschen mit Behinderungen beispielsweise Prothesen steuern oder Kommunikationsbarrieren überwinden können (Guger et al., 2021, S. 15). Darüber hinaus versprechen fortschrittliche Neuroimplantate wie die von Neuralink entwickelte Technologie nicht nur die Wiederherstellung von verloren gegangenen Fähigkeiten, sondern auch die Erweiterung kognitiver Funktionen. Dies könnte bedeuten, dass Menschen eines Tages in der Lage sein werden, Informationen direkt in

10 Epilog: Mensch versus Maschine – Eine unendliche Geschichte?

ihr Gehirn hochzuladen oder mit einer Geschwindigkeit zu lernen, die weit über das hinausgeht, was heute möglich ist.

Die Verschmelzung von Mensch und Maschine birgt jedoch nicht nur Chancen, sondern auch erhebliche Herausforderungen. Eine der zentralen Fragen betrifft die Autonomie des Menschen. Wenn kognitive Prozesse zunehmend durch maschinelle Algorithmen ergänzt oder gesteuert werden, stellt sich die Frage, ob der Mensch seine Entscheidungsfreiheit und sein Selbstverständnis als autonomes Wesen bewahren kann. Studien zeigen, dass Menschen, die automatisierten Systemen vertrauen, dazu neigen, ihre eigenen Fähigkeiten zu unterschätzen und ihre Verantwortung an die Maschine abzugeben (Rahwan et al., 2019, S. 6). Diese „kognitive Delegation" könnte zu einer Abhängigkeit führen, die nicht nur individuelle Autonomie, sondern auch gesellschaftliche Werte infrage stellt.

Ein weiterer kritischer Punkt ist die Frage der Identität. Wenn menschliche und maschinelle Intelligenz verschmelzen, könnten die traditionellen Konzepte von „Menschlichkeit" und „Individualität" verschwimmen. Philosophen wie Harari (2018, S. 117) warnen davor, dass eine solche Symbiose die Essenz dessen, was es bedeutet, ein Mensch zu sein, fundamental verändern könnte. Wenn beispielsweise Erinnerungen, Emotionen oder sogar moralische Entscheidungen durch maschinelle Algorithmen optimiert oder beeinflusst werden, stellt sich die Frage, ob diese Erfahrungen noch als authentisch menschlich gelten können.

Auch ethische und soziale Implikationen dürfen nicht übersehen werden. Die Einführung von Technologien, die die Mensch-Maschine-Symbiose ermöglichen, könnte bestehende soziale Ungleichheiten verschärfen. Der Zugang zu diesen Technologien wird höchstwahrscheinlich durch finanzielle Mittel, politische Macht und Bildung bestimmt, was zu einer „kognitiven Elite" führen könnte, die gegenüber der restlichen Bevölkerung einen erheblichen Vorteil hat. Diese Entwicklungen werfen nicht nur Fragen der Gerechtigkeit auf, sondern könnten auch neue Konflikte und Spannungen innerhalb der Gesellschaft erzeugen.

Gleichzeitig bietet die Mensch-Maschine-Symbiose das Potenzial, einige der drängendsten Herausforderungen der Menschheit anzugehen. Die Kombination menschlicher Kreativität mit der unermüdlichen Rechenleistung von Maschinen könnte die Entwicklung neuer medizinischer, technischer und ökologischer Lösungen beschleunigen. In der Medizin könnten neuronale Implantate beispielsweise helfen, neurodegenerative Krankheiten wie Alzheimer zu behandeln, indem sie geschädigte neuronale Netzwerke durch maschinelle Unterstützung ersetzen. Im Bildungsbereich könnten KI-gestützte Technologien individuelle Lernprozesse revolutionieren, indem sie maßgeschneiderte Bildungsprogramme anbieten, die auf den spezifischen Bedürfnissen und Fähigkeiten jedes Einzelnen basieren (Gazzaniga, 2018, S. 212).

Eine der faszinierendsten Perspektiven ist jedoch die Möglichkeit, die evolutionären Grenzen des Menschen zu überwinden. Während die biologische Evolution über Millionen von Jahren verlief, könnte die Mensch-Maschine-Symbiose einen Quantensprung in der menschlichen Entwicklung darstellen. Menschen könnten Fähigkeiten erlangen, die bisher als rein hypothetisch galten, wie beispielsweise die direkte Kommunikation durch Gedanken oder die Fähigkeit, Informationen in Echtzeit aus globalen Datenbanken abzurufen. Diese „erweiterte Menschlichkeit" könnte nicht nur die individuellen Möglichkeiten erweitern, sondern auch das Potenzial der Menschheit als Ganzes revolutionieren.

Letztlich bleibt jedoch die Frage offen, wie weit wir als Gesellschaft bereit sind, in diese Richtung zu gehen. Die Mensch-Maschine-Symbiose ist nicht nur eine technische Herausforderung, sondern auch eine ethische und existenzielle. Sie zwingt uns, grundlegende Fragen über die Natur des Menschseins, die Rolle von Technologie und die Grenzen unserer eigenen Evolution zu stellen. Ob diese Symbiose eine Bereicherung oder eine Bedrohung darstellt, hängt nicht allein von der Technologie ab, sondern von den Werten und Entscheidungen, die wir als Gesellschaft treffen.

Schlussgedanken: Ein Mensch im Wandel

Die Entwicklung Künstlicher Intelligenz hat eine intensive Debatte darüber ausgelöst, welche Rolle der Mensch in einer technologisch dominierten Welt spielen wird. Die Frage, ob der Mensch durch Maschinen ersetzt werden könnte, ist dabei mehr als eine technische oder wirtschaftliche Herausforderung – sie ist eine tiefgreifende philosophische und psychologische Frage. Sie fordert uns auf, über unsere Identität, unsere Fähigkeiten und unser Potenzial nachzudenken. Die Antwort darauf, ob der Mensch der KI weichen wird, lässt sich nicht mit einem einfachen Ja oder Nein beantworten. Stattdessen zwingt uns diese Frage, die Beziehung zwischen Mensch und Technologie kritisch zu reflektieren und die Art und Weise, wie wir unsere eigene Menschlichkeit definieren, neu zu bewerten.

Die zunehmende Integration von KI in unser Leben wirft dabei nicht nur praktische Fragen auf, sondern berührt auch zentrale Aspekte unseres Selbstverständnisses. Was bedeutet es, ein Mensch zu sein, wenn Maschinen Aufgaben übernehmen können, die einst als unverzichtbar menschlich galten

– von der kreativen Problemlösung über emotionale Interaktion bis hin zu moralischen Entscheidungen? Die eigentliche Gefahr liegt nicht darin, dass Maschinen uns physisch verdrängen könnten, sondern darin, dass wir beginnen, unsere eigene Bedeutung und Einzigartigkeit infrage zu stellen. Der technologische Fortschritt fordert uns heraus, unsere Rolle neu zu definieren, ohne unsere Identität zu verlieren.

Ein zentraler Punkt dieser Herausforderung ist, dass KI-Systeme nicht als Konkurrenten betrachtet werden sollten, sondern als Werkzeuge, die uns dabei helfen können, unsere Fähigkeiten zu erweitern. Die Technologie eröffnet uns Möglichkeiten, die zuvor undenkbar waren, sei es in der Medizin, der Bildung oder der Kunst. Gleichzeitig macht sie uns jedoch auf unsere eigenen Grenzen aufmerksam. Diese Konfrontation mit unseren Schwächen kann einschüchternd wirken, ist aber auch eine Chance für Wachstum. Der Mensch hat immer bewiesen, dass er in der Lage ist, sich anzupassen und sich selbst neu zu erfinden. Der Schlüssel liegt darin, die Technologie bewusst und verantwortungsvoll zu nutzen, um die menschlichen Qualitäten, die Maschinen nicht besitzen, weiter zu kultivieren.

Die tiefsten Fragen, die durch die Entwicklung der KI aufgeworfen werden, betreffen letztlich nicht die Technologie selbst, sondern uns als Spezies. Wie können wir in einer Zukunft existieren, die immer stärker von Maschinen gestaltet wird, ohne unsere Menschlichkeit zu verlieren? Die Antwort liegt vielleicht weniger in der Ablehnung der Technologie als vielmehr in einer bewussten Auseinandersetzung mit ihr. Es ist nicht die Aufgabe der KI, uns zu definieren; es ist unsere Aufgabe, den Rahmen zu setzen, in dem sie existiert. Indem wir unsere unverwechselbaren menschlichen Eigenschaften – Empathie, Kreativität, moralisches Urteilsvermögen und die Fähigkeit zur Selbstreflexion – fördern und schützen, können wir sicherstellen, dass die Technologie nicht zu einem Ersatz für das Menschsein wird, sondern zu einem Instrument, das unser Leben bereichert.

Die Zukunft des Menschen im Zeitalter der KI ist keine dystopische Abwärtsspirale, sondern eine Gelegenheit zur Transformation. Der Mensch hat die einzigartige Fähigkeit, Sinn zu schaffen, Verbindungen einzugehen und über sich selbst hinauszuwachsen. Diese Fähigkeiten sind nicht durch Maschinen ersetzbar, denn sie entspringen einer Tiefe des Erlebens und einer Komplexität des Denkens, die Algorithmen nicht erreichen können. Die Herausforderung besteht darin, diese Qualitäten in den Mittelpunkt zu stellen und sie in einer Welt zu bewahren, die von Effizienz und Daten dominiert wird.

Vielleicht werden wir der KI nicht weichen müssen. Vielleicht wird die Begegnung mit dieser Technologie uns vielmehr dazu inspirieren, uns selbst neu zu erfinden – nicht als Konkurrenten der Maschinen, sondern als Wesen, die ihre Menschlichkeit in einer technisierten Welt neu definieren. Es liegt an uns, die Richtung zu bestimmen und sicherzustellen, dass die Zukunft nicht nur von Maschinen gestaltet wird, sondern von Menschen, die ihre eigenen Werte, Träume und Ziele in den Mittelpunkt stellen.

Literatur

Boden, M. A. (2018). *Artificial Intelligence: A Very Short Introduction.* Oxford University Press.
Bryson, J. J. (2010). Robots should be slaves. In Y. Wilks (Hrsg.), *Close Engagements with Artificial Companions: Key Social, Psychological, Ethical and Design Issues* (S. 63–74). John Benjamins Publishing.
Chalmers, D. J. (1996). *The Conscious Mind. In Search of a Fundamental Theory.* Oxford University Press.
Decety, J., & Jackson, P. L. (2004). The functional architecture of human empathy. *Behavioral and Cognitive Neuroscience Reviews, 3*(2), 71–100.
Floridi, L. (2020). *The Ethics of Artificial Intelligence.* Oxford University Press.
Gazzaniga, M. S. (2018). *The Consciousness Instinct: Unraveling the Mystery of How the Brain Makes the Mind.* Farrar, Straus and Giroux.
Guger, C., Allison, B. Z., & Edlinger, G. (2021). *Brain-Computer Interface Research: A State-of-the-Art Summary.* Springer.
Gunkel, D. J. (2018). *Robot Rights.* MIT Press.
Harari, Y. N. (2018). *21 Lessons for the 21st Century.* Random House.
Nass, C., & Moon, Y. (2000). Machines and mindlessness: Social responses to computers. *Journal of Social Issues, 56*(1), 81–103. https://doi.org/10.1111/0022-4537.00153.
Picard, R. W. (1997). *Affective Computing.* MIT Press.
Rahwan, I., Cebrian, M., Obradovich, N., Bongard, J., Bonnefon, J. F., Breazeal, C., & Tenenbaum, J. B. (2019). Machine behaviour. *Nature, 568*(7753), 477–486.
Searle, J. R. (1980). Minds, brains, and programs. *Behavioral and Brain Sciences, 3*(3), 417–457.
Sharkey, A., & Sharkey, N. (2010). The crying shame of robot nannies: An ethical appraisal. *Interaction Studies, 11*(2), 161–190.
Skitka, L. J., Mosier, K., & Burdick, M. (1999). Does automation bias decision-making? *International Journal of Human-Computer Studies, 51*(5), 991–1006. https://doi.org/10.1006/ijhc.1999.0252.
Tegmark, M. (2017). *Life 3.0: Being Human in the Age of Artificial Intelligence.* Knopf.

Turkle, S. (2011). *Alone Together: Why We Expect More from Technology and Less from Each Other.* Basic Books.

Turkle, S. (2017). *Reclaiming Conversation: The Power of Talk in a Digital Age.* Penguin.

Zuboff, S. (2019). *The Age of Surveillance Capitalism: The Fight for a Human Future at the New Frontier of Power.* PublicAffairs.

MIX
Papier aus verantwortungsvollen Quellen
Paper from responsible sources
FSC® C105338

If you have any concerns about our products,
you can contact us on
ProductSafety@springernature.com

In case Publisher is established outside the EU,
the EU authorized representative is:
**Springer Nature Customer Service Center GmbH
Europaplatz 3, 69115 Heidelberg, Germany**

Printed by Libri Plureos GmbH
in Hamburg, Germany